Le Routard

Amsterdam

+ Rotterdam, Delft et La Haye

2022/23

Cofondateurs : Philippe GLOAGUEN et Michel DUVAL

Directeur de collection et auteur
Philippe GLOAGUEN

Secrétaire général
Gavin's CLEMENTE-RUIZ

Rédacteurs en chef
Amanda KERAVEL (France)
Benoît LUCCHINI (Étranger)

Directrice administrative
Bénédicte GLOAGUEN

Conseiller à la rédaction
Pierre JOSSE

Responsable voyages
Carole BORDES

Direction éditoriale
Élise ERNEST

Rédaction
Isabelle AL SUBAIHI
Emmanuelle BAUQUIS
Mathilde de BOISGROLLIER
Marie BURIN des ROZIERS
Camille CAMPET
Diane CAPRON
Véronique de CHARDON
Laura CHARLIER
Florence CHARMETANT
Fiona DEBRABANDER
Géraldine LEMAUF-BEAUVOIS
Alain PALLIER
Anne POINSOT
Alexia POULAIN

hachette

TABLE DES MATIÈRES

PRÉAMBULE

COMMENT Y ALLER ? 36

UNE PANDÉMIE INOUÏE !

Depuis toujours, ***Le Routard* se plaît à dénicher hôteliers et restaurateurs** qui accueillent nos lecteurs avec sourire et professionnalisme. Malgré toute notre vigilance, certains d'entre eux auront malheureusement fermé quand ce livre sortira. De même, les horaires et modalités d'accueil de certains sites et musées auront été momentanément modifiés. Cette terrible **pandémie de Coronavirus** a, on le sait, des conséquences importantes pour tous les professionnels du tourisme. **Nous sommes de tout cœur avec eux !**

Restaurant Pllek, quartier NDSM

© Mattes René/hemis.fr

NORD
Kattensloot
Nassaukade
Frederik Hendrik Plantsoen
Singelgracht
Lijnbaansgracht
Brouwersgracht
Palmgracht
Palmstr.
Willemsstr.
Goudsbloemstr.
Lindengracht
Lindenstraat
Boomstraat
Westerstraat
JORDAAN
Anjeliersstraat
Tuindwarsstraat
Egelantiersstraat
Egelantiersgracht
Nieuwe Leliestraat
Bloemgracht
Bloemstraat
Rozengracht
Laurierstraat
Lauriergracht
Elandsstraat
Elandsgracht
Looiersgr.
Passeerdersstraat
Passeerdersgr.
Marnixstraat
Nieuwe Westerdokstraat
Prinsengracht
Keizersgracht
Herengracht
Singel
Prins
Voorburgwal
Spuistraat
Nieuwezijds
Anne Frank Huis
Westerkerk
Westermarkt
Raadhuisstraat
Beurs
Magna Plaza
Nieuwe Kerk
Koninklijk Paleis
Damrak
Warmoesstraat
Damstraat
Paleisstraat
Kalverstraat
Rokin
CENTRE
Oudezijds Voorburgwal
Oudezijds
Houseboat Museum
NEGEN STRAATJES
Amsterdam Museum
Spuistr.
Nieuwezijds Voorburgwal
Begijnhof
Het Grachtenhuis
MUNT PLEIN
Marché aux fleurs
Cinéma Tuschinski
REMBRANDTPLEIN
Leidsegracht
Leidsestraat
GRACHTENGORDEL
LEIDSEPLEIN
Nieuwe Spiegelstr.
Kerkstraat
Reguliersgracht
Vijzelgracht
Overtoom
Casino
Stadhouderskade
Weteringschans
1e Constantijn Huygensstraat
Hobbemastr.
Vondelpark
Rijksmuseum
Hobbemakade
Ruysdaelkade
Van Gogh Museum
Stedelijk Museum
Singelgracht
P

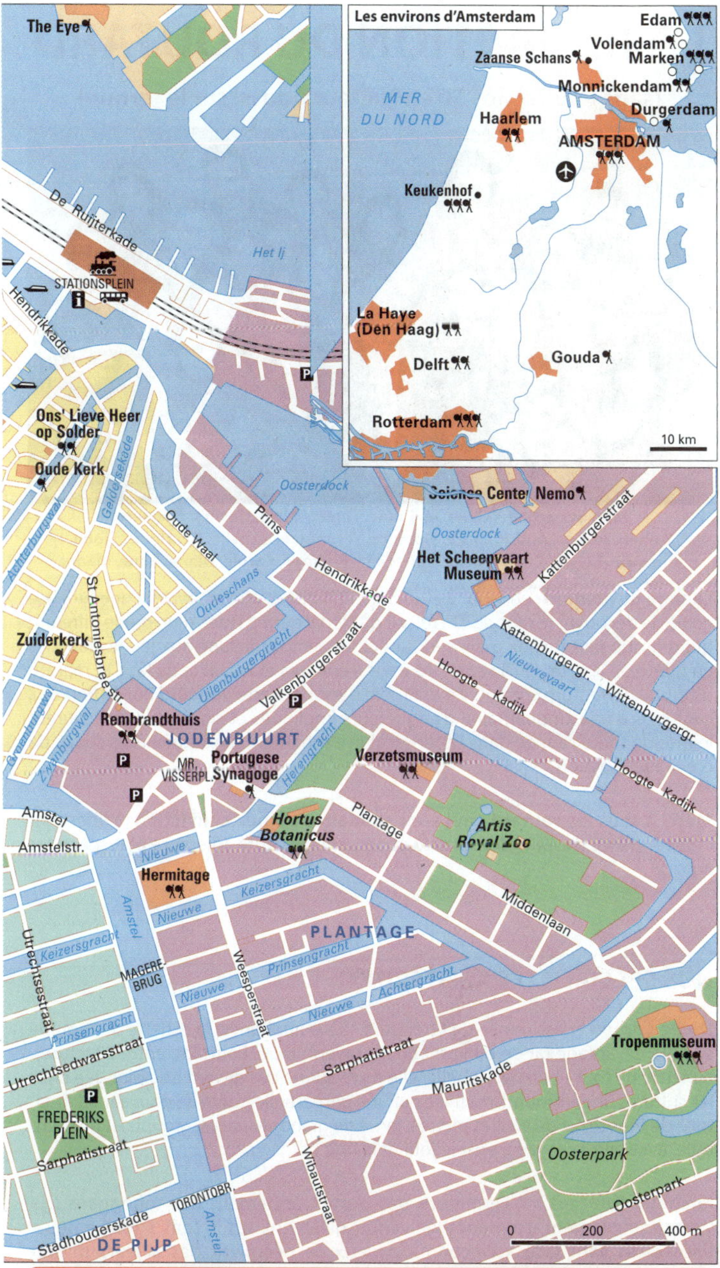
Les environs d'Amsterdam
Edam
Volendam
Zaanse Schans
Marken
Monnickendam
MER
DU NORD
Haarlem
Durgerdam
AMSTERDAM
Keukenhof
La Haye
(Den Haag)
Delft
Gouda
Rotterdam
10 km
The Eye
De Ruijterkade
Het Ij
STATIONSPLEIN
Hendrikkade
Ons' Lieve Heer
op Solder
Oude Kerk
Geldersekade
Achterburgwal
Oude Waal
Oosterdock
Prins
Hendrikkade
Science Center Nemo
Oosterdock
Het Scheepvaart
Museum
Kattenburgerstraat
Oudeschans
St Antoniesbreestr.
Zuiderkerk
Uilenburgergracht
Valkenburgerstraat
Kattenburgergr.
Nieuwevaart
Hoogte
Kadijk
Wittenburgergr.
Rembrandthuis
JODENBUURT
MR.
VISSERPL.
Portugese
Synagoge
Herengracht
Verzetsmuseum
Hoogte
Kadijk
Amstel
Amstelstr.
Hortus
Botanicus
Plantage
Artis
Royal Zoo
Nieuwe
Hermitage
Keizersgracht
Nieuwe
Middenlaan
Amstel
PLANTAGE
Utrechtsestraat
Keizersgracht
MAGERE-
BRUG
Weesperstraat
Prinsengracht
Nieuwe
Achtergracht
Nieuwe
Prinsengracht
Utrechtsedwarsstraat
Sarphatistraat
Mauritskade
Tropenmuseum
FREDERIKS
PLEIN
Sarphatistraat
Wibautstraat
Oosterpark
Oosterpark
TORONTOBR.
Stadhouderskade
Amstel
DE PIJP
0
200
400 m

AMSTERDAM

LA RÉDACTION DU ROUTARD

(sans oublier nos 50 enquêteurs, aussi sur le terrain)

© R. Delalande et E. Dessons

Jean-Sébastien, Olivier, Mathilde, Thierry Alain, Gavin's, Éléonore, Anne-Caroline, André, Laura, Florence, Véronique, Isabelle, Géraldine, Fiona, Amanda, Benoît, Emmanuelle, Bénédicte, Philippe, Carole, Diane, Anne, Marie.

La saga du *Routard* : en 1971, 2 étudiants, Philippe et Michel, avaient une furieuse envie de découvrir le monde. De retour du Népal germe l'idée d'un guide différent qui regrouperait tuyaux malins et itinéraires sympa, destiné aux jeunes fauchés en quête de liberté. 1973 : après 19 refus d'éditeurs et la faillite de leur 1re maison d'édition, l'aventure commence vraiment avec Hachette. Aujourd'hui, le *Routard*, c'est plus d'une cinquantaine d'enquêteurs impliqués et sincères. Ils parcourent le monde toute l'année dans l'anonymat et s'acharnent à restituer leurs coups de cœur avec passion.

Merci à tous les routards qui sont solidaires de nos convictions : liberté et indépendance d'esprit ; découverte et partage ; sincérité, tolérance et respect des autres.

NOS SPÉCIALISTES AMSTERDAM

Diane Capron : passionnée de littérature, élève appliquée, la cadette de l'équipe semble davantage rat de bibliothèque qu'aventurière. Pourtant, entre 2 lectures, curieuse de tout et un peu rebelle, elle ne rechigne pas devant une plongée dans les cultures underground, motivée par une perpétuelle quête de nouveauté. Amatrice de musées et de vieilles pierres, férue de grands espaces, groupie et noctambule, avec elle, le voyage, c'est le jour et la nuit !

Michelle Georget : « Fermeture des portes, armement des toboggans… » Immanquablement, l'annonce galvanise gaiement ses 5 sens ! Tout émoustillés qu'ils sont face à l'inconnu, curieux de découvrir des ailleurs mystérieux, gourmands de rencontres insolites, prêts à accueillir l'intensité des émotions. Le voyage lui offre à chaque fois des bulles d'émerveillement.

UN GRAND MERCI À NOS AMI(E)S SUR PLACE ET EN FRANCE

Pour cette nouvelle édition, nous remercions particulièrement :

- **Marieken Penders et Eva Mansveld,** de l'office de tourisme d'Amsterdam ;
- **Roger Stryland,** de l'office néerlandais de tourisme à Paris ;
- **Els de Haan,** de Amsterdam Autrement.

Pictogrammes du Routard

Établissements

- Hôtel, auberge, chambre d'hôtes
- Camping
- Restaurant
- Terrasse
- Boulangerie, sandwicherie
- Pâtisserie
- Glacier
- Café, salon de thé
- Café, bar
- Bar musical
- Club, boîte de nuit
- Salle de spectacle
- Boutique, magasin, marché

Infos pratiques

- Office de tourisme
- Poste
- Accès Internet
- Hôpital, urgences
- Adapté aux personnes handicapées

Sites

- Présente un intérêt touristique
- Point de vue
- Plage
- Spot de surf
- Site de plongée
- Recommandé pour les enfants
- Inscrit au Patrimoine mondial de l'Unesco
- Pas de côté

Transports

- Aéroport
- Gare ferroviaire
- Gare routière, arrêt de bus
- Station de métro
- Station de tramway
- Parking
- Taxi
- Taxi collectif
- Bateau
- Bateau fluvial
- Piste cyclable, parcours à vélo

« OSONS LE PAS DE CÔTÉ »

Le surtourisme ? Tous concernés. Et pourtant, à l'écart des grands flux touristiques, il existe plein de pépites méconnues, souvent oubliées des circuits trop encombrés. Ici un site ignoré ; là un quartier secret ; plus loin un village caché au charme discret, avec un troquet d'une autre époque. Il existe une infinité de lieux peinards que l'on a envie de mettre en avant avec ce pictogramme. Un vagabondage enfin calme favorisé aussi par les **visites aux heures creuses**. Vive le *slow trip* !

#osonslepasdecote

Important : dernière minute

Entre 2 parutions du *Routard*, des événements fortuits (conditions sanitaires, catastrophes naturelles, mais aussi formalités, taux de change, conditions d'accès aux sites, fermetures inopinées, etc.) peuvent modifier vos projets de voyage. Pour éviter les déconvenues, nous vous recommandons de consulter la rubrique « Guide » par pays de notre site • *routard.com* • et plus particulièrement les dernières ***Actus voyageurs.***

Le *Routard* est imprimé sur un papier issu de forêts gérées.

I.S.B.N. 978-2-01-717220-8

Les berges du Prinsengracht

« Dieu créa le monde,
à l'exception de la Hollande,
qui fut créée par les Hollandais. »
Dicton populaire

La Hollande ? Non, ce n'est pas un pays, mais le nom de 2 provinces des Pays-Bas - qui en comptent 12. Certes, c'est la partie la plus connue et la plus visitée du royaume. Résultat, la confusion est fréquente entre la Hollande et le pays entier.

Autre idée reçue : **La Haye…** Eh non, ce n'est pas la capitale des Pays-Bas, même si elle en a toutes les caractéristiques (ministères, ambassades, etc.). La capitale est bien **Amsterdam :** c'est dans cette ville que se déroule l'investiture des monarques néerlandais. Son nom est, à l'origine, lié à l'eau, puisqu'il signifie « la digue sur l'Amstel ».

Au fil de l'Histoire, terres et eaux, souvent confondues, ont enfin trouvé leur place et semblent s'y tenir. Naguère, leurs relations furent bien tumultueuses. C'est sans doute de cette menace que le peuple hollandais a acquis son opiniâtreté, son esprit méthodique, son goût de la réflexion et son **amour de la liberté,** magistralement illustré par l'accueil qu'il a, de tout temps, réservé aux exilés de l'Histoire.

Amsterdam reste une destination où chacun se côtoie sans crainte d'afficher sa singularité : gays et lesbiennes, puritains et fumeurs de pétards, tailleurs de diamants et habitants des péniches, Moluquois et Surinamiens, Turcs et Marocains. Piétons et cyclistes également, aurait-on envie d'ajouter. On aime cette atmosphère cosmopolite et bon enfant dans un décor de village aux dimensions mondiales, qui, globalement, respecte encore **les droits de chaque minorité.**

Et en dehors des tulipes, quand la nuit éclaire les intérieurs cossus le long des canaux, on y cultive un **art de vivre** traditionnel, donnant tout son sens à cette notion parfois surannée que l'on nomme *gezelligheid,* un concept intraduisible, entre convivialité, bien-être et sociabilité.

NOS COUPS DE CŒUR

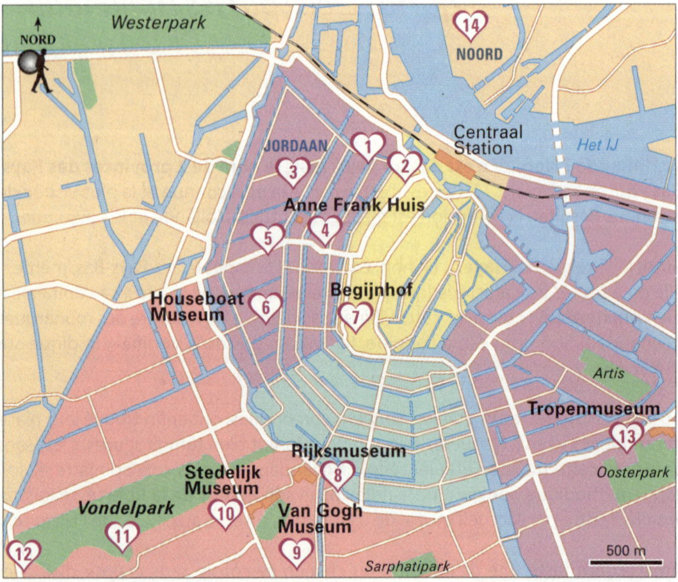

1 Sillonner les bords des grands canaux à vélo et se rendre compte de la prospérité des marchands du Siècle d'or.

Ah, les canaux d'Amsterdam ! Classés au Patrimoine mondial de l'humanité par l'Unesco, ils font tout le charme de la ville. Les 3 plus beaux, *Herengracht, Keizersgracht* et *Prinsengracht,* ont été aménagés à partir de 1560 afin d'ajouter une ceinture résidentielle à la ville. Se déployant en demi-lune autour du centre-ville, ils sont encadrés de superbes demeures édifiées aux XVIIe et XVIIIe s en styles baroque, Renaissance, néoclassique ou Art nouveau. *p. 134*

Bon à savoir : Frédéric Rent a Bike, *pour louer un vélo.* • *frederic.nl* • *Sinon, pas moins d'une dizaine de compagnies proposent des balades en bateau sur les canaux.*

© Mattes René

2 **Se régaler d'un hareng doux au comptoir d'un kiosque. On le tient par la queue avant de le faire glisser dans son gosier !**

Les kiosques à poissons, comme le *Stubbe's Haring,* font partie de l'ADN de la ville. Ils débitent des sandwichs à l'anguille, aux crevettes, au saumon ou au hareng. Pour respecter la tradition, on pince la queue du bout des doigts, on penche la tête en arrière et on l'avale d'un trait ! Sans oublier le verre de genièvre glacé pour faire passer. C'est en été, quand le poisson est le plus gras, qu'il est le meilleur. *p. 97*

Bon à savoir : *pendant une journée, fin mai ou début juin selon les années, la fête du Hareng nouveau* (Vlaggetjesdag) *marque le début de la saison.* • *vlaggetjesdag* •

© Picturelibrary/Alamy/Hemis

3 **Se balader dans le quartier du Jordaan, un quartier à part dans le cœur des Amstellodamois.**

On adore son ambiance avec ses petits cafés, ses ruelles, ses marchés, ses boutiques originales. Autrefois populaire, le Jordaan est devenu le fief des bobos, des artistes et des étudiants. Jouxtant le nord des grands canaux, il est plein de charme et de tranquillité bohème. Calme et vivant à la fois, c'est comme une ville dans la ville. *p. 140*

Bon à savoir : *le quartier historique des 9 Straatjes (les 9 rues), comprises entre le Prinsengracht, le Herengracht, la Raadhuisstraat et Leidsegracht, devrait combler les chineurs et les férus de petites boutiques branchées.*

© René Mattes

4 **Tressaillir d'émotion en visitant la maison d'Anne Frank, où elle resta cachée avec sa famille avant d'être déportée.**

À 13 ans, la petite Anne reçoit un cahier, dont elle fera son *Journal*. Avec sa grande sensibilité, elle y consigne les menus détails de sa vie cloîtrée avec sa famille. Le 4 août 1944, à la suite d'une dénonciation, les nazis font une descente, arrêtent la famille et la déportent à Auschwitz. Le journal d'Anne tombe par terre, abandonné. Anne et sa sœur Margot meurent du typhus en mars 1945. Otto, le père, seul survivant de cette tragédie, revient à Amsterdam et décide de publier le journal retrouvé. Traduit dans plus de 50 langues, ce récit est devenu par sa simplicité et sa force évocatrice le symbole de l'innocence assassinée. *p. 138*

Bon à savoir : *les billets s'achètent exclusivement en ligne • annefrank.org •*

© Gardel Bertrand/hemis.fr

5 **Faire une pause dans un « café brun » pour siroter une bière de saison.**

Les « cafés bruns », qui remontent au XVIIe s, semblent n'avoir guère changé depuis. Les murs et les plafonds sont patinés par des siècles de tabagie. Dans ces lieux de vie, aussi typiques que chaleureux, on descend bière, genièvre, et on peut même manger. Sans eux, Amsterdam serait comme Rome sans ses églises ! Les Amstellodamois, toutes catégories sociales confondues, s'y retrouvent après leur journée de travail, dans le brouhaha des conversations animées et le tintement des verres. *p.107*

Bon à savoir : *le Jordaan en recèle plusieurs, comme le café* Chris *(1624 !) ou le* Papeneiland, *superbe avec ses carreaux de Delft et ses lampes de cuivre.* • *cafechris.nl* • *papeneiland.nl* •

© René Mattes

6 **À Amsterdam, loger à bord d'une péniche pour faire corps avec la ville et ses habitants, entre eaux tranquilles et terre ferme.**

Une formule originale, idéale en famille. Ces *houseboats* sont amarrés le long de canaux pittoresques, au cœur même de la ville. Leur cale a été reconvertie en habitation dotée de tout le confort moderne, et leur pont aménagé en terrasse. Pour s'en faire une idée, visiter le *Houseboat Museum,* une péniche exposée en permanence qui permet de découvrir le cadre de vie des 30 000 personnes habitant les 2 500 bateaux-logements d'Amsterdam. *p. 140*

Bon à savoir : *offres sur le site* • *houseboathotel.nl/fr* • *houseboatmuseum.nl* •

7 Découvrir un incroyable havre de paix en pénétrant dans *Het Begijnhof,* le plus ancien des béguinages d'Amsterdam.

Une chapelle en brique au milieu d'une pelouse, entourée d'une quarantaine de maisons faisant écran à l'agitation du dehors… C'est la parenthèse enchantée que prodigue ce lieu tranquille. Fondé au XIVe s, cet îlot hébergea pendant des siècles une communauté de béguines. Ces dames, catholiques ferventes, célibataires ou veuves, vivaient dans la prière et offraient leur aide aux déshérités et aux malades. Elles n'appartenaient à aucun ordre religieux et pouvaient rompre librement leurs vœux de chasteté et d'obéissance. *p. 129*

Bon à savoir : *• begijnhofkapelamsterdam.nl •*

© Sandra Raccanello/SIME/Photononstop

8 Admirer les merveilles du Rijksmuseum, le temple de la peinture hollandaise du Siècle d'or, avec, en vedette, *La Ronde de nuit* de Rembrandt.

C'est l'un des plus beaux musées d'Europe. Il doit sa renommée aux stars de la peinture hollandaise du Siècle d'or, dont Rembrandt, Vermeer, Frans Hals, les peintres de natures mortes et de marines. 8 000 œuvres dans 80 salles couvrent 800 ans de l'histoire des Pays-Bas. Les 4 étages du bâtiment parcourent l'univers hollandais, mêlant tableaux, estampes, dessins, photos, et replaçant dans leur contexte bijoux, costumes, faïences de Delft, argenterie, maisons de poupée et meubles d'époque. *p. 143*

Bon à savoir : *insolite, une piste cyclable traverse le musée de part en part. • rijksmuseum.nl •*

La Ronde de nuit (1642) de Rembrandt
© NICOLAS José / hemis.fr

9 S'éblouir des couleurs éclatantes et des formes torturées du fabuleux Vincent Van Gogh au musée qui lui est entièrement consacré.

Construit en 1973 par Gerrit Rietveld afin d'accueillir les œuvres du maître, c'est un musée exceptionnel. Plus de 200 tableaux et 500 dessins sont rassemblés ici, soit près d'un quart de la production de l'artiste. Ajoutez à cela des œuvres de contemporains comme Gauguin, Toulouse-Lautrec, Monet, Rodin, Pissarro, Signac… Tout au long du parcours, on déambule dans le monde intérieur (lisez les lettres !) et extérieur du peintre. *p. 146*

***Bon à savoir :** concerts en nocturne certains vendredis soir, une manière insolite d'admirer les toiles du maître en musique.* • *vangoghmuseum.nl* •

Autoportrait au chapeau de paille (1887) de Vincent Van Gogh © Mattes René/hemis.fr

10 Découvrir l'une des plus importantes collections d'art moderne et de design du monde au Stedelijk Museum.

Ses collections exposent les œuvres des grands noms comme Matisse, Mondrian, Picasso, Malevitch, De Kooning, Warhol, Rietveld et Sottsass. Sa réouverture en 2012 a créé l'événement. Il faut dire que le bâtiment ne passe pas inaperçu. Avec son look de gigantesque « baignoire » en acrylique, l'extension futuriste domine le paysage du quartier des musées. L'agencement des constructions anciennes et nouvelles a été soigneusement composé. D'entrée, c'est l'éblouissement : Cézanne, Monet, Ensor, Chagall, Braque… Hormis toutes ces œuvres magistrales, les produits issus du design industriel vont ravir les amoureux du genre. *p. 149*

Bon à savoir : • *stedelijk.nl* •

© Stedelijk Museum Amsterdam, ancien bâtiment (A. W. Weissman, 1895) et nouveau bâtiment (conçu par Benthem Crouwel Architects). Photo : Jannes Linders

11 Se mettre au vert au Vondelpark, l'endroit rêvé pour faire un tour avant (ou après) la visite des grands musées.

Superbe parc de 48 ha, planté de belles futaies, semé de pelouses vert anglais, de lacs parsemés d'îlots et de petits spots secrets animés par le chant des oiseaux… comme des cigognes, des piverts et des perroquets vert anis. Le Vondelpark est un super lieu d'agrément, parfait pour un jogging, une promenade à rollers… ou une petite sieste. Et quand arrivent les gelées, place aux patineurs ! *p. 142*

***Bon à savoir :** les soirs d'été, on peut assister à des concerts gratuits ou à des pièces de théâtre « expérimental ».*

12 S'attabler devant une abondante *rijsttafel,* héritage culinaire de la présence néerlandaise en Indonésie.

Un « art de la table » pour le moins exotique. Littéralement, *rijsttafel* signifie « la table de riz ». Ce fameux plat, originaire de l'île de Java, se compose de riz et de petits plats secondaires, faits de viande, de légumes, de sauces inconnues et d'épices fortes. Le serveur dépose sur la table une quinzaine d'assiettes, toutes différentes. La *rijsttafel* est si copieuse qu'il faut picorer dans chaque plat si l'on veut en arriver au bout. *p. 102, 236*

Bon à savoir : *ne pas manger trop vite, car ce plat « religieux », naguère destiné à rendre la nature féconde, s'égrène tel un chapelet de grand-mère !*

13 **Arpenter les 5 continents en découvrant les remarquables collections du Tropenmuseum, le musée des Tropiques.**

Très bien conçu, c'est un de nos musées préférés à Amsterdam, d'autant qu'il est exempt de ce colonialisme nostalgique souvent présent dans les institutions du genre… Outre ses superbes collections, il s'ouvre aux questions de recherche et d'ethnologie, aux problèmes de développement, notamment dans les anciennes colonies des Pays-Bas. Dans le magnifique hall, les galeries sur plusieurs étages sont consacrées à l'Indonésie puis à l'Afrique et à l'Amérique latine. Présentation originale et colorée, régulièrement revue. *p. 155*

Bon à savoir : *au rez-de-chaussée, après la visite, dégustation de délicieuses spécialités des 4 coins du monde sur la terrasse du restaurant. • tropenmuseum.nl •*

14 Prendre le ferry (gratuit) pour déjeuner, dîner ou boire un verre dans le quartier des anciens chantiers navals (NDSM), là où se construit le nouvel Amsterdam.

C'est au nord de la ville que se situent aujourd'hui les lieux festifs où l'on se retrouve, aux 1ers rayons du soleil, pour boire, manger et prendre le pouls de la ville. Ne pas manquer l'ancienne cantine des ouvriers du chantier naval, l'*IJ Kantine*. Dans le genre étonnant : le *Pllek,* un restaurant aux fausses allures de squat logé dans d'anciens containers de paquebot, ou encore le *Noorderlicht Café,* installé dans un ancien hangar de stockage. *p. 116, 162*

Bon à savoir : *consultez le site de ces véritables lieux de vie. • ndsm.nl • ijkantine.nl • pllek.nl • noorderlichtcafe.nl •*

© René Mattes

15 Humer le vent du large sur les bords de l'IJsselmeer et découvrir à vélo les villages du Waterland, à quelques encablures de la capitale.

Cette jolie campagne, où la vie s'écoule paisiblement entre villages et champs de fleurs, borde une mer intérieure dont les rives étaient autrefois habitées par des pêcheurs. Les habitants de **Marken,** fiers de leurs maisons de bois peintes en vert sombre, revêtent en été leurs costumes traditionnels. On y déguste l'anguille et le hareng fumé. À **Edam,** on assiste au pittoresque marché au fromage devant le poids public. Une excursion vraiment dépaysante ! *p. 167*

Bon à savoir : *marché aux fromages d'Edam tous les mercredis en juillet-août 10h30-12h30. • vvvedamvolendam.nl •*

© Dimier Fabrice/hemis.fr

16 **Au printemps, autour de Keukenhof, parcourir les immenses champs de fleurs qui forment une mosaïque de couleurs vives ondulant au gré du vent.**

Entre Haarlem et Leyde s'étend la vaste zone dévolue à la culture des bulbes depuis plus de 300 ans. De la fin mars à la fin mai, les floraisons des diverses espèces se succèdent selon un calendrier précis : crocus, narcisses, jacinthes, tulipes, pour se terminer en été par les iris et les glaïeuls. Mais c'est à la mi-avril que les couleurs sont les plus chatoyantes et attirent une foule de photographes. *p. 188*

***Bon à savoir :** en octobre se tient un vaste marché aux bulbes.*

17 **À Gouda, faire une provision de fromage et jeter un coup d'œil aux 70 splendides vitraux de l'église Saint-Jean.**

Gouda doit sa réputation à ses célèbres boules de fromage au lait cru, mais son petit centre historique médiéval ne manque pas de charme avec ses jolis canaux, ses ruelles pavées et son mignon hôtel de ville gothique du XVe s, planté au centre du Markt. Gouda est également réputé pour la fabrication de pipes de faïence et ses gaufrettes fourrées à la mélasse. *p. 189*

***Bon à savoir :** le marché aux fromages se tient sur le Markt chaque jeudi matin, avril-août.*

18 **À La Haye, découvrir une ville qui, sans l'être, joue les capitales en abritant les institutions nationales et internationales, comme la célèbre Cour pénale internationale.**

Un statut privilégié renforcé par un petit bijou de musée, le **Mauritshuis,** renfermant des chefs-d'œuvre de peinture hollandaise du Siècle d'or, comme *La Jeune Fille à la perle* de Vermeer, et des Rembrandt parmi les plus réputés. Puis flâner dans le centre-ville, pour admirer les plus beaux édifices Art nouveau du pays. En profiter aussi pour se rendre à la plage toute proche de Scheveningen, ou encore prendre un grand bol d'air dans la magnifique réserve naturelle de Meijendel. *p. 201*

Bon à savoir : *réservation en ligne hautement recommandée.* • *mauritshuis.nl* •

© Westend61/hemis.fr

© Jon Arnold Images/hemis.fr

19 **Apprécier le charme tranquille de Delft, cette ville qui incite à la rêverie et qui est liée à la délicatesse du bleu-blanc de sa fameuse faïence.**

Delft distille une indicible sensation d'intemporalité. La promenade le long des quais ombragés de tilleuls fait naître une curieuse impression de déjà-vu… par la grâce des fameux paysages de Vermeer. Côté histoire, c'est le fantôme de Guillaume d'Orange, acteur principal de la rébellion contre l'Espagne, assassiné au **Prinsenhof,** que l'on s'attend à voir surgir, lui qui repose à présent dans la Nieuwe Kerk en compagnie de la plupart des défunts de la maison d'Orange. *p. 194*

Bon à savoir : visiter le centre d'interprétation Vermeer Centrum pour découvrir les coulisses du génie du peintre. • *vermeerdelft.nl* •

20 **À Rotterdam, ville cosmopolite multiculturelle et plus grand port de commerce d'Europe, lever le nez pour éprouver un avant-goût d'Amérique en admirant les tours du nouveau Manhattan, le sidérant Markthal et le pont suspendu Erasmus.**

Des lieux culturels innovants ont pris la place des friches industrielles et le street art y a acquis quelques lettres de noblesse. Ne manquez pas d'embarquer à bord du bateau *Spido* pour découvrir les installations portuaires gigantesques et participez à la frénésie de la nuit dans un des hauts lieux du clubbing international. *p. 214*

Maisons au bord de l'Amstel

ITINÉRAIRES CONSEILLÉS

Amsterdam en 2 jours, pour les pressés

Allez à l'essentiel et concentrez vos déplacements dans un périmètre restreint.

Dans le centre, au départ de la gare centrale

• **Jour 1 :** le **Dam** et la **Nouvelle Église (1),** le **béguinage,** l'**Amsterdam Museum** et la galerie des gardes civiques **(2),** les **Negen Straatjes** (9 ruelles, **3**), le **Houseboat Museum (4).** Déjeuner autour de la **Leidseplein (5).** L'après-midi, les grands musées avec un choix déchirant entre le **Rijksmuseum (6),** le **musée Van Gogh (7)** ou le **Stedelijk Museum (8).** Mais impossible de les voir tous les 3. Ensuite, un tour dans le **Vondelpark (9),** en guise de promenade apéritive. Le soir, petit tour du **quartier Rouge (10),** histoire de vous faire une opinion, ou soirée au **cinéma Tuschinski (11)** et dîner autour de **Rembrandtplein (12).**

• **Jour 2 :** l'**Oude Kerk** (la Vieille Église, **13**), le **« Bon Dieu au grenier »** (Ons' Lieve Heer op Solder, **14**) puis cap sur la **gare centrale (15)** pour embarquer à bord d'un bateau et faire le tour des grands canaux. Alternative, s'il fait beau : louer un vélo chez **Frédéric Rent a Bike (16)** et parcourir les canaux à votre guise en vous attardant dans le quartier du **Jordaan (17).** Déjeuner sur le pouce d'un hareng doux ou dans un des « cafés bruns » du quartier. Visiter la **maison d'Anne Frank (18),** suivre le Singel jusqu'au **marché aux fleurs (19)** et terminer par la vue sur le **Magere Brug (20)** et le **musée de l'Hermitage (21).** Prendre un verre au *Sluyswacht*, l'adorable petit café-écluse du **Jodenbuurt.**

Amsterdam en 5 jours, plus relax

Reprendre le programme précédent pour les 2 premiers jours.

Le Jodenbuurt, le Plantage et l'Oosterpark

• **Jour 3 :** pour commencer, la maison de **Rembrandt (1),** puis le **musée d'Histoire juive (2),** la **Synagogue portugaise (3)** et éventuellement la **taillerie de diamants Gassan (4).** Franchir le Nieuwe Herengracht, pour parcourir les allées et les serres du **Hortus Botanicus** (le Jardin botanique ; **5**), visiter **Micropia** (le zoo de… microbes ! ; **6**) et finir au **Tropenmuseum (7),** un de nos musées préférés à Amsterdam.

Les docks et les rives de l'IJ

• **Jour 4 :** les quartiers est méritent une journée d'exploration pour découvrir la nouvelle architecture de la ville. Plusieurs haltes intéressantes : le **chantier naval** et le **musée 't Kromhout (8),** le **Musée maritime (9),** le **centre des sciences Nemo (10).** Puis prendre le ferry pour découvrir l'étonnant développement du **quartier NDSM** (les anciens chantiers navals ; **11**), où l'on peut explorer les ateliers de créateurs et visiter le **Filmmuseum** (The EYE ; **12**).

Dans les environs d'Amsterdam, le Waterland

• **Jour 5** *(carte p. 30)* **:** s'il fait beau, réservez-vous une journée supplémentaire à vélo ou en bus pour découvrir les jolis villages de l'IJsselmeer : **Marken (13), Monnickendam (14), Volendam (15), Edam (16)** et visiter **Zaanse Schans (17).**

Le Jordaan et le clocher de la Westerkerk

© Mattes René/hemis.fr

À Rotterdam et dans les villes au sud d'Amsterdam en 5 jours

- **1 journée** pour le parc de **Keukenhof** (au printemps) et, visite de **Haarlem (1)**.
- **1 journée** pour **Gouda** et **Delft (2)**.
- **3 journées** complètes pour visiter **La Haye** (1j. ; **3**) et **Rotterdam** (2 j. ; **4**).

Les souvenirs en faïence de Delft

Le Vondelpark

SI VOUS ÊTES…

Amoureux : promenade le long des canaux et roucoulades dans les « cafés bruns » d'Amsterdam.

En famille : à Amsterdam, la maison d'Anne Frank, le Houseboat Museum, le Tropenmuseum, le Science Center Nemo, le zoo et Micropia, et le Joods Historisch Museum (Musée historique juif) pour leurs sections réservées aux enfants ; le Scheepvaart Museum (Musée maritime), le Vondelpark et aussi le village de Marken ; le Zaans Museum ; Madurodam à La Haye et la plage de Scheveningen.

Amateur d'art : choix déchirants entre le Rijksmuseum, le musée Van Gogh, le Stedelijk Museum, la maison de Rembrandt et l'Hermitage à Amsterdam ; le musée CoBrA à Amstelveen ; le musée Frans-Hals à Haarlem ; le Mauritshuis, le Gemeentemuseum et l'architecture Art nouveau de La Haye ; le Vermeer Centrum de Delft.

Curieux de lieux insolites : à Amsterdam, *Ons' Lieve Heer op Solder,* le musée du Piano mécanique ; la péniche aux Chats, le cinéma Tuschinski, l'*American Hotel* ; les adresses du quartier NDSM (les anciens chantiers navals)… À Haarlem, les cours et enclos, le Teylers Museum et Het Dolhuys. À La Haye : Escher in het Paleis et le panorama Mesdag ; les Kijk-Kubus, la maison Sonneveld, le Markthal à Rotterdam ; les moulins de Kinderdijk, aux environs.

Marin dans l'âme : le Houseboat Museum, le Scheepvaart Museum, le chantier naval, le Werfmuseum 't Kromhout à Amsterdam ; le Musée maritime et le Delfshaven à Rotterdam, sans oublier la visite du plus grand port d'Europe.

Amateur d'histoire : l'Amsterdam Museum et la galerie des gardes civiques, le Willet Holthuysen Museum, le musée Van Loon, le Joods Historisch Museum, le Verzetsmuseum (musée de la Résistance) ; le Prinsenhof à Delft ; le Binnenhof et le Haag's Historisch Museum à La Haye.

Amateur d'exotisme : les nombreux restaurants des 4 coins du monde dans toutes les grandes villes ; le Tropenmuseum d'Amsterdam.

Fondu de fromages : les innombrables boutiques spécialisées, le marché du mercredi en été à Edam, le Waag (poids public) de Gouda.

Fleuriste amateur : l'Amsterdam Tulip Museum, l'Hortus Botanicus, le marché aux fleurs ; la bourse aux fleurs de Flora Holland et, bien sûr, les champs de tulipes de Keukenhof au printemps.

Maisons du quartier du Jordaan

Interview #experienceroutard

Par la rédaction du *Routard*

Comment découvrir la ville ?

Si le vélo est roi à Amsterdam, la ville est aussi très agréable à découvrir à pied, au petit matin, quand elle est encore ensommeillée. Le *Jordaan,* surtout, se dévoile en parcourant les quais des canaux, au fil de l'eau. L'occasion de s'arrêter à chaque coin de rue pour détailler les splendides façades, de s'imprégner de l'ambiance bohème qui règne en maître et d'immortaliser les lumières de l'aube...

Une excursion à faire absolument ?

Explorer le *Waterland,* au nord d'Amsterdam. Les petits villages pittoresques de l'Ijsselmeer sont si proches de la capitale qu'on peut même les rallier à vélo ! Et pourtant, on se sent immédiatement dépaysé. Un village préféré ? Incontestablement Marken. Installé sur une presqu'île, à 20 km d'Amsterdam, il ne se parcourt qu'à pied, au fil de ses petites maisons de bois peint, semées ici et là. Un ravissant chemin mène jusqu'au port du village, affublé d'un phare. Et puis il y a le lac, le bruit des drisses qui s'entrechoquent...

Une spécialité locale à goûter de toute urgence ?

La saveur du hareng cru, vendu dans des *haringhandels,* ces petits kiosques traditionnels que l'on croise un peu partout dans les rues d'Amsterdam, laisse un souvenir impérissable... On le déguste dans une assiette ou dans un petit sandwich appelé *broodje haring,* toujours accompagné d'oignons et de cornichons.

Une découverte étonnante ?

Les Amstellodamois ne se cachent pas du monde extérieur. Il n'y a presque jamais de rideaux ni de volets aux fenêtres des maisons. Au contraire, de grandes baies vitrées laissent entrevoir le quotidien des habitants et permettent aux plus curieux d'apprécier leur goût pour la déco. C'est une véritable immersion dans la vie locale, sans voyeurisme. En plus, il est facile de faire des rencontres ici. L'accueil est rarement décevant aux Pays-Bas !

Une activité à faire absolument ?

Un marathon artistique, sans aucun doute ! Amsterdam et les villes alentour regorgent de musées grandioses. Non seulement on y admire les œuvres de Van Gogh, Rembrandt, Vermeer ou Hals, mais on en apprend aussi davantage sur l'artisanat et l'histoire du pays. Et on ressort souvent ébloui par les scénographies et l'architecture exceptionnelle de ces bâtiments. Mais la visite ne s'arrête pas aux collections majeures... Beaucoup de petits musées valent également le détour.

LES QUESTIONS QU'ON SE POSE AVANT LE DÉPART

➢ Quels sont les documents nécessaires pour aller aux Pays-Bas ?

Pour les ressortissants de l'UE et de la Suisse, la carte d'identité ou le passeport (y compris pour les enfants) en cours de validité suffisent. Pour les Canadiens, passeport en cours de validité pour les séjours touristiques de moins de 90 jours.

Les ***mineurs*** doivent être munis de leur propre pièce d'identité (carte d'identité ou passeport). Pour l'autorisation de sortie de territoire, lorsque les enfants ne sont pas accompagnés par un de leurs parents, chaque pays a mis en place sa propre législation. Ainsi, pour ***les mineurs français,*** une loi entrée en vigueur en 2017 a ***rétabli l'autorisation de sortie du territoire.*** Pour voyager à l'étranger, ils doivent être munis d'une pièce d'identité (carte d'identité ou passeport), d'un formulaire signé par l'un des titulaires de l'autorité parentale et de la photocopie de la pièce d'identité du parent signataire. Renseignements auprès des services de votre commune et sur ● *service-public.fr* ●

➢ Quelle est la meilleure époque pour profiter d'Amsterdam ?

La mi-saison est idéale. Au printemps et à l'automne, pas trop de monde dans les musées, sauf en mai. En été et pendant les vacances scolaires, longues files d'attente, pensez à réserver sur Internet. Mais les frimas de l'hiver sur les canaux ne manquent pas de charme. Sortez bien couvert !

➢ Quel budget prévoir ? Et quelles astuces pour se loger pas cher ?

Si le coût moyen de la vie est équivalent à celui des pays voisins européens, Amsterdam présente l'avantage de répondre à l'attente de tous les budgets : fauchés, en amoureux, en famille, etc. Cela dit, c'est une ville assez chère côté hébergement. L'offre hôtelière à petit budget y est quasi inexistante. Les AJ nouvelle génération de grande capacité représentent le meilleur rapport qualité-prix. En hiver, les tarifs chutent (sauf les week-ends !). Mais mieux vaut prévoir un budget suffisant si l'on veut s'offrir un séjour romantique. Côté resto, on peut s'en sortir à meilleur compte.

➢ Partir un week-end, n'est-ce pas trop court ?

Non ! Au départ de Paris, par exemple, avec le *Thalys,* vous êtes à Amsterdam en 3h15. 3 jours et 2 nuits suffiront pour découvrir l'essentiel. Dans l'idéal, comptez 5 jours.

➢ Quel est le temps de vol ?

En partant du nord de la Loire, le temps de parcours en *Thalys* n'incitera pas à prendre l'avion. Depuis Toulouse ou Marseille, compter environ 2h de vol.

➢ Quel est le meilleur moyen pour circuler ?

À pied et à vélo, bien sûr, comme tous les Hollandais. Le terrain est plat ; pédaler le long des canaux est vraiment agréable et l'on se familiarise assez vite avec le rétropédalage des bicyclettes hollandaises sans freins. Pour aller d'une ville à l'autre, prendre le train tout simplement. La voiture ici est inutile et encombrante.

➢ Faut-il parler le néerlandais ?

Les Hollandais sont de parfaits anglophones et... francophiles. Ils adorent montrer qu'ils connaissent quelques mots de français !

➢ Y a-t-il des problèmes de sécurité ?

Pas vraiment, mais la nuit venue, dans le quartier Rouge ou celui des boîtes du côté de Leidseplein, il vaut mieux se méfier des pickpockets.

➢ Peut-on y consommer de la drogue ?

Oui, pour l'instant. Mais uniquement des drogues douces et dans des conditions très limitées. Néanmoins, les pouvoirs publics essaient de restreindre les *coffee-shops* et projettent d'interdire leur fréquentation ainsi que la vente de cannabis aux touristes. Affaire à suivre ! En revanche, refusez toute proposition d'inconnus dans la rue.

➢ Y a-t-il un décalage horaire ?

Aucun, les Pays-Bas fonctionnent aux mêmes horaires que l'Europe occidentale.

➢ Peut-on visiter Amsterdam avec des enfants ?

Et comment ! Les mômes seront fascinés par la circulation des bateaux sur les canaux et se feront une joie de pédaler aux côtés de leurs parents (n'oubliez pas le casque). Par ailleurs, plusieurs musées proposent des visites ludiques et des animations rien que pour eux.

COMMENT Y ALLER ?

EN AVION

Les lignes régulières

▲ **AIR FRANCE**

Rens et résas au ☎ 09-69-39-36-54 (appel non surtaxé), sur • airfrance.fr • en agences de voyages. Également à votre écoute tlj 24h/24, sur Messenger, Facebook *et* Twitter.

➢ En collaboration avec KLM, Air France assure jusqu'à 11 vols directs/j. entre Paris-CDG 2 et Amsterdam-Schiphol.

➢ Également 1-3 vols directs/j. depuis Bordeaux, Marseille, Montpellier, Nantes, Nice, Rennes, Toulouse et Strasbourg.

Air France propose à tous des tarifs attractifs toute l'année. Pour consulter les offres et promotions du moment, consultez la page « Nos meilleures offres » sur *• airfrance.fr •*

Flying Blue, le programme de fidélité gratuit d'Air France-KLM, permet de gagner des Miles en voyageant sur les vols Air France et KLM, mais aussi auprès de nombreux partenaires aériens ou non aériens. Les Miles peuvent ensuite être échangés contre des billets d'avion ou des services (surclassement, bagage supplémentaire...) ainsi qu'auprès des partenaires. Pour en savoir plus, rendez-vous sur *• flyingblue.com •*

Les compagnies *low-cost*

▲ **EASYJET**

• easyjet.com •

➢ Vol vers Amsterdam depuis Paris et Nice.

➢ Pour nos lecteurs suisses, liaisons de Genève vers Amsterdam.

▲ **TRANSAVIA**

• transavia.com •

➢ Vols vers Amsterdam depuis Nice.

Comment aller à Roissy et à Orly ?

Toutes les infos sur notre site *• routard.com •* à l'adresse suivante : *• routard.com/dossier-pratique-sur-le-voyage/cid136112-aeroports-de-paris.html •*

Conservez dans votre bagage cabine vos médicaments, vos divers chargeurs et appareils ainsi que vos objets de valeur (clés et bijoux). Et, on ne sait jamais, ajoutez-y de quoi vous changer si vos bagages n'arrivaient pas à bon port avec vous.

LES ORGANISMES DE VOYAGES

En France

▲ **TERRES D'AVENTURE**

N° Indigo : ☎ 0825-700-825 (0,15 €/mn + prix appel). • terdav.com •

– Paris : 30, rue Saint-Augustin, 75002. ☎ 01-70-82-90-00. Ⓜ Opéra ou Quatre-Septembre. Lun-sam 9h30-19h.

– Agences également à Bordeaux, Grenoble, Lille, Lyon, Marseille, Nantes, Rennes, Rouen, Strasbourg et Toulouse.

Depuis 1976, Terres d'Aventure, spécialiste du voyage à pied, propose aux voyageurs passionnés de marche et de rencontres des randonnées hors des sentiers battus à la découverte des grands espaces de notre planète, dont les Pays-Bas. Voyages à pied, à cheval, en bateau, à raquettes... Sur tous les continents, des aventures en petits groupes ou en individuel encadrées par des professionnels expérimentés sont proposées. Les hébergements

dépendent des sites explorés : camps d'altitude, bivouac, refuge ou petits hôtels. Les voyages sont conçus par niveaux de difficulté : de la simple balade en plaine à l'expédition sportive en passant par la course en haute montagne.
En province, certaines de leurs agences sont de véritables *Cités des Voyageurs*. Consultez le programme des manifestations sur leur site internet.

En Belgique

▲ **TAXISTOP**
Pour ttes les adresses Taxistop : ☎ 070-222-292. Lun-ven 10h-17h30. • taxistop.be •
– Bruxelles : rue Thérésienne, 7, 1000. ☎ 02-227-93-01.
– Gand : Maria Hendrikaplein, 65B, 9000. ☎ 02-227-93-01.
– Gembloux : rue Buisson, Saint Guilbert, 1B, 5090. ☎ 08-162-50-98.
Taxistop propose un système de covoiturage, ainsi que d'autres services comme l'échange de maisons ou le gardiennage.

▲ **TERRES D'AVENTURE**
– Bruxelles : chaussée de Charleroi, 23, 1060. ☎ 02-543-95-60. • terdav.com • Lun-sam 9h30-19h.
Voir le texte dans la partie « En France ».

En Suisse

▲ **TERRES D'AVENTURE**
– Genève : rue de la Rôtisserie, 19, 1204. ☎ 022-519-12-20. • geneve@terdav.com • Lun-ven 10h-19h, sam 9h-18h.
Voir le texte dans la partie « En France ».

EN TRAIN

➢ ***Thalys,*** le train à grande vitesse, relie Paris-Gare du Nord au centre-ville d'Amsterdam en 3h20 env, avec 7 départs/j. entre 6h15 et 19h25. *Thalys* dessert également Rotterdam et l'aéroport de Schiphol avant d'arriver à Amsterdam. Les rames disposent toutes d'une connexion wifi offerte sur toutes les lignes, gratuite en Confort 1 et en Confort 2. Possibilité de réserver un taxi à l'arrivée.
Depuis les attentats de 2015 et 2016, prévoir d'arriver bien à l'avance à Paris-Gare du Nord. Des contrôles de bagages sont organisés sur les quais.

Renseignements et réservations

– ***Internet :*** *• oui.sncf •*
– ***Téléphone :*** *☎ 36-35.*
– Également dans les gares, les boutiques SNCF et les agences de voyages agréées.

Les *pass* internationaux

Avec les ***Pass InterRail,*** les résidents européens peuvent voyager dans 33 pays d'Europe, dont les Pays-Bas. Plusieurs formules et autant de tarifs, en fonction de la destination et de l'âge. À noter que le *Pass InterRail* n'est pas valable dans votre pays de résidence. Cependant, l'*InterRail Global Pass* offre une réduction de 50 % de votre point de départ jusqu'à la frontière en France. *• interrail.eu •*
– Pour les grands voyageurs, le ***Pass InterRail Global*** est valable dans l'ensemble des 33 pays européens concernés : intéressant si vous comptez parcourir plusieurs pays au cours du même périple.
Il se présente sous 7 formes au choix : ***5 formules flexibles*** utilisables 4, 5 ou 7 jours sur une période de validité de 1 mois (185-251 € selon formule en version jeune 12-27 ans), ou utilisables 10 ou 15 jours sur une période de validité de 2 mois (301-370 € selon formule en version jeune) ; ***5 formules « continues » :*** *pass* 15 jours, 22 jours, 1 mois, 2 mois ou 3 mois (332-677 € selon formule en version jeune). Ces formules existent aussi en version 1re classe. Les voyageurs de plus de 60 ans bénéficient d'une réduc sur le tarif de l'*InterRail Global Pass* en 1re et 2de classes (tarif senior). Également des tarifs enfants 4-11 ans.

– Il existe un ***Interrail Benelux Pass*** *(Belgique/Pays-Bas/Luxembourg)*. D'une période de validité de 1 mois, il est utilisable, selon les formules, 3, 4, 5, 6 ou 8 jours sur 1 mois ; entre 129 et 244 € selon la durée (tarif jeune), à vous de faire les calculs avant le départ. Tarifs réduits pour les plus de 60 ans et les enfants de 4 à 11 ans. Là encore, ces formules se déclinent en version 1re classe. Pour voyager dans 2 pays, vous pouvez combiner 2 ***Pass Interrail Un Pays***. Au-delà, il est préférable de prendre le *Pass InterRail Global*.

– ***InterRail*** offre également la possibilité d'obtenir des réductions et avantages à travers toute l'Europe avec ses partenaires (musées, chemins de fer privés, hôtels, etc.).

Tous ces prix ne sont qu'indicatifs.

EN VOITURE

Économique à plusieurs (par trajet, env 17 € de péage sur le territoire français depuis Paris), bien pour être autonome sur la route, mais pas du tout pratique dans le centre d'Amsterdam (voir la rubrique « Transports » dans le chapitre « Amsterdam »).

➢ ***De Paris :*** l'itinéraire le plus court (entièrement par autoroute) passe par *Lille, Gand (Gent)* et *Anvers (Antwerpen).* Compter 504 km, donc à peu près 5-6h de route avec une pause à mi-chemin. De Paris, prendre l'autoroute du Nord (A1) à la porte de La Chapelle ou à la porte de Bagnolet. Péage jusqu'à Lille ; après, les autoroutes sont gratuites. Ce trajet est plutôt morose.

On peut aussi faire *Paris-Bruxelles-Anvers-Amsterdam*. Cet itinéraire est un peu plus long que celui qui passe par Lille. Embouteillages sur le contournement de Bruxelles et d'Anvers en semaine aux heures de pointe.

Attention : si vous passez par Anvers, ne vous aventurez pas dans la zone centrale sans vous être assuré d'avoir enregistré au préalable votre véhicule auprès de ● *lez-belgium.be* ●

Autre solution : prendre le chemin des écoliers par le nord-est de la France traversant la Champagne et les Ardennes par Charleville-Mézières. De là, très jolie route par la *vallée de la Meuse* en Belgique, avec *Dinant, Namur, Liège, Maastricht, Utrecht* et *Amsterdam.*

➢ ***De l'est de la France*** *(Alsace, Lorraine)* ***:*** Amsterdam se situe à 610 km de Strasbourg. La route passe par l'*Allemagne* et la ville de *Maastricht.*

À noter que depuis les attentats de 2015 et de 2016, des contrôles aléatoires ont été rétablis aux postes-frontières.

Attention : la vitesse sur autoroutes est limitée à 120 km/h (radars nombreux, amendes désormais transmises en France) en Belgique mais est passée à 100 km/h dans la journée aux Pays-Bas.

Infos pratiques

– ***Les autoroutes*** sont gratuites et éclairées une partie de la nuit en Belgique et aux Pays-Bas. Attention : en Belgique, la signalisation autoroutière est constituée de panneaux verts (bleus pour les nationales).

– Les autos et les motos jaunes de l'***ANWB*** (*Touring Club* néerlandais) patrouillent 24h/24 le long des routes à grande circulation.

– La vitesse maximale est de 100 km/h dans la journée (120 km/h en Belgique) sur les routes E (autoroutes), 80 km/h sur les routes B (routes secondaires) et 50 km/h en agglomération.

– En cas de panne, appeler le ☎ *112.*

Covoiturage

Le principe est économique, écologique et convivial. Il s'agit de mettre en relation un chauffeur et des passagers afin de partager le trajet et les frais, que ce soit de manière régulière ou exceptionnelle (pour les vacances, par exemple). Les conducteurs sont invités à proposer leurs places libres sur BlaBlaCar ● *blablacar.fr* ● (disponible sur Internet et sur mobile). L'inscription est gratuite.

EN BUS

2 compagnies se partagent désormais le réseau des bus longue distance : ***Flixbus.fr*** et ***Blablabus.*** De nouvelles dessertes sont régulièrement mises en place entre de nombreuses villes en Europe. Afin de vous aider à faire votre choix, il existe des sites de comparaison et de réservation de billets. Certains confrontent plusieurs modes de transports (train, bus, covoiturage) et permettent d'acheter directement son ticket : • *kombo.co* • *comparabus.com* •

À VÉLO

On peut le faire sans problème, à condition de s'entraîner un peu. Ceux qui partent de Paris ont intérêt à ne pas passer par Lille ou Anvers, itinéraire passablement morne et industrieux, mais à prendre la piste du nord-est de la France. Gagner Charleville-Mézières, puis la Belgique par la vallée de la Meuse. Ensuite Dinant, Namur, Huy, Liège, Maastricht, Utrecht, et enfin Amsterdam. C'est en revanche un peu plus long. Tout dépend de votre coup de pédale, mais envisager la randonnée en 4 ou 5 jours ne relève pas de l'utopie, d'autant qu'on trouve de bonnes AJ en cours de route.

EN BATEAU

Pour un retour plus paisible... Oui, on peut naviguer à partir d'Amsterdam sur les voies d'eau de Hollande et de Belgique par Anvers et Liège, pour finir par la vallée de la Meuse et les ascenseurs hydrauliques du canal du Centre, classés au Patrimoine mondial de l'Unesco. Et d'autres formules à découvrir sur le site. C'est à bord d'un bateau glissant sur les rivières et canaux que le romancier Georges Simenon aurait imaginé le commissaire Maigret. Vous saurez quoi lire ou quoi faire, sur le pont.

▲ CROISIEUROPE

Rens au ☎ 0826-101-234 (0,15 €/mn + prix d'appel ; lun-ven 9h-18h30, sam 9h-12h). • *croisieurope.com* • *– Bureaux à Paris, Lyon, Nantes, Nice, Strasbourg, Bruxelles et Lausanne.*

PAYS-BAS UTILE

ABC des Pays-Bas

- ***Superficie :*** 41 526 km^2 (13 fois moins que la France), dont 25 % de terres sous le niveau de la mer et 7 637 km^2 de cours et plans d'eau.
- ***Population :*** 17,2 millions d'hab. Urbanisée à 90 %.
- ***Capitale :*** Amsterdam, plus de 740 100 hab.
- ***Villes principales :*** Rotterdam, Den Haag (La Haye ; siège des pouvoirs publics, de la Cour de justice internationale et résidence de la cour royale).
- ***Point culminant :*** 321 m.
- ***Point le plus bas :*** - 7 m.
- ***Langues officielles :*** le néerlandais et le frison.
- ***Monnaie :*** l'euro.
- ***Régime :*** monarchie constitutionnelle.
- ***Chef de l'État :*** le roi Willem-Alexander depuis 2013.
- ***Chef du gouvernement :*** Mark Rutte (parti libéral) depuis 2010, reconduit en 2012 et à nouveau en 2017.
- ***Bourgmestre d'Amsterdam :*** Femke Halsema, depuis 2018 ; 1re femme à ce poste de toute l'histoire de la ville.
- ***Indice de développement humain :*** 0,933 (10e rang mondial).
- ***Religions :*** calviniste, catholique, juive, musulmane, mais majorité d'athées.
- ***Signes particuliers :*** une des plus fortes densités au monde (420 hab./km^2) ; la moitié du pays à moins de 1 m au-dessus du niveau de la mer ; le record mondial de taille moyenne (hommes 1,84 m, femmes 1,70 m) ; plus de bicyclettes (18 millions) que d'habitants.

AVANT LE DÉPART

Adresses utiles

En France

Office néerlandais du tourisme et des congrès : *• holland.com/fr/tourisme.htm • Fermé au public. Brochures à télécharger.* Le site, en français, est très complet et utile pour glaner toutes sortes d'infos, de l'histoire à la programmation d'expos ou d'événements, en passant par les hébergements, etc.

Ambassade royale des Pays-Bas : *7, rue Éblé, 75007 Paris. ☎ 01-40-62-33-00. • paysbasetvous.nl • Ⓜ Duroc ou Saint-François-Xavier. Service consulaire : lun-ven 9h-13h, 14h30-17h ; fermé w-e et j. fériés. Sur rdv uniquement.*

En Belgique (et pour le Luxembourg)

Office néerlandais du tourisme et des congrès : *• holland.com • Fermé au public. Brochures à télécharger.*

■ ***Ambassade royale des Pays-Bas :*** *av. de Cortenbergh, 4-10, 1040 Bruxelles.* ☎ *02-679-17-11.* • *paysbasetvous.nl* • *Service consulaire : sur rdv.*

En Suisse

■ ***Ambassade royale des Pays-Bas :*** *Steftigenstrasse, 7, 3007 Berne.* ☎ *031-350-87-00.* • *netherlandsandyou.nl* • *Service consulaire : sur rdv.*

Au Canada

■ ***Consulat honoraire des Pays-Bas :*** *1010, Sherbrooke St West, suite 2200, Montréal (Québec) H3A 2R7.* ☎ *(514) 284-2322.* • *paysbasetvous.nl* • *montreal@nlconsulate.com* • *Sur rdv seulement.*

Avant de partir, pensez à scanner passeport, visa, carte bancaire, billets d'avion et *vouchers* d'hôtel. Ensuite, adressez-les-vous par e-mail, en pièces jointes. En cas de perte ou de vol, rien de plus facile pour les récupérer. Les démarches administratives seront bien plus rapides. Merci tonton Routard !

Formalités d'entrée

– Les ***mineurs*** doivent être munis de leur propre pièce d'identité (carte d'identité ou passeport) et de ***l'autorisation de sortie du territoire :*** formulaire signé par l'un des parents titulaires de l'autorité parentale et de la photocopie de la pièce d'identité du parent signataire. Renseignements auprès des services de votre commune et sur • *service-public.fr* •

Assurances voyage

■ ***Assurance Routard par AVI International :*** *10, av. de l'Arche, 92400 Courbevoie.* ☎ *01-44-63-51-00.* • *routard@avi-international.com* • *avi-international.com* • Ⓜ *George-V.* Enrichie au fil des années par les retours des lecteurs, *Routard Assurance* reste l'assurance voyage référence des globe-trotters. Tout est inclus, même le Covid : frais médicaux, assistance rapatriement, bagages, responsabilité civile... Avant votre départ, contactez *AVI* pour un conseil personnalisé. Besoin d'une attestation Covid, d'un avis médical, d'une prise en charge dans un hôpital ? Téléchargez l'appli mobile *AVI International* pour garder le contact avec *AVI Assistance* et disposer d'un vaste réseau médical à travers le monde. *AVI Assistance* est disponible 24h/24 pour une réponse en temps réel. De simples frais de santé en voyage ? Envoyez les factures à *AVI* dès votre retour, ils vous remboursent sous une semaine.

■ ***AVA Assurance Voyages et Assistance :*** *25, rue de Maubeuge, 75009 Paris.* ☎ *01-53-20-44-20.* • *ava.fr* • Ⓜ *Cadet.* Un autre courtier fiable pour ceux qui souhaitent s'assurer en cas de décès-invalidité-accident lors d'un voyage à l'étranger, mais surtout pour bénéficier d'une assistance rapatriement, perte de bagages et annulation. Attention, franchises pour leurs contrats d'assurance voyage.

■ ***Pixel Assur :*** *18, rue des Plantes, BP 35, 78601 Maisons-Laffitte.* ☎ *01-39-62-28-63.* • *pixel-assur.com* • *RER A : Maisons-Laffitte.* Assurance de matériel photo et vidéo tous risques (casse, vol, immersion) dans le monde entier. Devis en ligne basé sur le prix d'achat de votre matériel. Avantage : garantie à l'année.

Ariane, ayez les bons réflexes sur le site du ministère de l'Europe et des affaires étrangères

– Consultez les conseils aux voyageurs : préparez soigneusement votre voyage (risques liés à la sécurité, formalités de séjour, conseils et obligations sanitaires...) en vous connectant sur • *diplomatie.gouv.fr* • ou via l'application mobile.

– Inscrivez-vous sur Ariane : en quelques clics, créez votre compte sur • *diplomatie.gouv.fr* • pour recevoir par e-mail ou sms des alertes et des consignes de sécurité, en cas de nécessité.

Carte internationale d'étudiant (carte ISIC)

Elle prouve le statut d'étudiant dans le monde entier et permet de bénéficier d'avantages, de services et de réductions dans les domaines du transport, de l'hébergement, de la culture, des loisirs, du shopping...
La carte ISIC permet aussi d'accéder à des avantages exclusifs (billets d'avion spécial étudiants, hôtels et auberges de jeunesse, assurances, cartes SIM internationales, location de voiture...).

Renseignements et inscriptions

– ***En France :*** • *isic.fr* •
– ***En Belgique :*** • *isic.be* •
– ***En Suisse :*** • *isic.ch* •
– ***Au Canada :*** • *isiccanada.ca* •

Carte d'adhésion internationale aux auberges de jeunesse (carte FUAJ)

Cette carte vous ouvre les portes des 4 000 auberges de jeunesse du réseau *HI-Hostelling International* en France et dans le monde. Vous pouvez ainsi loger dans plus de 80 pays à des prix avantageux et bénéficier de tarifs préférentiels avec les partenaires des auberges de jeunesse *HI.* Enfin, vous intégrez une communauté mondiale de voyageurs partageant les mêmes valeurs : plaisir de la rencontre, respect des différences et échange dans un esprit convivial.
Il n'y a ***pas de limite d'âge*** pour séjourner en auberge de jeunesse. Il faut simplement être adhérent.

Renseignements et inscriptions

– ***En France :*** • *hifrance.org* •
– ***En Belgique :*** • *lesaubergesdejeunesse.be* •
– ***En Suisse :*** • *youthhostel.ch* •
– ***Au Canada :*** • *hihostels.ca* •
Si vous prévoyez un séjour itinérant, vous pouvez réserver plusieurs auberges en une seule fois en France et dans le monde sur • *hihostels.com* •

ARGENT, BANQUES, CHANGE

Les banques

La monnaie en circulation est l'euro (€). Les banques sont généralement ouvertes du lundi au vendredi de 9h à 17h. Certaines ouvrent également le jeudi soir jusqu'à 21h ou le samedi matin. Elles sont fermées les jours fériés. Préférer les guichets du *GWK* à ceux des bureaux de change. Les agences *GWK* sont situées dans les gares des principales villes et aux postes-frontières.

Avertissement

Si vous comptez effectuer des retraits d'argent aux distributeurs, il est très vivement conseillé d'avertir votre banque avant votre départ (pays visités et dates). En effet, votre carte peut être bloquée dès le 1er retrait pour suspicion de fraude. C'est de plus en plus fréquent. Bonjour les tracasseries administratives pour faire rentrer les choses dans l'ordre, et on se retrouve vite dans l'embarras !

Le change

Pour les Français et les Belges, on reste en zone euro. Pour nos amis suisses et canadiens, à titre informatif, 1 € = 1,08 Fs = 1,48 $Ca (2021).
Pour info, les Néerlandais n'utilisent plus les pièces jaunes de 1 et 2 centimes !
Pour ceux qui en ont besoin, les grandes banques nationales offrent les meilleurs taux de change, ainsi que les bureaux de change *GWK,* qui prennent la commission la moins élevée de tous. Dans le centre des grandes villes, on trouve de nombreux petits bureaux de change privés. Évitez-les à tout prix : les taux de change alléchants cachent des commissions élevées qui peuvent atteindre 25 % !

Si vous retirez de l'argent dans un distributeur, **utilisez de préférence les distributeurs attenants à une agence bancaire.** En cas de pépin avec votre carte (carte avalée, erreurs de code secret...), vous aurez un interlocuteur dans l'agence, pendant les heures ouvrables du moins.

Les cartes de paiement

Quand vous partez à l'étranger, pensez à relever le plafond de retrait aux distributeurs et pour les paiements par carte, quitte à le faire rebaisser à votre retour.
En zone euro, ***pas de frais bancaires sur les paiements par carte.*** Les retraits sont soumis aux mêmes conditions tarifaires que ceux effectués en France (gratuits pour la plupart des cartes). Une carte perdue ou volée peut être rapidement remplacée. En appelant sa banque, un système d'opposition, d'avance d'argent et de remplacement de carte pourra être mis en place afin de poursuivre son séjour en toute quiétude.

Avant de partir, notez bien le numéro d'opposition propre à votre banque (il figure souvent au dos des tickets de retrait, sur votre contrat ou à côté des distributeurs de billets), ainsi que le numéro à 16 chiffres de votre carte. Bien entendu, conservez ces informations en lieu sûr et séparément de votre carte. Et surtout, n'oubliez pas non plus de VÉRIFIER LA DATE D'EXPIRATION DE VOTRE CARTE DE PAIEMENT avant le départ !

En cas de perte, de vol ou de fraude, quelle que soit la carte que vous possédez, chaque banque gère elle-même le processus d'opposition et le numéro de téléphone correspondant. Le plus simple est de faire opposition en ligne via le site de votre agence bancaire ou son application mobile, ou en les appelant directement. Sinon, voici les numéros des centres d'assistance des différentes cartes.

– ***Carte Visa :*** *n° d'urgence ☎ 0800-022-3110. • visa.fr •*

– ***Carte MasterCard :*** *n° d'urgence ☎ 0800-022-5821. • mastercard.fr •*

– **Carte American Express :** *n° d'urgence ☎ (00-33) 1-47-77-72-00.* • *americanexpress.com* •
– Il existe aussi un serveur interbancaire d'opposition à carte de paiement : *en France, ☎ 0892-705-705 (prix d'appel + 0,35 €/mn) ; depuis l'étranger, ☎ (00-33) 442-605-303.*

Beaucoup de restos n'acceptent que les cartes locales, à la rigueur la *MasterCard* ou l'*American Express,* mais pas toujours la *Visa.* Idem dans les supermarchés. En revanche, ***dans les nouveaux lieux tendance,*** tels les hôtels design, les restos-bars des anciens docks et autres lieux encore plus excentrés qu'excentriques, ***votre carte sera obligatoire pour décourager les infractions, pas d'autre mode de paiement possible.***
– ***Distributeurs de billets :*** les banques disposent de distributeurs automatiques en façade qui acceptent la *MasterCard.* Pour la *Visa,* le choix se limite à 3 banques : *GWK, VSB Bank* et *ABN-AMRO.* Sinon, distributeurs dans les supermarchés.

ACHATS

Horaires des boutiques

La plupart des boutiques ouvrent le lundi vers 10-11h jusqu'à 18h, du mardi au vendredi de 9h à 18h et le samedi jusqu'à 17h. Certaines ouvrent également leurs portes le dimanche (11h-17h). Les grands magasins ouvrent le lundi à 11h et ferment à 19h (parfois 20h), mais font des nocturnes le jeudi jusqu'à 21h.

Que rapporter de Hollande ?

– ***Les oignons et les bulbes de fleurs*** devant être contrôlés par le service phytopathologique, il est préférable de se les faire expédier chez soi par les fleuristes locaux, qui connaissent les prescriptions légales et ont l'habitude d'effectuer des envois dans le monde entier. Au marché aux fleurs, où seuls les touristes s'approvisionnent encore, mieux vaut s'abstenir d'acheter des bulbes car ils ont peu de chance de fleurir un jour !
– Parmi les spécialités gastronomiques de la Hollande, citons : les ***chocolats*** (surtout l'amer, dit *puur*), les fameux ***fromages d'Edam*** et ***de Gouda,*** l'***anguille fumée*** *(gerookte paling),* le ***genièvre,*** le ***curaçao*** et les ***liqueurs*** diverses.
– Mentionnons bien sûr les ***cigares*** et les différents ***tabacs,*** traditionnellement en provenance de Sumatra. Mais pas le cannabis, bien évidemment (voir plus loin).
– ***De la faïence de Delft :*** voir la rubrique que nous lui consacrons dans le chapitre « Hommes, culture, environnement » en fin de guide.
– ***Des sabots*** *(klompen)* ***:*** en bois brut, vernis, sculptés de motifs ou bariolés. Très légers... et plus faciles à transporter que les ***meubles en bois peint*** que l'on fabrique à Hindeloopen !
– ***Des articles de mode et de design,*** parfois assez avant-gardistes : vêtements, accessoires, objets de déco... 2 enseignes devenues mythiques : *Moooi,* dans le quartier du Jordaan, et *Droog,* plus à l'est. Le design hollandais se retrouve partout : les boutiques de mobilier vintage sont légion et beaucoup plus fournies qu'en France. La facture s'avère souvent salée en revanche.
– Si les ***vinyles*** sont au même prix qu'ailleurs, voire un tantinet plus chers, on a repéré chez les disquaires des promos incroyables. Surtout, les Hollandais cultivent un certain goût pour les ***années 1980...*** Le vintage fait fureur !
– Sans oublier toutes les trouvailles que vous pourrez faire dans les ***boutiques de broc*** en tout genre, où l'on peut parfois boire et grignoter sur le pouce...

BUDGET

Si le coût moyen de la vie est équivalent à celui de ses voisins européens, Amsterdam s'adapte à toutes les bourses.

Nos fourchettes de prix en hébergement

Les prix indiqués sont pour 2 personnes. ***On insiste sur la nécessité de s'y prendre très tôt pour réserver :*** 2 ou 3 mois à l'avance ! Sachez que, selon la saison, les prix varient du simple au double, quand ce n'est pas au triple. Pas de panique, consultez les sites : on y trouve pas mal de promos. À Amsterdam, les prix varient aussi en fonction du jour de la semaine : comme c'est une « destination week-end », les tarifs grimpent généralement dès le vendredi soir, et cela toute l'année.

- ***Bon marché :*** de 30 à 65 € la chambre ; dans cette catégorie entrent les *hostels,* avec des lits en dortoir de 15 à 30 € la nuit.
- ***Prix moyens :*** de 65 à 150 € la chambre.
- ***De chic à très chic :*** de 150 à 250 € la chambre.
- ***Encore plus chic :*** plus de 250 € la chambre.

Dernière chose, pensez à bien vous faire préciser si les ***taxes de séjour*** sont comprises dans le prix. Si ce n'est pas le cas (il n'y a pas de règle), il vous faudra ajouter 7 % au prix de la chambre (ou à l'emplacement d'une tente dans un camping), ainsi qu'une taxe de 3 € par nuit (1 € pour le camping). Pour les *B & B,* la taxe est de 10 %. Si vous ajoutez les 5 % de supplément souvent exigés en cas de paiement par carte, cela peut réserver quelques mauvaises surprises au moment de régler la note.

Les prix en restauration

Le moins cher consiste à manger debout aux multiples kiosques à poisson ou à frites ! Mais il y a de nombreux *eetcafés,* snacks, lieux alternatifs, cafés de musée ou bars où vous déjeunerez bien.

Les prix sont indiqués pour une personne.

- ***Très bon marché :*** moins de 5 €.
- ***Bon marché :*** de 5 à 15 €.
- ***Prix moyens :*** de 15 à 30 €.
- ***Chic :*** plus de 30 €.
- ***Très chic :*** plus de 50 €.

Les musées

La plupart sont payants et chers, de 5 à... 20 € et plus ! On ne parle même pas des expos temporaires, impliquant un supplément. Si les enfants et les moins de 18 ans sont épargnés, peu de musées proposent des réductions pour les étudiants, et encore moins pour les seniors (plus de 65 ans)... Cela ne vous empêche pas de tenter votre chance en posant la question.

La ***I amsterdam City Card*** (voir la rubrique « Infos touristiques » des « Adresses et infos utiles » au début du chapitre « Amsterdam ») permet de réaliser de substantielles économies, à condition... de l'amortir ! D'autant que certains musées, comme la maison Anne Frank, ne sont pas compris.

À signaler aussi, pour ceux qui habitent aux Pays-Bas ou qui s'y rendraient souvent, l'existence d'une carte d'accès permanente annuelle, valable dans 400 musées ! • *museumkaart.nl* • Son prix varie : 65 € environ en tarif plein, 32,50 € pour les moins de 18 ans. On peut l'obtenir par Internet ou dans les bureaux de l'office de tourisme. Prévoir une pièce d'identité et 5 € environ de frais de dossier. Vu son prix, cette carte s'amortit en 4 ou 6 musées. Elle peut s'avérer plus intéressante que la *I amsterdam City Card* si vous décidez de vous gaver de

musées ou de vous aventurer en dehors de la ville. En revanche, elle n'offre ni la gratuité du transport ni les balades en bateaux-mouches. À vous de faire vos calculs... Si vous êtes adepte de la marche, n'hésitez plus !
Si vous voyagez dans d'autres villes qu'Amsterdam, vous pouvez être également intéressé par le *Holland Pass.* Cette carte, dont le coût varie entre 45 et 85 €, donne droit à 2 à 7 entrées gratuites et à des réductions dans de nombreux musées, attractions touristiques, restaurants, boutiques, et certains transports en commun. Elle est valable dans tout le pays. Pour en savoir plus : • *hollandpass.com* •

Les sorties

Alors là, c'est génial ! Écouter un groupe de jazz ou danser pour 5-12 €, boire une bière pour 3 ou 5 € dans un endroit à la mode, ça permet d'égrener le chapelet des lieux de nuit sans se mettre sur la paille.

Les toilettes

Ça ne devrait pas grever énormément le budget, sauf si vous buvez beaucoup de bière, mais sachez qu'elles sont quasi toutes payantes, parfois même dans les discothèques. Pour les clients des cafés, rassurez-vous, c'est gratuit.

CLIMAT

La météo change très vite : alternance de vent fort, de soleil réconfortant et de courtes périodes de pluie (giboulées). En dehors de l'été, prévoir des vêtements chauds.

Les saisons

– ***Printemps :*** avril et mai sont les 2 mois de l'année où il pleut le moins. Très bonne période pour venir en week-end. Toute la Hollande est en fleurs. Il fait suffisamment bon, surtout fin mai, pour entreprendre de superbes balades à bicyclette dans Amsterdam, mais aussi dans l'arrière-pays.
– ***Été :*** moins de charme que le printemps. Beaucoup de monde vient déambuler sous un ciel aux couleurs laiteuses. Mais c'est en juin et juillet qu'il fait le plus chaud. Un peu comme sous les tropiques, c'est aussi l'époque où il pleut le plus.
– ***Automne :*** saison romantique par excellence pour visiter Amsterdam. Les arbres aux feuilles jaunies le long des canaux, la belle lumière oblique (chère à l'école hollandaise), les journées de pluie un peu fraîches et venteuses, la ville qui retrouve enfin son rythme de croisière : toute cette atmosphère propice aux flâneries nous plaît vraiment.
– ***Hiver :*** de mi-novembre à fin mars, Amsterdam se replie sur lui-même et se referme sur ses mystères. La brume, le vent, le froid, la pluie culminent en janvier et février. À déconseiller aux frileux. Époque idéale pour les poètes mélancoliques, les coureurs de musées, les rêveurs et les buveurs. Ambiance envoûtante dans les « cafés bruns » enfumés, impression étrange et merveilleuse de se mouvoir dans un décor de théâtre. Avec un peu de chance, mars peut être une bonne option.

DANGERS ET ENQUIQUINEMENTS

Amsterdam est une ville où il fait bon se promener en toute quiétude. Notre seule mise en garde concerne les pickpockets, particulièrement actifs à la nuit tombée, dans le quartier des boîtes et des restos de Leidseplein, ainsi que dans le quartier Rouge.

On vous proposera souvent des substances prohibées ; un refus ferme et poli (*dank u... nee !* ; prononcez-le bien, pour éviter tout quiproquo) vous évitera d'être harcelé. Les panneaux de prévention sont là pour vous le rappeler partout en ville ! De nuit, évitez aussi de vous engager dans les ruelles étroites du quartier Rouge où les dames en vitrine exercent leur activité. Si vous êtes agressé, ne jouez pas les héros, surtout avec les toxicos.
Si vous louez un vélo, enchaînez-le soigneusement à un arbre ou à un poteau quand vous faites des pauses, mais pas n'importe où : autour de la gare et dans le centre, garez-vous dans les lieux réservés si vous ne voulez pas retrouver votre monture à la fourrière.

DROGUES ET STUPÉFIANTS

La politique néerlandaise en matière de drogue a été plutôt... stupéfiante pour les autres pays européens. En Indonésie, la Compagnie des Indes orientales, puis l'État, possédait jusqu'au début du XXe s le monopole sur le transport, le contrôle de la qualité et la vente d'opium, destiné principalement à la communauté chinoise. Même si certains cherchent à limiter la relative liberté actuelle, dans des centaines de *coffee-shops,* la marijuana et la résine se vendent toujours librement, en quantités certes rigoureusement réglementées.

MÉMOIRE COURTE

Il a fallu du temps pour que son existence officielle soit reconnue, mais une usine de cocaïne fonctionna à Amsterdam à partir de 1900. Le pic des ventes fut atteint en 1914-1918, l'usine fournissant tous les belligérants (les Pays-Bas étaient neutres). Parfois, la cocaïne se retrouvait mélangée au rhum fourni aux soldats pour diminuer la peur. Fermée en 1925, l'usine reprit ses activités en 1942, sous l'occupation allemande. Cette fois, les Américains et les Anglais mirent tout en œuvre pour que ce trafic cesse...

Répression et tolérance

Contrairement à l'idée communément véhiculée, **LA CULTURE, LA VENTE ET LA CONSOMMATION DE TOUTE FORME DE DROGUE SONT INTERDITES PAR LA LOI.** Toutefois, la consommation de cannabis est tolérée, mais avec des règles très strictes. Cette politique vise à réduire la demande et l'offre de drogue et les risques encourus par les usagers, leurs proches et la société.
Comme partout ailleurs, ***le détenteur de drogues dures et le trafiquant encourent de lourdes peines.*** Dans le cas des drogues dites « douces », une distinction est établie selon les quantités. Selon la loi, le détenteur de moins de 5 g de résine ou de marijuana risque une amende. Celui qui en détient plus de 5 g risque la détention et une forte amende. Mais dans la pratique, celui qui se balade avec 5 g de shit sur lui ne sera pas inquiété. Pourquoi ? Parce que le système cherche à écarter les fumeurs occasionnels du milieu criminel et de la sphère pénale. Les petits consommateurs, s'affichant souvent contre les drogues dures, ne constituent donc pas la cible de la police.

Les *coffee-shops*

En 1996, le Parlement néerlandais a lancé une nouvelle politique en matière de drogue et de toxicomanie. La 1re licence d'exploitation est délivrée à un *coffee-shop,* clamant son désir de voir fermer peu à peu les repaires des trafiquants de drogues dures. Les *coffee-shops* devaient respecter 5 règles d'or : en plus de l'autorisation municipale, pas de vente de drogues dures ou chimiques, pas de publicité, respect de l'ordre public, interdiction d'accès et de vente aux moins

de 18 ans et, enfin, ***interdiction de vendre plus de 5 g de haschisch*** par transaction. De plus, ils ne peuvent détenir plus de 500 g en stock. Toute infraction à cette règle entraînait la fermeture du *coffee-shop.* Les Pays-Bas étaient alors entrés dans une phase répressive puisqu'ils réduisaient petit à petit le nombre des *coffee-shops* en ne renouvelant pas les licences de ceux qui fermaient ou en fermant ceux situés à proximité des écoles.
Qui finira par gagner la partie ? Les partisans des *coffee-shops* soutiennent que cela permet de contrôler la qualité et de lutter contre le trafic ; les autres sont fatigués de ce ***« narco-tourisme »*** qui entraîne chaque année de nouvelles nuisances : tapage nocturne, afflux de jeunes turbulents le week-end, problèmes de stationnement...
Une tentative a été faite en 2011 pour ***réserver l'accès des coffee-shops aux seuls résidents néerlandais.*** Une « carte cannabis » leur était délivrée. Gérants de *coffee-shops* et partis de gauche se sont battus durant la campagne électorale des législatives pour éviter qu'elle ne devienne une obligation. Un compromis a été trouvé avec les libéraux. En théorie, rien n'est gravé dans le marbre, mais en pratique les villes peuvent appliquer la politique qu'elles désirent. Le maire libéral de Maastricht a décidé de maintenir le *pass,* ce qui a entraîné une fronde des gérants de *coffee-shops* d'une part, et une recrudescence du deal dans les rues d'autre part. Femke Halsema, actuelle maire d'Amsterdam, souhaite elle aussi en limiter l'accès aux seuls autochtones, dans une proposition présentée au conseil municipal au début de l'année 2021. De même, pour enrayer les dérives de ce tourisme de masse parfois nuisible, elle a proposé de ***déplacer les prostituées du quartier Rouge à la périphérie de la ville.*** Avant le Covid, les quelque 160 *coffee-shops* amstellodamois attiraient 17 millions d'étrangers venus s'approvisionner pour la fumette. Se pose alors la question de l'impact financier de telles mesures.
Évidemment, la tolérance des autorités néerlandaises concernant les drogues douces s'arrête aux frontières des Pays-Bas. Au-delà, ***Belgique comprise,*** chaque quantité de drogue, même douce, aussi minime soit-elle, est absolument illégale. Et la justice française a même le pouvoir de poursuivre les délits de drogue commis par ses ressortissants aux Pays-Bas.

FÊTES ET JOURS FÉRIÉS

Jours fériés

Les 25 et 26 décembre (on fête Noël 2 jours durant !), le 1er janvier, le lundi de Pâques, le 5 mai, jour de la libération des Pays-Bas, le jeudi de l'Ascension, le lundi de Pentecôte, sans oublier le 27 avril, jour de l'anniversaire du roi (mais si cette date tombe un dimanche, on l'avance d'un jour, car dans la tradition protestante le dimanche est le jour du Seigneur, pas celui du souverain).

Fêtes

La vie culturelle et sociale amstellodamoise s'articule autour de ses 70 festivals et ses méga-concerts qui rassemblent tous les publics, avec un goût effréné pour la liberté et l'originalité ! Programme (en français) sur la page • *iamsterdam.com/fr* •

En janvier

– ***La fête des Tulipes :*** *mi-janv (voir calendrier de l'office de tourisme).* Tout le monde peut cueillir les tulipes de la place Dam, c'est gratuit.

En février

– ***Carnaval :*** les Néerlandais se déguisent avec de superbes costumes et dansent dans les rues. Très vieille tradition encore vivace, surtout dans le sud du pays (Brabant, Limbourg).

En mars

– ***Semaines artistiques d'Amsterdam :*** expositions, théâtre, concerts, spectacles de danse.

En avril et mai

– ***Anniversaire du roi*** *(koningsdag)* ***:*** *27 avr.* Tout le monde est en congé. Les magasins sont fermés, ainsi que la plupart des musées. Cette tradition date du couronnement de la reine Juliana en 1948. C'est la fête la plus populaire, la plus joyeuse et la plus surprenante de l'année. Toute la Hollande descend dans la rue, arborant des tenues et des perruques orange. Artistes, chanteurs, musiciens ambulants débordent d'euphorie. Il faut goûter la boisson spécialement préparée à cette occasion, l'*oranjebitter.* Le Vondelpark est réservé aux enfants et notamment aux musiciens en herbe, qui viennent y donner leur 1re représentation. Les rues sont noires de monde, c'est le grand déballage, chacun peut vendre ce qu'il veut au *Vrijmarkt* (au sens strict : « le marché libre »). Pensez à réserver votre hébergement TRÈS longtemps à l'avance.

– ***Jour de la Libération :*** *5 mai.* Une grande partie des Pays-Bas n'a été libérée que 3 jours avant la fin de la guerre en 1945. Même type de manifestation.

– ***Fête du Hareng :*** *fin mai-début juin.* Le début de la saison de pêche donne lieu à de grandes réjouissances à travers tout le pays, notamment dans le port de Scheveningen, à côté de La Haye. La 1re tonne de *maatjes* est offerte solennellement au roi.

– ***Festival du Food Truck*** *(Rollende Keukens)* ***:*** *fin mai-début juin.* Le temps d'un week-end, des dizaines de *food trucks* aux concepts variés envahissent une partie du Westerpark. Ambiance festive et bon enfant assurée par des concerts et autres animations.

En juin et juillet

– ***Festival de Hollande :*** • *hollandfestival.nl* • Concerts, ballets, opéra, théâtre. Pensez à réserver vos places. Pour les enfants, spectacles en plein air au Vondelpark.

– ***Festivals de musique :*** un peu partout, en fait. Et notamment côté NDSM, dans les docks. Suivez le calendrier de l'office de tourisme.

En août

– ***Gaypride :*** *généralement fin juil-début août.* • *amsterdamgaypride.nl* • La ville accueille la marche des fiertés LGTB pendant près d'une semaine. Un événement majeur : la « Canal Parade » sur les péniches, qui réunit artistes, sportifs, professionnels des grandes marques et même la police et l'Église protestante. Une fête populaire et très grand public qui rassemble depuis 1996 autant d'hétérosexuels que d'homosexuels (300 000 visiteurs en moyenne). Mais la fête ne doit pas faire oublier qu'il est quasiment impossible de circuler à vélo – foule oblige – ou en transports en commun et que les pickpockets sont très actifs lors de cet événement.

– ***Grachtenfestival*** *(festival des canaux)* ***:*** *mi- ou fin août.* • *grachtenfestival.nl* • Des concerts gratuits dans de nombreux lieux. Mélange de décontraction et raffinement assez incroyable, avec des orchestres de musique classique qui jouent sur des péniches. Également un festival théâtre et musique pour la jeunesse.

– ***Uitmarkt :*** *dernier w-e du mois.* C'est le coup d'envoi de la nouvelle saison culturelle nationale. Des représentations en plein air se déroulent sur les quais et les ponts de la ville. Opéras et ballets ont lieu sur d'immenses scènes installées sur l'eau. Beaucoup de monde partout.

En septembre

– ***Grande fête des Fleurs :*** *1er sam du mois.* Un défilé de chars fleuris part d'Aalsmeer (ville célèbre pour la culture des fleurs) et se rend à Amsterdam.

– ***Festival du Jordaan :*** mi-sept. ● jordaanfestival.nl ● Durant 10 jours dans les rues de ce quartier. Comme toujours, les bars et les « cafés bruns » sont noirs de monde.

En octobre

– ***Amsterdam Dance Festival :*** vers la mi-oct. ● amsterdam-dance-event.nl ● Depuis les années 1990, Amsterdam est devenu un centre de la musique électronique, inventant même le « *gabber* ». Méga-concerts par le Top 10 des DJs dans ce domaine.

En novembre

– ***International Documentary Film Festival Amsterdam*** *(IDFA)* ***:*** 2de quinzaine du mois. ● idfa.nl ● Le « Cannes du documentaire ». International, incontournable, il a lieu dans l'étonnant cadre Art déco du cinéma *Tuschinski*.
– ***Le tour d'Amsterdam de saint Nicolas :*** 2de quinzaine du mois. Venu d'Espagne par bateau, le saint accomplit le tour de la cité sur son cheval blanc.

En décembre

– ***Amsterdam Light Festival :*** de fin nov à mi-janv. ● amsterdamlightfestival.com ● Lorsque les nuits sont les plus longues, le centre-ville brille de tous ses feux, le long de la rivière Amstel et des canaux, installations artistiques originales et projections sur les façades. Des tours en bateau-mouche sont également organisés *(Water colours)*. Pour ne rien manquer de cette balade enchanteresse, se procurer le circuit proposé par l'office du tourisme.
– ***Fête de la Saint-Nicolas :*** 5 déc au soir. Saint Nicolas, qui fait office de Père Noël, a donné naissance à cette fête familiale et conviviale où l'on distribue des cadeaux aux enfants.
– ***Nouvel An :*** 31 déc et 1er janv. Grosse ambiance dans les villes, qui tourne au délire à Amsterdam. Feux d'artifice dans tous les sens. Tous aux abris !

TABLEAU NOIR

Aux Pays-Bas, les enfants sages reçoivent des cadeaux apportés par saint Nicolas le 5 décembre. Les enfants dissipés ont droit, eux, au père Fouettard qui est... noir (Zwarte Piet, soit « Pierre le Noir »). Une controverse ici qui est remontée jusqu'aux oreilles de la commission des Droits de l'homme de l'ONU, dénonçant une vision raciste et stéréotypée du peuple africain. Résultat : le gouvernement néerlandais, jamais à court d'idées, promeut désormais également les Piet gris, verts ou bleus !

HÉBERGEMENT

En dehors de l'hôtellerie, où toutes les catégories sont largement représentées, la Hollande a développé d'autres formes d'hébergement parfaitement adaptées à la grande famille des routards.

Les auberges de jeunesse

Elles sont nombreuses, généralement bien équipées et parfois même joliment décorées. La carte d'adhérent, achetée en France de préférence (compter 17,50 €), donne droit à une réduction de 2,50 € dans la trentaine d'AJ officielles *Stayokay* du pays. Les AJ privées sont nombreuses à Amsterdam, mais leur ambiance ne conviendra pas à tout le monde (notamment celles du centre) : pour un séjour en famille, ou si l'ambiance « jeune-cool-fumette » n'est pas votre tasse de thé, on vous conseille plutôt de réserver dans une AJ officielle. Les prix d'une nuitée démarrent à 17 €, petit déjeuner et draps compris.

Les *Bed & Breakfast*

Ils sont peu nombreux dans les villes. Bien pour le tourisme vert ou pour dépanner lorsque tout est complet à Amsterdam. Réservation dans les offices de tourisme ou à :

■ ***Bed & Breakfast Holland :*** *☎ (31) 40-762-06-08. • bedandbreakfast.nl • Compter 70-180 € la nuit pour 2 à Amsterdam, moins cher dans le reste du pays.*

■ ***Hôtel de Boerenkamer :*** *• hotel-boerenkamer.nl •* Chambres d'hôtes, plutôt très confortables à la ferme dans la région d'Amsterdam et au nord des Pays-Bas.

Les campings

Ils sont très nombreux (près de 1 400), mais presque tous sur le même modèle : un grand rectangle sans arbres, et quelques buissons pour séparer les caravanes des tentes ! Souvent bruyants, à proximité de grands axes routiers, équipés de douches et sanitaires payants. La Hollande ne gâte pas beaucoup les campeurs et on reçoit chaque année de nombreuses plaintes. Compter en moyenne entre 20 et 40 € par jour pour 2 personnes avec tente et voiture.
– ***Attention,*** le camping sauvage est interdit partout en Hollande. Cela concerne aussi les camping-cars.

■ ***Holland Tulip Parcs :*** *• hollandtulipparcs.nl •* Un choix de campings surtout en région rurale. Brochure à télécharger.

Les *houseboats*

Plus de 2 500 embarcations sur l'eau servent de logement à plus de 30 000 habitants. Faites comme eux, c'est très tendance. Il s'agit d'hébergements sur des péniches ou autres bateaux, dont la cale a été reconvertie en habitation avec tout le confort moderne. Également des maisons-pontons souvent mignonnes et agrémentées de jardinets fleuris. Ces *houseboats* sont généralement amarrés le long des canaux pittoresques dans le cœur même des villes comme Amsterdam, Rotterdam... Aménagés souvent pour 4 à 8 personnes : une formule originale, idéale en famille.

■ ***Houseboat Hotel :*** *• houseboathotel.nl/fr •* Offres et réservation facile en ligne. Assurez-vous bien des conditions de versement des acomptes et du solde.

À Amsterdam

Amsterdam a toujours été accueillant vis-à-vis des petits budgets. Rares sont les villes où les *budget hotels* sont aussi nombreux.
Amsterdam compte également de nombreux petits hôtels, comparables à nos 1 et 2-étoiles. Mais ils n'ont souvent que peu de chambres, d'où la ***nécessité de réserver longtemps à l'avance, surtout au printemps et en été.***
Pour qui cherche la tranquillité, voir la rubrique « Prix moyens ». Les amoureux en quête de romantisme viseront directement la rubrique « De chic à encore plus chic ». En dessous, l'hébergement est vraiment très fonctionnel ou carrément limite, étriqué côté confort et globalement d'un rapport qualité-prix moyen. À Amsterdam, le mètre carré vaut très cher !
– ***Réservations :*** il est essentiel de réserver longtemps à l'avance. Aux périodes les plus demandées – Saint-Valentin, Pâques, week-ends de mai et août, fêtes de fin d'année –, il n'y a carrément plus de lits disponibles dans le centre. Pour réserver depuis l'étranger, appeler directement l'hôtel désiré (en demandant une confirmation par e-mail, avec précisions d'heure d'arrivée et mode de paiement) ou réserver directement sur le site de l'établissement. Cela évitera les mauvaises surprises dans une ville où pas mal d'hôteliers croulant sous la demande se préoccupent peu des voyageurs à la recherche d'une chambre abordable.

Ne négligez pas la clause *« no show »* qui permet à l'hôtelier de débiter votre compte du nombre de nuits réservées si vous n'avez pas signalé votre intention de résilier (même en partie) votre réservation dans un délai de 48h avant votre arrivée. De même, certains vous ajoutent 5 % de frais en cas de réservation par carte de paiement, et vous débitent le montant des nuits dès la réservation !
La solution la plus rapide et la plus économique consiste à réserver sur les sites internet spécialisés, ou avec le central de réservation de l'office de tourisme qui contient une foule d'offres de dernière minute à prix cassés (voir ci-dessous).
Enfin, s'il n'y a plus rien de disponible, une bonne solution consiste à visiter Amsterdam depuis les environs (Haarlem, La Haye, Delft et Edam, par exemple) ; les liaisons ferroviaires sont très rapides et fréquentes.

■ ***Amsterdam Reservation Center*** *(ARC) :* • *iamsterdam.com/en/plan-your-trip/where-to-stay* • Vous ne paierez pas de frais de réservation si vous réservez en ligne.

LANGUE

Voici quelques règles et un petit lexique pour vous aider à comprendre les panneaux, les menus des restos, et à échanger quelques mots. Cela dit, pas d'illusions, le néerlandais a des sonorités qui ne sont pas familières aux francophones. Il vous faudra un peu de temps pour prononcer correctement ne serait-ce que les noms des musées. Heureusement, presque tout le monde parle anglais – de quoi vous donner des complexes –, ce qui permet de communiquer sans problème. L'allemand est aussi très bien compris.
– ***Néerlandais, mode d'emploi :*** l'accent tonique est presque toujours placé sur la 1re syllabe, sauf lorsque le mot est composé d'un préfixe, tels *be-*, *ge-*, *er-*, *her-*, *ont-*, *ver-*. Dans ce cas, l'accent tonique portera sur la syllabe suivante.
– ***Prononciation :*** le néerlandais fait une nette distinction entre les voyelles courtes et les voyelles longues. Voici les lettres et groupes de lettres qui demandent des éclaircissements.

PARLEZ-VOUS LE NÉERLANDAIS ?

La langue néerlandaise (cousine du flamand en Belgique, avec de notables différences de prononciation) a fourni à la langue française pas mal de mots, surtout dans le vocabulaire de la marine : bâbord, tribord (de bakboord *et* stuurboord*), affaler, flibustier, foc, vrac, hareng, cabillaud..., ou d'autres comme mannequin, colza, boulevard (déformation de* bolwerk*), etc.*

Voyelles courtes

e accentué	comme dans le mot « les »	*ik ben*
e non accentué	comme dans le mot « le »	*de*
o	comme dans le mot « sol »	*op*
oe	comme dans le mot « mou »	*moet*

Voyelles longues

aa	comme dans le mot « âne »	*naam*
ee	é long	*spreek*
eu	comme dans « peu » mais long	*deur*
ie	comme dans le mot « île »	*hier*
oe	ou long comme dans « boue »	*boer*
oo	comme dans le mot « côte »	*boot*
uu	comme dans le mot « mûre »	*uur*

Diphtongues

ij	comme dans le mot « soleil »	*wijn*
ui	comme dans le mot « œil »	*huis*

Consonnes

g	le g est légèrement aspiré	*geen*
h	le h est toujours aspiré	*hoe*
j	comme dans « yoga »	*ja*

Les lettres non reprises dans le tableau ci-dessus se prononcent comme en français. Mais certaines lettres se prononcent différemment en fin de mot : **d** se prononce *t* à la fin d'un mot, mais pas s'il est suivi d'une voyelle. Par exemple, pour un mois, on dira *maand (t),* au pluriel *maanden (d).*

- Quand la lettre **v** suit le son *p* ou *t,* elle se prononce *f* : *op* ***v****akantie.*
- Quand la lettre **z** suit le son *p* ou *t,* elle se prononce *s* : *da****t z****ijn.* Mais les vrais Amstellodamois(es) prononcent toujours le z *s.*
- La combinaison de lettres **isch** se prononce comme dans le mot « visse » : *Belg****isch.***
- La combinaison de lettres **ti** se prononce généralement *s* : *sta****ti****on.*

Vocabulaire

Les mots usuels et les expressions courantes

bonjour	*goedendag* (mais on ne le dit plus vraiment, ça fait vieux jeu). Le matin on dit *goedemorgen* (en prononçant plutôt *goeiemorgen*), l'après-midi, c'est *goedemiddag,* et le soir *goedenavond* (en prononçant *goeienavond*). Dites simplement *dag* ou *daag* (en prononçant *dare*), c'est mieux.
salut	*hallo, dag*
au revoir	*tot ziens*
demain	*morgen*
hier	*gisteren*
matin	*ochtend morgen*
soir	*avond*
oui	*ja*
non	*nee*
merci	*dank u*
s'il vous plaît	*alstublieft*
je ne comprends pas	*ik begrijp het niet*
comment allez-vous ?	*hoe gaat het met u ?*
à droite	*rechts*
à gauche	*links*
où ?	*waar ?*
combien ?	*hoeveel ?*
trop cher	*te duur*
avez-vous l'heure ?	*hoe laat is het ?*
ouvert	*open*
fermé	*gesloten*

Transports

avion	*vliegtuig*
bateau	*boot*
vélo(s)	*fiets(en)*
port	*haven*
gare	*station*
train	*trein*

quai	*perron*
consigne	*bagagedepot*
sortie	*uitgang* (*uitrit* sur les routes)
entrée	*ingang* (*inrit* sur les routes)
excepté	*uitgezonderd* (panneaux d'interdiction)

Noms de lieux, rues

office de tourisme	*toeristen informatie*
poste	*post*
police	*politie*
banque	*bank*
rue	*straat*
digue	*dijk*
canal	*gracht*
place	*plein*
avenue	*laan*

Hébergement, restauration

auberge de jeunesse	*jeugdherberg*
hôtel	*hotel*
chambre	*kamer*
chauffage	*verwarming*
clé	*sleutel*
couverture	*deken*
lit	*bed*
salle de bains	*badkamer*
dormir	*slapen*
toilettes	*toilet*
restaurant	*restaurant*
manger	*eten*
boire	*drinken*
petit déjeuner	*ontbijt*
poisson	*vis*
hareng	*haring*
maquereau	*makreel*
saumon	*zalm*
truite	*forel*
viande	*vlees*
légumes	*groente*
fromage	*kaas*
fromage à la crème	*roomkaas*
pain	*brood*
carafe	*karaf*
eau	*water*
café	*koffie*
thé	*thee*
lait	*melk*
froid	*koud*
chaud	*warm*
bon	*goed*
mauvais	*slecht*

Argent

billet de banque	*bankbiljet*
monnaie	*geld*
pièce de monnaie	*geldstuk*

Le temps

lundi	*maandag*
mardi	*dinsdag*
mercredi	*woensdag*
jeudi	*donderdag*
vendredi	*vrijdag*
samedi	*zaterdag*
dimanche	*zondag*
été	*zomer*
automne	*herfst*
hiver	*winter*
printemps	*lente*
semaine	*week*
heure	*uur*
minute	*minuut*

Nombres

un	*een*	quarante	*veertig*
deux	*twee*	cinquante	*vijftig*
trois	*drie*	soixante	*zestig*
quatre	*vier*	soixante-dix	*zeventig*
cinq	*vijf*	quatre-vingts	*tachtig*
six	*zes*	quatre-vingt-dix	*negentig*
sept	*zeven*	cent	*honderd*
huit	*acht*	premier	*eerste*
neuf	*negen*	deuxième	*tweede*
dix	*tien*	troisième	*derde*
vingt	*twinting*	quatrième	*vierde*
trente	*dertig*	cinquième	*vijfde*

LIVRES DE ROUTE

– ***Le Journal d'Anne Frank*** (1947) ; Le Livre de Poche. L'incontournable récit d'une jeune juive de 14 ans sous l'Occupation à Amsterdam, écrit avec une plume virtuose et troublante de maturité, tragiquement fauchée par la barbarie nazie.

– ***Max Havelaar,*** de Multatuli (pseudonyme de Douwes Dekker ; (1860) ; Actes Sud, Babel. Une dénonciation acerbe de la période coloniale en Indonésie (1860) vue à travers le prisme de l'activité d'un négociant en café. Un vibrant plaidoyer pour la libération des peuples, qui fit de son auteur la cible des conservateurs.

– ***La Jeune Fille à la perle,*** de Tracy Chevalier (1999) ; Folio. Une plongée dans la vie quotidienne à Delft en 1664, avec pour cadre la famille du peintre Vermeer et le rôle joué par une modeste servante dans la réalisation d'un chef-d'œuvre de la peinture hollandaise, à admirer au Mauritshuis de La Haye.

– ***Semper Augustus,*** d'Olivier Bleys (2007) ; Folio. 1630 : un marchand de tissu désargenté de Haarlem embarque pour le Brésil dans l'espoir de faire fortune, laissant la maison familiale sous la responsabilité de son fils aîné, qui ne tarde à tomber sous de mauvaises influences. L'intrigue aborde un épisode historique réel, la *tulipomanie,* qui vit naître les 1res opérations spéculatives pour des sommes défiant l'imagination.

FILIÈRE CAFÉ

Publié en 1860, Max Havelaar *est un roman qui dénonce l'oppression des Javanais par l'Administration coloniale hollandaise. Le livre étonne par la modernité des questions qu'il soulève, au point que le nom de son héros est devenu de nos jours un label pour le commerce équitable.*

- ***Miniaturiste,*** de Jessie Burton (2014) ; Folio. Roman à l'atmosphère étrange qui se passe à Amsterdam à la fin du XVIIe s, où les habitants calvinistes sont prospères mais extrêmement puritains. Le récit commence à l'arrivée de la jeune mariée Nella dans sa nouvelle maison le jour de son mariage, alors qu'elle connaît à peine son époux, un riche marchand rencontré brièvement 2 mois plus tôt. Seule, apeurée par la nouveauté, écartée de la vie du foyer par sa belle-sœur, elle reçoit en cadeau de noces une maison miniature vide, réplique de celle où elle demeure à présent...
- ***Petits meurtres entre voisins,*** de Saskia Noort (2013) ; Folio Policier. La reine hollandaise du roman noir plonge le lecteur dans un huis clos féminin angoissant... et érotique. Un portrait décapant de la banlieue huppée d'Amsterdam, où l'hédonisme vire au tragique sous la mécanique implacable du mensonge et de la trahison.
- ***La Couleur bleue,*** de Jörg Kastner (2006) ; Points Thriller. Amsterdam, 1669 : un teinturier assassine sauvagement sa famille. Le lendemain, le gardien de sa prison est pris d'un accès de folie et massacre sa compagne. Quel secret se dissimule derrière ces meurtres ? Dans une course rocambolesque, où les haines religieuses se mêlent au commerce illicite de la Compagnie des Indes, le jeune Cornélis, élève de Rembrandt et amoureux de sa fille, doit découvrir pourquoi le bleu serait devenu l'incarnation du mal et du crime.
- ***L'Attentat,*** de Harry Mulisch (2001) ; Actes Sud, Babel. Occupation et répression nazie dans l'Amsterdam du début 1945, pour une réflexion intense sur le terrorisme et le mécanisme pervers de la mémoire, sous couvert d'une intrigue policière.
- ***Le Papou d'Amsterdam,*** de Janwillem van de Wetering (1999) ; Rivages Noir. Un des titres des nombreuses enquêtes bien ficelées d'un duo de flics amstellodamois : Grijpstra et De Gier. Une vision décapante des années 1980.
- ***Lettres à son frère Théo,*** de Vincent Van Gogh (2002) ; Grasset, Les Cahiers rouges. La poignante correspondance des 2 frères, où Vincent fait part de son désarroi et de ses doutes d'artiste, et où Théo, qui ne le suivra que de quelques mois dans la tombe, tente de lui insuffler confiance et courage alors que sa propre existence connaît de tragiques turpitudes.
- ***Le Problème Spinoza,*** de Irvin Yalom (2014) ; Le Livre de Poche. Amsterdam, 1941. Le nazi Alfred Rosenberg, chargé de la confiscation des biens juifs, fait main basse sur la bibliothèque du philosophe Baruch Spinoza, chassé de sa propre communauté en 1656 et auteur d'une « éthique de la joie » qui influença les penseurs pour des siècles. Sous la plume d'une star de la psychiatrie, entre polar et roman historico-philosophique, une plongée érudite dans la société hollandaise du Siècle d'or et un regard acéré sur la fascination exercée par la pensée de Spinoza chez celui qui contribua auprès de Hitler à l'extermination du peuple juif.
- ***Inspecteur Van der Valk,*** de Nicolas Freeling (Omnibus). Les enquêtes de cet inspecteur émule de Maigret, personnage récurent du plus cosmopolite des écrivains anglais. Intrigues attachantes par leur atmosphère, dans les Pays-Bas et l'Europe des années 1960-1970.

POSTE

La poste « POST.NL », qui a été privatisée en 1989, n'a plus aucun bureau de poste grand public à part entière. Tous les services de la poste sont désormais installés dans les supermarchés et chez les marchands de journaux.

SANTÉ

Pour un séjour temporaire aux Pays-Bas, pensez à vous procurer la ***Carte européenne d'assurance maladie.*** Il vous suffit d'appeler votre centre de Sécurité sociale (ou de vous connecter au site internet de votre centre, encore plus rapide !), qui vous l'enverra sous une quinzaine de jours. Cette carte fonctionne dans tous les pays membres de l'UE, ainsi qu'en Islande, au Liechtenstein, en Norvège et en Suisse. C'est une carte plastifiée bleue du même format que la carte Vitale. Attention, valable 2 ans, elle est gratuite et personnelle (chaque membre de la famille doit avoir la sienne, y compris les enfants). ***La carte n'est pas valable pour les soins délivrés dans les établissements privés.***

RECORD D'ALTITUDE

Si les Néerlandais vivent en partie au-dessous du niveau de la mer, ils battent en revanche tous les records en matière de taille humaine ! Ils n'arrêtent pas de pousser : la taille moyenne des hommes est de 184 cm et celle des femmes de 171 cm. La norme légale de la hauteur des portes est passée de 211 à 230 cm. Pourquoi donc ? Un régime alimentaire riche en protéines (lait, fromage, viande, poisson) et surtout, affirment les médecins, les conditions de vie des jeunes Néerlandais, les plus chouchoutés d'Europe, paraît-il.

Ça, c'est la théorie. Dans la pratique, il vous faudra souvent régler la facture au praticien ; à vous de vous faire rembourser par la suite. Conservez donc bien toutes les factures pour obtenir le remboursement au retour.
Pour être tranquille, il vaut mieux être couvert par une assurance-assistance. Cela évite d'avancer les frais médicaux et offre d'autres garanties qui ne sont pas superflues, même pour un pays aussi voisin que les Pays-Bas. Vérifiez d'abord que vous n'êtes pas couvert sans le savoir (par votre carte de paiement ou votre carte d'étudiant, notamment). Si besoin, souscrivez une assurance assistance-rapatriement avant de partir (*Routard Assurance,* par exemple).

ROUTARD.COM

• *routard.com* • Le site de voyage n° 1, avec près de 800 000 membres et plusieurs millions d'internautes chaque mois. Pour s'inspirer et s'organiser, quelque 300 guides destinations actualisés, avec les infos pratiques, les incontournables et les dernières actus, ainsi que les reportages terrain et idées week-end de la rédaction. Partagez vos expériences avec la communauté de voyageurs : forums de discussion avec avis et bons plans, carnets de route et photos de voyage. Enfin, vous trouverez tout pour vos vols, hébergements, voitures et activités, sans oublier nos suggestions pour réserver votre voyage au meilleur prix.

TABAC

La loi antitabac, mise en place en 2008, concerne en premier les lieux publics. Restos, hôtels et bars se sont également pliés à la règle. Les interdictions et atteintes aux libertés sont toujours mal vécues par les Hollandais. Reste le statut ubuesque des *coffee-shops,* où l'on peut encore fumer des cigarettes « chargées », mais plus de tabac !

TÉLÉPHONE

– ***Pays-Bas → France :*** 00-33 + n° de votre correspondant à 9 chiffres (sans le 0).
– ***France → Pays-Bas :*** 00-31 + indicatif de la ville sans le 0 + n° de votre correspondant.

Les numéros de portable néerlandais commencent par 06 comme en France ! Raison de plus de ne pas oublier l'indicatif du pays, afin d'éviter d'importuner des Français ayant, manque de chance, les mêmes numéros.

Indicatifs téléphoniques

Amsterdam	020
Delft	015
Haarlem	023
La Haye	070
Rotterdam	010
Waterland (Monnickendam, Marken, Volendam, Edam)	0299

Le téléphone portable en voyage

Le voyageur européen titulaire d'un forfait dans son pays d'origine peut utiliser son téléphone mobile ***au tarif national*** dans tous les pays de l'Union européenne, sans craindre de voir flamber sa facture. Des plafonds sont néanmoins fixés par les opérateurs pour éviter les excès... Cet accord avantageux signé entre l'UE et ses opérateurs télécoms concerne aussi la consommation de ***données internet 3G ou 4G,*** dont le volume utilisable sans surcoût dépend du prix du forfait national (se renseigner). Par ailleurs, si le voyageur réside plusieurs mois en dehors de son pays, des frais peuvent lui être prélevés...
Dans ces pays donc, plus besoin d'acheter une carte SIM locale pour diminuer ses frais.

La connexion internet en voyage

Aux Pays-Bas, sauf rarissimes exceptions, ***tous les hôtels, restos et bars (et mêmes certains espaces publics) disposent du wifi gratuit.*** Mieux que la connexion 3G et 4G qui peut entraîner des frais en usage intensif, le wifi permet aussi de profiter d'un débit parfois supérieur.
Une fois connecté au wifi, vous avez accès à tous les services de la ***téléphonie par Internet. WhatsApp, Messenger*** (la messagerie de Facebook), ***Viber, Skype*** permettent d'appeler, d'envoyer des messages, des photos et des vidéos aux 4 coins de la planète, sans frais. Il suffit de télécharger – gratuitement – l'une de ces applis sur son smartphone. Elle détecte automatiquement dans votre liste de contacts ceux qui utilisent la même appli que vous.

Urgence : en cas de perte ou de vol de votre téléphone portable

Suspendre aussitôt sa ligne permet d'éviter de douloureuses surprises au retour du voyage ! Le plus simple est de demander la suspension de votre ligne depuis le site internet ou l'appli de votre opérateur. Sinon, voici les numéros des 4 opérateurs français, accessibles depuis la France et l'étranger :

– ***Free :*** *depuis la France, ☎ 3244 ; depuis l'étranger, ☎ + 33-1-78-56-95-60.*
– ***Orange :*** *depuis la France ☎ 3900 ; depuis l'étranger, ☎ + 33-969-39-39-00.*
– ***SFR :*** *depuis la France, ☎ 1023 ; depuis l'étranger, 📱 + 33-6-10-00-10-23.*
– ***Bouygues Télécom :*** *depuis la France, ☎ 1064 ; depuis l'étranger, 📱 + 33-6-60-61-46-14.*

Avant de partir, notez (ailleurs que dans votre téléphone portable !) votre numéro IMEI, utile pour bloquer à distance l'accès à votre téléphone en cas de perte ou de vol. Comment avoir ce numéro ? Il suffit de taper sur votre clavier *#06#.

TRANSPORTS LOCAUX

En train et à vélo

Pour aller de ville en ville à travers les Pays-Bas, nous vous conseillons vivement de privilégier le train. Le réseau ferroviaire *Intercity* est très efficace et dessert la plupart des grandes, moyennes et petites villes, à raison d'au moins un train toutes les demi-heures. Sans parler des tarifs pour les enfants presque symboliques jusqu'à 11 ans, pour peu qu'ils soient accompagnés d'un adulte de plus de 19 ans. Alors oubliez la voiture pour conjuguer une bonne action pour la planète avec une substantielle économie de stress (embouteillages) et d'euros (le stationnement est rare et cher en Hollande !). Site des chemins de fer néerlandais : • *ns.nl* •

NS Hispeed assure une liaison Amsterdam-Schiphol-Rotterdam en seulement 45 mn ; il n'y a pas plus rapide. Surtout quand vous voyez à travers les vitres du train les files de voitures bloquées par les bouchons suite à un accident sur l'autoroute...

Et sur place ? Ce n'est pas sans raison que les Pays-Bas comptent plus de vélos que d'habitants ! On dénombre 18 millions de bicyclettes pour 17,2 millions de citoyens, sans compter les vélos de location mis. Près d'un Hollandais sur 2 se rend à son travail ou à l'école à la force de ses mollets. Ceci s'explique par une conscience environnementale plus aiguisée qu'ailleurs, par la hausse du coût des carburants aussi, et peut-être l'avantage de vivre dans un pays... plat !

Enfin, pour visiter les Pays-Bas à vélo mais rejoindre les différentes villes en train, possibilité de voyager avec votre bicyclette *(Dagkaart Fiets)* pour 7,50 € (achat en ligne sur • *ns.nl* •), sauf dans l'Intercity Direct. Attention cependant, les places sont limitées (d'où la réservation préalable en ligne) et, sauf en juillet et août, vous n'avez pas le droit d'embarquer votre destrier pendant les heures de pointe.

Aux Pays-Bas, les vélos ont priorité sur les voitures. Attention lors des changements de direction !

Limitation de vitesse et conduite à tenir

Des radars partout (mais alors, PARTOUT) et aucun panneau clair... Mieux vaut faire très, très attention !

- En ville : 50 km/h (sauf indication contraire, bien sûr).
- Sur route : 80 km/h.
- Sur voie express : 100 km/h.
- Sur autoroute : 100 km/h dans la journée (eh oui, pour limiter la pollution), 130 km/h entre 19h et 6h.
- Taux d'alcoolémie autorisé : 0,5 g/l ; 0,2 g/l pour les jeunes conducteurs (de moins de 5 ans d'expérience).
- Ceintures de sécurité avant et arrière obligatoires.
- Le jour, allumage conseillé mais pas obligatoire des feux de croisement sur route et autoroute.

Location de voitures

Les loueurs demandent toujours de fournir une carte de paiement pour régler la location de voiture et bloquer une somme en guise de caution. Mais attention, il existe une ***différence entre une carte de débit et une carte de crédit,*** et il arrive que certaines agences refusent votre location de voiture en cas de paiement par carte de débit. Certains loueurs acceptent les cartes de débit mais vous demanderont alors de souscrire une assurance complémentaire souvent très chère. L'idéal est donc de disposer d'une carte de crédit. Souvent, une mention « CRÉDIT » (débit différé) ou « DÉBIT » (débit immédiat) est inscrite sur votre carte bancaire. Sinon renseignez-vous auprès de votre banque (avant votre départ).

■ ***BSP Auto :*** *☎ 01-43-46-20-74 (tlj 9h-21h30 – 20h le w-e). • bsp-auto.com • Remise spéciale de 5 % aux lecteurs de ce guide avec le code « ROUTARD22 ».* Les prix proposés sont attractifs et comprennent le kilométrage illimité et les assurances. *BSP Auto* propose exclusivement les grandes compagnies de location sur place, assurant un très bon niveau de service. Le plus : vous ne payez votre location que 5 jours avant le départ.

AMSTERDAM

• Plan Grande Couronne *p. 64-65* • Plan Vondelpark *p. 66-67*
• Plan Oostelijk Havengebied *p. 160-161* • Plan détachable
(plan, zoom Centre et plan des transports) en fin de guide.

« J'aimerais mieux Amsterdam que Venise : car, à Amsterdam, on a l'eau sans être privé de la terre. »
Montesquieu

740 100 hab. (env 1,5 millions avec le Grand Amsterdam). Ind. tél. : 020

Amsterdam, c'est un nonchalant dialogue entre terre et eau. Elle est partout, entaillant la ville de ces canaux qu'on ne présente plus. Ici, on ne change pas facilement de trottoir : il faut sans cesse contourner les flots au gré des ponts, traits d'union garants de l'unité de la cité. C'est un tableau empreint de grâce et de poésie que compose cet heureux mariage. Et partout, une cohorte de superbes demeures aux façades éclectiques, que l'on parcourt de pignon en pignon, séduit par le charme suranné qui s'en dégage.
Pas de volets ni de rideaux aux fenêtres, on ne cache rien. Ni les chats, ni les gens, ni les cuisines, ni les salons. Toute la magie de cette ville de taille modeste est de s'offrir sans détour ni faux-semblant. Riante, festive et confidentielle tout à la fois, impossible de ne pas succomber à Amsterdam. On voudrait lui trouver au moins un défaut, mais voici qu'une bande joyeuse de jeunes passe à vélo, le guidon haut, le dos bien droit. Voilà qu'un vieux café hors du temps nous appelle de ses dizaines de petites bougies qui scintillent en vitrine. Avant même d'évoquer les fabuleux musées, la rue a déjà tant à offrir.

LE ROYAUME DE LA PETITE REINE

LA PETITE REINE

Ce synonyme de vélo est à l'origine un hommage à Wilhelmine, qui devint reine des Pays-Bas en 1898. Sa simplicité l'incitait à se déplacer plus souvent à bicyclette qu'en fiacre. L'appellation est restée.

Ici, la « petite reine » porte bien son nom, tout le monde s'incline devant elle ! Les deux-roues connaissent un succès qui dépasse la municipalité. Chaque jour et par tous les temps, quelque 500 000 personnes sillonnent les milliers de km de pistes cyclables dans cette ville où l'on dénombre 880 000 bicyclettes, presque autant de vélos que d'habitants !
Ici, il faut faire gaffe quand on roule, mais aussi quand on marche. Car il y a aussi les scooters, qui roulent à une vitesse moyenne de 36 km/h, au lieu des 25 autorisés. Une des rues principales, *Damrak*, est surnommée la rue « kamikaze », c'est dire...
Certains pédalent en téléphonant (bien que ce soit interdit !), ou en écoutant de la musique, d'autres avec un enfant sur le porte-bagages et un chien dans le panier. Si vous arrivez par la gare, vous serez tout de suite dans le bain en découvrant les alignements de râteliers qui peuvent accueillir 7 000 vélos. Et vous photographierez comme tout le monde le célèbre parking de 2 500 places saturé sur 3 étages. Il est prévu d'en aménager un nouveau qui pourra héberger 40 000 deux-roues !

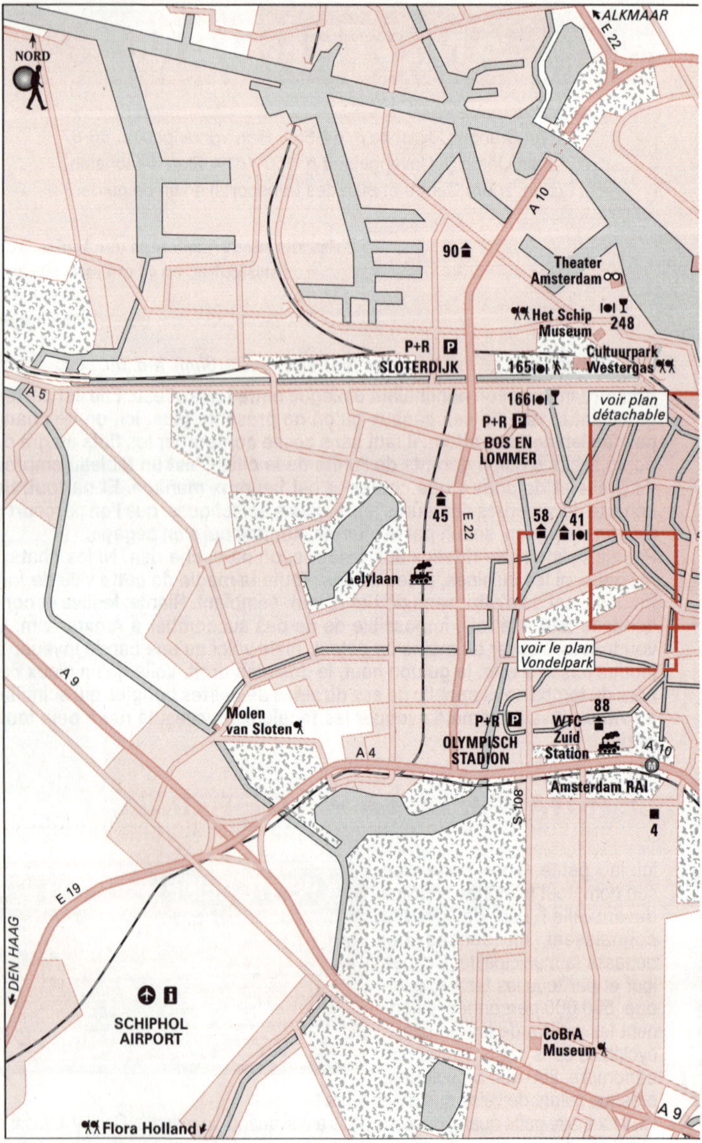

Adresses utiles	**Où dormir ?**	**45** The Student Hotel West
Office de tourisme	**30** Camping Zeeburg	**47** A&O Hotel & Hostel Amsterdam Zuidoost
P + R (Park and Ride)	**32** Meininger Hotel Amsterdam Amstel	**58** Hotel Not Hotel
4 Consulat de France	**36** Volkshotel	**88** Qbic Hotel
23 Fourrière	**41** Hotel de Hallen	**89** Stayokay Oost

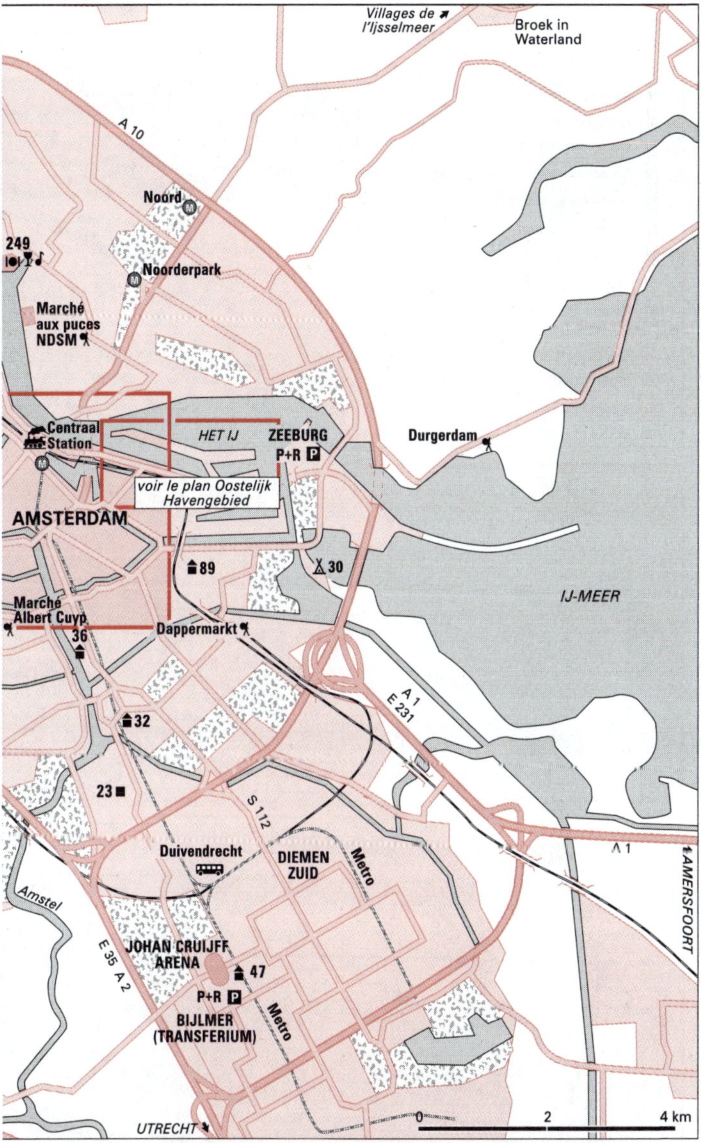

AMSTERDAM – Grande Couronne

90 Meininger Amsterdam City West

Où manger ?

41 Foodhallen
165 De Bakkerswinkel et Raïnaraï
166 Café-restaurant Amsterdam
248 Pont 13
249 IJ Kantine, Pllek et Noorderlicht Café

Où boire un verre ? Où grignoter dans la bonne humeur ?

249 IJ Kantine, Noorderlicht Café et Pllek

Où danser ?

165 Pacific

■ Adresses utiles

9 Supermarchés AH (Albert Heijn ; D2)
10 Ekoplaza (C1)

Où dormir ?

70 Conscious Hotel Vondelpark (A2)
71 Hotel Catalonia Vondel Amsterdam (C1)
72 Conscious Hotel Museum Square (C3)
74 Jupiter Hotel (C1)
75 Hotel Museumzicht (D2)
76 Hotel Fita (D2)
77 Flying Pig Uptown Hostel (C2)
78 Stayokay Amsterdam Vondelpark (C2)
83 Hotel Atlas (C2)

Où manger ?

153 Pompa (C2)
162 Blauw (A3)

Où écouter de la musique ?

251 Paradiso (D1)

À voir

318 House of Bols (D2)

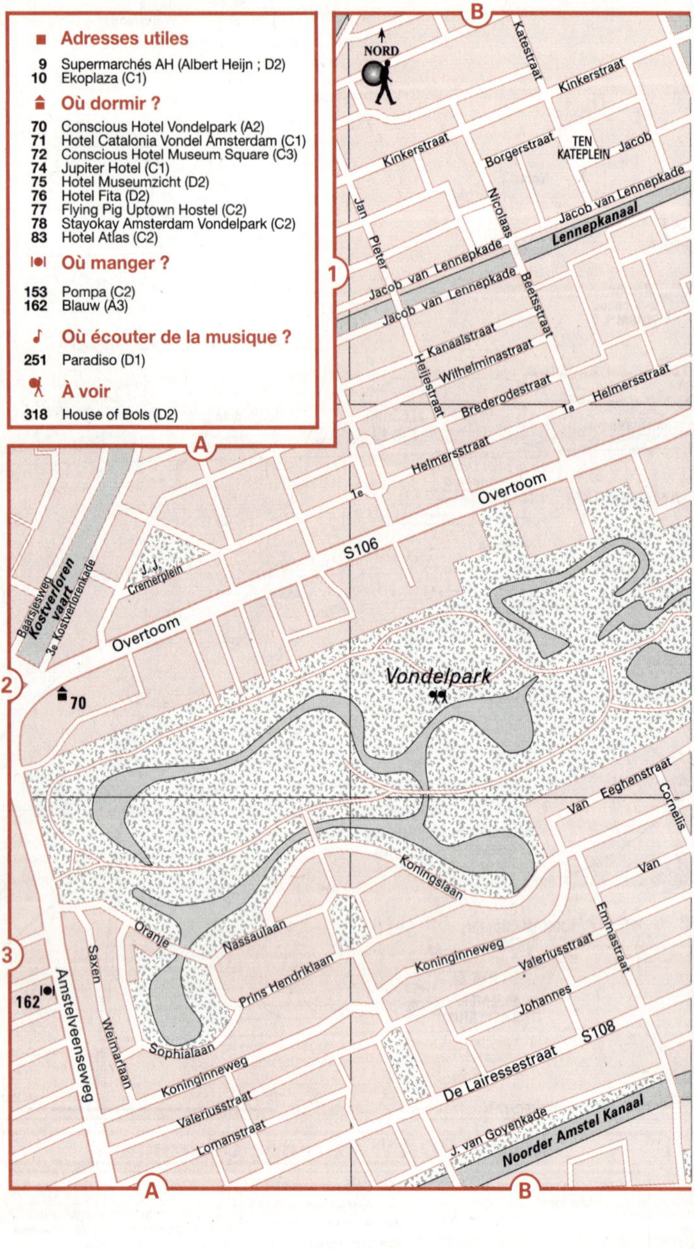

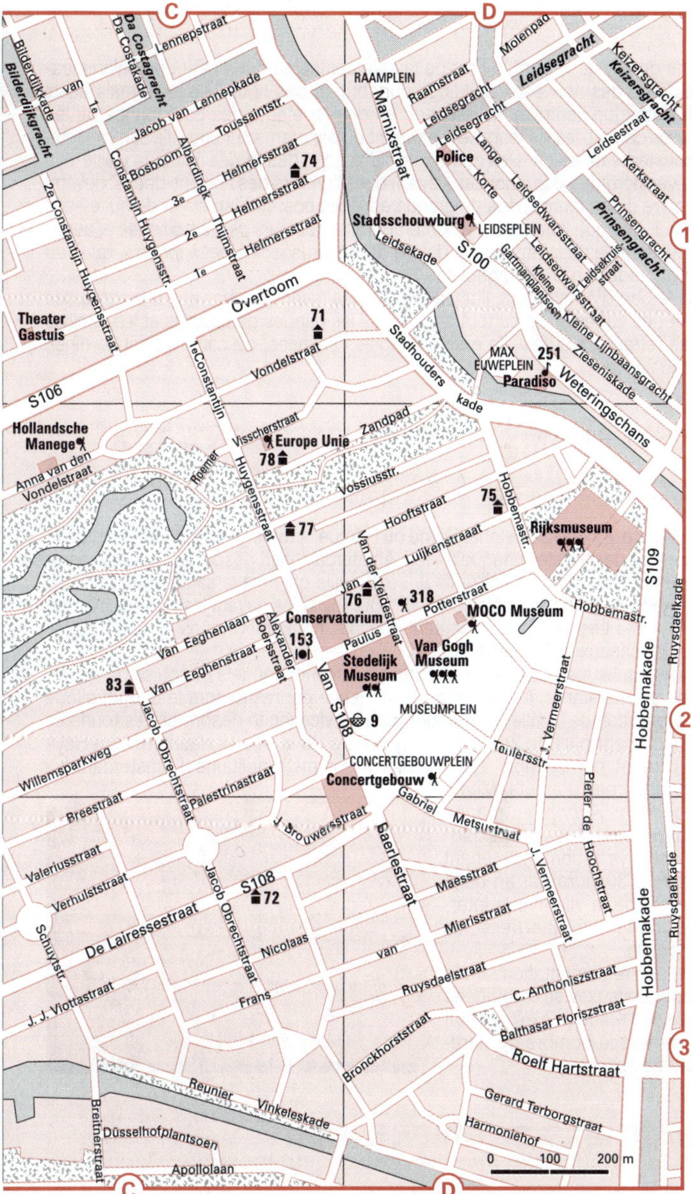

AMSTERDAM – Vondelpark

L'AMSTERDAM NOUVEAU EST ARRIVÉ

Il suffit de passer le pont, à l'est de la gare centrale, pour s'offrir une balade jusqu'au pied des nouveaux buildings qui abritent des hôtels de luxe (mais aussi la Bibliothèque centrale). Ils cachent, au dernier étage, des bars lounge où les habitués comme les visiteurs se repaissent du panorama sur une ville surprenante, en constante mutation. De l'autre côté de la gare, des ferries relient la vieille ville aux rives nord de l'IJ (prononcez « *eye* ») dans l'univers des anciens docks, devenu le repaire d'une faune avide de grands espaces post-industriels et de nuits sans sommeil. Partout, l'architecture contemporaine, toujours plus ambitieuse et audacieuse, semble nous rappeler la devise d'Amsterdam : « *Moet kunnen* », que l'on pourrait traduire par « Pourquoi pas ? ».
Dans le port d'Amsterdam, il n'y a pas que les marins qui boivent, à la santé des uns et des autres. Il y a surtout aujourd'hui les bandes de copains et les familles qui se retrouvent autour de grandes tablées animées, du café matinal au dîner, face au fleuve.

AMSTERDAM LIMITE LA FRÉQUENTATION TOURISTIQUE

À l'instar de Venise, Barcelone, Rome ou Prague, submergées par l'augmentation du nombre de touristes chaque année, Amsterdam veut désormais limiter le nombre de visiteurs, notamment dans le centre-ville qui frise la saturation. Cyclistes maladroits, cafés bondés, files d'attente interminables devant les musées, hausse des loyers... Les riverains se sentent envahis, notamment dans le centre historique, les canaux et le quartier Rouge.
Afin de juguler les quelque 20 millions de visiteurs annuels et apaiser le ras-le-bol de ses habitants, Amsterdam a commencé par restreindre le budget alloué à la promotion de la ville à l'étranger. Son service incite désormais les touristes qui séjournent plus de 24h à loger en dehors de la ville, à Haarlem, à La Haye ou à Utrecht, par exemple, et à visiter la région métropolitaine d'Amsterdam qui ne manque pas d'atouts. Même les locations *Airbnb,* en grande partie responsables de l'explosion des loyers, sont maintenant limitées à 30 jours par an dans le centre de la ville, voire interdites dans les quartiers les plus prisés.
Enfin, une réglementation stricte s'applique aux visites guidées depuis le 1er janvier 2020, limitant notamment le nombre de participants autorisés.

TOUS SUR LE PONT !

Si Amsterdam et Venise totalisent grosso modo le même nombre de canaux (environ 160), la capitale néerlandaise possède officiellement 1 281 ponts contre seulement 430 en Italie. En vous postant à l'angle de Reguliersgracht et Herengracht (du côté des nombres impairs), près de Rembrandtplein, vous devriez même en dénombrer 15 d'un coup !

QUARTIERS ET ORIENTATION

Se référer au plan détachable en fin de guide.
Comme il est grisant de se perdre à Amsterdam ! Rien ne ressemble plus à un canal qu'un autre canal. Dans cette cité concentrique, agencée comme une toile d'araignée, aucune rue n'est rectiligne, sans parler du réseau de venelles à peine plus larges qu'un guidon de vélo.

Leur dénomination mérite un petit complément de vocabulaire : ***straat*** signifie rue ; ***steeg,*** ruelle ; ***burgwal,*** douve transformée en boulevard ; ***plein* (prononcez *plaiyn*),** place ; ***gracht* (prononcez *grakt*),** canal. Et, pour compliquer encore un peu l'affaire, ***plusieurs rues peuvent porter le même nom dans un même quartier.***
Pour les différencier, on leur donne un chiffre : *eerste* (1re), *tweede* (2e), *derde* (3e) ; ou une indication de direction : *dwars* (qui croise). Petite application pour voir si vous avez bien suivi : *eerste Laurierdwarsstraat,* signifie ?.... 1re rue transversale à la rue des Lauriers.
Nous avons divisé la ville en quartiers en prenant la liberté de jouer un peu avec les divisions officielles. Ainsi, le quartier des grands canaux, un peu complexe avec sa forme en hameçon, est divisé en 2 parties aux atmosphères très différentes : le Jordaan et le nord des grands canaux, et le sud des grands canaux, autour de *Leidseplein* et *Rembrandtplein*. Pour ceux qui ne passeront que 3 jours à Amsterdam, voilà les incontournables.
– ***Le centre*** *(plan C-D2-3-4 5 et zoom Centre)* **:** cœur historique de la ville, il est délimité au nord par la gare, au sud par *Muntplein,* à l'ouest par *Spuistraat* et à l'est par les *Zwanenburgwal* et *Oudeschans*. Centre commercial et économique, il est percé de longues rues piétonnes qui convergent vers le Dam, la grande place centrale d'Amsterdam. La principale artère est le *Damrak*, prolongée par le *Rokin*. Il abrite également en son sein le ***quartier Rouge*** *(Red Light District ; zoom Centre, D3),* sur lequel on tombe même quand on ne le cherche pas.
– ***Le Jordaan et le nord des grands canaux*** *(plan A-B-C1-2-3-4)* **:** notre zone s'étend de la *Nieuwe Westerdokstraat* au nord, au ***Singel*** à l'est, jusqu'à *Leidsegracht* au sud et *Singelgracht* à l'ouest. Elle intègre le quartier du ***Jordaan*** délimité au nord par le *Brouwersgracht* (le canal des Brasseurs), au sud par le *Leidsegracht*, à l'est par le *Prinsengracht* et à l'ouest par le *Lijnbaansgracht*. Calme et vivant à la fois, autrefois très populo et maintenant carrément bobo, il occupe une place un peu à part dans le cœur des Amstellodamois (et dans le nôtre !).
Nous lui avons adjoint le nord des grands canaux (le ***Prinsengracht,*** le ***Keizersgracht,*** le ***Herengracht*** et le ***Singel***), où règne le même type d'ambiance. Cette partie des grands canaux, classée au Patrimoine de l'Unesco depuis 2010, comprend le quartier historique des *9 Straatjes* (les 9 rues comprises entre le *Prinsengracht,* le *Herengracht,* la *Raadhuisstraat* et le *Leidsegracht*), qui devrait combler les chineurs et les amateurs de boutiques originales, épiceries fines et bons petits cafés. Sans parler de tous ceux qui seront ravis de trouver là nombre de petits restaurants qui poussent leurs terrasses au soleil dès les 1ers beaux jours. Même chanson, au nord du Jordaan et des grands canaux, dans la *Haarlemmerdijk (plan B-C1),* prolongée par la *Haarlemmerstraat,* devenue une des rues les plus « tendance » de la ville.
– ***Le sud des grands canaux, autour de Leidseplein et Rembrandtplein*** *(plan B-C-D5-6)* **:** moins charmant que la partie nord des grands canaux, ce quartier touristique est le coin des boutiques, des restos et des boîtes. Le soir, l'animation se concentre dans un minuscule périmètre qui comprend la *Leidseplein* et 2 rues parallèles : *Lange Leidsedwarsstraat* et *Korte Leidsedwarsstraat*. Au sud de *Rembrandtplein* et à l'est de *Leidseplein,* les petites rues autour de *Frederiksplein* retrouvent charme et bonhomie.
– ***Le Vondelpark et le quartier des musées*** *(plan A-B5-6 et plan Vondelpark)* **:** ce quartier chic, calme et résidentiel, entoure l'un des poumons de la ville, le *Vondelpark*, ainsi que les 3 grands musées d'Amsterdam (le *Rijksmuseum* – prononcez « Reillks » –, le *musée Van Gogh* et le *Stedelijk Museum*). Idéal pour se mettre au vert, le temps d'une balade loin de l'agitation du centre-ville. Il se situe en face de la *Leidseplein,* de l'autre côté du *Singelgracht*.
Dans le chapitre « Amsterdam, toujours un peu plus loin », vous découvrirez d'autres quartiers, réservés à ceux qui choisiront de passer au moins 5 jours dans cette ville qui a reconquis les anciens quartiers ouvriers et les anciens docks pour en faire des lieux de vie où l'on peut découvrir son nouveau visage, de jour comme de nuit.
– ***Le quartier De Pijp*** *(plan C-D6)* **:** au sud du *Singelgracht*, entre *Hobbemakade* à l'ouest et l'*Amstel* à l'est. Jusqu'au XIXe s, cette partie d'Amsterdam n'était que champs et polders. Pour faire face à la croissance galopante de la population à cette époque, on urbanisa *De Pijp*, qui devint un quartier ouvrier, dans lequel se

mêlèrent, après la 2de Guerre mondiale, population émigrée, étudiants et artistes. Aujourd'hui convoité par les yuppies, le quartier change lentement de physionomie et se pare d'adresses gentiment *trendy.* S'y trouve le plus grand marché de la ville (sur *Albert Cuypstraat*) avec, entre autres choses, de nombreux épices et produits exotiques.

– ***L'est et le sud-est :*** cette zone s'articule autour du ***Jodenbuurt*** *(plan E4),* du quartier du ***Plantage*** *(plan F-G4-5)* et de l'***Oosterpark*** *(plan F-G5-6).* Le *Jodenbuurt* (l'ancien quartier juif) s'est développé autour de l'actuel hôtel de ville *(Stadhuis),* puis vers l'est sous la pression démographique. Le quartier du Plantage s'étend au nord du *Jodenbuurt* jusqu'aux anciens entrepôts du port. Il est limité à l'est par l'*Oosterpark*. Il doit son nom d'origine française à la création de nombreux espaces verts au XVIIe s. Il devint le quartier des jeux et de la prostitution, avant d'être réhabilité par la mairie au XIXe s. Assez excentrée, cette partie d'Amsterdam est délaissée par les touristes. Derrière des façades austères et modernes, elle abrite pourtant quelques endroits charmants et insolites, où les routards avisés ne manqueront pas de s'aventurer.

LA LIGNE FANTÔME

Jusqu'à la 2de Guerre mondiale, la ligne de tramway n° 8 traversait le vaste quartier juif. Mais à partir de juin 1942, les Allemands interdirent aux juifs d'emprunter les transports en commun, sauf pour être conduits aux centres de regroupement avant la déportation. La ligne 8 fut donc stoppée. Ne la cherchez pas aujourd'hui, elle n'a jamais été remise en service, en hommage aux victimes de la Shoah.

– ***Les quartiers du port :*** ils font partie des nouveaux lieux de vie incontournables. Outre l'*Oosterdok (plan E-F2)* et le Zeeburg *(plan Oostelijk Havengebied),* ils comptent désormais au nord, accessibles gratuitement par le ferry, des espaces en mutation que créateurs et restaurateurs entendent préserver des promoteurs. Au nord du *Plantage* et du *Jodenbuurt* et à l'est de la gare centrale, les nouveaux quartiers du port, l'***Oosterdok*** et le ***Zeeburg,*** ont investi des zones d'entrepôts longtemps restées en friche. *Zeeburg* inclut les presqu'îles de *Java Eiland*, *KNSM Eiland*, *Borneo Eiland* et *Sporenburg*, également appelées ***Oostelijk Havengebied*** (les docks est). Zone résidentielle à l'architecture contemporaine pleine de surprises, ce nouvel Amsterdam est aussi lieu de création grâce à nombre de structures plus ou moins alternatives, dédiées aux arts et à la musique, comme *Muziekgebouw aan 't IJ* (voir plus loin les rubriques « Où écouter de la musique ? » et « À voir. À faire »).

– ***Amsterdam-Noord*** *(plan D-E-F1)* **:** au nord de la gare centrale, sur l'autre rive de l'IJ (prononcez *eye*), ce lac d'eau douce, reliquat de l'Ijsselmeer (accessible gratuitement en ferry), est un quartier en pleine mutation. L'industrie lourde ayant quitté les lieux, les anciens entrepôts accueillent aujourd'hui de nombreux restaurants, bars et ateliers d'artistes. Quant au ***EYE,*** le musée du Film, et à l'impressionnante tour ***A'DAM,*** ils rivalisent de modernité et s'affichent comme véritables icônes du nouveau paysage urbain d'Amsterdam. Plus au nord encore, à l'emplacement de l'ancien chantier naval, le ***NDSM*** abrite un vaste espace dédié aux événements culturels les plus innovants de la ville. Alors, embarquez votre vélo sur le ferry et en route pour une découverte passionnante de ce « Noord » qui bouge avec une énergie enthousiasmante !

ARRIVER – QUITTER

En avion

✈ ***Schiphol Amsterdam Airport*** *(plan Grande Couronne)* **:** *Evert van de Beekstraat 202, 1118 CP Schiphol.* ● *schiphol.nl* ● *À 18 km au sud-ouest du centre d'Amsterdam... et à 5 m au-dessous du niveau de la mer.*

À l'intérieur, tous les services sont articulés autour de Schiphol Plaza.

Services à l'aéroport

Office de tourisme : *hall d'arrivée 2. Tlj 7h-22h.*

■ **Consigne :** *au sous-sol, entre les halls d'arrivée nos 1 et 2. ☎ 795-28-43. 24h/24. CB uniquement.* Casiers pour une durée de 1 mois maximum *(6-12 €/24h selon la taille du bagage).*

■ **Bagages perdus :** *au sous-sol, entre les halls d'arrivée nos 1 et 2. ☎ 0031-20-794-08-00 (depuis l'étranger) ou 0900-01-41 (depuis les Pays-Bas). Tlj 6h-20h (18h le w-e).*

- **Culture :** si vous n'avez pas eu le temps de visiter le Rijksmuseum, rendez-vous au « Holland Boulevard » dans l'aéroport pour un aperçu des célèbres toiles du musée...

Compagnies aériennes

Elles sont toutes représentées au ***Schiphol Amsterdam Airport.*** • *schiphol.nl* •

■ **Air France :** *☎ 654-57-20.*
■ **Swiss Airlines :** *☎ 700-37-07.*
■ **KLM :** *☎ 474-77-43.*

Accès en ville

➢ ***Le train :*** le moyen le plus rapide et le moins cher pour se rendre à la ***gare ferroviaire centrale CS*** *(Centraal Station ; plan D-E2).* • *ns.nl/en* • Accès bien fléché. Liaisons : 5h-1h, train ttes les 10-15 mn (j. fériés ou non) ; 1h-5h, 1 train/h. Durée du trajet : 15-20 mn. Compter 5,50 € l'aller simple. Automates avec CB. Acheter et composter le billet avant d'emprunter les escalators qui descendent aux quais. **Attention,** la *I amsterdam City Card* n'inclut pas le trajet depuis l'aéroport.

➢ ***Le taxi :*** compter 50 € la course ! Privilégiez le train. Sauf si votre vol part tôt un dimanche matin, évidemment. Cela dit, possibilité de réserver et de partager un taxi qui déposera et récupérera différents clients le long du trajet. Un peu plus long, mais beaucoup moins cher ! • *schiphol.nl* •

➢ ***Le bus :*** le car nº 397 *(Amsterdam Airport Express),* plate-forme B17, rejoint Museumplein, Rijksmuseum ou Leidseplein en 30 mn (40 mn avec les embouteillages, 30 mn les jours de grand vent). Départ 5h-minuit, ttes les 5-10 mn. Prix : 6,50 € l'aller (11,75 € l'A/R). Également un bus de nuit (N97) au même tarif. • *connexxion.nl* •

➢ ***Schiphol Hotel Shuttle :*** *arrêt A 7, juste à la sortie du hall d'arrivée nº 4. ☎ 339-47-68.* • *schipholhotelshuttle.nl* • Liaison entre l'aéroport et votre hôtel en navette privée ou partagée. Tarif : env 20 € l'aller simple, 30 € l'A/R ; réduc enfants et dégressif selon nombre de passagers (jusqu'à 8). Un peu plus cher quand l'hôtel ne figure pas sur leur liste et en taxi privé bien sûr. Même principe que le taxi collectif. Le billet s'achète sur Internet, à l'office de tourisme ou au comptoir *Connexxion* (Schiphol Plaza, près du hall d'arrivée nº 4). Dessert le centre-ville et une centaine de grands hôtels. Pas donné, mais confortable et pratique.

En train

Centraal Station *(gare ferroviaire centrale ; plan D-E2) : Stationsplein.* • *nsinternational.com/en* • Le train *Thalys* y débarque les passagers venant de Paris environ 7 fois/j. Rénovée et agrandie, elle est absolument superbe ! On y trouve un vaste centre commercial, de nombreuses boutiques, pharmacie, centre médical, bars et restaurants. Les départs des tramways se font côté ville, juste devant la sortie principale. La station de taxis se situe derrière la gare, près des ferries. **Attention,** l'accès aux quais de la gare n'est autorisé qu'aux détenteurs d'un titre de transport.

Office de tourisme *(plan D2) : Stationsplein 10. Face à la gare (voir plus loin).*

I amsterdam Store *(plan D2) : IJ Hall. Dans la gare centrale (voir plus loin).*

■ ***Change GWK Travelex :*** *dans le couloir central qui donne accès aux* *quais. Tlj 8h (10h dim)-20h (17h dim).* Attention, taux peu avantageux ! Distributeur automatique.

■ ***Consignes à bagages :*** *en entrant dans la gare, sur la droite, tt au fond. Pour y accéder il faut passer les portiques et donc être détenteur d'un titre de transport. Paiement par CB uniquement.* Casiers payants (petits et grands), 24h/24. Petites et grandes consignes autour de 7-10 € pour 24h, très pratiques. Également une autre consigne, en face de la gare (à gauche de l'église), utile quand la précédente est saturée et que vous n'avez pas de billet de train *(**Drop & Go**, Prins Hendrikkade 86 ; ☎ 223-36-48 ; tlj 9h-22h).* Légèrement plus chère que celle de la gare, mais quelques plans, infos utiles et vente de billets pour la plupart des sites et musées.

■ ***Objets trouvés :*** *au même endroit que les consignes à bagages. ☎ 557-85-44.*

➢ ***Rotterdam :*** env 8 trains directs/h. Durée : 1h.

➢ ***Bruxelles :*** 1 train/h (moins la nuit) ; 7 TGV *Thalys*/j. (même que pour Paris). Durée : 1h50.

➢ ***Paris-Gare du Nord :*** 7 TGV *Thalys*/j. Durée : env 3h20.

AMSTERDAM

En bus

Flixbus : *arrivées et départs à **Station Duivendrecht, Schiphol Airport** et **Bijlmer**.* • *flixbus.fr* • Plusieurs liaisons quotidiennes Amsterdam-Paris (compter 7h pour les directs), mais aussi avec Bruxelles, Genève...

En voiture

Si vous devez gagner le centre-ville en voiture (ce qu'on vous déconseille fortement, voir plus loin la rubrique « Transports. En voiture »), suivez les panneaux *S* (itinéraire urbain le plus rapide). Toutes les sorties du périphérique A10 sont numérotées de S101 à S118. Bon plan, le parking *Oosterdokskade (Oosterdoksstraat 150)* où vous pouvez vous garer pour 15 € (6h minimum et 24h maximum pour ce prix). À 5 mn de la gare centrale, à l'est.

Pour quitter la ville vers la France, 2 options

➢ ***A4-E19, direction Rotterdam et La Haye (Den Haag).*** L'autoroute longe alors l'aéroport de Schiphol. Prendre le contournement est de Rotterdam, direction Dordrecht et Breda, puis, après la frontière belge, Anvers (Antwerpen) et l'A14-E17, Gand (Gent), Courtrai (Kortrijk) et Lille (Rijssel).

➢ ***A2 vers Utrecht, puis Breda*** et son contournement est, ensuite Anvers. Variante de l'itinéraire précédent après Anvers : Bruxelles par l'E19, ring ouest de Bruxelles, puis Mons et Valenciennes. Petit avantage sur l'itinéraire via Lille : on ne commence à payer le péage des autoroutes françaises qu'entre Valenciennes et Cambrai.

ADRESSES ET INFOS UTILES

Infos touristiques

– ***Avertissement :*** il existe à Amsterdam des bureaux d'information touristique financés par des professionnels du tourisme, qui essaient de vendre les produits de leurs adhérents. Oubliez-les. La solution la plus sûre consiste à réserver son hôtel sur les sites internet spécialisés, ou avec le central de réservation • *iamsterdam.com* •, qui propose une foule d'offres de dernière minute à prix cassés (résa en ligne gratuite).

Office de tourisme d'Amsterdam *(plan D2)* **:** *Stationsplein 10 (en face de la gare centrale).* • *iamsterdam.com* • *amsterdam.info/fr/office-tourisme* • *Lun-sam 9h-17h.* Outre les classiques documentations, le magazine ***I amsterdam Magazine*** (4 numéros par an, en anglais ; environ 5 € ; inclus avec la *I amsterdam City Card*) propose le calendrier des spectacles, expos, attractions... Vente de titres de transport, billets pour les principaux musées et les spectacles.
Un autre site utile (et en français) pour préparer votre voyage : • *decouvrir-amsterdam.com* •
I amsterdam Store (plan D2) **:** *IJ Hall (dans la gare centrale, côté ferries).* • *iamsterdam.com* • *Lun-ven 10h-19h, le w-e 9h-18h. Paiement par CB uniquement.* Toutes les infos habituelles et vente de la *I amsterdam City Card.*

Le *pass* idéal : la *I amsterdam City Card*

Valable à partir de 12 ans, cette carte est en vente sur Internet (• *iamsterdam.com* • ; compter 6 jours maximum pour la recevoir), à l'aéroport, aux différents guichets de l'office de tourisme, de la compagnie des transports publics d'Amsterdam *(GVB)*, auprès de certains hôtels et marchands de journaux. Son prix est de 65 € pour 24h, 85 € pour 48h, 105 € pour 72h, 120 € pour 96h ou 130 € pour 120h.
Présentée sous forme d'une ***carte à code*** et accompagnée d'un livret explicatif en français, la *I amsterdam City Card* ***donne accès gratuitement aux principaux musées*** (sauf la maison d'Anne Frank, dont la visite se réserve obligatoirement en ligne) et à de nombreux ***sites ou attractions,*** aux ***transports en commun*** (excepté le trajet centre-ville/aéroport de Schiphol), à une ***excursion en bateau,*** ainsi que des ***réductions de 25 à 50 %*** sur des locations de vélos et voitures, sur certains parkings *P + R (Park and Ride)* et aussi dans certains bars et restos. Attention, les expos temporaires des musées entraînent parfois un supplément.
Bon à savoir, la carte est activée indépendamment selon les utilisations. Par exemple, une fois déclenché par le 1er musée visité, le temps restant sur la carte ne concernera que ce type de visite, et non les transports (là, la carte s'activera, lors d'un 1er trajet en métro, bus ou tram).
En fait, avant de jeter votre dévolu sur ce passeport, vérifiez qu'il est réellement rentable pour votre séjour. Les musées qui vous intéressent sont-ils inclus ? Quels sont leurs horaires d'ouverture (on ne visite pas tant de sites que ça entre 10h et 17h) ? Êtes-vous un marathonien de la culture prêt à enchaîner au moins 3 musées dans la journée ou avez-vous plutôt envie de découvrir tranquillement un musée par jour (auquel cas, la carte n'est pas très intéressante) ? Les promenades sur le canal vous branchent-elles ? Aurez-vous besoin de prendre souvent les transports en commun ? On marche beaucoup à Amsterdam et on roule à vélo, surtout dans le centre. Voilà quelques sages questions à vous poser avant d'opter pour l'achat de cette carte.

« Amsterdam autrement »

– ***Visites guidées insolites :*** *avec* **Els de Haan.** *(0031) 6-33-88-30-31.* • *amsterdamautrement.nl* • Els organise des visites guidées à pied (sur réservation de préférence par mail) hors des sentiers battus et en français, de 2 à 3h, pause-café comprise. On conseille de commencer par le « Jordaan nord », qu'elle connaît comme sa poche (16,50 €), afin de découvrir les secrets cachés de ce quartier branché, l'histoire de la ville, les religions, etc. D'autres visites possibles comme « Amsterdam passe le bac » (21,50 €) pour découvrir l'ancien chantier naval NDSM qui ravira les amateurs de *street art* et d'insolite, ou encore « les îles Occidentales » et « la vieille ville », toutes 2 à 17,50 €.

Urgences et consulat

■ ***Police, ambulance, pompiers :*** ☎ *112.*

■ ***Commissariats de police*** *(Politiebureaux)* **:** *Nieuwezijds Voorburgwal 35 (plan C2), dans le centre, entre la gare et le Dam ; Lijnbaansgracht 219 (plan B5 et plan Vondelpark D1), au sud du Jordaan.* ☎ *0900-88-44 (numéro commun).* Utile de s'y rendre en cas de vol (vélo ou auto), même si les policiers se montrent souvent blasés.

■ ***Centre médical de garde*** *(HPA ; Huisartsenposten Amsterdam)* **:** ☎ *088-0030-600. En sem 17h-8h, le w-e 24h/24.* Vous appelez un standard qui vous mettra en contact avec un médecin. En journée, demandez à votre hôtel, qui pourra vous orienter vers un médecin. Ou adressez-vous à ***Touristdoctor*** : ☎ *237-36-54 (24h/24) ;* ● *amsterdamtouristdoctors.nl* ● Ou encore à ***HotelDoc,*** pour une visite dans votre hôtel : ☎ *262-42-82 ;* ● *hoteldoc.nl* ●

■ ***Dentistes :*** ☎ *0900-821-22-30.*

■ ***Hôpital Onze Lieve Vrouwe Gasthuis*** *(plan G6)* **:** *Oosterpark 9.* ☎ *599-91-11.* ● *olvg.nl* ● Le plus central des hôpitaux d'Amsterdam. Également un ***service d'urgences :*** *Spuistraat 239 (zoom Centre, C3).* ☎ *599-41-00.*

■ ***Consulat de France*** *(plan Grande Couronne,* ***4****)* **:** *De Boelelaan 7 (9e étage).* ☎ *530-69-69. Au sud de la ville.* Ⓜ *Amsterdam RAI (n° 51) depuis la gare centrale. Le soir en sem et le w-e, en cas d'extrême urgence :* 📱 *(0031) 06-51-59-69-48.* ● *amsterdam.consulfrance.org* ● *Accueil sur rdv.*

– ***Important :*** les ambassades ne se trouvent pas à Amsterdam mais à La Haye.

Culture, spectacles et médias

■ ***Concerts gratuits :*** nombreux. Consulter la rubrique « À voir. À faire. Amsterdam gratuit » et liste complète sur ● *iamsterdam.com* ●

■ ***Journaux et magazines français :*** de nombreux kiosques sur Leidsestraat et à la gare centrale proposent des journaux étrangers. Sinon, se rendre à la ***librairie Athenaeum Boekhandel & Nieuwscentrum*** *(zoom Centre, C4,* ***6****)* : *Spui 14-16.* ☎ *514-14-60.* ● *athenaeum.nl* ● *Lun-sam 10h-19h, dim 12h-18h.* Propose une sélection de livres en français. Kiosque à journaux bien achalandé à côté.

■ ***Librairie Le Temps Retrouvé*** *(plan C5,* ***11****)* **:** *Keizersgracht 529.* ☎ *337-61-25. Tlj sauf dim-mar 12h-17h (18h sam).* Tenue par un couple franco-hollandais, une librairie française bien au fait des dernières nouveautés. Également des DVD.

■ ***Cinémas :*** la plupart des cinémas d'Amsterdam se trouvent autour de Leidseplein *(plan B5)* ou de Rembrandtplein *(zoom Centre, D4-5)* et projettent les films en v.o. Notre préféré reste le splendide et rococo ***Tuschinski*** *(zoom Centre, C4,* ***7*** *; Reguliersbreestraat 26-34 ;* ● *pathe.nl/bioscoop/tuschinski* ●*).* On trouve aussi le bar-cinéma ***Kriterion*** *(plan F5,* ***240*** *; Roetersstraat 170 ;* ● *kriterion.nl* ●*),* géré par des étudiants, qui propose des films actuels et anciens généralement indépendants. Mais désormais, tous les fans de cinéma passent le bac pour se retrouver à ***EYE,*** la cinémathèque située au nord de la gare centrale (ferry gratuit direct, on peut embarquer son vélo). Plus de détails dans la rubrique « À voir. À faire ».

Loisirs

■ ***Sauna Déco*** *(plan C2,* ***8****)* **:** *Herengracht 115.* ☎ *623-82-15.* ● *saunadeco.nl* ● *Lun-sam 12h (16h mar)-22h, dim 13h-19h. Entrée : 25 €.* Un sauna pas comme les autres, situé dans une belle demeure dessinée par Berlage (l'architecte de la Bourse du commerce) à la fin du XIXe s et aménagé dans un superbe style Art déco. Balustrades, vitraux, escalier, tout ou presque provient du *Bon Marché,* à Paris, qui bazarda le tout dans les années 1970 à l'occasion d'un lifting. Au programme : sauna (mixte), massages et soins (sur résa). À signaler qu'on s'y retrouve en tenue d'Ève ou d'Adam.

■ ***Piscine De Mirandabad*** *(hors plan par E6)* **:** *Mirandalaan 9.* ☎ *252-44-44.* Ⓜ *RAI.* Ⓣ *Station RAI (nº 4). Au sud, dans le parc Martin Luther King. Horaires variables et compliqués, se renseigner sur • amsterdam.nl/demirandabad • Entrée : env 5 €.* Piscines extérieures ouvertes de mai à septembre.

– ***Patins à glace et rollers :*** les Amstellodamois sont des patineurs invétérés. En été, ils chaussent leurs rollers et sillonnent le fantastique réseau de pistes cyclables de la ville. Lieu de balade le plus couru : le Vondelpark *(plan A6 et plan Vondelpark).* En hiver, ils glissent sur les dizaines de kilomètres de canaux quand ceux-ci sont gelés (c'est de plus en plus rare).

Patineurs attention ! L'épaisseur de la glace (quand il y en a...) n'est pas constante. Ne vous approchez pas des groupes de canards et autres bestiaux qui agitent l'eau en permanence. Patinez uniquement là où les autres le font. Pour les adeptes du roller, savoir qu'il vaut mieux avoir un très bon niveau vu le nombre d'obstacles (rails de trams, vélos imprévisibles, voitures, etc.). Les débutants privilégieront plutôt le cadre bucolique du Vondelpark.

■ ***Fridaynightskate*** *(plan Vondelpark)* **:** *Vondelpark. • fridaynightskate.com • Ts les ven à 20h30 (venir un peu avt). GRATUIT.* Organisent un tour d'Amsterdam (20 km ; 2h environ) différent chaque semaine ; se renseigner pour le circuit et le point de rendez-vous. Pour skaters confirmés.

AMSTERDAM

Supermarchés et épiceries

🧺 Une foule de supermarchés *Albert Heijn (AH ; • ah.nl •)* sont disséminés un peu partout dans la ville. Attention, ils n'acceptent pas toujours les cartes de paiement étrangères. Voici quelques adresses stratégiques :

– ***AH*** *(zoom Centre, C3,* ***9****)* **:** *Nieuwezijds Voorburgwal 226. Tlj 7h-22h.* Particulièrement bien approvisionné, idéal pour faire ses réserves de produits typiques (fromages, poissons fumés ou marinés, etc.) avant de rentrer au bercail.

– ***AH*** *(zoom Centre, D3,* ***9****)* **:** *Nieuwmarkt 18. Tlj 8h-22h.*

– ***AH*** *(plan Vondelpark, D2,* ***9****)* **:** *Van Baerlestraat 33a. Tlj 8h-22h.* Très grand, pratique là encore pour faire le plein de produits ; à proximité immédiate des musées, c'est aussi l'endroit idéal pour bricoler un pique-nique (grande pelouse sur le Museumplein).

🧺 ***Ekoplaza*** *(plan A4,* ***10****)* **:** *Elandsgracht 118. Tlj 8h (10h dim)- 20h.* On y trouve de tout, mais garanti pur bio, pur écolo ! Une dizaine de franchisés en ville, notamment sur Haarlemmerdijk 160-164 *(plan B1,* ***10****).*

🧺 Pour les oiseaux de nuit :

– ***Dolf's Avondverkoop*** *(plan B1,* ***12****)* **:** *Willemsstraat 79, dans le Jordaan. Tlj 12h-1h (2h ven-sam).*

– ***Sterk*** *(plan E4,* ***13****)* **:** *Waterlooplein 241, dans le Jodenbuurt. Tlj 8h-2h.*

– ***Royal XL*** *(hors plan par D6,* ***15****)* **:** *Ceintuurbaan 270, dans le quartier De Pijp. Tlj 17h-6h.*

TRANSPORTS

Infos et adresses utiles

■ ***GVB*** *(plan D2,* ***16****)* **:** *Stationsplein 10.* ☎ *0900-80-11. • gvb.nl • Tlj 8h30-19h.* Dans le même édifice que l'office de tourisme, devant la gare centrale, cet

organisme gère les transports publics (trams, bus et métros) de la ville. Plans et horaires à disposition. Prendre un ticket pour accéder au guichet, ou vente de tickets à des distributeurs.
– ***Autres bureaux :*** dans la station de métro de la gare centrale *(plan D2)* ; à la gare WTC Zuid *(plan Grande Couronne),* au sud d'Amsterdam ; à la gare Bijlmer-Arena *(plan Grande Couronne),* au sud-est d'Amsterdam ; et à la station de métro Noord *(plan Grande Couronne),* sur la rive nord de l'IJ.

Quelle formule choisir ?

– ***Oubliez la carte à puce rechargeable,*** la *OV-chipkaart,* plutôt réservée aux locaux. Elle n'est intéressante que lors d'un séjour de longue durée.
– Rappelez-vous que ***le transport est gratuit avec la I amsterdam City Card*** (voir plus haut « Infos touristiques » dans « Adresses et infos utiles »).
– Si vous n'achetez pas la *I amsterdam City Card,* mieux vaut ***prendre un des titres de transport « traditionnels »*** : valides de 1 à 7 jours (8,50-37 €), les « cartes à la journée » *(GVB Dagkaart)* sont les plus pratiques et les plus avantageuses pour se déplacer en centre-ville. On peut les utiliser sur n'importe quelle ligne *GVB* de tram, de bus, de métro et dans les bus de nuit, mais pas dans les bus régionaux des compagnies *Connexxion* (trajet aéroport/centre-ville notamment) ou *ESB,* ni dans les trains. Les cartes à 8,50 € pour 24h et les tickets à l'unité (3,20 €, pour 1h avec correspondance) peuvent s'acheter auprès du chauffeur de tram ou de bus par carte de crédit uniquement. Mieux vaut quand même ***acheter son billet à l'avance,*** dans un bureau de tabac ou au *GVB* (voir plus haut).
– Noter qu'il existe un ***day ticket (24h) pour les enfants*** de 4 à 11 ans : 4 €.
– Pour se rendre dans les environs d'Amsterdam (aéroport, Edam, Volendam, Zaanse Schans, Haarlem), prendre l'***Amsterdam & Region Travel Ticket*** : 19,50 €, 28 €, 36,50 €, pour 1, 2 ou 3 jours ; ou encore le **Go Dutch** (Volendam, Edam, Marken...) : 12,50 € via ● *localbus.nl* ●

Bon à savoir

– ***IMPORTANT :*** pour pouvoir l'utiliser plusieurs fois, il faut « badger » (valider) votre ticket ***à la montée ET à la descente du tram, bus et métro !*** N'oubliez pas ces 2 étapes, les contrôles sont très fréquents. Dans le tram, on monte par la porte côté conducteur ou par l'avant-dernière.
– ***Les bus de nuit*** *(Nachtbussen)* **:** 10 lignes spéciales fonctionnent la nuit (n^{os} N81 à N93). Toutes passent par la gare centrale. Vous pouvez les emprunter si vous possédez une *Dagkaart,* sinon, il vous faudra acheter des tickets spéciaux (4,70 € l'unité ; valable pendant 1h30). Vous trouverez le plan des *Nachtbussen* dans la brochure générale du *GVB.* Possibilité d'acheter un ticket à l'unité dans le bus, par CB uniquement.

À pied

Le centre ancien d'Amsterdam est relativement peu étendu, et les distances sont raisonnables. Pour aller de la gare centrale à la place du Dam compter à peine 10 mn. Depuis le Dam jusqu'à *Leidseplein*, 10 à 15 mn. De *Waterlooplein* à l'église *Westerkerk* et au quartier du *Jordaan* (à l'ouest des canaux), 20 à 25 mn maximum. Pour les « îles du nord », un aller en ferry prend 5 à 15 mn ; pour celles de l'est, quelques stations de tramway et vous y êtes.

– ***Le secteur des canaux, le quartier du Jordaan et le quartier Rouge se découvrent à pied.*** Pour admirer les façades du Siècle d'or, il faut flâner le nez en l'air pour scruter les détails. Les heures idéales pour se promener sont les premières de la matinée, le crépuscule (l'heure de la tournée des « cafés bruns ») et la nuit bien sûr, question d'ambiance !
– ***Attention en traversant les rues :*** contrairement aux voitures, on n'entend pas venir les vélos, ni les

voitures électriques, ni même parfois les tramways. Ça a l'air bête, mais les cas de touristes se faisant durement rudoyer sont fréquents. En hiver, avec capuches ou bonnets (ou pire, écouteurs !) sur les oreilles, ça devient encore plus dangereux.

– ***Attention encore :*** le code de la route s'applique AUSSI aux piétons. Ne vous étonnez pas de vous faire réprimander si vous traversez au rouge ou en dehors des passages protégés même si la voie est libre. Une amende de 65 € est d'ailleurs prévue et facilement distribuée par des flics à vélo ou à rollers (ceux qui patrouillent à cheval dans les parcs ont d'autres chats à fouetter), s'ils sont mal lunés. Par ailleurs, il est interdit de boire de l'alcool dans la rue.

– ***Comment se repérer avec les numéros des maisons ?*** Un truc bon à savoir, les rues et les quais bordant les canaux sont toujours numérotés selon la même logique : tout part de la gare centrale, au nord de la ville. Ainsi, les numéros des grands canaux commencent à la gare centrale et ça tourne dans le sens inverse des aiguilles d'une montre. Les numéros impairs sont à gauche, les pairs à droite, quand on vient du port (un héritage de Louis-Napoléon, ne vous plaignez pas trop fort, sinon on vous le fera remarquer). Exemple avec le *plan D5* : le n° 7 du *Keizersgracht* se trouve près du port côté est du canal, tandis que le n° 610 est situé à l'autre bout du canal, au sud de *Rembrandtplein* côté sud. Même principe pour les canaux qui partent en étoile des grands canaux : le n° 20 de *Bloemgracht* dans le *Jordaan (plan A-B3)* se trouve près de *Prinsengracht,* côté nord...

À vélo

De loin le moyen de transport privilégié à Amsterdam. Cela dit, tout n'est pas rose au royaume de la petite reine : il y a souvent des embouteillages... de vélos. Entre cyclistes locaux pressés et touristes distraits, les rapports sont parfois tendus.

Mais, en définitive, avec ses kilomètres de canaux enjambés par de petits ponts, son relief plat, ses pistes cyclables bien tracées et sa circulation automobile strictement réglementée, la ville se prête admirablement à ce mode de déplacement écologique et rapide.

Elle semble ainsi vivre au rythme du ballet des bicyclettes, élégantes, où l'on est haut et bien assis. Toutes les générations se croisent, avec chiens et enfants dans les paniers ou, plus sophistiqué, dans toutes sortes de remorques.

– ***Chutes (de bicyclette) :*** on en voit peu, et elles sont rarement très graves. Attention quand même au rétropédalage (système de freinage sur les vélos hollandais traditionnels qui n'ont pas de frein au guidon), aux rails de tram et aux voleurs (plus de 200 bicyclettes volées par jour) ! Pensez à bien verrouiller votre antivol à chaque arrêt et à enchaîner votre vélo à un arbre ou à un poteau.

– ***Quelques règles de circulation :*** interdiction pour 2 cyclistes de rouler de front, personne sur le porte-bagages, vélo à la main dans les zones piétonnes (contrôles fréquents), respect des sens interdits sauf mention contraire (petit panneau blanc rectangulaire marqué « *uitgezonderd* », qui signifie « excepté », sous le panneau de sens interdit). Et si les vélos n'ont pas la priorité sur les voitures, ils ont toujours raison devant la loi, en cas d'accident, s'ils ont la priorité à droite. Quant au tramway, il a la priorité sur les vélos, scooters et voitures, quoi qu'il arrive.

Voilà pour la théorie, mais vous réaliserez que certains cyclistes roulent bien vite, grillent les feux rouges, que d'autres prennent les sens interdits, etc. Les grosses infractions sont sanctionnées par la police ; il en coûtera quelques dizaines d'euros. Pas de pitié pour les cyclistes qui circulent sans éclairage la nuit (même si beaucoup n'en ont pas encore !) ou téléphonent en roulant (amende de 95 € !). De plus, lorsqu'on ne connaît pas la ville et tous ses réseaux de circulation qui s'entrecroisent, mieux vaut être prudent.

– ***Parking :*** les hôtels possèdent rarement des parkings fermés pour les bicyclettes de leurs clients. Si vous laissez votre vélo à l'extérieur pour la nuit, attachez-le à un support fixe (poteau, arbre...) au moyen d'un gros antivol de moto. Sinon, vous pourriez ne plus le retrouver le lendemain. Dans le centre, faites très attention à ne pas le placer en dehors des lignes blanches.

Il existe un gigantesque parking à la gare centrale (7 000 places !), ainsi que 2 parkings couverts et gardés (1,50 à 5 € par 24h) de part et d'autre de celle-ci *(plan D2)*, puis un autre gratuit sous la bibliothèque centrale *(plan E2)*.

Location

On peut louer une bicyclette pour quelques heures ou plusieurs jours. Les loueurs appliquent des tarifs dégressifs en fonction de la durée de location. Vérifier si l'***assurance*** est comprise ou non dans le prix ; celle-ci couvre le vol, mais en cas de dommage, il faut régler une ***franchise*** de 50 € environ.

D'éventuelles « ruptures de stock » en pleine saison, notamment pendant les week-ends prolongés de mai ou en été, risquent de vous laisser à pied sur le pavé. Utilisez les ***sites de réservation en ligne*** quand ils existent. Sinon arrivez le premier... ou le dernier, pour être sûr d'avoir une monture le lendemain !

Si vous n'en avez pas l'habitude, préférez un vélo classique à l'authentique vélo hollandais, qui ne freine que grâce au rétropédalage. C'est assez « casse-gueule » ; beaucoup de loueurs ont d'ailleurs renoncé à ce système.

Si vous crevez un pneu, téléphonez à votre loueur ou sonnez chez l'habitant. Un mot utile : « pompe à vélo » se dit *fietspomp*, mais bien souvent le geste suffira pour se faire comprendre.

Pour louer un vélo, se munir d'une pièce d'identité et de sa carte de paiement. Une empreinte de la CB est faite à titre de caution. À défaut, une somme en liquide (50 €) fera l'affaire. Nous avons sélectionné quelques loueurs, mais vous avez vraiment du choix dans tous les quartiers.

– ***Bon à savoir :*** il y a de fortes chances que votre hôtel propose la location de vélos. Oubliez les vélos en libre-service *(OV-fiets)*, plutôt réservés aux locaux.

Dans le Jordaan et le nord des grands canaux

🚲 **Frédéric Rent a Bike** *(plan C2,* ***17****)* **:** *Binnen Wieringerstraat 23. ☎ 624-55-09. • frederic.nl • À 5 mn à pied de la gare centrale. Tlj 9h-17h30. Résa en ligne possible. Tarifs : 9 € pour 3h, 11 € pour une journée (retour à 17h30), 15 € pour 24h, 25 € pour 48h, 60 €/sem, etc. (plus 5 €/j. supplémentaire), quelle que soit l'heure de prise en charge, assurance vol comprise. Visites guidées (compter 2h30) en français mer-dim à 9h et 12h (sinon sur résa par Whatsapp ou mail). Compter 35 €/pers, réduc. Groupes de 2-8 pers.* Tenue par une sympathique famille francophone d'artistes, ce qui explique les sculptures et les tableaux dans l'atelier à vélos. Doc et infos sur la ville et les balades à vélo en ville ou dans la région. En haute saison, proposent également des visites guidées à vélo en français en petits groupes, animées par Aurore (canaux, architecture, endroits insolites et secrets, richesses du Siècle d'or, etc.). Rien à dire sur le rapport qualité-prix-accueil. Conseils précieux et avisés.

🚲 ***Amsterdam Vélo*** *(zoom Centre, C3,* ***24****)* **:** *Spuistraat 110. 📱 (0031) 06-41-17-60-32. • amsterdam-velo.com • Tlj 10h-18h. Tarifs : 9,50 € pour 3h,, 14,50 € pour 24h, 24 € pour 48h, 66,50 €/sem.* Accueil en français, plein de bons conseils, et une petite liste de bonnes adresses à découvrir en route. Organise aussi des tours guidés (voir plus bas).

🚲 ***Bike City*** *(plan B3,* ***18****)* **:** *Bloemgracht 68-70. ☎ 626-37-21. • bikecity.nl • Ⓣ Westermarkt (n°s 13 et 17 depuis la gare centrale) ou Bloemgracht (n° 5 de Leidseplein). Tlj 9h-17h30. Tarifs : 10 € pour 4h, 14 € pour 24h, 26 € pour 48h.* Conseils de balades.

Dans le centre et au sud des grands canaux

🚲 ***Mac Bike*** *(plan E2,* ***19****)* **:** *Oosterdokskade 63a. ☎ 811-51-10. • macbike.nl • Tlj 9h-18h. Résa en ligne* *possible. Tarifs : 10-15 €/j., assurance non comprise. Réduc de 25 % avec la I amsterdam City Card.* C'est le loueur à l'est de la gare centrale, pratique pour ceux qui arrivent en train. Propose vélos pour enfants, tandems, « vélos-cargos » pour transporter les bambins, circuits à faire soi-même et tours guidés. Possède également 4 autres boutiques de location en ville, dans la gare centrale *(plan E2, **19**)*, Overtoom 45 *(plan A5, **19**)* et Waterlooplein 289 *(plan E4, **19**)*.

Damstraat Rent a Bike *(zoom Centre, C3, **21**)* **:** *Damstraat 20-22. ☎ 625-50-29. • rentabike.nl • Près du Dam. Tlj 9h-18h. À partir de 10 € la journée selon le type de vélo, assurance non comprise. Livraison possible.* Bicyclettes, tandems, vélos pour enfants, « vélos-cargos ». Infos sur les balades à réaliser soi-même dans les environs, et tours guidés.

Excursions à vélo

Amsterdam Vélo *(zoom Centre, C3, **24**)* **:** *Spuistraat 110. Résa sur • amsterdam-velo.com • ou au (0031) 06-41-17-60-32. Tour centre-ville de 2h30 : 30 €/pers. Tour street art de 2h30 : 35 €/pers. Circuits dans le Waterland ou le Zaanse Schans de 3h, avec arrêt dans les villages : 35-40 €/pers. Réduc moins de 16 ans ; gratuit moins de 8 ans.* Jetez un œil sur le site. Pour mieux préparer une balade vraiment sympa avec un guide francophone, arrêt ici et là pour découvrir des détails architecturaux ou des scènes de la vie quotidienne. De bons retours de nos lecteurs ! Loue également des vélos et organise aussi des visites en bateau (voir plus bas *Amsterdam Bateau*).

Yellow Bike *(zoom Centre, C2, **22**)* **:** *Nieuwezijds Kolk 29. ☎ 620-69-40. • yellowbike.nl • Tlj 9h30-17h. Certains tours peuvent être annulés faute de clients. Résa vivement conseillée, surtout pour une visite en français. Heures de départ variables, à vérifier auprès d'eux. Consigne à bagages.* La location du vélo est comprise dans les formules proposées. Et s'il pleut, *Yellow Bike* fournit aussi les cirés... jaunes, bien sûr. Propose aussi la location classique (possibilité de se faire livrer le vélo à l'hôtel, moyennant un petit supplément). Pour les promenades à vélo, 4 formules :

- ***Arrival Tour*** **:** *départ ven-sam à 16h, pour une balade de 1h30. Tarif : 23,50 €/pers.* Une bonne introduction à la découverte de la ville.
- ***Small City Bike Tour*** **:** *départ tlj à 13h30, pour une balade de 2h. Tarif : 26 €/pers. Guide francophone sur résa ou sur place selon disponibilité.* Un guide expérimenté conduit un petit groupe de bicyclettes jaunes à travers la ville (4 personnes minimum, 14 personnes maximum), tout en racontant avec passion l'histoire d'Amsterdam. Pendant cette très sympathique balade, on flâne de ruelle en canal, on découvre le quartier du Jordaan, le Vondelpark, et bien entendu on passe devant tous les hauts lieux, de la maison d'Anne Frank au Rijksmuseum, sans oublier les visites des petites cours cachées.
- ***City Bike Tour*** **:** *départ tlj à 10h (mars-oct), pour une balade de 3h (pause de 20 mn comprise). Tarif : 31 €/pers.* Une virée plus longue et plus complète de la ville, incluant notamment la visite du port.
- ***Countryside Bike Tour*** **:** *départ tlj à 10h30 (mars-oct). Durée : env 4h (en néerlandais ou anglais seulement). Tarif : 36 €/pers.* Promenade champêtre dans le Waterland, région pittoresque au nord d'Amsterdam. Très, très agréable si le temps est de la partie.

Les transports en commun (voir plan des transports sur le plan détachable)

En tramway

C'est le moyen de transport public le plus pratique, aussi bien pour les Amstellodamois que pour les touristes. L'essentiel des 14 lignes rayonne à partir de la gare centrale. Plan gratuit disponible dans les bureaux du *GVB* ou sur leur site *• gvb.nl •*

AMSTERDAM

Comme dans les bus, on a la possibilité d'acheter son billet auprès du chauffeur, ***par carte de paiement uniquement.*** Mieux vaut quand même acheter son ticket à l'avance.

■ ***Gare principale et billetterie GVB :*** *Stationsplein 10.* ☎ *0900-80-11.* ● *gvb.nl* ● *Tlj 8h30-19h.* Pour les différents types de billets, voir les « Informations et adresses utiles » plus haut, au début de la rubrique « Transports ».

Principales lignes de tram

Les trams circulent de 6h à minuit (plus ou moins 15 mn selon les lignes). Fréquence moyenne : jusqu'à 6 trams/h 7h-19h. Bref, il y en a régulièrement.

➢ De la gare centrale à Leidseplein : nos 2 et 12.

➢ De Leidseplein au Rijksmuseum : nos 1, 7, 19 ; ou 2, 5 et 12.

➢ De la gare centrale à la place du Dam : nos 2, 4, 12, 13, 14 et 17.

➢ De la gare centrale aux Rijksmuseum, musée Van Gogh et musée d'Art moderne (Stedelijk Museum) : nos 2 et 12 (très pratiques).

➢ Du Rijksmuseum au Tropenmuseum (musée des Tropiques) : nos 7 et 19. De la gare centrale au Tropenmuseum : no 14.

En bus

Plus discrets que les tramways, les bus circulent surtout en dehors du centre-ville, c'est-à-dire au-delà du secteur des grands canaux. Pour les noctambules, il existe des bus de nuit, en service de minuit à 6h quand ceux du jour se reposent ; plan de ces *Nachtbussen* dans la brochure générale du *GVB* ou sur leur site internet ● *gvb.nl* ●

En métro

Circule de 6h à minuit environ. 5 lignes de métro actuellement (nos 50 à 54). Le métro est pratique pour se rendre en périphérie (campings, parkings *P + R*), mais seules quelques stations de la ligne principale, reliant la gare centrale à la banlieue sud-est, peuvent être utiles dans le centre. Il s'agit des arrêts de *Nieuwmarkt, Waterlooplein, Weesperplein* et *Wibautstraat.*

En bateau

Impensable de visiter Amsterdam sans faire une balade sur les canaux qui sillonnent la ville. Sur ces chemins d'eau, on transportait autrefois les marchandises des bateaux jusqu'aux entrepôts et greniers des riches marchands. Aujourd'hui, les embarcations, chargées de passagers aux yeux écarquillés, glissent en silence sur les eaux de la « Venise du Nord ». À moins d'avoir sa propre barque ou un copain habitant l'une des quelque 2 500 maisons flottantes que compte la ville (certains *B & B* ou hôtels vous proposent aussi des hébergements sur des péniches), il n'y a guère d'autres solutions que de choisir entre les différentes formules de promenade que nous vous présentons.

Les bateaux-mouches : des ribambelles de vedettes sont alignées au pied de *Prins Hendrikkade* (devant la gare centrale ; *plan D2*), le long du *Damrak* et du *Rokin (plan D2),* ainsi que sur *Stadhouderskade (plan B5),* à proximité du *Rijksmuseum*. Il y a l'embarras du choix : une dizaine de compagnies se partagent le marché. Elles affichent toutes à peu près les mêmes tarifs : environ 15 € par adulte, pour une promenade de 1h à 1h30. Le départ du *Damrak* (ttes les 20 mn) serait le moins cher (environ 12 €).

– ***Bon à savoir :*** avec la *I amsterdam City Card,* vous bénéficiez de la gratuité avec 4 compagnies (*Circle Line, Lovers canal cruises, Stromma* ou la *Blue Boat*) pour une seule visite de 1h en bateau-mouche. On passe par le port, les grands canaux, et on revient au point de départ. Commentaire en plusieurs langues, dont le français. À la belle saison, prendre un bateau avec toit ouvrant, sinon on crève de chaud.

– Quelques noms de compagnies : ***Rederij Plas,*** ☎ *624-54-06,* ● *rederijplas.nl* ● ; ***Circle Line,*** ☎ *237-43-22,* ● *amsterdamcircleline.nl* ● ; ***Blue Boat Company*** *(départ de Stadhouderskade 30, près du Rijksmuseum),* ☎ *679-13-70,* ● *blueboat.nl* ● ; ***Stromma*** *(départ de Prins Hendrikkade 37),* ☎ *217-05-01 ;* ● *stromma.com* ●.

– ***Un bon tuyau :*** venez en fin d'après-midi ou en soirée si vous voulez éviter la foule. Enfin, sachez qu'il existe des croisières-dîners (chères).

■ ***Hop On Hop Off Boat*** *(plan Vondelpark, D2)* **:** *Weteringschans 26.* ☎ *217-05-01.* ● *stromma.com* ● *Tlj 9h-18h30 env (22h juil-août). En saison, passage ttes les 30 mn env et en hiver ttes les heures env. Forfait 24h : env 35 €, réduc ; - 25 % avec la* I amsterdam City Card *(ou - 10 % en passant par le site internet).* Ces bateaux-mouches (équipés d'audioguides) marquent 8 arrêts situés près des principaux musées et lieux stratégiques de la ville, où l'on peut monter et descendre comme on le souhaite. Guichet principal en face du Rijksmuseum, mais possibilité d'acheter son ticket à chaque étape. Les bateaux fonctionnent au gaz naturel : silencieux et propre !

■ ***Amsterdam Bateau*** *(zoom Centre, C3,* ***24****)* **:** *Spuistraat 110.* 📱 *(0031) 06-41-17-60-32.* ● *amsterdam-bateau.com* ● *Résa obligatoire. Départ Oosterdokskade 8, près de la gare centrale. Visite guidée tlj à 9h45, 11h30, 13h15, 15h, 16h45 et 18h30 : 30 €/pers, avec boisson et snack ; réduc enfants.* Une balade sur les canaux en bateau électrique, tout en profitant des commentaires et anecdotes (en français !) sur l'histoire et la culture du pays... Voilà qui nous va bien !

■ ***Pedal Boat*** *(plan Vondelpark, D2)* **:** *mêmes coordonnées et horaires que* Hop On Hop Off Boat. ● *stromma.com/nl* ● *Tarif : 27 €/h par pers (25 € en ligne) ; réduc de 25 % avec la* I amsterdam City Card *; caution de 20 €.* À Amsterdam, on pédale même sur l'eau ! Mieux vaut quand même être à 2. On peut aussi embarquer du renfort (maximum 4 personnes, soit 2 équipes de 4 mollets). Très romantique en fin d'après-midi, moins drôle les jours de pluie. On compte 3 embarcadères de *Vélocanos* : *Rijksmuseum* et *Leidseplein,* à côté de la maison d'Anne Frank sur *Prinsengracht*. On peut rendre l'engin où l'on veut. Une brochure détaillée est fournie, avec plan de la ville, idées de circuits, anecdotes sur Amsterdam, et quelques règles élémentaires de navigation en embarcation à pédales. Attention, on ne peut utiliser ces embarcations la nuit sous peine d'amende.

– Pour ceux qui ne veulent rien faire comme les autres, possibilité de faire un tour en **gondole,** eh oui ! 📱 *(0031) 06-47-46-45-45.* ● *gondel.nl* ● *Compter 160 €/h pour 6 pers max.*

Excursions dans le Waterland

■ ***Wetlands Safari*** **:** 📱 *(0031) 06-53-55-26-69.* ● *wetlandssafari.nl* ● *Avr-sept (vérifier le calendrier). Départ à 10h depuis la gare routière (terminal A), derrière la gare centrale. Tarif : 68 €/pers, transports en bus, café et repas inclus.* Randonnées dans les polders du *Waterland* à pied, avec découverte des marais en canoë. Durée de la balade : 5-6h, pause repas comprise. Pour les sportifs amoureux de la nature.

En voiture

Venir jusqu'ici en auto n'est intéressant que si d'autres étapes sont prévues en cours de voyage, à l'écart des grands axes (en Belgique ou dans le sud des Pays-Bas). Sinon, pour ne visiter qu'Amsterdam, ***la voiture est à proscrire.*** Elle est aussi inutile qu'à Venise, et sera une source de tracas et de problèmes en tout genre. ***On vous conseille donc de lire attentivement ce qui suit.***

Le parking en périphérie

Pour éviter les prix prohibitifs des rares parkings d'hôtels (environ 40 € pour 24h !) et des quelques parkings du centre (dans les 5 €/h et 50 €/j. en moyenne !), mieux vaut se garer à la périphérie, dans un grand parking gardé, d'autant que le vandalisme n'est pas rare. Et surtout, consulter avant le départ le site de l'office de tourisme ● *iamsterdam.com* ●, rubrique « Se garer » (plan très utile, à télécharger absolument !). Car ici les règles évoluent vite, tout étant fait pour que les visiteurs prennent les transports en commun pour aller au centre-ville. Avec les parkings en périphérie, vous ne paierez que 8 € pour 24h, si vous arrivez en semaine avant 10h, et 1 € pour les 24h suivantes. Si vous arrivez après 10h en semaine ou le week-end, vous ne devriez payer que 1 € pour 24h.

– ***Parkings P + R : le plan le moins cher... sous certaines conditions.*** Les parkings *P + R (Park and Ride)* sont situés à la périphérie d'Amsterdam, près de l'autoroute A10, et à proximité de transports publics. Ils sont ouverts 24h/24 (sauf exception). ***Attention,*** après être entré dans le parking *P + R,* vous avez 1h pour acheter vos cartes de transport en commun *GVB P + R* (distributeurs bleus). Chaque carte *GVB P + R* est ensuite valable pour 1h de voyage en direction du centre-ville et 1h pour revenir à votre parking *P + R* (transferts inclus si nécessaire). Ticket *GVB* : 5,50 € pour 1-2 personnes, 6,50 € pour 3... et jusqu'à 8,50 € pour 5 (le maximum autorisé par la formule *P + R*).

Prendre un bus, tram ou métro, pas le train. Dépliant avec plan du réseau GVB disponible près des automates. ***Attention*** à ne pas se tromper et ***à bien embarquer dans les bus et tram de la compagnie*** (couleur bleue). Si vous avez une correspondance pour rejoindre le parking au retour, bien valider votre ticket dans le centre. Le tarif avantageux ne s'applique que dans ce cas de figure (en cas de problème, réclamation possible sur le site).

Très important : *check-in* au parking ET *check-out* en arrivant dans le centre, par exemple à la gare centrale : la ville veut avoir la preuve que le *P + R* est utilisé seulement pour les visiteurs du centre-ville.

– Au retour, même cinéma. Il vous faudra, avec le ticket du *P + R,* effectuer *check-in* au centre et *check-out* au parking ***avant*** de reprendre la voiture.

Sachez aussi que le prix spécial *P + R* n'est valable que 4 j. (96h). Si vous restez plus longtemps, vous paierez ***toute la durée*** de stationnement au tarif normal du parking (25-30 €/j.).

Dernier avertissement : ne rien laisser en évidence dans les voitures.

P ***P + R ArenA*** *(plan Grande Couronne)* ***:*** *Burgemeester Stramanweg 130. Situé sous le stade ArenA (près du* Ⓜ *Bijlmerstation). Depuis les autoroutes A1, A2, A9 et A10, suivre les panneaux indicateurs (sortie Ouderkerk de l'A2 et de l'A9). Pour rejoindre le centre-ville, env 25 mn avec le métro, ou bus de nuit n° 287.* Inaccessible lors des grands événements sportifs ou autres.

P ***P + R Olympisch Stadion*** *(plan Grande Couronne)* ***:*** *Olympisch Stadion 44. Depuis l'autoroute A10, sortie S108. Accès au centre-ville avec le tram n° 24 ou le métro n° 51.* Souvent complet (notamment pendant les grands événements sportifs).

P ***P + R Bos en Lommer*** *(plan Grande Couronne)* ***:*** *Leeuwendalersweg 23b. Depuis l'autoroute A10, sortie S104. Accès au centre-ville avec le métro, le tram n° 7 et le bus n° 21. On peut payer en espèces.*

P ***P + R Sloterdijk*** *(plan Grande Couronne)* ***:*** *Piarcoplein 1. Depuis l'autoroute A10, sortie S102. Accès au centre-ville par le métro, le bus n° 22 et les trams nos 19 puis 17 (oubliez le train car vous n'auriez plus droit au prix doux pour le stationnement).* Souvent complet lui aussi.

P ***P + R Zeeburg*** *(plan Grande Couronne)* ***:*** *Zuiderzeeweg 46a. Depuis l'autoroute A10, sortie S114. Accès au centre-ville avec le tram n° 26 ; bus de nuit n° 289.*

Le stationnement en ville

Bon, on a beau s'efforcer de vous faire peur, vous avez décidé d'entrer en ville avec votre voiture ? Vous vous apercevrez rapidement que l'urbanisme de l'Amsterdam du XVIIe s n'a pas été conçu pour la bagnole !

Petit tour d'horizon : pour limiter la circulation et diminuer la pollution, la ville a adopté une série de règlements draconiens : une multitude d'axes sont interdits aux véhicules ou sont à sens unique. Et le stationnement est très limité. Sur les rares places de parking aménagées, ne pas payer c'est prendre le risque de visiter la fourrière et d'alléger sérieusement son porte-monnaie ! Les patrouilles du Service municipal de stationnement *(Cition)* sillonnent la ville sans relâche... et des caméras scannent votre plaque d'immatriculation.

■ ***Fourrière*** *(plan Grande Couronne,* ***23****)* ***:*** *Daniël Goedkoopstraat 9.*

☎ *140-20 (8h-18h).* Ⓜ *Spaklerweg (nos 51, 53 ou 54). Tlj, 24h/24.* On est sympa, on vous indique la fourrière. C'est là que vous récupérerez votre voiture si vous l'aviez mal garée, moyennant 375 €, payables par CB uniquement. Et pas question de traîner, chaque journée supplémentaire sera facturée 30 € ! Pièce d'identité exigée.

– ***Cartes de stationnement :*** intéressantes seulement si vous restez longtemps à Amsterdam. Pour le jour même, il suffit d'aller au parcmètre voisin et d'inscrire sa plaque d'immatriculation. Pas de ticket, vous êtes enregistré numérique et vous payez par CB seulement (*Visa, MasterCard* et *American Express*). ● parkeren-amsterdam.com ● La *Dagkaart* 9h-19h coûte 36 € jusqu'à 19h, 45 € jusqu'à minuit. Achat sinon de cartes au *Parkeerloket Centrum,* Amstel 1.

Possibilité de régler le coût du stationnement avec votre smartphone, en y chargeant l'appli ***Parkmobile,*** compatible iPhone, Android et Windowsphone. L'appli vous indique votre position identifiée par GPS, une minuterie se met en marche ; au retour vous réactivez pour déterminer la durée facturée et on vous propose les options de paiement. Vous serez débité en fin de mois. Infos sur : ● parkmobile.nl ●

– ***Service de parking par chauffeurs :*** proposé par certains hôtels. Tarifs : env 40 €/j. On vient chercher votre voiture et on vous la ramène le jour demandé. Quelques contraintes d'horaires cependant.

– ***Parkings réservés aux riverains :*** si la mention « *Uitgezonderd Vergunninghouders* » figure sur un panneau à proximité, ***fuyez*** ! Cela signifie « Réservé aux détenteurs d'une autorisation ». Les gens paient pour ces places réservées ; n'attendez aucune tolérance de leur part. Dans le quart d'heure qui suit, vous risquez de voir dégager votre voiture en fourrière.

– ***Parkings couverts du centre-ville :*** ils peuvent être très utiles, surtout pour la nuit. Selon le parking, les prix varient du simple au double. Compter en moyenne entre 5 € pour 1h (et parfois même pour seulement 30 mn) et 50 € pour 24h (le plus élevé, le *Byzantium,* atteignant 68 €).

🅿 ***Parking Amsterdam Centraal*** *(plan D2)* **:** *Prins Hendrikkade 20a. Face à la gare. Ouv 24h/24.*
🅿 ***Parking Nieuwendijk*** *(plan C2)* **:** *Nieuwezijds Kolk 18. Entre la gare et le Dam. Ouv 24h/24.*
🅿 ***Parking Bijenkorf*** *(zoom Centre, C3)* **:** *Beursplein 15. Ouv 24h/24.*
🅿 ***Parking Byzantium*** *(plan A5)* **:** *Tesselschadestraat 1g. Ouv 24h/24.*
🅿 ***Parking Museumplein*** *(plan A6)* **:** *Van Baerlestraat 33B.*
🅿 ***Parking Europarking*** *(plan A4)* **:** *Marnixstraat 250. Situé à 5 mn à pied de Leidseplein, à 10 mn du Dam. Ouv 24h/24.*
🅿 ***Parking Heinekenplein*** *(plan C6)* **:** *Eerste Van der Helstraat 6. Tlj 7h-minuit.*
🅿 ***Parking Muziektheater*** *(plan D4)* **:** *Waterlooplein 28. Sous le marché aux puces devant la mairie* (Stadhuis)*. Ouv 24h/24.*
🅿 ***Parking Waterlooplein*** *(plan D-E4)* **:** *Valkenburgerstraat 238. Au coin de Jodenbreestraat. CB uniquement.*
🅿 ***Parking Centrum Oost*** *(plan F6)* **:** *Wibautstraat 3b. Ouv 24h/24.*
🅿 ***Parking Passenger Terminal Amsterdam*** *(plan F2)* **:** *Piet Heinkade 27. Ouv 24h/24.*

En taxi

Leur tarification doit être visible, le nombre de passagers est limité à 4 personnes, le prix au kilomètre ne doit pas excéder 2,17 € et l'on ne peut pas vous refuser un court trajet. Cela dit, le statut des taxis étant en pleine évolution, nous vous conseillons de consulter le site de l'office de tourisme *(● iamsterdam.com ●).* En cas de plainte : ☎ *0900-202-18-81 (0,70 € + prix d'un appel local ; lun-ven, 9h-12h). ● taxiklacht.nl ●*

À titre indicatif, quelques prix de trajets : Centraal Station-Museumplein : environ 20 € ; Leidseplein-Dam : environ 15 €. « Compteur » se dit *meter.*

🚕 ***Taxi Central Amsterdam*** *(TCA)* **:** ☎ *777-77-77.* La plus importante des compagnies, et aussi la plus sûre, fonctionnant 24h/24.

AMSTERDAM

OÙ DORMIR ?

Exit les hôtels coûteux, exigus et rénovés avec pingrerie. Amsterdam propose désormais des hébergements joliment aménagés, au design soigné et parfois audacieux. Une petite révolution, notamment pour les auberges de jeunesse.

ÉTAT DES LIEUX

- ***Les tarifs varient considérablement en fonction de l'affluence touristique*** (du simple au double, voire au triple !). Pâques, la Pentecôte, fin avril (quand tout le pays célèbre l'anniversaire du roi), août, les fêtes de fin d'année... Toutes ces périodes sont annonciatrices de ***galères pour ceux qui n'auraient pas réservé leur chambre longtemps à l'avance.*** Même souci le week-end, et ce, tout au long de l'année...
- ***Les vendredi et samedi (parfois aussi le dimanche) voient les prix monter en flèche*** ; de très nombreux hôtels pratiquent ces jours-là les ***mêmes prix qu'en haute saison.*** Une même chambre peut ainsi valoir 60 € un lundi et 180 € le samedi suivant ! C'est pourquoi nous indiquons toujours des ***fourchettes de prix assez larges*** dans nos adresses.
- ***L'idéal, pour trouver un hébergement correct, c'est de venir si possible en semaine, en basse ou moyenne saison.*** Dans ce cas, un hôtel de luxe se négocie à bon prix, notamment sur Internet.
- ***Le rapport qualité-prix dans les hôtels de moyenne gamme est souvent médiocre*** et les amoureux d'un certain confort (ou les amoureux tout court) devront choisir longtemps à l'avance, ou ***surveiller les bons plans sur Internet.***
- ***Heureusement, les structures type* hostels *sont nombreuses à Amsterdam*** ; lits en dortoir à prix raisonnables, déco design, ambiance festive et internationale...
- Une autre solution consiste, on l'a déjà dit, à ***se loger dans les environs*** (à Haarlem ou à Edam, par exemple). Intéressant pour qui voyage en voiture et en famille, qui connaît déjà la ville et entend privilégier les extérieurs.
- ***Le petit déjeuner est souvent compris dans le prix.*** Néanmoins, vérifiez au moment de la réservation que c'est bien le cas, car beaucoup d'hôtels dissimulent une importante hausse des prix en facturant en plus la prestation (vous courez même le risque dans les petits hôtels du centre de ne pas en avoir du tout, mais, heureusement, les *eetcafés* ne manquent pas).

QUELQUES TUYAUX

- De nombreux hôtels, même dans la catégorie des petits budgets, ont négocié des ***tarifs préférentiels avec certains musées,*** par exemple. Renseignez-vous sur cette opportunité.
- De même, de nombreux hébergements ***louent des vélos.*** Pratique !
- ***Mieux vaut voyager léger.*** De manière générale (excepté dans les hôtels chics), les vieilles maisons abritant les hôtels ne permettent pas d'installer un ascenseur. Et les escaliers sont souvent aussi raides qu'étroits ! Si vous avez de grosses valises ou des difficultés à marcher, préférez les adresses un peu excentrées ou les hôtels de chaîne, mieux équipés.
- Quelques hôteliers amstellodamois traditionnels ***préfèrent encore le paiement en espèces à la carte bancaire,*** même si vous avez dû en donner les références pour confirmer votre réservation (cela permet de débiter votre compte en cas d'annulation tardive). Dès lors, se faire préciser le mode de règlement accepté ou prévoir suffisamment de liquide. En cas de règlement par carte, la note peut être

majorée jusqu'à 5 % pour couvrir les frais bancaires. Nous indiquons ceux qui la refusent catégoriquement ou qui majorent leurs prix.
- ***Précisez absolument votre heure d'arrivée, surtout en chambre d'hôtes.*** Si vous annoncez votre arrivée pour « la fin de l'après-midi », cela signifie souvent 16h-17h pour un Hollandais, qui dîne dès 18h. Si vous débarquez plus tard, votre réservation risque d'avoir profité à quelqu'un d'autre. Il vaut mieux fixer une heure précise, avec une marge de sécurité et prévenir impérativement en cas de retard.
- Autre petit conseil : pour une chambre double, précisez clairement si vous désirez un grand lit pour 2 *(double big bed)* ou 2 lits séparés *(twin beds)*. Sans cette précaution – on est chez les calvinistes –, votre escapade amoureuse pourrait être quelque peu gâtée...
- Plusieurs lecteurs se sont plaints des odeurs fortes et persistantes de tabac et de pétard dans certaines chambres d'hôtel, alors qu'elles sont non-fumeur. Vérifiez qu'il n'y a pas de *coffee-shop* en dessous !
- Les routards au sommeil léger feront bien d'apporter leurs boules *Quies* s'ils logent près d'une église à carillons, notamment Oude Kerk dans le quartier Rouge, qui bat la chamade même la nuit.
- ***IMPORTANT :*** comme on ne peut pas planquer en permanence un enquêteur du *Routard* sous chaque lit, n'hésitez pas à nous écrire pour nous faire part, par courrier ou e-mail, de vos difficultés ou désagréments. On vous promet de réagir au plus vite pour ne mentionner que les adresses qui en valent vraiment la peine.

AMSTERDAM

Dans la Grande Couronne

Camping

⛺ ***Camping Zeeburg*** *(plan Grande Couronne,* ***30****)* ***:*** *Zuider Ijdijk 20. ☎ 694-44-30. • campingzeeburg.com • De la gare centrale, Ⓣ Zuiderzeeweg (nº 26 ; durée du trajet : 11 mn env, puis 15 mn de marche). En voiture, sortie S114 (Zeeburg) depuis le Ring (A10). Ouv tte l'année (mais activité limitée en hiver). Résa conseillée ; frais de résa 6 € par mail ou tél... Pour 2 pers avec tente et voiture, 20-30 €. Attention : 2 nuits min exigées. Écocabines et wagonnettes (2-4 pers) 50-160 €/nuit (2 nuits min).* Camping propre, coloré et accueillant, installé sur sa petite presqu'île, même si la vue lointaine sur les ponts et l'autoroute qui diffusent leur rumeur casse un peu le charme. Bien équipé : bar et petit resto, location de vélos et de kayaks, laverie, boutique et coffres gratuits. Piscine à proximité. Bonne situation pour rejoindre le centre à vélo. Il vaut mieux parler l'anglais pour réserver par téléphone. Arriver avant 13h en été. S'il n'y a plus de place ou si vous voulez être au calme, poussez plus au nord jusqu'au camping ***De Badhoeve*** *• campingdebadhoeve.nl •*

Dans le centre et autour de la gare centrale

De la gare centrale à *Muntplein* et tout au long du *Prins Hendrikkade*, les bus déposent leurs cargaisons de touristes devant de grands hôtels internationaux. Profitez des offres en ligne pour vous payer un coup de folie dans la catégorie « charme ». Mais la majorité des adresses que nous mentionnons dans le centre et le quartier Rouge sont plutôt destinées aux jeunes et à ceux que l'environnement animé ne risque pas de perturber. Pour un peu plus de romantisme ou de tranquillité, mieux vaut s'orienter vers les autres quartiers ou carrément dans les proches environs.

Bon marché

🏠 ***Stayokay Amsterdam Stadsdoelen*** *(zoom Centre, D4,* ***33****)* ***:*** *Kloveniersburgwal 97. ☎ 624-68-32. • stayokay.com • Ⓣ Rokin (nºs 4 ou 14 de la gare centrale). Ouv 24h/24. Résa conseillée. Nuitée 25-45 €, draps inclus ; petit déj à la carte 8 € ; réduc membre.* Excellente adresse bien gérée, routarde mais sans laisser-aller. Dortoirs de 5 à 20 lits (mixtes ou séparés) et quelques doubles. Billard, garage à vélos, laverie, casiers pour les bagages et cadenas à l'achat. Vente de cartes de transport et infos sur toutes sortes d'attractions. Accueil jeune et dynamique.

The Shelter City *(zoom Centre, D3, **34**)* **:** *Barndesteeg 21. ☎ 625-32-30. • shelterhostelamsterdam.com • À 10 mn de la gare à pied, dans une ruelle à la lisière du quartier Rouge. Nuitée 15-50 €, avec ou sans sdb ; petit déj env 20 €.* Cet endroit, appartenant à une fondation protestante (les *God loves you* peints sur les murs vous le rappelleront !), est aussi saugrenu dans ce quartier qu'un sex-shop installé dans les grottes de Lourdes. Les quelque 180 lits sont répartis en dortoirs accueillants (2-20 personnes) ; garçons et filles séparés, bien entendu ! Ensemble sommaire mais clair et propre. Cour intérieure avec table de ping-pong, cafétéria, four à micro-ondes et réfrigérateur. Casiers pour les bagages (cadenas en vente au cas où).

Flying Pig Downtown Hostel *(plan D2, **37**)* **:** *Nieuwendijk 100. ☎ 420-68-22. • flyingpig.nl • À 370 m de la gare ! Nuitée 25-55 €, draps inclus ; petit déj inclus.* Vaste AJ indépendante proposant des dortoirs de 4 à 32 lits et quelques chambres doubles. Ambiance jeune (et fêtarde), tout comme le personnel. Bar et joli salon au rez-de-chaussée. Au sous-sol, une cuisine à disposition et de petites salles à l'ambiance chaleureuse. Autre adresse au Vondelpark.

De bon marché à prix moyens (et plus)

Winston Hostel *(zoom Centre, D3, **52**)* **:** *Warmoesstraat 129. ☎ 623-13-80. • st-christophers.co.uk • Résa impérative sur Internet le w-e et en hte saison. Env 25-55 €/pers en dortoir (mixte ou non) ; doubles 75-150 € ; sur Internet, prix très fluctuants.* Les dortoirs (4-8 lits) et les quelques chambres doubles, d'un confort simple mais suffisant, ont bénéficié d'un gros effort de déco. L'art et le design se sont invités sur les murs et dans les moindres recoins. Résultat, il règne ici une ambiance décontractée, festive et les espaces communs s'avèrent très agréables. Sur place, bar, billard, musique, etc. Il y a même une salle de concerts attenante (voir plus loin « Où écouter de la musique ? »).

Tourist Inn *(plan C2, **38**)* **:** *Spuistraat 52. ☎ 421-58-41. • tourist-inn.com • À 5 mn à pied de la gare. Résa obligatoire de 3 nuits le w-e. Env 25-50 €/pers en dortoir de 4-6 lits ; doubles 70-250 € ; petit déj et draps inclus.* Un petit hôtel bien situé, fonctionnel et propre mais sans charme particulier. Chambres nettes et calmes, parfois avec vue sur le canal, mais de petite taille et sommairement meublées ; certaines avec salle de bains sur le palier. Ascenseur dans le bâtiment principal (pas dans l'annexe).

De chic à encore plus chic

The Exchange *(zoom Centre, D3, **68**)* **:** *Damrak 50. ☎ 523-00-80. • hoteltheexchange.com • Résa vivement conseillée. Doubles 100-450 €. CB uniquement.* Quelle surprise de découvrir, derrière la toute discrète porte d'entrée, une adresse diablement ébouriffante, résolument design, voire avant-gardiste. Les chambres sont conçues et réalisées par de jeunes artistes comme des œuvres uniques, et le résultat est pour le moins surprenant : une soixantaine de chambres de confort et de tailles (très) variables (de 1 à 5 étoiles !), toutes complètement différentes et plutôt délirantes côté déco. Si vous tenez à une chambre « sage », pensez à le préciser, il y en a (quand même !) quelques-unes. On peut prendre un petit déj au *Bar Stock*, attenant.

Kimpton de Witt *(plan D2, **30**)* **:** *Nieuwezijds Voorburgwal 5. ☎ 620-05-00. • kimptondewitthotel.com • Doubles 150-450 € ; petit déj 15 €.* Idéalement situé et superbe ! Le lobby se prolonge par différents salons ouverts, délicieusement cosy, où est organisée tous les jours une dégustation de vins (avec grignotages) en fin de journée. Une belle idée qui participe au charme et à la convivialité de cet hôtel vraiment séduisant. Chambres hyper confortables, tout en élégance contemporaine, épurées sans être fades, égayées par quelques notes colorées bien choisies.

Vue sur une cour d'immeuble ou sur la rue. Prêt de vélos (1er arrivé, 1er servi !). Une de nos adresses préférées au cœur d'Amsterdam, chic et décontractée à la fois.

Art'otel Amsterdam (plan D2, **42**) : *Prins Hendrikkade 33. ☎ 719-72-00. • artotelamsterdam.com • À 5 mn de la gare. Doubles 200-350 €.* Un hôtel, un bar-resto, un musée du design, une galerie de peinture, une librairie ? Un lieu show et chaud à la fois, où il fait bon se laisser aller à regarder s'agiter le petit monde des *people* d'ici ou d'ailleurs, qui semblent tous s'y donner rendez-vous le temps d'un verre, d'un repas, d'une expo et plus si affinités. Plus d'une centaine de chambres élégantes, fonctionnelles, lumineuses. Accueil adorable, ambiance sympa, beau dépaysement. Piscine, sauna, salle de fitness, salon de beauté.

Hotel V Nesplein (zoom Centre, C3, **59**) : *Nes 49. ☎ 662-32-33. • nesplein.hotelv.nl • Doubles 150-300 €.* Idéalement situé en plein centre mais dans une ruelle très calme, ce boutique-hôtel mélange styles, matières et couleurs avec talent. Dans le genre déco urbaine chic et bien dans son temps, c'est très réussi. Ambiance classe, pas guindée pour autant, depuis les parties communes (très joli resto) jusqu'aux confortables chambres. Excellent rapport qualité-prix-accueil pour le quartier.

NH Collection Amsterdam Barbizon Palace (plan D2, **65**) : *Prins Hendrikkade 59-72. ☎ 556-45-64. • nh-hotels.com • Doubles 190-450 € ; petits déj buffet 28-30 €.* Situé quasiment en face de la gare centrale, cet hôtel de chaîne tire très honorablement son épingle du jeu grâce à une déco et un accueil particulièrement soignés. Vastes et plaisants espaces communs, beaux éclairages, chambres décorées dans des tonalités contemporaines, équipements bien pensés, service pro, petit déj-buffet délicieux, espace fitness avec sauna... Un 5-étoiles au top du confort, qui pratique des prix justifiés au vu des prestations. Détail insolite, un jardin cultivé sur le toit fournit quelques produits de saison au restaurant !

Dans le Jordaan et le nord des grands canaux

Malgré le romantisme et le charme des canaux, ici, plus qu'ailleurs encore, les escaliers souvent très raides et étroits ne conviendront pas aux personnes peu mobiles ou aux jambes fragiles.

Bon marché

The Shelter Jordan (plan A3, **43**) : *Bloemstraat 179. ☎ 624-47-17. • shelterhostelamsterdam.com • Ⓣ Marnixstraat (nos 13 ou 17 depuis la gare centrale). Nuitée 13-40 € (min 2 nuits le w-e), draps compris ; petit déj env 18 €. CB acceptées (sans majoration).* Ce YMCA de patronage chrétien est un des refuges nocturnes les moins chers de la ville. Dortoirs non mixtes de 4 à 18 lits avec sanitaires à partager, sauf pour l'un d'entre eux (pour 4) disposant de sa propre salle de bains. Grands casiers gratuits (moyennant caution) pour les bagages. Bon petit déj. Cafétéria assez cosy et animée. Micro-ondes à disposition. Piano, petite bibliothèque et projections de films. Laverie à proximité.

De prix moyens à très chic

B & B La Festa (plan A4, **31**) : *Hazenstraat 64. 📱 06-17-73-88-85. • bb-lafesta.com • Ⓣ Marnixstraat (nos 13 ou 17 depuis la gare centrale). Doubles 120-180 € ; petit déj 10 € apporté dans la chambre.* Dans une ruelle tranquille en plein cœur d'un quartier animé, au-dessus d'un resto italien, une chambre double avec balcon et 2 chambres simples, chacune équipée d'une salle de bains, TV, machines thé/café et aménagée avec sobriété dans le registre contemporain. La gérante habite juste au-dessus et se plie en 4 pour ses hôtes.

B & B Le Maroxidien (plan B1, **45**) : *Lijnbaansgracht 36a. 📱 06-11-87-37-00. • lemaroxidien.com • Dans le Jordaan, au bord d'un petit canal et à 10 mn à pied de la gare centrale. Doubles 120-155 € (min 2 nuits, 3-4 nuits en hte saison) ; petit déj bio compris. CB refusées.* Dans une haute maison de brique, un *B & B* de charme mignon, cosy et décoré avec goût dans un style inspiré du Maroc et de l'Inde. Le tout irréprochable sur le plan écologique. Attention, escaliers raides. Jolie vue sur les canaux et leurs péniches fleuries. Accueil francophone attentionné.

☗ ***Linden Hotel*** *(plan A2,* ***48****)* **:** *Lindengracht 251. ☎ 622-14-60. ● lindenhotel.nl ● Depuis la gare centrale, bus nos 18 ou 21, arrêt Fred. Hendrikplants. Doubles 85-200 € ; familiales ; petits déj 12,50-15 €.* Un hôtel contemporain, dans un immeuble étroit qui fait l'angle. Des petits escaliers labyrinthiques font le charme du lieu, mais il y a aussi un ascenseur. Les chambres, parfois minuscules, sont néanmoins plaisantes avec leurs tonalités de bleu-vert, brun et rosé. Ici, le vrai plus, c'est le prix (hors saison) et le quartier. Au calme, l'hôtel donne sur un canal pittoresque flanqué de péniches amarrées. Accueil très pro. Marché animé le samedi sur le Lindengracht et le lundi sur la Westerstraat.

☗ ***Hotel Clemens*** *(plan B3,* ***49****)* **:** *Raadhuisstraat 39. ☎ 624-60-89. ● clemenshotel.nl ● Ⓣ Westermarkt (nos 13 ou 17 depuis la gare centrale). Doubles 100-310 € ; familiales ; petit déj compris ; min 2 nuits le w-e.* On est accueilli par un escalier particulièrement raide qui mène à la réception, histoire de se mettre en jambes ! Donnant sur une grande rue animée, cette belle bâtisse de style Art nouveau abrite une dizaine de chambres étroites mais confortables, dans un style contemporain sans fantaisie. Préférer une chambre sur l'arrière, plus calme. On profite d'un salon cosy où se reposent 2 chats friands de câlins. Petits balcons dominant la rue pour prendre le petit déj aux beaux jours et thé/café offert à toute heure. Accueil tout en douceur.

☗ ***Hotel Hegra*** *(plan B3,* ***51****)* **:** *Herengracht 269. ☎ 623-78-77. Ⓣ Dam (nos 2, 11, 12, 13 ou 17 depuis la gare centrale). Doubles 75-200 € ; min 3 nuits le w-e.* Cette maison ancienne, posée sur l'un des plus jolis canaux, abrite une dizaine de chambres pas bien grandes (voire exiguës), simples et fraîches, dont certaines avec vue sur le canal. Et là encore, un beau spécimen d'escalier bien pentu et étroit... Bon courage pour monter les valises ! Petit déj basique.

☗ ***'t Hotel*** *(plan B2,* ***50****)* **:** *Leliegracht 18. ☎ 422-27-41. ● thotel.nl ● Ⓣ Westermarkt (nos 13 ou 17 depuis la gare centrale). Doubles 100-280 € ; familiales ; petit déj compris.* La réception, discrètement installée dans le ravissant salon de thé où l'on prend aussi le petit déj, annonce d'emblée le style cosy de la maison. Au bord d'un canal tranquille, ce charmant boutique-hôtel livre 8 chambres toutes très différentes, coquettes et confortables, desservies par un escalier bien raide (mais monte-escalier électrique). Les moins chères donnent sur l'arrière. Sous les combles, on aime bien la « Leliegracht », spacieuse et jouissant d'une vue panoramique sur les canaux. Ou encore la « Amstel », une familiale, toute bleue, qui met à l'honneur la faïence de Delft.

De très chic à encore plus chic

☗ ***The Hoxton*** *(plan B3,* ***79****)* **:** *Herengracht 255. ☎ 888-55-55. ● thehoxton.com ● Ⓣ Dam (nos 2, 12, 13 ou 17 depuis la gare centrale). Doubles 200-400 €.* Joliment installé au bord du Herengracht, cet hôtel prend ses aises dans 6 maisons réunies et sur 5 étages. La déco atypique nous a complètement séduits ! Outre les espaces communs (voir le resto *Lotti's* dans « Où manger ? »), super cosy et conviviaux, les chambres combinent grand confort (literie de qualité, salle de bains dernier cri) et ambiance vintage chic, avec une vieille radio par-ci, un réveil comme chez mamie par-là, des bouquins posés sur une étagère, des meubles chinés et autres petits clins d'œil décalés. Un univers chaleureux, mené par une équipe jeune, efficace et décontractée... Aucun bémol, on adore !

☗ ***Hotel Sebastian's*** *(plan C2,* ***67****)* **:** *Keizersgracht 15. ☎ 244-52-59. ● hotelsebastians.nl ● À 10 mn à pied de la gare centrale. Doubles 130-325 € ; petit déj 12,50 €.* Cet établissement d'une trentaine de chambres est un 3-étoiles de charme. Idéalement situé à l'orée du Jordaan, au bord du canal, il offre d'excellentes prestations et un bon rapport qualité-prix (et il y a un ascenseur !). Les chambres, souvent pas très grandes (mais certaines donnent sur le canal), mêlent sans complexe design, kitsch et baroque. Joli bar où l'on prend le petit déj. Accueil tout en douceur.

Hotel Canal House (plan B2, **32**) : *Keizersgracht 148. ☎ 622-51-82. • canalhouse.nl • Ⓣ Westermarkt (n°s 13 ou 17 depuis la gare centrale). Résa indispensable. Doubles 240-600 €, bon petit déj compris.* Un hôtel de charme d'une vingtaine de chambres, joliment situé dans une élégante maison du Siècle d'or. Les reproductions de tableaux de maîtres dans l'entrée donnent le ton. Cadre chic et sombre où la peinture noire prédomine, relevée par quelques touches de gris et de violet, dans un esprit design contemporain. Les chambres, bien que pas données (c'est le moins que l'on puisse dire), manquent parfois un peu d'espace et sont, pour certaines, privées de vue. Le must de ce spot reste le jardin situé sur l'arrière, particulièrement réussi et vraiment plaisant quand le soleil pointe le bout de son nez.

Hotel Estheréa (zoom Centre, C3, **55**) : *Singel 303-309. ☎ 624-51-46. • estherea.nl • Ⓣ Spui (n°s 2 ou 12 depuis la gare centrale). Doubles 150-400 € ; familiales ; petits déj-buffet 13-18 €.* Un 4-étoiles situé en bordure d'un beau canal. Ce sont en fait 4 vieilles maisons qui ont été réunies et rénovées (depuis 3 générations !) en combinant style traditionnel et confort moderne. Plus de 90 chambres, relativement petites mais très confortables, à la déco mêlant lustres, tapisseries fleuries et tissus chamarrés. Ambiance hors du temps dans ce décor un brin grandiloquent. Ascenseur, bar et lounge. Accueil pro et prévenant.

Pavilions Amsterdam – The Toren (plan B2, **32**) : *Keizersgracht 164. ☎ 622-60-33. • pavilionshotels.com/amsterdam/thetoren • Ⓣ Westermarkt (n°s 13 ou 17 depuis la gare centrale). Doubles 180-520 €, petit déj compris.* Un hôtel de charme aménagé dans une vieille maison du XVIIe s, au bord du canal, qui abrite de magnifiques chambres confortables et cossues. Décor baroque, pour une ambiance théâtrale et feutrée : beaux tissus lourds, dorures, marbre, lumières tamisées... Avec leur vue sur le canal, les plus onéreuses sont spacieuses et dotées d'un jacuzzi. Encore une fois, hauts escaliers (qui grincent, en plus !) et pas d'ascenseur entre le 2e et le 3e étage. Jardin commun dans le fond avec 2 dépendances. Bar branché et magnifique salle de petit déj (que l'on prendra en hiver au coin du feu). L'hôtel propose aussi une maison particulière au n° 146, pour un séjour d'exception...

Dans le Vondelpark et le quartier des musées

Dans ce quartier chic et résidentiel, plutôt paisible, pas de canaux romantiques certes, mais des adresses d'un meilleur rapport qualité-prix. En plus, le Vondelpark constitue une alternative agréable pour qui voudrait s'éloigner de l'agitation du centre. Alors, ne les négligez pas, d'autant qu'elles restent finalement assez proches du cœur de la ville, à cheval entre Jordaan et Leidseplein.

De bon marché à prix moyens

Stayokay Amsterdam Vondelpark (plan Vondelpark, C2, **78**) : *Zandpad 5. ☎ 589-89-96. • stayokay.com • Ⓣ Leidseplein (n°s 2, 11 ou 12 depuis la gare centrale). Ouv 24h/24. Résa de 2 nuits min le w-e. Nuitée 25-45 €/pers ; doubles 70-130 € ; draps inclus ; réduc membre ; petit déj 8 €.* L'une des plus célèbres AJ officielles d'Amsterdam. Installée dans une belle et impressionnante maison de la fin du XIXe s, genre chalet Belle Époque, entourée d'annexes modernes, cette grande auberge de jeunesse (536 lits !) est située en bordure du paisible Vondelpark. L'ensemble, à défaut d'être intime, est impeccable, pratique et confortable. Douche et w-c dans chaque chambre et dortoir, coffres, laverie. Possibilité de repas sur place, mais pas de cuisine à disposition. Location de vélos et garage. Vente de billets pour les musées, bateaux-mouches, etc.

Flying Pig Uptown Hostel *(plan Vondelpark, C2,* ***77****) : Vossiusstraat 46. ☎ 400-41-87. • flyingpig.nl • Ⓣ Leidseplein (n°s 2 ou 12 depuis la gare centrale). Nuitée 20-55 €/pers ; doubles 100-180 € ; draps inclus.* AJ proposant des dortoirs de 3 à 12 lits, ainsi que des lits doubles en dortoir (formule la plus économique). Couloirs étroits, fatigués et un peu biscornus, mais les hébergements sont frais et propres. Cuisine à disposition et bar très chaleureux au sous-sol. Billard et petit jardin extérieur. Ambiance jeune et conseils touristiques futés. L'AJ propose tous les jours une visite gratuite de 2h pour découvrir la ville (départ à 10h15).

De prix moyens à très chic

Conscious Hotel Vondelpark *(plan Vondelpark, A2,* ***70****) : Overtoom 519. ☎ 820-33-33. • conscioushotels.com • Ⓣ Rhijnvis Feithstraat (n° 1 depuis Leidseplein). Doubles 80-250 €, petit déj bio 16 €. Parking (26 €/j.).* Le bio et l'écolo sont déclinés du sol au plafond. Grands motifs végétaux aux murs, bois labellisés FSC, matériaux de récup', produits verts, petit déj bio, etc. Le lieu a ses inconditionnels qui ne verront pas les détails moins glamour, dans le 2^d bâtiment. Ascenseur.

Hotel Atlas *(plan Vondelpark, C2,* ***83****) : Van Eeghenstraat 64. ☎ 362-63-59. • hotelatlas.nl • Ⓣ Van Baerlestraat (n°s 2 ou 12 depuis la gare centrale). Doubles 80-280 € ; petit déj 12,50 € (parfois inclus).* L'atout majeur de cette jolie maison Art nouveau est d'être postée à l'orée du Vondelpark. De plus, les prix pratiqués sont plutôt doux (du moins hors saison). Chambres petites sans grande personnalité, mais confort tout à fait correct. Accueil à géométrie variable.

Hotel Museumzicht *(plan Vondelpark, D2,* ***75****) : Jan Luijkenstraat 22, angle Hobbemastraat. ☎ 671-29-54. • hotelmuseumzicht.nl • Ⓜ Vijzelgracht (n° 52 depuis la gare centrale, puis marcher quelques mn) ; Ⓣ Rijksmuseum (n°s 2 ou 12 depuis la gare centrale). Doubles 65-165 €, petit déj compris. En général, 2 nuits min. CB acceptées (commission 2 %).* Belle maison victorienne presque le nez sur le Rijksmuseum. Propose une quinzaine de chambres au confort simple mais assez plaisantes et bien tenues, dont des triples, la plupart partageant toilettes et douche. Escaliers raides, comme d'hab', quoi !

Jupiter Hotel *(plan Vondelpark, C1,* ***74****) : Tweede Helmersstraat 14. ☎ 618-71-32. • hoteljupiter.nl • Ⓣ Leidseplein (n°s 2 ou 12 depuis la gare centrale). Doubles 60-200 € ; familiales ; petit déj compris. Garage 37,50 € (sur demande). CB acceptées (commission 4 %).* Un des hôtels les moins chers du quartier, ce qui en fait son principal atout. Tout y est très simple, des aménagements à la déco, mais confort et propreté très corrects, surtout dans les chambres. Petit extérieur pour les beaux jours.

Très chic

Hotel Catalonia Vondel Amsterdam *(plan Vondelpark, C1,* ***71****) : Vondelstraat 26. ☎ 612-01-20. • cataloniahotels.com • Ⓣ Leidseplein (n°s 2 ou 12 depuis la gare centrale). Doubles 120-230 €.* Idéalement placé à proximité des grands musées, un hôtel chic sans être prétentieux, dont on apprécie la simplicité de la déco. Chambres assez spacieuses et confortables mais, attention, les moins chères (installées à l'entresol) manquent de lumière. Location de vélos.

Conscious Hotel Museum Square *(plan Vondelpark, C3,* ***72****) : De Lairessestraat 7. ☎ 820-33-33. • conscioushotels.com • Ⓣ Museumplein (n° 12 depuis la gare centrale). Bus n° 397 direct depuis l'aéroport. Doubles 150-250 € ; familiales ; petit déj compris.* Très semblable à son grand frère du Vondelpark, récemment rénové, il affiche des prix tout de même plus élevés. Un ensemble frais, agréable, plutôt spacieux, où l'on retrouve les grands principes écolophiles qui animent les *Conscious Hotels*.

Hotel Fita *(plan Vondelpark, D2,* ***76****) : Jan Luijkenstraat 37. ☎ 679-09-76. • fita.nl • Ⓣ Van Baerlestraat (n°s 2 ou 12 depuis la gare centrale). Doubles 140-220 €, petit déj compris.*

Blotti dans une élégante rue à quelques pas des musées, voici un petit hôtel intime et tranquille qui nous a bien plu. Une vingtaine de chambres seulement, réparties sur 4 étages, claires, plaisantes dans leur simplicité et équipées de salles de bains basiques mais spacieuses. Quelques tableaux (le proprio est un amateur d'art !) viennent égayer le tout. Salle pimpante et colorée pour le petit déj. Accueil jeune et sympa comme tout. Un excellent choix pour le quartier.

Au sud des grands canaux, de Leidseplein à Rembrandtplein et de Frederiksplein à Oosterpark

De bon marché à prix moyens

Generator Amsterdam *(plan G6,* ***54****) : Mauritskade 57. ☎ 708-56-00. • staygenerator.com • Ⓣ Alexanderplein (n° 14 depuis la gare centrale). Nuitée en petit dortoir de 4 pers à partir de 20 € (jusqu'à 120 € en été !) ; doubles à partir de 95 €. Serviettes fournies seulement dans les chambres privées, en option dans les dortoirs. Appart avec cuisine pour 6 pers.* Au milieu des frondaisons de l'Oosterpark, dans l'ancienne université de zoologie, une adresse vraiment pratique qui peut accueillir 564 personnes dans 168 chambres... Autant dire que vous ne serez pas tout seul ! Et pourtant, les dortoirs sont intimes (4 lits maxi, avec prise USB individuelle) et leur déco colorée met de bonne humeur. Vastes espaces communs conviviaux, bars, dont un dans l'ancien amphi (DJ le week-end), un autre au sous-sol pour les noctambules, coin cafét' chaleureux, salon de détente dans l'ancienne bibliothèque et super terrasse directement dans le parc. Laverie, location de vélos. Une adresse au top !

Hans Brinker Hostel *(plan C5,* ***56****) : Kerkstraat 136-138. ☎ 622-06-87. • hansbrinker.com • Ⓣ Keizersgracht (nos 2, 11 ou 12 depuis la gare centrale). Nuitée en dortoir (2-8 lits) 20-130 € ; draps et petit déj compris.* Plus de 500 lits dans un grand bâtiment au cœur de l'adorable quartier des antiquaires, calme et vivant à la fois. Les chambres et dortoirs disposent tous d'une salle de bains. Propre, bien situé, mais pas franchement chaleureux. Petit déj dans une grande salle, genre cantine. Dispose aussi d'un bar (16h30-minuit) et d'une discothèque pour les fêtards (jusqu'à 4h du matin), d'où les nuisances sonores possibles. Consigne à bagages (non verrouillée... à vos risques et péril !).

Volkshotel *(plan Grande Couronne et hors plan par F6,* ***36****) : Wibautstraat 150. ☎ 261-21-00. • volkshotel.nl • Ⓣ Wibautstraat (n° 3). Ⓜ Wibautstraat (depuis la gare centrale). Doubles 80-150 € ; petit déj-buffet 13 €.* Établissement du sud-est d'Amsterdam ayant investi les anciens locaux du journal progressiste *Volkskrant.* S'y croisent des touristes de passage, de jeunes entrepreneurs, des DJs en résidence, des free-lance du quartier bossant dans un vaste *coworking space...* Les nombreuses chambres réparties sur 6 étages sont spacieuses, lumineuses (grandes baies vitrées) et originales, décorées dans un style mêlant habilement touches industrielles et bois. Détail insolite : le lavabo est toujours installé hors de la salle de bains ! Riverains et résidents se retrouvent au cocktails bar, au snack ou au resto panoramique du 7e étage qui se transforme régulièrement en discothèque le week-end. Toujours plus fort : au 8e étage, une terrasse drapée dans les vapeurs de 3 jacuzzis en plein air. Également location de vélos et diverses activités (excursions en bateau, yoga, massages et même... un coiffeur !).

Meininger Hotel Amsterdam Amstel *(plan Grande Couronne,* ***32****) : Julianaplein 6. ☎ 808-31-02. • meininger-hotels.com/fr/hotels/amsterdam • Ⓣ Amstelstation (n° 12). Ⓜ Amstelstation (10 mn depuis la gare centrale). À partir de 20 €/pers en dortoir (4-6 lits), 50 €/pers en chambre double ; petit déj env 10 €.* Entre l'hôtel et l'AJ, ce vaste établissement (près de 800 lits !) réserve de belles surprises derrière son air austère.

Aménagements modernes et bien pensés, déco joyeuse et contemporaine, propreté irréprochable et ambiance cool... Le tout à prix démocratiques. Location de vélos.

De prix moyens à encore plus chic

Prinsengracht Hotel (plan C5, **69**) : *Prinsengracht 1015. ☎ 623-77-79. • prinsengrachthotel.nl • Ⓣ Prinsengracht (nº 4 depuis la gare centrale). Doubles 70-255 €, petit déj compris.* Avec sa façade un peu sévère, cet hôtel situé sur l'élégant canal des Princes est une adresse on ne peut plus consensuelle : une position stratégique, des prix raisonnables, un confort moderne (ascenseur) et des chambres classiques dynamisées par quelques touches colorées. Cela dit, les principaux attraits de cette adresse restent sa vue imprenable sur le canal et son joli jardin caché (où est servi le petit déj aux beaux jours).

Hotel Asterisk (plan C6, **57**) : *Den Texstraat 14-16. ☎ 626-23-96. • asteriskhotel.nl • Ⓜ Vijzelgracht (nº 52 depuis la gare centrale). Doubles 85-250 € ; petit déj-buffet 15 €.* Niché dans une jolie rue calme, à proximité du Rijksmuseum et de Frederiksplein. Les chambres, réparties sur 3 immeubles, sont confortables, classiques mais plaisantes et assez spacieuses pour la plupart. Un ascenseur permet de monter sans effort dans les hauteurs. Joli espace commun, cosy et coloré.

Hotel Mercure Centre Canal (plan C6, **44**) : *Noorderstraat 46. ☎ 622-03-28. • all.accor.com • Ⓜ Vijzelgracht (nº 52 depuis la gare centrale). Résa conseillée. Doubles 85-250 € ; petit déj en sus.* Près d'une centaine de chambres, à deux pas des canaux, des musées, au calme, dans un bâtiment qui regroupe une vingtaine de maisons de tisserands datant du XVIIᵉ s. Désormais intégré dans le giron d'une chaîne qu'on ne présente plus, rénové par un admirateur de Jan Steen (ses célèbres scènes d'intérieur couvrent un mur de chaque chambre, sauf dans celles du 3ᵉ étage), il fait partie des adresses à privilégier quand on tombe sur une promo intéressante, ce qui arrive fréquemment. Accueil francophone soigné.

Hotel V Frederiksplein (plan D6, **46**) : *Weteringschans 136. ☎ 662-32-33. • frederiksplein.hotelv.nl • Ⓣ Frederiksplein (nº 4 depuis la gare centrale). Ⓜ Vijzelgracht (nº 52 depuis la gare centrale). Doubles 100-250 €, petit déj compris. Parking payant.* Ce boutique-hôtel, aménagé dans un immeuble de brique austère mais de caractère, offre un bon rapport qualité-prix pour Amsterdam. La restauration a su mettre en valeur l'architecture rétro tout en offrant un confort et une déco moderne. Attention toutefois aux chambres les moins chères, assez petites (voire très petites) et parfois un peu sombres.

Hotel Arena (plan F5-6, **86**) : *'s Gravesandestraat 51, angle Mauritskade. ☎ 850-24-00. • hotelarena.nl • Ⓜ Weesperplein (nºˢ 51, 53 ou 54 depuis la gare centrale), puis 10 mn de marche. Doubles 95-370 € ; petit déj 20 €. Parking 30 €/j.* Cet ancien orphelinat pour filles du XIXᵉ s a fière allure. Son audacieuse rénovation est une pure réussite, notamment le vaste resto vitré, donnant sur le parc. Les chambres, hormis pour leurs superbes salles de bains tapissées de carreaux « métro » noirs, sont plus simples que le design des espaces communs ne le laisse présager, mais leur épure ne manque pas de charme. La plupart ont un lit en mezzanine. Très belle adresse, à la fois urbaine et posée au bord de l'Oosterpark... Le luxe !

Dikker & Thijs Fenice Hotel (plan B5, **39**) : *Prinsengracht 444. ☎ 620-12-12. • dikkerandthijshotelamsterdam.com • Ⓣ Prinsengracht (nºˢ 2 ou 12 depuis la gare centrale). Doubles 105-400 € ; petit déj 18 €.* Dans une belle bâtisse qui accueillit autrefois l'une des plus grandes tables de la ville, un hôtel classique au confort attendu dans cette gamme de prix. Avec un peu de chance, vous pourrez profiter d'une des immenses chambres d'angle, heureusement insonorisées, donnant sur le canal mais aussi sur la rue la plus commerçante d'Amsterdam.

À 15 mn du centre à vélo

De bon marché à prix moyens

Stayokay Oost *(hors plan par G5 et plan Grande Couronne,* ***89****) : Timorplein 21. ☎ 551-31-90. • stayokay.com • Depuis la gare centrale, bus n° 22 (arrêt Javaplein), plus 5 mn de marche ; depuis le Dam, Ⓣ Zeeburgerdijk (n° 14). P + R Zeeburg (8 €/j., voir infos sur le site). Résa conseillée. Nuitée 25-45 €/pers ; twins 65-135 € ; draps inclus ; petit déj-buffet 8 €. Réduc membres.* Excentrée dans ce quartier d'immigration en réhabilitation, une des AJ officielles de la ville. Environ 600 lits répartis dans une centaine de chambres : doubles, familiales (2 doubles avec salon au milieu), quadruples et dortoirs de 6 ou 8 lits. Amsterdam a employé les grands moyens pour transformer cette ancienne école en *hostel* design simple et fonctionnel. Divers services, dont location de vélos. Espace resto-bar très agréable (7h-1h). Un lieu de séjour sympa, entre le *Tropenmuseum* et le pittoresque *Dappermarkt* (lire la rubrique « À voir. À faire. Les marchés »).

Meininger Amsterdam City West *(plan Grande Couronne,* ***90****) : Orlyplein 1. ☎ 808-05-02. • meininger-hotels.com/fr/hotels/amsterdam • Juste à côté de la gare de Sloterdijk (à env 10 mn en train de la gare centrale) ; bus : La Guardiaweg (n° 22). À partir de 17 €/pers en dortoir, 50 € en chambre double ; petit déj env 10 €. Parking 15 €.* Une chaîne qui décoiffe, apportant confort et originalité à petits prix. Un hybride entre l'auberge de jeunesse et l'hôtel 3 étoiles, proposant 321 chambres réparties entre dortoirs, chambres doubles ou familiales. Le système tarifaire fonctionne comme celui des hôtels *low-cost* et fluctue selon l'offre et la demande. On peut y faire sa propre popote, y casser la croûte dans une cantine cosy ou manger dans le resto où vous croiserez même des hommes d'affaires. Location de vélos.

Qbic Hotel *(plan Grande Couronne,* ***88****) : Mathijs Vermeulenpad 1, World Trade Center. ☎ 20-238-21-95 (central de résa). • qbichotels.com • De l'aéroport, train jusqu'à Amsterdam-Zuid WTC. Ⓜ Amsterdam Zuid (n° 52 depuis la gare centrale). Depuis Zuidplein, rejoindre la galerie du 1er étage par les escalators et la longer pdt 100 m sur la droite. Doubles 70-130 € ; petit déj 14,50 € (parfois compris). CB uniquement.* Du design à petits prix, au cœur d'un quartier d'affaires. Les chambres sont toutes conçues sur le même modèle : lit extra-large, murs blancs et photos XXL, salle de bain vitrée signée Starck ! Les moins chères n'ont pas de fenêtre. À la réception, l'ordinateur (francophone) permet de s'enregistrer (carte de paiement obligatoire) et de régler la note. Les meilleures offres sont obtenues en réservant en ligne, puisque les prix évoluent perpétuellement en fonction de la demande.

The Student Hotel West *(plan Grande Couronne,* ***45****) : Jan Van Galenstraat, 335. ☎ 760-40-00. • thestudenthotel.com/amsterdam-west • Ⓣ n° 13 de la gare (25 mn) et métro direct de l'aéroport. Doubles 60-105 € ; petit déj 12 €.* Une centaine de chambres dans l'année, jusqu'à 700 en été quand les étudiants ont vidé les lieux, dans cet ensemble convivial et fonctionnel en plein quartier ouest. Certes, on est un peu loin des canaux et l'environnement d'immeubles n'est pas vraiment glamour, mais les tarifs sont bien plus abordables et on est logé confortablement dans des chambres spacieuses, calmes, aux tonalités modernes alliant béton et bois. Sympathique restaurant-snack bon marché, salles de sport, bibliothèque, billard, etc. Accès facile au centre-ville en tramway ou à vélo.

Hotel Not Hotel *(plan Grande Couronne et hors plan par A3,* ***58****) : Piri Reïsplein 34. ☎ 820-45-38. • hotelnothotel.com • Ⓣ n° 17 depuis la gare centrale. Doubles 80-160 €, avec ou sans sdb ; petit déj env 10 €.* Confortable comme un hôtel, convivial comme une auberge de jeunesse et... délirant de conception. Imaginez une haute galerie en brique destinée au commerce, convertie en un hébergement *arty*. Cela donne une vingtaine de chambres cachées derrière des

AMSTERDAM

rayonnages de bibliothèque, dans une rame de tramway, dans une maison de casbah marocaine, un camping-car Volkswagen... Pas de fenêtres sur l'extérieur, tout donne dans ce vaste lobby voûté à étages que l'on partage avec ses compagnons d'aventure. Le soir, le silence se fait naturellement, comme par magie !

De prix moyens à très chic

Hotel de Hallen *(plan Grande Couronne et hors plan par A3,* ***41****) : Bellamyplein 47. ☎ 820-86-70. • hoteldehallen.com • Ⓣ Ten Katestraat (nº 17 de la gare centrale). Doubles 60-250 € ; petit déj env 22 € (!).* Dans un quartier de l'Ouest en plein renouveau, un ancien dépôt de tramways transformé en grandioses halles, dans leur architecture du XIXe s. Aux côtés de restaurants et échoppes *hype* du monde entier, cet hôtel occupe toute une aile aux impressionnants volumes. Les chambres, de style design nordique et vintage alliant la brique et le bois, sont réparties sur 2 étages : les *standard* en bas, les plus luxueuses en haut. Les fenêtres donnent au choix sur l'extérieur ou l'intérieur du bâtiment. Une adresse originale à l'ambiance feutrée.

Sur la rive nord de l'IJ

Clinknoord Hostel *(plan E1,* ***63****) : Badhuiskade 3. ☎ 214-97-30. • clinkhostels.com • De la gare centrale, il suffit d'emprunter le ferry (gratuit, 24h/24) pour rejoindre la rive nord en 4 mn, l'immeuble se trouve à 300 m du débarcadère. Pas de parking à proximité. En dortoir 4-14 lits, 20-60 €/pers ; doubles à partir de 80 € (un peu chères pour les prestations) ; petits déj 6-8 €.* Aménagée dans l'immeuble austère de l'ancien siège de la *Royal Dutch Shell*, cette méga-AJ dispose d'une capacité d'accueil de 750 lits. Chambres et dortoirs (mixtes ou féminins) se contentent d'être fonctionnels (prise USB pour chaque lit), mais tout est bien net et correctement insonorisé. Casiers privatifs, serviettes à louer. Cuisine à disposition pour faire sa propre tambouille, laverie, bar avec petite restauration (pizzas, burgers) et musique live le soir. Espaces communs aux tonalités *punchy* avec canapés et atrium pour faire des rencontres. Baby-foot, billard et grande bibliothèque. Accueil pro et attentif.

Au sud-est du centre

A&O Hotel & Hostel Amsterdam Zuidoost *(plan Grande Couronne,* ***47****) : Hogehilweg 22. ☎ 258-91-01. • aohostels.com • De la gare centrale, compter 20 mn en métro vers la station Bullewijk proche du stade Johan Cruyff ArenA. Parking privé payant. Prix variables : en dortoir 15-40 €/pers ; doubles à partir de 50 € ; petit déj 8,50 €.* Avec 350 chambres et 1 400 lits, ce bâtiment sans charme (on dirait un hôpital) dans un environnement quelconque est idéal pour les groupes d'amis ou les familles qui recherchent un hébergement économique avec l'avantage d'être facilement relié au centre (3 mn de marche vers le métro). Déco sobre et fonctionnelle. Toutes les chambres privées, relativement spacieuses, disposent de sanitaires complets mais sont mal insonorisées. Propre, quoique entretien aléatoire. Petit déj sommaire, dans une ambiance de grande cantine. Accueil sympathique. Attention, embouteillages fréquents aux heures de pointe. Bar avec billard dans la grande salle commune. Location de vélos (réservez à l'avance).

OÙ MANGER ?

170 nationalités sont réunies à Amsterdam et se retrouvent inévitablement dans l'offre culinaire, on ne peut plus cosmopolite ! Dans cette rubrique, on vous propose de tout, depuis le café-épicerie sympa du midi pour un repas léger ou un bon sandwich avalé sur le pouce, jusqu'aux adresses très

tendance, ouvertes sur une cuisine du monde pleine de créativité, en passant par les nombreux *eetcafés* qui s'appliquent de plus en plus à offrir une cuisine de qualité.
On a classé les authentiques « ***cafés bruns*** » dans « Où boire un verre ? », car c'est leur vocation première, mais vous pouvez aussi ***les fréquenter en cas de petit creux (la plupart d'entre eux proposent de délicieuses tartes aux pommes !).***
Il y a également les ***cafétérias des musées,*** qui cartonnent, et les ***adresses courues, autour du port.*** Dans les anciens docks, voire des containers, on installe les tables au soleil dès les 1ers beaux jours, afin que chacun puisse profiter du passage des bateaux et de la vue sur une ville en constante mutation.
On n'a pas pu se retenir de glisser aussi, en fin de chapitre, quelques lieux ***pour les becs sucrés,*** qui vont adorer les pâtisseries ou les tartes du moment, sans parler des éternels pancakes.
En revanche, boire du vin ici n'est pas la meilleure option (surtout pour le portefeuille), sauf un verre de temps en temps dans un resto-bar à vins un peu chic.
Enfin, la tendance ***bio-écolo-végé-vegan*** est sérieusement représentée ici.

Dans le centre et près de la gare centrale

Sur le pouce

Vishandel Centrum *(plan C1, **124**) : Haarlemmerdijk 4. ☎ 623-16-97. Tlj sauf dim 8h-18h (17h sam). Sandwichs 3-6 €, assiette env 15 €.* Dans une ruelle si étroite qu'on la croirait couverte se cache une petite adresse sympathique spécialisée dans le poisson. Comme dans les traditionnels kiosques de rue, on y trouve des harengs, des maquereaux, des rollmops, de l'anguille, des crevettes grises, etc. De quoi remplir son *broodje* à la mode hollandaise pour un déjeuner typique ou simplement acheter son poisson frais. 2 tables et 3 tabourets permettent de manger assis et au chaud. Le service à l'assiette (calculé au poids) permet de se concocter un assortiment sur mesure. Dé-li-cieux ! Super accueil.

Heertje Friet *(zoom Centre, C3, **121**) : Herengracht 169. ☎ 826-11-79. Tlj 12h-20h (21h ven-sam). Frites, croquettes 3-6 €.* Un petit snack qui régale les amateurs de frites. Elles sont coupées sous vos yeux, servies en cornets et accompagnées de toutes sortes de sauces délicieuses. Croquettes de viande ou de fromage également très réussies. Le tout à déguster sur la mini-terrasse face au canal, si une petite pause s'impose...

De Drie Graefjes *(zoom Centre, C3, **146**) : Eggertstraat 1. ☎ 822-72-57. Tlj 9h-18h. Sandwichs et salades 10-15 €. Lunchroom* et *American bakery,* voilà un amour de vieux café où l'on s'accroche à la rambarde pour grimper au 1er, le temps d'une pause le midi. Soupe du jour et grande variété de sandwichs.

Bon marché

Latei *(zoom Centre, D3, **106**) : Zeedijk 143. ☎ 625-74-85. Tlj 8h (9h sam, 10h dim)-18h. Plats 4-10 €.* Petit café décontracté aux allures de brocante vintage. Une dizaine de tables, dont la moitié en mezzanine, où des lampes-plafonniers vous caressent la tête. Le pain de la boulangerie *Dutch Hartog* accompagne omelettes ou soupes *maaltijd* (tout un repas). Goûtez sinon à la tarte aux pommes ou au cheese-cake, à tomber, servis dans des assiettes anciennes à fleurs. Le thé est proposé en vrac et les smoothies de fruits et légumes sont faits minute. Le service prend son temps, en revanche.

Gartine *(zoom Centre, C4, **111**) : Taksteeg 7. ☎ 320-41-32. Mer-dim 9h-17h (16h dim). Fermé lun-mar. Résa conseillée. Plats 7-13 €.* Petit déj, déjeuner, *high tea...* On poussera la porte de ce petit resto-salon de thé, en espérant y trouver une place à l'heure du repas. Un côté british dans tout cela et des prix mini pour de délicieux sandwichs, crêpes, plats hollandais ou non, soupes... Et si l'on vous dit que le proprio cultive son propre potager, vous comprendrez pourquoi mieux vaut réserver. Accueil tout en douceur.

Café Tisfris *(zoom Centre, D4,* ***107****) : Sint Antoniebreestraat 142. ☎ 622-04-72. Tlj 9h-19h. Compter 5-16 €.* Un café plaisant, tout vitré, qui s'étend en demi-cercle de la Sint Antoniebreestraat au paisible canal Zwanenburgwal. Dès les 1ers rayons de soleil, une petite terrasse s'installe sur le pont ! Dans l'assiette, une restauration fraîche à base de produits bio essentiellement. Savoureuses salades, *broodjes uit de oven* (petits pains chauds) bien garnis, quiches, soupe du jour et un joli choix de sandwichs et burgers.

La Place *(zoom Centre, C4,* ***117****) : Kalverstraat 201 et Rokin 160 (2 entrées). Tlj 10h-17h. Snacks, plats 5-24 €.* Immense cafétéria conçue un peu comme un marché, où chaque étal a sa spécialité : viandes et poissons grillés minute, salades à composer soi-même, soupes, pizzas, cuisine au wok, desserts, jus de fruits frais, sandwichs, etc. On passe d'un stand à l'autre muni de son plateau, puis on s'installe dans l'une des agréables salles étagées sur plusieurs niveaux, ou encore dans le petit *roof garden* mignon comme tout.

Nam Kee et New King *(zoom Centre, D3,* ***104****) : Zeedijk 111-117. ☎ 624-34-70. Tlj 11h (11h30 pour le Nam Kee)-22h30. Plats 8-29 €.* 2 restos chinois parmi une enfilade en face du temple bouddhique du Chinatown d'Amsterdam. En commun, des cartes à rallonge détaillant une litanie de plats, toujours copieux, qui conviennent à tous les goûts et budgets. *New King* reste le plus soigné (service et déco) et le seul à accepter les cartes de paiement. Pas de quoi casser 3 pattes à un canard laqué, direz-vous, et pourtant *Nam Kee* a été élu meilleur resto chinois des Pays-Bas grâce à ce plat, comme quoi !

Magna Plaza *(zoom Centre, C3,* ***129****) : Nieuwezijds Voorburgwal 182. Tlj 10h-21h.* Au dernier étage de ce centre commercial installé dans la superbe ancienne poste centrale (voir dans « À voir. À faire »), une quinzaine de stands proposent de voyager à travers le monde, des fruits de mer aux pitas, en passant par les *dim sum*, les tacos, les sushis, les macarons...

Prix moyens

Brouwerij De Prael *(zoom Centre, D3,* ***210****) : Oudezijds Armsteeg 26. ☎ 408-44-69. Tlj 12h-minuit (1h ven-sam). Snacks 6-10 €, plats chauds 10-15 €.* Si vous ne voulez plus entendre parler de *Heineken*, allez faire un tour dans cette brasserie artisanale, cachée dans une ruelle. Le genre d'endroit décontracté, avec parquets usés, vinyles aux murs et mobilier vintage dépareillé en guise de déco. Les bandes de copains s'y retrouvent joyeusement sur fond de musique pop. Cuisine hollandaise copieuse aussi honnête que les tarifs, à accompagner d'une bonne bière maison. Une adresse très sympa, d'autant qu'elle emploie des personnes en difficulté. Alors on accepte volontiers les éventuelles petites imperfections du service !

Mata Hari *(zoom Centre, D3,* ***119****) : Oudezijds Achterburgwal 22. ☎ 205-09-19. Tlj 15h (13h le w-e)-minuit. Petits plats 9-14 € ; sinon 17-20 €.* Derrière l'imposant rideau rouge, on s'attend à voir apparaître Mata Hari (Margaretha Geertruida Zelle), courtisane et espionne pendant la 1re Guerre mondiale... En tout cas, elle a donné son nom à un lieu où règne dans les 2 salles (dont 1 à l'étage) une ambiance bruyante et festive. Boiseries, grands tableaux et lustres insolites. Côté papilles, on savoure une cuisine délicate et variée, aux influences diverses (gravlax, steak tartare...). Accueil décontracté de la jeune équipe.

Koh-I-Noor *(zoom Centre, C3,* ***113****) : Rokin 18. ☎ 627-21-18. Tlj 16h-22h. Menus 25-38 €, plats 15-28 €.* Un bon resto indien tenu par un jovial Pendjabi. Carte longue comme le Gange, dont d'onctueux currys et des spécialités de tandoori (viandes marinées dans du yaourt et des épices, puis grillées dans un four spécial). Service irréprochable.

Bijenkorf *(zoom Centre, C3,* ***157****) : Dam 1. ☎ 245-44-88. En principe, tlj 10h (11h dim-lun)-21h.* Au 5e étage de ce grand magasin populaire, grande cafétéria-traiteur appelée *The Kitchen,* avec self-service et restaurant à la carte. Cuisine internationale de très bonne qualité aux accents fusion allant chercher vers l'Asie et l'Italie. Pâtisseries et jus de fruits frais. Idéal pour une pause shopping en plein centre, même si c'est souvent plein à l'heure du déjeuner.

Bhatti Pasal *(zoom Centre, C4,* ***130****) : Voetboogstraat 23. ☎ 623-11-80. Tlj sauf mer 12h-22h. Thali 22,50 € (le soir), plats 11-20 €. Ne sert pas d'alcool.* Quelques portraits himalayens annoncent l'identité de ce petit resto népalais tout simple, plébiscité pour la qualité de sa cuisine. Peu de choix mais grand raffinement, impeccable pour un repas savoureux, sain et équilibré. Mention spéciale pour les *momos,* absolument délicieux ! Mieux vaut arriver tôt, on ne prend en principe pas de réservations.

Plus chic

Bistro Berlage *(zoom Centre, D3,* ***155****) : Beursplein 1. ☎ 530-41-46. Tlj sauf lun 10h-22h (18h mar-mer). Menu env 40 € ; sandwichs et plats 7-24 €.* Quelle belle idée d'avoir installé un restaurant dans ce lieu historique ! On est là dans l'entrée principale de l'ancienne Bourse du commerce (voir « À voir. À faire. De la gare au quartier des musées »), somptueuse et richement ornementée. Notez les grandes mosaïques *Jugendstil* de Jan Toorop. On en oublierait presque de parler de la cuisine, pourtant très réussie elle aussi, dans un style classique modernisé.

Cannibale Royale *(zoom Centre, C4,* ***133****) : Handboogstraat 17. ☎ 233-71-60. Tlj 16h- minuit (2h ven-sam). Résa conseillée. Sandwichs env 10 € ; plats 11-40 €.* Avec un nom pareil, inutile de préciser que le lieu s'adresse avant tout aux amateurs de viande, prêts à avaler des portions à faire blêmir un végétarien (qu'il se rassure, il y a tout de même un burger fait pour lui) ! Déco pleine de charme et d'humour, assurée par une collection de pendules en tout genre. Clientèle plutôt jeune qui se retrouve entre copains autour de grandes tablées animées face à leurs burgers plantureux ou à leurs pièces carnées cuites au gril. *Autres adresses à Amsterdam : Ruysdaelkade 149 (hors plan par C6), Lange Niezel 15-H (zoom Centre, D3), Rozengracht 114 (plan A3) et Ondinaweg 32 (plan D-E1) dans le nord.*

Dans le Jordaan et le nord des grands canaux

Sur le pouce

Les ***kiosques à poisson*** font partie intégrante de l'identité de la ville. On les trouve partout dans le centre et particulièrement près des canaux. Ils proposent toute la journée des sandwichs à l'anguille (délicieux), aux crevettes, au saumon ou à l'éternel hareng. Les produits sont toujours d'une étonnante fraîcheur. Parfaits pour un en-cas ou un déjeuner léger.

Stubbe's Haring *(plan C2,* ***115****) : canal Singel, sur le pont reliant Haarlemmerstraat et Nieuwendijk. Tlj sauf dim-lun 10h-18h30.* Ce kiosque emblématique sert le meilleur sandwich au hareng frais qu'on ait jamais goûté à Amsterdam ! Qualité et fraîcheur irréprochables. Juste un poil plus cher que les autres.

Haringkar de Gigant *(plan B3,* ***164****) : Westermarkt 66, face à l'église Westerkerk. Tlj sauf dim-lun 10h-18h (17h sam). Env 3 €.* Une affaire familiale qui a fait ses preuves. Fraîcheur et saveur garanties.

Wil Graanstra Frites *(plan B3,* ***125****) : Westermarkt, juste devant l'église Westerkerk. Horaires variables. Env 5 €.* Cette petite baraque à frites est une véritable institution depuis les années 1950. Bonnes frites artisanales vendues en cornet à dévorer en flânant le long des canaux.

Bon marché

Piqniq (plan B1, **122**) : *Lindengracht 59. ☎ 320-36-69. Tlj 9h-17h. Résa conseillée. Env 10-15 €.* Ce *lunchroom* intime est parfait pour les petites faims : des sandwichs froids ou chauds, quiches, soupes et salades servis en miniportions. C'est joli dans l'assiette, savoureux, frais et varié. Aux beaux jours, on pique-nique sur la terrasse de cette grande rue bien calme. Préparez-vous à faire la queue, le lieu est très prisé !

De Blaffende Vis (plan B2, **140**) : *Westerstraat 118. ☎ 625-17-21. Tlj 8h30 (9h sam, 10h dim)-minuit. Snacks 5-10 €, plat env 15 €.* Convivial avec sa déco sans chichis. On s'y arrête pour prendre un petit déj, croquer un sandwich et siroter une bière, ou pour dîner dans une ambiance chaleureuse. Une des seules adresses du Jordaan ouvertes à toute heure, proposant du bon, du frais et du généreux, à prix démocratiques !

d&a hummus bistro (plan B2, **114**) : *Westerstraat 136. ☎ 341-64-87. Tlj 12h30-21h30. Houmous 9-13 €, plats 11-19 €.* Ce resto moyen-oriental, jeune et pas compliqué avec sa cuisine ouverte encadrée par un mur-ardoise, semble avoir exploré toutes les recettes à base de pois chiches ! Les réfractaires pourront opter pour les brochettes d'agneau ou la *shakshuka,* les végétariens se régaleront avec les jolies salades ou les délicieux plats chauds. Un bistro qui fleure bon les saveurs ensoleillées, où le manger sain rime avec générosité.

Stach (plan C1, **126**) : *Haarlemmerstraat 150. ☎ 737-26-26. Tlj 8h (9h dim)-21h. Sandwichs et plats 6-10 €.* L'un des maillons amstellodamois de cette petite chaîne de *delicatessen.* Extra frais et simplement bon. Hmm ! le pain maison... Excellents sandwichs et plats *ready made,* à emporter ou à déguster sur l'une des petites tables installées dans un coin. Et peut-être craquerez-vous pour les *waffles* typiques d'ici ou l'une des jolies tablettes de chocolat aux emballages rigolos.

Festina Lente (plan A-B4, **139**) : *Looiersgracht 40b. ☎ 638-14-12. Tlj 9h (10h le w-e)-1h (3h ven-sam) ; cuisine fermée à 22h. Plats 9-12 €.* L'*eetcafé* sympa et chaleureux par excellence avec son coin de terrasse décoré de plantes grasses et un intérieur à la lumière tamisée offrant de larges fauteuils. On y sert du bon vin d'Espagne et des petits plats aux accents méditerranéens, mais aussi d'excellents petits déj. Service jeune et décontracté.

Foodhallen *(plan Grande Couronne et hors plan par A3,* **41**) : *Bellamyplein 51. Ⓣ Ten Katestraat (n° 17 depuis la gare centrale). Tlj 12h-23h (minuit ven-sam). Plats 10-15 €.* L'un des poumons de l'Amsterdam-Ouest se gonfle d'alizés du monde entier dans ces halles ayant investi un ancien dépôt de tramways. La superbe architecture du XIXe s abrite un bar-resto branché (**Kanarie Club,** ☎ *218-17-75*) et surtout une brochette d'échoppes de tous les continents. Tarifs mini, étals colorés, mélanges d'odeurs mettant en appétit et un vaste espace pour s'attabler au coude à coude. Ce repaire très tendance est vite devenu l'un des lieux de rendez-vous préférés des Amstellodamois.

Singel 404 (plan B4, **116**) : *Singel 404. ☎ 428-01-54. Tlj 10h30-18h. Sandwichs et salades 7-10 €.* Installé dans une agréable petite salle avec mezzanine, ce café-restaurant déborde aux beaux jours dans la rue, où il installe sa terrasse au bord du canal. Prisé par les gens du coin, on vient le midi pour dévorer de copieux sandwichs, œufs ou paninis appétissants, garnis d'une bonne dose de verdure. L'endroit se prête aussi très bien aux petits déj tardifs... Sympa aussi pour siroter des jus de fruits frais ou un chocolat chaud (selon votre envie... ou le temps qu'il fait !).

Pho Viet (plan C1, **151**) : *Haarlemmerdijk 6. ☎ 846-77-70. Tlj 13h-21h30. Plats 6-15 €.* Une dizaine de tables dans une petite salle toute simple, où l'on s'installe pour savourer une cuisine vietnamienne goûteuse et fraîche. Délicieux *rolls, pho* au bouillon bien parfumé, *bo bun* délicat, et aussi de bons sandwichs pour continuer sa balade sans s'arrêter.

De Pizzabakkers (plan B1, **118**) : *Haarlemmerdijk 128. ☎ 427-41-44. Tlj 17h-22h. Pizzas 7-16 €.*

CB uniquement. Petite pizzeria dont la solide réputation dépasse largement le quartier, l'un des plus tendance du moment, avec ses bars, ses boutiques. Cadre avenant et mobilier contemporain. Dans l'assiette, de délicieuses pizzas croustillantes, mais aussi de bonnes salades, *antipasti, dolci*... Plusieurs autres établissements en ville, dont un près du zoo (Plantage, Kerklaan), si vous êtes devenu accro.

I●I ***Yam Yam*** *(hors plan par A2,* ***132****) : Frederik Hendrikstraat 90. ☎ 681-50-97. La Frederik Hendrikstraat est perpendiculaire à la Eerste Hugo de Grootstraat, qu'il suffit de remonter ; le resto fait l'angle. Tlj sauf lun-mar, à partir de 17h. Résa conseillée. Pizzas 8-15 €.* Un chouïa excentrée, cette petite trattoria-pizzeria de quartier à la déco tendance réjouissante est très courue, n'espérez pas avoir une table en passant. La carte, très simple et aux prix relativement élevés, joue avec des ingrédients frais et de qualité. On s'est régalés ! Desserts également réputés.

I●I 🍸 ***Rosereijn*** *(plan B-C1,* ***105****) : Haarlemmerdijk 52. ☎ 626-80-27. Tlj sauf lun 12h-22h. Plats 13-17 € (moins pour les sandwichs).* Le lieu idéal pour s'imprégner de l'atmosphère d'un authentique *eetcafé* de quartier. On y vient boire un verre (ou 2 !) pour ensuite découvrir une cuisine, elle aussi bien ancrée dans la tradition, solide et généreuse. De quoi caler son marin amstellodamois ! Ambiance conviviale, décor cosy, musique jazz tranquillou, et même quelques explications des patrons (en français s'il vous plaît !) pour comprendre ce qu'est un *stamppot*, par exemple...

Prix moyens

I●I ***Café Sonneveld*** *(plan B2,* ***110****) : Egelantiersgracht 72-74. ☎ 423-42-87. Tlj 11h-23h. Sandwichs 5-11 €, plats 12-17 €, jusqu'à 27 € le soir.* Blotti à l'angle d'une rue au bord d'un joli canal et visible de loin avec ses auvents couleur bonbon. Ambiance familiale et bon enfant dans cet *eetcafé* où les murs chargés de portraits de *Wim Sonneveld* donnent le ton. On est ici dans l'ancienne maison du chanteur de cabaret des années 1950, adoré par les Hollandais... Demandez donc à la patronne de vous en dire plus, son air un peu sévère au 1er abord s'évanouira tout de suite ! Idéal pour boire un verre et dévorer un plat honnêtement réalisé (burger, soupe, omelette).

I●I ***De Struisvogel*** *(plan B3-4,* ***120****) : Keizersgracht 312. ☎ 423-38-17. Tlj sauf mar 12h (16h lun et mer)-22h. Résa conseillée. Menu unique 34,50 € (avec quelques suppléments).* Discrètement blotti à l'entresol d'une vieille maison, un petit resto chaleureux et romantique, avec son vieux plancher en bois et ses bougies sur les tables. Au tableau noir, une cuisine bio, créative et soignée, mâtinée d'influences françaises et espagnoles. Ici, l'autruche *(struisvogel)* ne se cache pas. Également du poisson, si ça peut vous rassurer.

I●I ***Van Puffelen*** *(plan B3,* ***152****) : Prinsengracht 375-377. ☎ 624-62-70. Dim-jeu 16h (12h dim)-1h, ven-sam 12h (14h ven)-3h. Résa conseillée. Menu dégustation (2 pers) 39,50 € ; plats 16-27 € (moins cher au déj).* Ambiance cosy et tamisée, murs sombres, lustres monumentaux, boiseries, tables bien espacées, comptoir imposant tout en longueur... Voilà pour le décor, chic sans être guindé. Une élégance retrouvée dans les assiettes, au service d'une cuisine raffinée plutôt inventive, qui sait se faire légère et généreuse à la fois. Une belle adresse, d'un rapport qualité-prix honorable, notamment côté bar (moins cher que le resto).

I●I ***Balthazar's Keuken*** *(plan A4,* ***131****) : Elandsgracht 108. ☎ 420-21-14. Tlj sauf lun à partir de 18h. Résa plus que conseillée. Menu unique 37,50 €.* Ici, dans une ambiance informelle au décor simple, on se serre autour de petites tables en regardant les mitrons s'activer sur de superbes plans de travail en bois et inox. Dans les assiettes, une cuisine du terroir habilement modernisée. Vin maison à prix doux.

I●I ***Lotti's*** *(plan B3,* ***79****) : Herengracht 255. ☎ 888-55-00. Tlj 7h-minuit. Résa conseillée. Plats 16-26 €.* Le resto de l'atypique hôtel *The Hoxton* (voir « Où dormir ? ») ne pouvait pas être banal !

Des petits recoins pour boire l'apéro, bien calé dans de gros fauteuils, puis une immense salle percée en son centre d'une verrière (qui s'ouvre en été !) et carrelée de blanc. Rien de clinique pour autant, tout est chaleureux, joyeux et bien joli. La cuisine, en osmose avec le lieu, est inventive et généreuse, pas donnée certes, mais soignée. Très belle adresse, à la fois chic et décontractée, comme cette ville sait si bien le faire.

I●I ***Moeders*** *(plan A3,* ***136****)* **:** *Rozengracht 251. ☎ 626-79-57. Tlj 14h (12h le w-e)-minuit (cuisine jusqu'à 22h30). Plats 16-22 €.* Sachez d'abord qu'au « resto des mères » une photo de la vôtre pourra rejoindre la multitude d'autres mamans qui tapissent déjà les murs. Et si c'est son anniversaire *(verjaardag)* tandis que vous voyagez ensemble, prévenez en réservant : elle aura une petite surprise... Cuisine hollandaise traditionnelle, servie dans une salle à la déco savamment dépareillée, comme ces verres et assiettes offerts par les clients lors de l'ouverture du lieu ! Choix tentant de desserts et bons cafés. Bien pour un verre aussi, en fin de soirée. Carte en français.

I●I ***Mido's*** *(plan B1,* ***103****)* **:** *Lindengracht 158. Tlj sauf dim-lun 14h (12h sam)-21h. Snacks et plats 4-30 €.* Derrière son air tout simple et sa petite taille, ce resto-traiteur est impeccable pour déguster poissons et crustacés à la mode batave. Du hareng au bar grillé, en passant par les assiettes de la mer (chaudes ou froides) et les *fish & chips,* tous les classiques sont là, goûteux, bien préparés et d'une fraîcheur sans faille. Quelques plats végétariens, au cas où.

De chic à très chic

I●I ***Caffè Toscanini*** *(plan B1,* ***127****)* **:** *Lindengracht 75. ☎ 623-28-13. En principe, tlj midi et soir. Résa obligatoire. Plats 22-25 €.* Un italien incontournable, parmi les meilleurs de la ville. Rien de chic, apparemment, mais des prix choc. Longue salle sobre et chaleureuse qui se termine par le « saint des saints » : la cuisine ouverte tout inox ! On se régale des spécialités de la grande Botte élaborées avec des produits de qualité, généralement bio, dans la mouvance *slow food.* Pas de pizzas (malheureux, n'insistez pas !) mais une carte des vins italiens bien fournie.

I●I ***Mos*** *(plan C1,* ***161****)* **:** *IJdok 185. ☎ 638-08-66. Mar seulement le soir, mer-sam midi et soir. Fermé dim-lun. Résa obligatoire. Menus 55-65 € le midi, jusqu'à 90 € le soir ; plat seul 39 €.* Dans un jeune quartier au nord du centre-ville, ce resto contemporain et tout vitré offre une jolie vue sur le fleuve et les bateaux, face à l'impressionnant complexe *EYE.* Cuisine moderne, à l'image du lieu, orchestrée par un chef qui ne manque ni de talent ni d'idées, ce qui lui a valu une étoile délivrée par un guide concurrent. Certes, ce n'est pas donné... Mais voici un bel exemple du génie de ce pays qui a l'art d'accorder qualité et fantaisie, avec une créativité réjouissante !

I●I ***Bistrot Neuf*** *(plan C2,* ***135****)* **:** *Haarlemmerstraat 9. ☎ 400-32-10. Tlj 16h (12h ven-dim)-minuit. Résa vivement conseillée ven-sam. Plats 24-30 €, menus 38,50-57 €.* Un bar à vins au look contemporain sur fond de variété française, où l'on cuisine les escargots, le croque-monsieur, la bouillabaisse, les pièces de bœuf et le foie gras à la française, tout en apportant une note locale. La sélection de vins, raison d'être du bistrot, est réalisée par le magasin attenant, du même propriétaire.

I●I ***Wolf Atelier*** *(plan C1,* ***123****)* **:** *Westerdoksplein 20. ☎ 344-64-02. Tlj sauf dim, midi et soir. Menus 49-57 € ; menu dégustation (15 plats) 88 € ; plat 28 €.* Envie de manger sur un ancien pont tournant ? Rassurez-vous, celui-ci est tout vitré et bien douillet ! Un lieu insolite donc, résolument contemporain avec son escadrille de plafonniers industriels suspendus au-dessus des tables en bois. La maison est connue pour ses délicieux tartares, proposés en plusieurs versions (même végétariennes !). Sinon, carte réduite mais soignée. Tout est délicat, autant pour les yeux que pour les papilles, mais peu copieux... Trekkeur urbain affamé, te voilà prévenu !

Au sud des grands canaux, autour de Leidseplein, Frederiksplein et Rembrandtplein

Autour de Leidseplein, 2 rues se distinguent très nettement : Lange Leidsedwarsstraat et sa collègue Korte Leidsedwarsstraat. Sorte d'Expo universelle de la cuisine, elles couvrent les 5 continents. Tout le monde s'y retrouve, pour le meilleur et surtout pour le pire. Cela dit, si vous voulez dîner tard, c'est ici qu'il faut aller ! Pour les vraies découvertes, avancez plutôt à l'intérieur du triangle formé avec les 2 autres places emblématiques du quartier : Rembrandtplein, qui marque la liaison avec le centre et le quartier Rouge, et Frederiksplein, qui ouvre plus au sud un quartier cher aux noctambules, *De Pijp*.

Bon marché

Van Dobben (*zoom Centre, D4-5,* ***144***) **:** *Korte Reguliersdwarsstraat 5-9. ☎ 624-42-00. Lun-sam 10h-21h, dim 10h30-20h. Moins de 10 €.* Campé dans une ruelle qui échappe à l'effervescence de la Rembrandtplein, *Van Dobben,* malgré ses allures de fast-food, est en fait une véritable institution à Amsterdam (depuis 1945 !). Les Hollandais viennent se poser sur les gros tabourets noirs qui s'alignent le long du comptoir-bar, le temps d'engloutir une *vleeskroket* (croquette de viande) ou quelques *broodjes*. À accompagner d'un grand verre de lait (de toute façon, il n'y a pas d'alcool !). Sur les comptoirs, des *potjes* de moutarde pour tartiner les petits pains servis à volonté. Également plein d'autres petits sandwichs, et même un plat du jour copieux et économique.

Soup en Zo (*plan C5,* ***145***) **:** *Nieuwe Spiegelstraat 54. ☎ 330-77-81. Lun-ven 11h-20h, le w-e 12h-19h. Soupes et salades 3-8 € selon taille ; formules env 12-15 €.* Une dizaine de soupes par jour, végétariennes ou non (la large vous fera un repas !) et quelques salades. Vente à emporter uniquement (mais on peut se poser sur les petits tabourets à l'intérieur ou sur le banc, dehors). Très prisé par les Amstellodamois, friands de déjeuners (équilibrés) sur le pouce. Autre *Soup en Zo* sur Jodenbreestraat, à côté de la Rembrandthuis, et au van Baerlestraat 81.

Prix moyens

Buffet van Odette (*plan C5,* ***128***) **:** *Prinsengracht 598. ☎ 423-60-34. Mer-sam 12h30-21h ; fermé dim-mar. Déj 10-15 € ; plats 15-20 € le soir.* Très appréciées par les gens du coin, la petite salle et la charmante terrasse en bord de canal sont vite remplies. Le midi, des plats simples et bien travaillés (soupes du jour, salades de saison, mais aussi pâtisseries maison). Le soir, ambiance plus romantique et plats plus élaborés. Si vous êtes installé au comptoir, vous verrez le personnel disparaître en un clin d'œil sous le bar... Pas de panique, c'est le tour de passe-passe de la maison ! Bien aussi pour un brunch ou pour une pause entre 2 balades.

Hans en Grietje (*plan B5,* ***109***) **:** *Spiegelgracht 27. ☎ 624-67-82. Tlj 10h-1h (3h le w-e ; plus tôt pour la cuisine). Plats 10-22 €, sandwichs 6-11 €.* Bien pour apaiser un petit creux après une balade au sud des canaux ou à la sortie du Rijksmuseum. Sous un bric-à-brac d'objets suspendus au plafond, on y grignote les traditionnels petits pains hollandais, les fameux *broodjes,* ainsi que des croquettes, des soupes, des omelettes et de bonnes crêpes. Terrasse agréable en été.

The Pantry (*plan B5,* ***102***) **:** *Leidsekruisstraat 21. ☎ 620-09-22. Tlj 11h-22h30. Plats 14-20 € ; menus 22-31 €.* Un air de Quartier latin dans ces quelques rues où l'on est alpagué par les serveurs de toutes nationalités. On a craqué pour ce chantre de la gastronomie néerlandaise aux odeurs engageantes, à la mini salle chaleureuse et vintage avec ses collections d'assiettes et ses tableaux. À la carte, la palette du parfait cuistot batave : *hutsepot, stamppots, poffertjes*... De copieux et délicieux plats, à prononcer sans postillonner sur le voisin d'en face !

Steakhouse Piet de Leeuw *(plan C5, **149**) : Noorderstraat 11. ☎ 623-71-81. Tlj 12h (17h le w-e)-22h30. Résa conseillée soir et w-e. Plats 17-25 €.* Ce petit resto patiné et particulièrement animé attire une clientèle fidèle dès 18h, juste après la sortie du boulot. On commence par prendre un verre, puis on commande son steak (ou sa sole meunière si l'on n'est pas viandard), en partageant éventuellement sa table. Un dernier détail : apportez une craie et laissez libre cours à votre inspiration sur le tableau noir des toilettes, c'est fait pour ça.

Chic

Take Thaï *(zoom Centre, D5, **112**) : Thorbeckeplein 24. ☎ 622-05-77. Tlj 12h-22h (plus tard le w-e). Résa conseillée. Menus 30-45 € ; plats env 20 €.* Dans une rue où les restos exotiques ne manquent pas, voici un excellent thaïlandais. La salle, moderne, tout en longueur et d'un blanc immaculé, manque sans doute d'intimité mais pas de raffinement. La cuisine est au diapason, subtile, parfumée et joliment présentée.

Autour du Vondelpark et du quartier des musées

Un quartier d'autant plus plaisant à vivre que vous aurez peut-être choisi un hôtel au calme, par ici, à quelques pas de 3 des plus importants musées de la ville (Rijksmuseum, Van Gogh Museum, Stedelijk Museum). Des musées qui proposent d'ailleurs des tables tout à fait recommandables, avec vue ou du moins avec terrasse.
Bon à savoir, certaines des adresses signalées dans les pages précédentes, au sud des grands canaux, se retrouvent à proximité de ces mêmes musées.

Bon marché

De Carrousel *(plan C6, **143**) : H.M. van Randwijkplantsoen 1. ☎ 625-80-02. Tlj 10h-20h. Plats 6-12 €.* Petits et grands gourmands poussent la porte de cet établissement familial, tout rond et tout vitré, organisé autour d'un manège ancien, pour déguster les spécialités gourmandes maison : crêpes (pancakes), *poffertjes* (blinis servis par 20) et *Brussels waffles.* Pas franchement raffiné, encore moins diététique, mais efficace après l'épopée muséale ! Quelques plats salés, mais on préfère ici le sucré.

De prix moyens à chic

Blauw *(plan Vondelpark, A3, **162**) : Amstelveenseweg 158-160. ☎ 675-50-00. Ⓣ nos 1 ou 2. Tlj 17h30 (17h le w-e)-22h (22h30 sam). Résa obligatoire, jusqu'à 1 sem à l'avance en saison. Plats 20-28 €, rijsttafels 31-37,50 €/pers, menus 39-48 €.* Ce restaurant indonésien quelque peu excentré est à conseiller à qui veut vivre une expérience sortant de l'ordinaire. Déco et cuisine ont misé sur la modernité et le design. À table, c'est un véritable voyage. Une quinzaine, voire une vingtaine de mets, tous plus raffinés et étonnants les uns que les autres, concoctés par un jeune chef inspiré et passionné. Accueil exceptionnel.

Pompa *(plan Vondelpark, C2, **153**) : Willemsparkweg 6. ☎ 662-62-06. Tlj 9h-22h. Tapas 4-8 €, plats 13-22 €.* Bien pratique car ouverte du matin au soir, cette petite salle toute simple sur plusieurs niveaux, entourée d'une jolie frise de vitraux, accueille les habitués du quartier et les marathoniens des musées voisins. Carte sobre elle aussi : paninis, salades, tapas, soupes et pâtes, rien d'extravagant mais tout est bon, frais et plutôt soigné malgré les prix doux. Ambiance reposante et rassasiante.

Dans le quartier De Pijp

Derrière le *Heineken Experience,* le quartier branché De Pijp héberge une ribambelle de restaurants, cafés, bars, quasiment tous avec terrasse. Emprunter tout d'abord la Ferdinand Bolstraat, puis bifurquer à gauche. De la place Gerard Dou, remonter Eerste Van der Heist Straat jusqu'à Van der Helstplein, l'autre place, pavée et ombragée de platanes, après avoir traversé Frans Halsstraat et son fameux marché Albert-Cuyp.

Sur le pouce

Greg Monsieur *(hors plan par C6, **141**) : Albert Cuypstraat 211. Depuis la gare centrale, Ⓜ De Pijp (nº 52). Ⓣ Marie Heinekenplein. Lun et mer-sam 9h30-17h (ouverture variable en réalité, vérifier sur Facebook). Compter 3-7 €.* De délicieux sandwichs grillés, style croque-monsieur revisités avec toutes sortes d'ingrédients : du classique jambon-fromage aux épinards et chutney de mangue, en passant par le bœuf *teriyaki*. Surprenant, et surtout très réussi.

De bon marché à prix moyens

The Avocado Show *(hors plan par C6, **150**) : Daniël Stalperstraat 61. ☎ 306-331-30. Tlj 10h-18h. Plats 11-16 €. CB uniquement.* Le nom de ce resto tout mignon résume bien la situation puisque l'avocat est ici décliné sous toutes ses formes, autant solides que liquides. Belles présentations, association de saveurs inventives, un vrai régal. Pas de résa et peu de places... mieux vaut arriver tôt, ou se préparer à patienter un peu !

Dans l'est, de l'Oosterdok à Javaplein

À l'est de la ville, il existe encore des quartiers où les touristes s'aventurent peu, où l'on peut se mettre au vert avant de remonter vers les docks, en grignotant au Jardin botanique, par exemple. Tout le long de la récente promenade aménagée à l'est de la gare centrale, les terrasses de l'Entrepotdok sont le rendez-vous des hipsters du quartier, des artistes qui habitent dans les lofts et des petits malins qui viennent admirer Amsterdam d'en haut, depuis les cafés-terrasses aménagés au dernier étage des grands buildings voisins, appartenant à de grandes chaînes d'hôtels, ou de la Bibliothèque centrale.
Plus à l'est encore, de Javastraat à Javaplein, un autre quartier en plein essor, où les vieux magasins font progressivement place aux restos et bars dans le vent, en alternance avec des boutiques de design plus tendance les unes que les autres. Parmi les adresses les plus séduisantes (toutes très hype !) de Javastraat, citons le ***Wilde Zwijnen*** *(hors plan par G4)*, un superbe resto dont la réputation ne cesse de grimper, le tonique ***Bar Basquiat*** *(hors plan par G4)* et sa déco hommage au célèbre peintre new-yorkais ou encore le ***Bar Bukowski*** *(plan G6)* du même proprio que le précédent. Sur Javaplein enfin, le magnifique ***Badhuis Oedipus*** *(hors plan par G4)*, installé dans d'anciens bains publics.

Sur le pouce

Frank's Smoke House *(plan G4, **419**) : Oostenburgervoorstraat 1. ☎ 585-71-07. Tlj sauf lun 11h-15h (22h jeu-sam, 17h dim).* Cette affaire familiale propose de goûter sur quelques tables aux fumaisons maison, dans l'assiette ou en sandwich : saumon, maquereau, anguille, hareng (voir plus loin la rubrique « Achats ») et c'est un délice ! Attenant à l'épicerie fine, on peut s'attabler plus confortablement au ***restaurant*** pour savourer des plats consistants et bien réalisés, essentiellement composés de produits de la mer.

De bon marché à prix moyens

Bar Botanique – Café Tropique *(hors plan par G4, **134**) : Eerste Van Swindenstraat 581. ☎ 358-65-53. Tlj 8h30-minuit. Déj 5-16 €, jusqu'à 20 € le soir.* Ce café tout de vert et de rose vêtu a de quoi surprendre. Petite oasis de paix (qui se réveille soudainement en soirée (voir « Où boire un verre ? »), occupée par plus de plantes rampantes et tombantes que d'êtres humains ! Un style tropical jusqu'aux uniformes des serveurs. Plusieurs salles ouvertes dont une en mezzanine, rehaussées par un bel éclairage. On peut se contenter d'y boire un verre, mais vous manqueriez quelque chose : la cuisine est généreuse, savoureuse et inspirée. Délicieux brunch également.

't Eten en Drinken *(plan F5,* ***163****) : Roetersstraat 4. ☎ 320-28-88. Tlj 8h (9h30 le w-e)-17h. Plats 5-10 €, brunch du w-e 18,50 €.* Tout est *home made* dans cet adorable café qui sert brunchs, sandwichs frais, soupe du jour ou salades, et surtout des pâtisseries alléchantes à toute heure. Autre spécialité de la maison, le *high tea* (thé de l'après-midi avec sandwichs et gâteaux). Petites tables à touche-touche, éclairées par d'amusantes théières-abat-jour ! Une adresse conviviale.

CREA *(plan F5,* ***148****) : Nieuwe Achtergracht 170. Tlj 9h (10h le w-e)-minuit (17h dim).* C'est le café du centre culturel de l'UVA (une des 2 universités). On peut y boire un verre et manger un plat roboratif, voire végétarien, ce qui est souvent une réussite à Amsterdam. Idéal en marge des événements organisés sur place : ● *crea.nl/cafe/* ●

Chic

Greetje *(plan E3,* ***159****) : Peperstraat 23. ☎ 779-74-50. Tlj sauf lun-mar 17h-1h (cuisine 21h30). Résa conseillée. Menu 62,50 € (55 € si résa à l'avance) ; plats env 30 €.* Charmant au possible avec ses vieilles boiseries et ses motifs de Delft reproduits sur les murs. Dans une atmosphère de bistrot un peu chic, on découvre toutes sortes de recettes oubliées remises au goût du jour. Rustiques et savoureuses, elles s'appuient sur des produits du terroir de qualité et respectent les saisons. Service soigné.

De Kas *(hors plan par G6,* ***160****) : Kamerlingh Onneslaan 3. ☎ 462-45-62. Ⓜ Amstel depuis la gare centrale (nos 51, 53 ou 54) et 15 mn à pied. Tlj sauf lun 12h-14h, 18h-22h. Résa conseillée. Menus 38,50-48 € le midi, 60,50-68,50 € le soir.* Dans un cadre de verdure préservé, cette ancienne pépinière a converti ses serres en un superbe restaurant, vaste et contemporain. Magique ! La grande majorité des produits est cultivée dans des champs qui dépendent du resto. Alors on suit la récolte du jour en se laissant surprendre par le menu unique, toujours d'une grande finesse et mis en scène avec talent. Une adresse d'exception.

Au nord, sur les rives de l'IJ, dans les anciens chantiers navals

Prenez le ferry, derrière la gare centrale, pour découvrir l'autre face, un peu plus secrète (même si visible depuis la rive), du nouvel Amsterdam. Et n'hésitez pas à embarquer (gratuitement) votre vélo sur le ferry, c'est le meilleur moyen de circuler dans les friches industrialo-artistiques pleines de vie. Le nord de la ville n'est pas touristique, mais c'est là que se trouvent aujourd'hui, à l'ombre des anciens entrepôts, les salles de concerts, les bars, les restos et les terrasses où le Tout-Amsterdam se rencontre. Notamment aux beaux jours, pour profiter de cette oasis d'espace(s) en pleine effervescence et du meilleur ensoleillement de la ville !

De nombreux ferries relient les 2 rives, les uns allant vers les entrepôts *NDSM* au nord-ouest (10 mn de traversée), les autres conduisant vers l'*EYE Filmmuseum* et la tour *A'DAM* en 3 mn seulement.

ATTENTION, la **carte de paiement est obligatoire** dans quasi toutes les adresses que nous vous indiquons ci-dessous.

De prix moyens à chic

Stork *(plan G1,* ***108****) : Gedempt Hamerkanaal TO. 96. ☎ 634-40-00. Accès (gratuit) en bateau depuis la gare centrale (direction IJplein) ; puis compter 10-15 mn à pied en longeant l'IJ (un taxi peut aussi vous récupérer à l'embarcadère et vous y ramener pour env 8 € ; pour cela, il suffit d'appeler le ☎ 631-27-27 à la descente du bateau). Tlj sauf lun, midi et soir, à partir de 11h. Plats 9-39 €.* Cet endroit étonnant est un ancien atelier de fabrication, et le moins que l'on puisse dire c'est que l'architecte a admirablement tiré parti de ce passé industriel. De grandes baies vitrées permettent à la lumière d'inonder la vaste salle des machines, devenue salle de resto, tout en profitant d'une vue magnifique sur Amsterdam. La petite virée en bateau et la splendide terrasse au bord de l'eau ne font qu'ajouter du charme à l'endroit. Dans l'assiette, surtout des fruits de mer et du poisson fraîchement pêché. Parfait aussi pour boire un verre.

IJ Kantine *(plan Grande Couronne,* ***249****) :* *NDSM-Werf 1. MT. Ondinaweg 15-17. ☎ 633-71-62. Accès (gratuit) en bateau ttes les 15 mn depuis la gare centrale (direction NDSM). Tlj 9h-1h (3h ven-sam, cuisine jusqu'à 22h). Sandwichs et snacks 5-13 €, plats 13-23 € (plus pour les fruits de mer), menu soir 34,50-40 €.* L'ancienne cantine des ouvriers du chantier naval est devenue un lieu vaste et lumineux, où l'on s'installe sur les banquettes en moleskine pour profiter de la vue et de la vie, dans un environnement dépaysant. Murs de verres et de bouteilles sagement alignés et joliment colorés, mobilier de bistrot sur pieds de fonte, terrasse-guinguette au bord du fleuve, pour une pause cantine chic, autour d'un hamburger maison ou d'un repas plus élaboré, ou encore pour un délicieux *high tea* dans l'après-midi.

Pllek *(plan Grande Couronne,* ***249****) :* *Tt. Neveritaweg 59. ☎ 290-00-20. • pllek.nl • Même accès en ferry que l'IJ Kantine. Tlj 9h30-minuit (1h ven-sam), cuisine jusqu'à 22h. Résa conseillée. Sandwichs et snacks 5-14 €, plats 18-22 €.* Ici, ce sont d'anciens containers de cargo qui ont été convertis en resto ! Déco industrielle colorée, en parfaite adéquation avec le lieu. Les grandes ouvertures vitrées baignent l'immense salle sur 2 niveaux, le fleuve vient chatouiller la terrasse et la plage de sable (si, si !) invite au farniente. Super à toute heure de la journée, du petit déj au dîner, d'autant que les produits sont locaux (la maison y tient !) et bien travaillés. Concerts en fin de semaine, cours de yoga le dimanche, expos... Un vrai lieu de vie alternatif, branché sans être prétentieux. Puisque vous êtes dans le coin, ne manquez pas d'aller faire un tour (ou plus si affinités) au **Noorderlicht Café** *(☎ 492-27-70),* situé à deux pas. Installé dans un ancien hangar aux airs de grande serre ou de chapiteau, il est tout aussi réjouissant que son voisin avec ses plantes, ses meubles de récup, sa cheminée, sa terrasse et sa plagette. Là aussi, ambiance cool et convivialité au top !

Pont 13 *(plan Grande Couronne,* ***248****) :* *Haparandadam 50, à 3 mn du précédent. ☎ 770-27-22. Face au quartier NDSM, qu'on peut admirer sur l'autre rive. Tlj sauf lun 11h-minuit. Plats 8-21 € ; snacks moins chers le midi.* Cette drôle d'embarcation n'est rien d'autre que l'ancien bac qui traversait autrefois l'IJ. Arrimé et transformé en resto-bar avec terrasse, le *Pont 13* a gardé ses lampes et appareillages. Déco industrielle chaleureuse, comme les Hollandais savent si bien le faire. Peu de choix à la carte et rien de bien original à dire vrai. Disons qu'on paie surtout le cadre, pour le moins atypique.

À l'ouest, autour du Westerpark

À seulement 20 mn à pied au nord-ouest de la gare centrale, le Westerpark constitue l'un des poumons verts d'Amsterdam où l'on se réfugie volontiers dès que le soleil pointe. Cinéma d'art et d'essai, studios de télé, restos branchés... Les nombreux bâtiments de l'ancienne usine à gaz ont été savamment reconvertis en pôle culturel, la palme revenant à la gigantesque citerne devenue salle de concerts. Pour y aller : à pied par Haarlemmerstraat et Haarlemmerdijk ; sinon prendre les bus nos 21 ou 18.

Bon marché

De Bakkerswinkel *(plan Grande Couronne,* ***165****) :* *Polonceaukade 1-2. ☎ 688-06-32. Tlj à partir de 10h. Plats 6-12 €,* high tea *18-30 €.* Devant le pont à bascule du parc, on ne peut manquer la mignonne maison en brique à l'entrée du complexe, reconvertie en restaurant-boulangerie. On y fait table commune dans une déco souriante avec banquettes et coin jeux pour les enfants. Quiches, salades, soupes, scones, brownies, petit déj, brunch et *high tea* aussi... De quoi contenter toute la famille, à toute heure de la journée. Le tout bien frais et appétissant.

De prix moyens à chic

Café-restaurant Amsterdam *(plan Grande Couronne,* ***166****) : Watertorenplein 6. ☎ 682-26-66. Juste à l'extérieur du parc, côté sud. Tlj 10h-minuit (1h ven-sam) ; cuisine jusqu'à 22h30 (23h30 ven-sam). Snack max 11 € le midi, plats 14-21 € (plus cher pour les fruits de mer).* Drôle de paysage urbain que cet ensemble écolo d'appartements en brique disposés autour d'un château d'eau venu d'une autre planète. C'est pourtant ici que l'on trouve ce restaurant (d)étonnant, installé dans l'ancienne station de pompage d'eau, aux dimensions de cathédrale. Un lointain cousin d'une brasserie parisienne avec ses tables nappées, croisé avec les décors des *Temps modernes,* entre turbines gigantesques et rails suspendus. Ambiance presque studieuse l'après-midi, autour d'un verre et de la table de lecture. Le soir, les familles et les bandes de copains se retrouvent autour d'une cuisine sans grande fantaisie, mais suffisamment variée pour satisfaire tous les goûts. Si vous passez par là, arrêtez-vous au moins pour jeter un œil ou boire un verre.

Raïnaraï *(plan Grande Couronne,* ***165****) : Polonceaukade 40. ☎ 486-71-09. Tlj 14h-minuit. Plats 20-25 € ; menus 25-36 €.* Cap vers la Méditerranée pour une méharée culinaire bien loin des canons (et canaux) hollandais. Déco arabisante, salons berbères, chanteurs kabyles en fond sonore... L'addition est salée, mais les plats (halal et bio principalement) sont bien faits et les vins agréablement ensoleillés.

AMSTERDAM

OÙ FAIRE UNE PAUSE SUCRÉE ?

Pour les becs sucrés, les occasions de faire une pause au fil des canaux ou pendant la visite d'un musée ne manquent pas. On repère au cours d'une balade moult boulangeries-pâtisseries qu'on se promet de visiter avec bonheur pour le quatre-heures... Terme peu approprié ici, en fait. Vous risquez de trouver porte close si vous arrivez tard, puisqu'on dîne à partir de 18h...

Dans le centre et près de la gare

De Bakkerswinkel *(zoom Centre, D3,* ***100****) : Warmoesstraat 69. Tlj 8h (8h30 w-e)-17h. Déjeuner 6-21 € ; high tea env 24 €. CB refusées.* Espace petit mais agréable pour déguster sur le pouce des pâtisseries maison, style cheese-cake, gâteau à la carotte, etc. Large choix de thés et jus de fruits. Plusieurs formules de petits déj. À partir de midi, omelettes, quiches, soupes, salades et tartines bien garnies. *Autre adresse au Roelof Hartstraat 68.*

Dans le Jordaan et le nord des grands canaux

Boulangerie Vlaamsch Broodhuys *(plan C1,* ***175****) : Haarlemmerstraat 108. ☎ 528-64-30. Lun-sam 8h-17h, dim 9h-16h. Env 5-10 €. CB uniquement.* Une longue salle moderne avec un appétissant étalage de pains, viennoiseries, tartes, et plein de sandwichs à engloutir autour des quelques tables au fond. Il s'agit d'une boulangerie franchisée, mais la fabrication reste artisanale et de qualité. *D'autres adresses comme Eerste Constantijn Huygensstraat 64 (plan Vondelpark, C1) et Elandsgracht 122b (plan A4).*

Pancakes *(plan B3-4,* ***173****) : Berenstraat 38. ☎ 528-97-97. Jeu-dim 9h-16h. Crêpes env 5-15 €. Petit supplément si paiement par CB.* Plus molles, plus épaisses, ces crêpes-là n'ont pas grand-chose à voir avec leurs cousines bretonnes, mais qu'importe ! Cette coquette petite crêperie à la déco colorée et enfantine s'avère une bonne adresse familiale. À l'heure du goûter, on y retournera pour une assiette de *poffertjes* (des « merveilles »), à déguster comme il se doit arrosées de beurre et d'une pluie de sucre « impalpable »...

☕ ***Pompadour*** *(plan B4, **170**)* **:** *Huidenstraat 12.* ☎ *623-95-54. Tlj 10h (9h sam, 12h dim)-18h.* De notoriété publique, voici une des meilleures adresses de la ville. Florentins, financiers, biscuits secs, chocolat chaud (hmm ! du *Valrhona*...) : rien ne nous a déçus ! Malgré le cadre de riches boiseries et de lourdes tentures, l'atmosphère n'a rien de guindé. Levez les yeux, les lustres sont rigolos ! Posez-vous (si vous trouvez de la place, mais ici ça vaut le coup de patienter dehors après avoir réservé) et régalez-vous, parce que c'est vraiment ce que vous avez de plus raisonnable à faire. À la période de Noël, vous y trouverez toutes sortes de biscuits, gâteaux et friandises propres aux fêtes : *kruidnoten, pepernoten* et autres spéculoos... Un conseil pour les gourmands : venir tôt, il y a plus de choix !

☕ ***Petit Gâteau*** *(plan C1, **175**)* **:** *Haarlemmerstraat 80.* ☎ *737-15-85. Tlj 10h-18h.* Passer devant l'alléchante vitrine de cette pâtisserie (française !) sans s'arrêter relève de l'exploit pour un bec sucré tant ces petites tartelettes rondes et colorées sont douces à regarder. Format unique mais déclinaisons multiples, des saveurs bien équilibrées, des assemblages légers et délicats... Autant de merveilles à emporter pour continuer sa balade, ou à savourer tranquillement sur l'accueillante mezzanine, avec un thé. *Également un stand à **Foodhallen** (Bellamyplein 51 ; plan Grande Couronne).*

☕ ***Van Stapele*** *(zoom Centre, C4, **174**)* **:** *Heisteeg 4.* ☎ *777-93-27. Tlj 10h-17h.* Petite boulangerie toute dorée où les arômes chocolatés vous font saliver en attendant votre tour, spécialisée dans les cookies. Enveloppe croustillante, cœur fondant à souhait... un bonheur. Confectionnés toute la journée, vous avez de bonnes chances de les déguster encore chauds ! Miam...

Au sud des grands canaux, autour de Leidseplein et Rembrandtplein

☕ ***Pâtisserie Kuyt*** *(plan D5, **171**)* **:** *Utrechtsestraat 109-111.* ☎ *623-48-33. Tlj sauf dim 8h-17h30 (13h lun).* Encore une bien bonne halte pour acheter pain, pâtisseries et chocolats. Salon de thé mignon comme tout pour déguster sur place. Produits de très bonne qualité.

☕ ***Pâtisserie Holtkamp*** *(plan C5, **142**)* **:** *Vijzelgracht 15.* ☎ *624-87-57. Tlj sauf dim 8h30-18h (17h sam).* Indéboulonnable depuis 1926, la plus célèbre des pâtisseries amstellodamoises confectionne des gâteaux, chocolats et gaufres à se pâmer de bonheur. Possibilité de confectionner un assortiment de biscuits locaux. Uniquement à emporter... Pas d'inquiétude, vous aurez tout le temps de profiter du bel intérieur Art déco en faisant la queue !

OÙ BOIRE UN VERRE ? OÙ GRIGNOTER DANS LA BONNE HUMEUR ?

Même si l'on y voit très peu de matelots, Amsterdam reste un port et, comme dans tous les ports du monde, les bars et les cafés pullulent. Sans eux, Amsterdam serait comme Rome sans ses églises !
Particularité locale, on distingue 2 galaxies très différentes parmi les cafés, un peu comme l'opposition entre Anciens et Modernes : les « bruns » et les « grands ».

LES « CAFÉS BRUNS » (POUR REMONTER LE TEMPS...)

Superbes, vénérables et chaleureux, on les remarque au 1er coup d'œil. Rien n'a changé, ou si peu, dans leur aménagement. La plupart remontent au XVIIe s : le café ***Chris*** dans le quartier du Jordaan date de 1629, tout comme le café

De Karpershoek (1606) près de la gare. Depuis cette époque, ce sont les mêmes jolies façades, les mêmes intérieurs où, des planchers au comptoir, le bois domine, en passant par les lambris sombres qui recouvrent souvent les murs. Un vieux poêle et une table de lecture complètent parfois ce décor tout droit sorti des tableaux de l'école de peinture hollandaise.
Rembrandt et Frans Hals sont en effet toujours ici chez eux, dans cette ambiance de clair-obscur savamment entretenue par des éclairages tamisés, quand ce ne sont pas les bougies qui s'en chargent. Les plafonds et les murs ont été ***brunis par des siècles de joyeuse tabagie,*** aujourd'hui révolue, jadis alimentée par les longues pipes en terre (souvenez-vous des personnages de Vermeer). Et gare à celui qui s'aviserait de repeindre en couleur claire cette vénérable patine si caractéristique du « café brun ». Pas touche ! Toutes catégories sociales confondues, les Amstellodamois s'y pressent après leur journée de travail, dans le brouhaha des conversations et le tintement des verres. On y boit de la bière, du genièvre, du vin de temps en temps (souvent de la piquette !), on y chante parfois et on se presse autour du bar. Entre 18h et 19h, en semaine, mais surtout les vendredi et samedi soir, les places assises sont prises d'assaut.
Le « café brun » est chargé d'histoires. D'ailleurs, Albert Camus, qui visita la Hollande en 1954, s'inspira de cette atmosphère conviviale très particulière pour écrire *La Chute,* un de ses plus célèbres romans. C'est dans un bar d'Amsterdam que son personnage principal fait la confession de sa vie. Les « cafés bruns » apparaissent comme des maisons de la mémoire orale de la ville. Combien de marins, combien de capitaines ont raconté dans ces tavernes obscures leurs expéditions lointaines sur la route des épices ? Java ! Sumatra ! Curaçao ! Malacca ! Surinam !
Petit détail pratique : ces cafés ouvrent souvent vers midi, s'éveillent l'après-midi, mais vivent avec le crépuscule et la nuit.
Et pour tout savoir de l'art de déguster bières et genièvres, rendez-vous dans la partie « Hommes, culture, environnement. Boissons », en fin de guide.

LES « GRANDS CAFÉS »

Appelés par certains « cafés blancs », ils sont plus spacieux, plus clairs, et surtout plus modernes que leurs aînés, voire résolument contemporains. Des lieux animés, souvent branchés mais jamais guindés, fréquentés par tout ce que la ville compte de jeunes ou de moins jeunes de tous horizons.
La plupart d'entre eux ouvrent leurs portes avant les « cafés bruns ». Le service y est assuré par des étudiants ou des stagiaires, très rarement par des professionnels.

LES *EETCAFÉS*

On vient de plus en plus dans les cafés, qu'ils soient design ou à l'ancienne, non seulement pour passer un bon moment, goûter une bière locale (*Heineken* a fêté ses 150 ans, mais il y a encore des brasseries artisanales à découvrir) et s'offrir une tranche de vie hollandaise, sur du pain blanc, brun ou noir : on y grignote et on y mange même souvent plutôt bien. Les cafés s'appellent alors *eetcafés* (on le signale quand c'est le cas) et proposent, en dehors des *broodjes* (les délicieux sandwichs hollandais), des petits plats traditionnels. Surveillez les propositions du jour, au tableau, quand il y en a un. Le soir, mieux vaut réserver dans certains, à moins que vous n'ayez envie de patienter dehors.
– ***Spécial oiseaux de nuit :*** depuis quelque temps, certaines boîtes sont autorisées à ouvrir jusqu'à 8h du matin les vendredi et samedi (dernières entrées à 6h) ! Quant aux cafés ayant l'autorisation d'ouvrir la nuit, ils peuvent désormais le faire jusqu'à 6h du mat. Les terrasses peuvent rester ouvertes pendant les week-ends, été comme hiver, jusqu'à 2h.

Dans le centre : autour du Dam et du quartier Rouge

Les bars interlopes et les *coffee-shops* sans âme sont légion dans le quartier Rouge. Situés à l'orée de ce monde à part, les cafés cités ici n'ont pas été faciles à dénicher. Raison de plus pour aller y boire un verre !

De Drie Fleschjes *(zoom Centre, C3,* ***200****)* **:** *Gravenstraat 18. ☎ 624-84-43. Situé dans une petite rue piétonne, à 2 pas du Dam, du côté nord de la Nieuwe Kerk. Lun-sam 14h-20h30 (21h jeu, 22h ven), dim 15h-19h.* Rien n'a changé ici depuis l'ouverture en 1650. Les Hollandais appellent ce genre de café des *proeflokalen,* c'est-à-dire des maisons de dégustation spécialisées dans le genièvre. Il y a à peine de quoi s'asseoir, tout se passe devant le comptoir en bois, très bas. En face s'alignent 3 rangées de tonneaux patinés par les siècles et remplis d'eau-de-vie. Notez les cadenas qui les ferment. Dans cette ancienne distillerie, la tradition veut que la dégustation soit gratuite pour les distillateurs professionnels. Demandez à goûter au Korenwijn, un des meilleurs genièvres. Aux beaux jours, on se retrouve en fin de journée et on sirote dehors, autour de petites tables.

Het Proeflokaal Wynand Fockink *(zoom Centre, D3,* ***201****)* **:** *Pijlsteeg 31. ☎ 639-26-95. Tlj 14h-21h.* Ce bar-distillerie pittoresque et grand comme un mouchoir de poche s'inscrit dans la pure tradition des tavernes de dégustation. Né en 1679, il vieillit plutôt bien et brasse allégrement les générations. Le comptoir en bois a conservé sa bassine en cuivre pour rincer les verres, sitôt vidés, sitôt lavés (et ils se vident plutôt vite !)... Derrière lui, une équipe de passionnés vous fait goûter plusieurs des élixirs de la maison pour que vous trouviez votre bonheur. Atmosphère bon enfant, parfaite pour une initiation au genièvre ou à la liqueur de fruit. Également quelques bières hollandaises à la pression et des jus artisanaux. Le tout est vendu dans la petite boutique attenante. Au nº 43 de la ruelle, on aperçoit l'antique distillerie et ses alambics, toujours en activité.

De Engelbewaarder – Het Amsterdamsch Litterair Cafe *(zoom Centre, D4,* ***202****)* **:** *Kloveniersburgwal 59. ☎ 625-37-72. Tlj 12h-minuit.* Un « café brun » charmant, avec son poêle, sa baie vitrée donnant sur un canal et sa petite salle, au fond, pleine de bouquins. Petite *jazz session* bien sympa le dimanche après-midi (sauf en été). On y sert aussi, au déjeuner et au dîner, des plats d'inspiration internationale de bonne facture, mais pour un prix un peu surestimé, comme souvent dans le quartier.

De Jaren *(zoom Centre, D4,* ***203****)* **:** *Nieuwe Doelenstraat 20-22. ☎ 625-57-71. Tlj 9h-23h ; cuisine jusqu'à 21h30. Snacks 5-12 €, plats 10-23 €.* Cette ancienne banque est l'un des établissements les plus connus de la nouvelle génération des « grands cafés » d'Amsterdam. Les vastes et hauts volumes profitent de la lumière des larges baies vitrées, et la petite terrasse-jardin posée au bord de l'Amstel complète joliment ce bel espace signé par Onno de Vries, le Philippe Starck national. Parfait pour refaire le monde, avec les étudiants et jeunes travailleurs du coin, autour d'un verre ou d'un plat correct et pas très cher.

Cafe 't Gasthuys *(zoom Centre, C4,* ***204****)* **:** *Grimburgwal 7. ☎ 624-82-30. Tlj 12h-23h (1h ven-sam).* Classique et chaleureux « café brun », fréquenté par les étudiants de la fac voisine et les amis de tous âges. Halte discrète dans ce coin aux multiples canaux. Dès le printemps, une terrasse s'installe au bord du canal. Côté cuisine, évitez, ça n'a aucun intérêt.

Café Wijs *(zoom Centre, D3,* ***232****)* **:** *Zeedijk 43. ☎ 624-04-36. Jeu-dim seulement 16h-minuit (boutique jusqu'à 19h).* Cette brûlerie à l'ancienne qui embaume le café torréfié est un petit havre de paix au cœur de Chinatown. Quelques tables donnent sur le canal, d'autres sur une ravissante courette, le tout générant une intimité très reposante. Idéal pour un café, un thé ou une part de tarte maison.

Brouwerij De Prael *(zoom Centre, D3,* ***210****)* **:** *Oudezijds Armsteeg 26. Tlj 12h-minuit (1h ven-sam). Jazz dim* *ap-m.* L'une de nos brasseries artisanales préférées, très animée le week-end, dans un des plus vieux endroits de la ville. Voir « Où manger ? ».

Café In de Waag *(zoom Centre, D3,* ***206****) : Nieuwmarkt 4. ☎ 422-77-72. Tlj 9h-22h.* Superbement installé dans un bâtiment historique, ancien local du poids public qui ressemblerait presque à un petit château. Dans un décor épuré, réchauffé par des lustres monumentaux, ce resto-snack chic propose une carte variée de cafétéria. Son énorme atout aux 1ers rayons de soleil : une grande terrasse qui s'étale sur la place. Très agréable à toute heure.

De Bekeerde Suster *(zoom Centre, D3,* ***207****) : Kloveniersburgwal 6-8. ☎ 423-01-12. Tlj 14h30-minuit (1h ven-sam).* Sur plusieurs niveaux plantés de petits recoins pour s'isoler, on vient ici surtout pour le large choix de bières, dont quelques-unes sont brassées sur place. Restauration simple et honnête, histoire de ne pas boire le ventre vide.

Quartier Putain *(zoom Centre, D3,* ***239****) : Oudekerksplein 4. ☎ 771-56-13. Tlj 8h (9h le w-e)-18h (minuit jeu-sam, 21h dim).* Chanson en hommage au quartier, devenue le nom de ce café coloré installé sur 2 étages. On profite de la terrasse en été, ou du juke-box à l'ancienne qui trône dans ce petit univers de récup' décontracté et convivial.

Kapitein Zeppos *(zoom Centre, C4,* ***248****) : Gebed Zonder End 5. ☎ 624-20-57. Tlj 11h (12h dim)-1h (3h ven-sam). Plats 9-27 €.* Vieille maison dans une ruelle dérobée, qui abrita successivement un couvent, un relais équestre et une fabrique de cigares. Aujourd'hui, le lieu a pris le nom d'un héros de télévision flamande des années 1960 ! Quelques tables sur des estrades, le bois du parquet qui craque, des affiches anciennes, un ancien jardin d'hiver et un bric-à-brac un brin kitsch. D'octobre à mai, *Café chantant* le 1er dimanche du mois, vers 16h (payant). Et toute la salle de s'égosiller, sous le regard compassé de la Vierge Marie ! Aux beaux jours, une petite terrasse bien agréable s'installe dans la ruelle. Resto dont même les végétariens ressortent enchantés, voire en chantant.

Bierfabriek *(zoom Centre, C4,* ***220****) : Nes 67. ☎ 528-99-10. Tlj sauf lun-mar 15h (13h le w-e)-minuit.* Faute d'originalité, son nom a le mérite d'annoncer la couleur, ou les couleurs ! Blonde, blanche, brune... D'excellentes bières sont brassées dans ce vaste espace contemporain, planté de grandes tables en bois investies par de joyeuses bandes d'habitués. L'ambiance festive invitant à s'attarder, la maison propose un délicieux poulet au barbecue, à manger avec les doigts. Sinon, cacahuètes à volonté, dont les cosses atterrissent directement sur le vieux parquet. Chaude ambiance !

Hoppe *(zoom Centre, C4,* ***211****) : Spuistraat 18-20. ☎ 420-44-20. Tlj 8h-1h (2h ven-sam).* Un des « cafés bruns » les plus connus d'Amsterdam, avec ses tonnelets, ses peintures d'époque, et son large choix de genièvres. En soirée, préparez-vous à y boire votre bière ou votre genièvre plutôt debout, et à jouer des coudes pour atteindre le comptoir. Vous verrez 2 entrées : on conseille, au nº 20 (avec un gros rideau), le café « debout » (quelques tables néanmoins) à l'angle, l'autre au nº 18 étant pour les « assis ». Reste plus qu'à choisir son camp !

Café De Karpershoek *(plan D2,* ***208****) : Martelaarsgracht 2. ☎ 624-78-86. Tlj 9h-1h (2h ven-sam).* Affichant fièrement « 1606 » sur la devanture, les propriétaires affirment que c'est le plus vieux « café brun » de la ville. En tout cas, c'est certainement l'un des plus typiques, avec son plafond bas, ses boiseries et ses quelques carreaux de faïence de Delft aux murs, qui ont su résister aux années. Une sorte de rendez-vous de matelots, où les habitués viennent jouer aux cartes. Il rabat aujourd'hui quelques touristes avides de curiosités historiques.

Scheltema *(zoom Centre, C3,* ***209****) : Nieuwezijds Voorburgwal 242. ☎ 623-23-23. Tlj sauf dim 10h-23h.* Ce charmant « café brun » patiné était le rendez-vous des journalistes avant que les grands journaux nationaux n'aillent s'installer en périphérie de la ville. Typique à souhait, avec sa table de lecture et son vieux poêle au milieu de la salle.

Un café-restaurant jouant la carte traditionnelle, où il fait bon se poser. Accueil qui peut surprendre, parfois.

Schuim (zoom Centre, C3, **213**) : *Spuistraat 189. ☎ 638-93-57. Près de Magna Plaza. Tlj 12h-1h (3h ven-sam).* Une glycine en façade. Grande salle affublée d'un long bar où les dizaines de bouteilles d'alcools et de liqueurs sont alignées comme à la parade. Dans un cadre gentiment psyché, un rendez-vous d'habitués du quartier venus siroter un *witteke* ou avaler vite fait l'une des suggestions du tableau noir. Quelques tables en terrasse quand la météo le permet. Ambiance cool et multiculturelle assurée par des copains de tous âges qui se retrouvent après le boulot.

Café Gollem (zoom Centre, C3-4, **215**) : *Raamsteeg 4. ☎ 626-66-45. En principe, tlj 16h (15h ven-dim)-minuit.* Dans une rue miniature, un café unique en son genre. Comment cette taverne de poche, où l'on entre avec un chausse-pied, peut-elle proposer près de 200 bières de tous pays inscrites à la craie sur un tableau ? Les connaisseurs savent qu'ici il se passe toujours quelque chose. Résultat, le succès coule à flots (attention tout de même à la noyade !).

Tapas Bar Català (zoom Centre, C4, **216**) : *Spuistraat 299. ☎ 623-11-41. Tlj 13h-minuit. Tapas à partir de 2 €, plats jusqu'à 25 €.* Situé dans un coin très animé le soir, on s'y bouscule à l'heure de l'apéro ou avant le spectacle. Quelques petites tables serrées et plein de monde papotant face au bar. De gros jambons *serrano* et *pata negra* qui pendouillent dans un coin, des assiettes débordant d'olives et des petits pots fourrés de cure-dents, pas de doute, voici bien un petit bout de Catalogne planté à deux pas du Spui. Bons vins espagnols.

Dans le Jordaan et le nord des grands canaux

Sur les grands canaux

Proeflokaal Arendsnest (plan C2, **219**) : *Herengracht 90. ☎ 421-20-57. Tlj 12h-minuit (2h ven-sam).* Exclusivement hollandaises, pas moins de 52 bières à la pression et plus de 100 en bouteilles sélectionnées dans les meilleures microbrasseries du pays. Un vrai conservatoire national, à découvrir dans le cadre ravissant d'un bistro à l'ancienne. Une halte s'impose si le sujet vous intéresse, mais vous n'aurez sans doute pas assez d'un week-end pour faire le tour de la question... Attention quand même, certaines mousses titrent 11° !

Tales and Spirits (plan C2, **214**) : *Lijnbaanssteeg 5. 📱 06-55-35-64-67. Tlj sauf lun-mar 17h30-1h (3h ven-sam).* Les énormes lustres à pampilles brillent de mille éclats, ce qui n'empêche pas le lieu d'être plongé dans une douce pénombre, à la mode batave. Dans cette ambiance feutrée, habitués *trendy* et touristes s'attablent au coude à coude autour d'incroyables cocktails, aussi beaux à regarder que délicieux à siroter.

De Vergulde Gaper (plan B2, **217**) : *Prinsenstraat 30, angle Prinsengracht. ☎ 624-89-75. Tlj 11h (10h lun et sam)-1h (3h ven-sam).* Une adresse tout en douceur qui vit à mi-chemin entre le « café brun » et le pub modernisé. Y faire halte un jour de beau temps pour une pause rayons de soleil-bière sur la terrasse aménagée au bord du canal qui lui sert de miroir. Sert aussi quelques plats et grignotages.

Het Molenpad (plan B4, **218**) : *Prinsengracht 653. ☎ 625-96-80. Tlj 12h-1h (2h ven-sam).* On adore ce lieu qu'on fréquente à sa guise pour boire un verre ou prendre un vrai repas. Le soir, on y sert de belles assiettes, des soupes et de bons desserts. Un classique du circuit des « cafés bruns », qui continue avec régularité de contenter son petit monde. Terrasse au bord du canal aux beaux jours.

Café De Doffer (plan B4, **221**) : *Runstraat 12-14. ☎ 622-66-86. Tlj 12h-3h.* Encore une de ces petites adresses à l'atmosphère conviviale, ici sur fond de musique cool dans les oreilles. Les gens du quartier s'y retrouvent pour une bière, mais aussi pour un petit plat simple le midi ou un repas plus conséquent le soir.

Dans le Jordaan

Papeneiland (plan B-C1, **224**) : *Prinsengracht 2, angle du*

Brouwersgracht. ☎ 624-19-89. Tlj 10h (12h dim)-1h (3h ven-sam). Dans un coin très romantique, cette magnifique maison affublée d'un pignon à redents date de 1642. C'est l'un des 10 « cafés bruns » historiques d'Amsterdam, avec ses carreaux de Delft et ses lampes en cuivre. À l'intérieur où trône un poêle en fonte, une grille à côté de l'escalier montre l'accès à un tunnel qui débouche de l'autre côté du canal ! Au XVIe s, il permit à de nombreux catholiques d'échapper à leurs oppresseurs, d'où le nom *Papeneiland* (« île des papistes »). Petite salle toute jolie en mezzanine avec vue sur l'eau. On y sert une soupe du jour, des pains garnis (goûtez donc au *gehakt*) et une sublime tarte aux pommes accompagnée d'une chantilly à tomber !

't Smalle (plan B2, **229**) : *Egelantiersgracht 12. ☎ 623-96-17. Tlj 10h-1h (2h ven-sam). Résa conseillée pour y manger le soir.* Des vitraux, quelques tables, y compris en mezzanine, un service affable, un cadre patiné mais pas léché : c'est cosy, intime, coquet. Ce décor, digne d'un tableau, abritait autrefois la distillerie de Pieter Hoppe. Aux beaux jours, quelques tables sont installées au bord du canal et sur un petit ponton au ras de l'eau... Adorable ! Petite restauration de soupes, sandwichs et salades. Le 2e service, à 20h30, est plus agréable car il y a moins de monde.

De Twee Zwaantjes (plan B2, **223**) : *Prinsengracht 114. ☎ 625-27-29. Tlj 15h-1h (3h ven-sam).* Les soirs de week-end, l'endroit mérite une escale (n'oubliez pas que vous êtes dans un port...). Ambiance surchauffée par la musique et la bière qui coule à flots. Karaoké le jeudi soir, et musique live les mardi et mercredi, dans un esprit baluche et jazzy, au son de l'accordéon... Les bobos du Jordaan y croisent les ex-yuppies des années 1980. Et tout ce joli monde, agglutiné autour du bar, déborde certains soirs sur le trottoir.

De Prins (plan B2, **223**) : *Prinsengracht 124. ☎ 624-93-82. Tlj 10h-1h (2h ven-sam) ; cuisine 10h-22h.* Un *eetcafé* de quartier sans esbroufe ni décor de carte postale. Juste un lieu où l'on s'installe à la bonne franquette pour étancher une petite soif ou satisfaire une grosse faim : bonne soupe roborative en hiver ou plantureuse salade en été. Bon et pas cher, avec vue sur le canal, ça ne se refuse pas !

Café Chris (plan B3, **226**) : *Bloemstraat 42, angle Eerste Bloemdwarstraat. ☎ 624-59-42. Tlj 15h-1h (2h ven-sam, 23h dim).* Ce serait donc lui le plus vieux des « cafés bruns » d'Amsterdam ? Beaucoup revendiquent le titre, vous vous en doutez ! Installée dans une maison en brique, cette jolie taverne date de 1624. On se plaît à imaginer que Rembrandt l'a connue et fréquentée, puisque, veuf et ruiné, il vint s'installer dans ce quartier populaire du Jordaan. C'est dans le clair-obscur du soir que le *Chris* dévoile tout son charme, avec ses lumières tamisées qui s'accrochent joliment sur la collection de bocks de bière suspendue au-dessus du vieux bar. Dernier détail : pour actionner la chasse d'eau des toilettes, il faut chercher dans la salle, derrière le mur des w-c !

Café Thijssen (plan B1, **227**) : *Brouwersgracht 107, angle Lindengracht. ☎ 623-89-94. Tlj 8h (7h30 sam)-1h (3h ven-sam, minuit dim).* Donnant sur un canal et une petite place à observer à travers les baies vitrées, ce café est l'un des plus sympa qu'on connaisse. Clientèle de jeunes qui papotent en écoutant une musique éclectique, dispersés autour de tables de bois ou accoudés au long bar qui traverse la salle et force les tabourets à s'adapter aux différents niveaux du sol. L'été, on sort les tables en terrasse. Possibilité de grignoter quelques petites choses sympathiques. Et l'*apple pie* maison, couverte de chantilly, est une franche réussite...

Winkel Café (plan B2, **245**) : *Noordermarkt 43. ☎ 623-02-23. Tlj 8h (7h sam et lun, 9h dim)-1h.* Adresse « spécial jour de marché » (lundi et samedi). Ces jours-là, tout le monde semble finir ses emplettes ici, pressé de déguster une généreuse part de tarte aux pommes tout juste sortie du four et habillée de crème fouettée ! Mais c'est bien tous les jours, et d'autant plus quand il fait beau, attablé à la terrasse rudimentaire.

De Reiger *(plan B2,* ***228****)* **:** *Nieuwe Leliestraat 34. ☎ 624-74-26. Tlj sauf lun 17h-minuit (cuisine jusqu'à 22h30).* Un des « cafés bruns » les plus populaires du quartier. Et un bon *eetcafé,* pour qui aurait envie d'y manger un morceau autant que d'y boire un verre. Adresse conviviale avec ses multiples salles, sa déco rétro et son ambiance pittoresque.

Café De Tuin *(plan B2,* ***231****)* **:** *Tweede Tuindwarsstraat 13. ☎ 624-45-59. Tlj 10h (11h dim)-1h (3h ven-sam).* Qu'on soit installé aux comptoirs regardant la rue ou sur des banquettes autour d'imposantes tables, l'ensemble est bien cosy avec ses douces lumières qui éclairent timidement la tapisserie désuète... ou très tendance au contraire, question de point de vue. Quoi qu'il en soit, les gens du quartier en ont fait un de leurs bars préférés, et on les comprend ! Autre bonne nouvelle, encore une délicieuse tarte aux pommes avec une pâte épaisse et croquante, miam !

Café De Oranjerie *(plan B1,* ***237****)* **:** *Binnen Oranjestraat 15. ☎ 623-46-11. Tlj 16h-1h (3h ven-sam).* Difficile d'imaginer plus typique, tout y est ! Les affiches et plaques émaillées aux murs, les multiples loupiotes, le plafond écaillé, le comptoir patiné et sa rangée de robinets à bière... On joue aux cartes, aux dominos, on lit le journal, et on met une pièce dans le juke-box toujours en service. Un authentique bar de quartier, qui voit passer les années et les modes sans sourciller.

Au sud des grands canaux, autour de Leidseplein, Frederiksplein et Rembrandtplein

Autour de Leidseplein

Café Américain *(plan B5,* ***236****)* **:** *Leidseplein 28. ☎ 556-30-10. Au rdc de* l'American Hotel. *Tlj 7h-22h.* Ouvert en 1902, ce célèbre café se distingue de ses congénères amstellodamois par son espace, son élégant intérieur Art nouveau, ses vitraux, ses scènes de Shakespeare peintes au mur et ses lustres Tiffany. Ouvre tôt ; les oiseaux de nuit viennent ici reprendre des forces avec un bon petit déj. Table de lecture traditionnelle, autour de laquelle se retrouvent de vieux habitués, des jeunes en baskets, des écrivains à ou sans succès, et beaucoup de gens ordinaires et curieux, comme nous.

ITA Brasserie *(plan B5,* ***5****)* **:** *Leidseplein 26. ☎ 795-99-95. Mer-dim 12h-1h.* Au rez-de-chaussée de l'*Internationaal Theater Amsterdam,* les cultureux se posent avant ou après le spectacle pour y boire un verre ou y manger. L'endroit ne manque pas de cachet avec ses hauts plafonds à moulures, ses lustres anciens et chics. Le service est efficace, mais pas toujours avenant.

De Balie *(plan B5,* ***205****)* **:** *Kleine Gartmanplantsoen 10. ☎ 553-51-30. Tlj 9h (10h le w-e)-minuit (23h lun, 2h ven-sam).* L'un des endroits d'Amsterdam où il fait bon se poser le temps d'un verre. On y trouve un théâtre, un bar, un resto, un cinéma (environ 3 projections par jour), un lieu d'expo et de conférences... et les Amstellodamois ont pris l'habitude de s'y retrouver à toute heure. On peut grignoter au bar, tout en lisant le journal ou son guide préféré. Ambiance gentiment intello, un brin new-yorkaise.

Autour de Rembrandtplein

De Kroon *(zoom Centre, D4,* ***233****)* **:** *Rembrandtplein 17. ☎ 625-20-11. Situé au 2ᵉ étage d'un immeuble qui surplombe cette place animée. En principe, tlj 16h-1h (3h ven-sam).* On l'appelle aussi le *Royal Café.* Un portrait de la reine Wilhelmine rappelle qu'il fut inauguré l'année même de son couronnement, en 1898. Immense salle doublée d'une véranda ouvrant sur les arbres de la place, une table de lecture où dépouiller les journaux, des plantes vertes, de vieux lustres copinant avec des spots ultramodernes et du mobilier vintage. Le bar est formé d'un énorme comptoir et de vitrines provenant d'une ancienne pharmacie. Dans cet incroyable bric-à-brac sous verre, on trouve un microscope en laiton, un squelette de singe, une lunette astronomique, des serpents dans des bocaux et un fatras de pièces anciennes. Cuisine correcte, sans plus.

🍸 ***The Three Sisters*** *(zoom Centre, D4, **233**)* **:** *Rembrandtplein, à côté du De Kroon. Tlj 10h-minuit (3h ven-sam). DJ ven-sam à partir de 22h.* Gigantesque pub à l'américaine : vaste salle, bar central, nombreux écrans pour ne rien louper du match, escaliers monumentaux, petits coins tranquilles et fausse bibliothèque avec canapés Chesterfield. Pub irlandais à côté et *steak house*. Lieu de rendez-vous avant de plonger dans la jungle des boîtes du coin.

🍸 ***De Heeren Van Aemstel*** *(zoom Centre, D5, **234**)* **:** *Thorbeckeplein 5. ☎ 620-21-73. Tlj sauf dim 16h (15h ven-sam)-minuit. Concerts ou DJ ven-sam, gratuits ou non.* Cet établissement de caractère, flanqué d'une belle collection de lustres, se démarque de l'image du « café brun » traditionnel par sa taille puisqu'il est l'un des plus grands d'Amsterdam. Tout s'anime vraiment en fin de semaine quand les musiciens ou les DJs débarquent, mettant le feu à ce lieu plutôt tranquille le reste du temps.

Autour de Frederiksplein

🍸 ⛱ ***Café Oosterling*** *(plan D6, **235**)* **:** *Utrechtsestraat 140, à l'angle de Frederiksplein. ☎ 623-41-40. Tlj 8h30-1h (21h lun, 20h dim).* Là, c'est vraiment la totale, difficile de trouver plus typique ! Toute la panoplie de ce « café brun » a surmonté sans dommage les assauts du XXe s et risque de survivre au suivant. Ici, sur les tonneaux transformés en tables, pas d'*Amstel,* uniquement de la *Brand.* Tant mieux, elle est bonne. Calme comme un couvent dans la journée, *Oosterling* se remplit le soir, et surtout en fin de semaine. Petite terrasse très animée en été.

🍸 ***Bar-ciné Kriterion*** *(plan F5, **240**)* **:** *Roetersstraat 170. ☎ 623-17-08. • kriterion.nl • Tlj 16h (12h ven-dim)-1h (3h ven-sam).* C'est le café du cinéma du même nom, entièrement géré par des étudiants et occupé à toute heure par la jeunesse amstellodamoise. Dans une salle magnifiée par un bel éclairage, on fait table commune (ou pas) avec des groupes d'amis, des solitaires, des studieux ou des curieux, comme vous. En tout cas, la bière pression y est bonne et pas trop chère, et on est sûr d'y passer un bon moment. Possibilité de grignoter sur place. Côté ciné, 3 salles projettent toutes sortes de films, récents ou plus anciens.

Dans le Vondelpark, le Pijp et le quartier des musées

Les terrasses et les bistrots des musées vous occuperont un moment. On ne s'étend donc pas davantage.

🍸 ***Café Flamingo*** *(hors plan par C6, **247**)* **:** *Eerste van der Helststraat 37. ☎ 670-90-07. Tlj 11h (10h jeu et sam)-1h (3h ven-sam).* *Eetcafé* gentiment branché et très convivial. Bien pour la pause-café, accompagnée d'un spéculoos de 1er choix. Idem pour un genièvre, un *broodje* ou le petit plat consommé en mezzanine.

🍸 ***Pilsvogel*** *(hors plan par C6, **212**)* **:** *Gerard Douplein 14. ☎ 664-64-83. Tlj 9h30-1h (3h ven-sam).* Certains trouveront un faux air de Montmartre à cette place intimiste, les vélos en plus. Le café fait l'angle et arbore des luminaires rigolos en déco. Clientèle d'habitués qui grignotent snacks et sandwichs en buvant une bière ou qui s'attardent autour d'un bon plat chaud.

🍸 ***Café Brecht*** *(plan C6, **222**)* **:** *Weteringschans 157. ☎ 627-22-11. Tlj sauf lun 12h-1h (3h ven-sam).* Le lieu idéal pour se (re)poser après avoir arpenté les musées voisins. Musique tranquille, déco rétro-bohème, canapés et fauteuils dépareillés, vieux miroirs et tableaux comme chez mamie, piano dans un coin, ambiance vintage foutraque et cosy à la fois. On boit des bières d'ici et d'ailleurs (allemandes en particulier) ou du cidre chaud, picore quelques grignotages sympathiques ou savoure une bonne tarte maison accompagnée, pourquoi pas, d'un cocktail au sirop de sureau.

À l'est du centre ancien

Si vous êtes un fan de végétaux, allez boire un verre ou grignoter sur le pouce au jardin botanique, après en avoir payé l'entrée (voir plus loin).

Café De Sluyswacht *(plan D4, **242**) : Jodenbreestraat 1. ☎ 625-76-11. Tlj 12h30-minuit (1h30 ven-sam, 20h dim).* Au cœur du quartier juif, cette petite maison d'éclusier transformée en « café brun » donne sur l'Oude Schans, avec une jolie perspective sur Montelbaanstoren. Plutôt que de demander l'adresse, cherchez des yeux cette maison qui semble avoir été oubliée par le temps. À l'intérieur, tables étroites, guéridons et tabourets hauts, éclairage sombre et bougies. Salle à l'étage parfois louée pour des soirées privées. Excellent pour une halte café en profitant de l'adorable terrasse. Petits pains garnis pour les fringales.

Brouwerij 't IJ *(hors plan par G4, **243**) : Funenkade 7. ☎ 261-98-01. Ⓣ Pontanusstraat (n° 14 depuis la gare centrale). Tlj 14h (12h ven-dim)-20h. Visite de la brasserie ven-dim à 15h30 en anglais (à 16h en néerlandais). Entrée : 6,50 €, bière incluse. Durée : 20 mn.* Ancien bain public, la petite brasserie en brique rouge fait toujours le bonheur des amateurs de bière amstellodamois. Elle est située au pied du moulin à vent de Gooier, qui date du XVIIe s, et a repris du service lors de la pénurie de combustible pendant la 2de Guerre mondiale. Salle patinée par des générations de coudes et de godillots. On peut voir les cuves, posées comme un défi derrière une fenêtre du bar. Autant de raisons pour attirer une foule de buveurs inconditionnels, tous âges confondus. On vient s'y réchauffer en hiver avec les copains et on lézarde sur la terrasse dès que le soleil se pointe.

Bar Botanique – Café Tropique *(hors plan par G4, **134**) : Eerste Van Swinderstraat 581. ☎ 358-65-53. • barbotanique.nl • Tlj 8h30-minuit.* Belle atmosphère dans ce bar haut en couleur et très animé en soirée, orné de plantes, évidemment. Se renseigner pour les événements organisés (voir plus haut la rubrique « Où manger ? »).

Dans les anciens docks, sur les rives de l'IJ

N'hésitez pas à arpenter les rives aujourd'hui réhabilitées, à l'est de la gare centrale (accès à pied, en bus ou en tram n° 26), où quelques adresses sympathiques vous attendent. Au cours de cette balade, vous pourrez aussi admirer Amsterdam du haut des buildings des grands hôtels construits ici.

À l'est de la gare centrale et l'Oostelijk Havengebied

Hannekes Boom *(plan F2, **230**) : Dijksgracht 4. Après avoir passé la bibliothèque, prendre le pont métallique sur la gauche. ☎ 419-98-20. Dim-jeu 11h-1h, ven-sam 10h-3h. Plats 8-20 €. Musique live dim ap-m.* Un peu planqué dans un coin improbable, quasi entouré d'eau, ce lieu étonnant est l'un des rendez-vous préférés des Amstellodamois. Et on les comprend ! Avec ses airs de guinguette, ses vastes terrasses posées sur l'eau offrant une vue imprenable sur le Science Center Nemo, son mobilier de récup et sa joyeuse décontraction, tout est réuni pour passer un agréable moment. Parfait pour boire un verre, ou s'attarder en savourant une cuisine de marché simple mais bien faite. Génial !

Kanis & Meiland 3.0 *(plan Oostelijk Havengebied, C1, **244**) : Levantkade 127. ☎ 737-06-74. Tlj 10h-minuit. Snacks et plats chauds 3-22 €.* Tranquillement installé sur l'île KNSM, un bel espace qui invite à la détente, que ce soit au bar, à table sous les jolies suspensions en cuivre, assis dans les vieux fauteuils en cuir, ou sur la charmante terrasse au bord de l'eau. Service décontracté, musique selon l'humeur du jour, et quelques plats plutôt bien fagotés pour profiter un peu plus longtemps de cette oasis chaleureuse.

Pakhuis de Zwijger *(plan Oostelijk Havengebied, A1, **248**) : Piet Heinkade 179. ☎ 624-63-80. • dezwijger.nl • Ⓣ Kattenburgerstraat (n° 26) ou bus n° 48 depuis la gare centrale. Lun-ven 8h30-23h. Fermé le w-e.* Cet ancien entrepôt réfrigéré qui signifie « Le Taciturne » fut un refuge d'artistes d'avant-garde dans les années 1980-1990. Passé de lieu culte en lieu culturel, il

AMSTERDAM

tente d'entretenir le mythe et accueille désormais un auditorium, des manifestations, des expositions temporaires. On peut aussi y boire un verre, tout en admirant par la fenêtre le fascinant Jan Schaeferbrug, ce pont à l'allure si reptilienne.

🍷 ***Lloyd Hotel & Culturele Ambassade*** *(plan Oostelijk Havengebied, B2,* ***322****) :* *Oostelijke Handelskade 34.* ☎ *561-36-77.* Un mastodonte reconverti et sophistiqué. Se reporter à la rubrique « À voir. À faire ».

Amsterdam-Noord, par le ferry

Si on peut rejoindre à présent la rive nord de l'IJ via les stations Noorderpark et Noord de la ligne 52 du métro, il est toujours possible de faire la liaison en ferry (à prendre derrière la gare centrale) vers NDSM (c'est plus proche). Pas plus mal d'ailleurs, car la traversée ne fait qu'ajouter de la poésie à la balade, elle est gratuite et l'on peut, on le répète, embarquer son vélo.

En une poignée de minutes, nous voilà à Amsterdam-Noord, tout un univers en pleine métamorphose qui a investi les anciens entrepôts du port et du chantier naval NDSM. Un autre Amsterdam en quelque sorte, loin du monde feutré des « cafés bruns » ou de la folie du quartier Rouge, où l'on découvre des lieux plus ou moins alternatifs, toujours décalés et effervescents, pour boire, manger, écouter un concert, prendre l'air du temps.

L'EYE et la tour A'DAM

Le ferry ne met que 5 mn pour relier la gare centrale à l'EYE Filmmuseum et à sa voisine la tour A'DAM *(plan D1).* On peut boire un verre dans l'agréable resto tout vitré et à la terrasse de l'EYE ou, plus spectaculaire encore, se rendre au sommet de la tour A'DAM. S'y trouvent 2 restaurants : le ***Panorama Restaurant*** *(☎ 237-63-10),* perché au dernier étage, dont on peut profiter la journée ou le soir quand le lieu se métamorphose en discothèque ; et le ***Moon*** *(☎ 237-63-11),* situé juste en dessous (au 19e étage), plutôt un gastro chic, cher... et tournant. Dans les 2 cas, vue à 360° époustouflante sur la ville et résa obligatoire pour y manger. Enfin, bien planqué au sous-sol, dans l'ancien abri antinucléaire de la compagnie Shell, le bien nommé ***Shelter,*** une boîte underground (c'est le cas de le dire !), électrisée par les meilleurs DJs du moment. Lire aussi notre rubrique « À voir. À faire », plus loin. Infos globales sur la tour et ses occupants sur • *adamlookout.com* •

Le quartier NDSM, au nord-ouest

🍷 ***IJ Kantine, Noorderlicht Café, Pllek*** *(plan Grande Couronne,* ***249****) :* *NDSM-Plein 102. Accès (gratuit) en bateau ttes les 15-30 mn depuis la gare centrale (direction NDSM). Tlj jusqu'à 23h50.* L'ancienne cantine des ouvriers du chantier naval est l'un des lieux à ne pas manquer dans cet espace ouvert à la création et à la restauration sous toutes ses formes. Mais dans le genre étonnant, ne manquez pas *Pllek,* bar aménagé dans un ancien container, avec sa boule au plafond, sa déco de bric et de broc et sa carte réduite mais sympa. Le *Noorderlicht Café* (« Lumière du Nord ») a trouvé sa place dans un ancien hangar de stockage, et l'on peut profiter de la vue et de la cuisine jusqu'à 22h. Grandes terrasses aux beaux jours, ça va sans dire. Et bonne musique (voir « Où manger ? »).

🍷 À l'ouest de l'*IJ Kantine* (à 7 mn à pied), un bâtiment en ovale, avec beaucoup de verre et de bois blond, abrite le ***Loetje aan 't IJ*** *(tlj 10h-22h30).* La carte ne cherche pas à vous en mettre plein la vue, avec raison, mais pour déjeuner au soleil, ou boire un verre, c'est suffisant.

🍷 À l'est de l'*IJ Kantine* (à 5 mn à pied), le ***Ijver*** prend ses aises dans un immense entrepôt où se retrouvent les amateurs de bière (choix presque aussi grand que le lieu !). Sert également des plats à base de... bière. Grande terrasse aux beaux jours.

OÙ ÉCOUTER DE LA MUSIQUE ?

Nous ne proposons ici qu'une petite sélection des lieux où écouter de la musique, mais sachez que ceux-ci sont bien plus nombreux. En plus, dans bon nombre de boîtes ou bars se produisent des groupes de tout poil, 1 ou 2 fois par semaine.

INFOS SUR LES CONCERTS

– Consulter • *iamsterdam.com/fr* • et • *concerto.amsterdam/en* • pour dénicher adresses et concerts à venir.
– Le **Concertgebouw** *(plan Vondelpark, C-D2-3)* reste évidemment, depuis 125 ans, l'attraction musicale n° 1 pour tous les amoureux de musique classique. Une des plus belles salles de concerts du monde, réputée pour son acoustique parfaite. *Concert gratuit en principe mer (parfois mar ou jeu, vérifier sur le site) vers 12h30 (sauf juil-août). Venir dès 11h30 pour avoir une entrée car les places sont limitées. Sinon, concerts à prix doux dim mat (billets 19-25 €) et billets à 16 € pour les moins de 30 ans sur les places invendues à partir de 19h. Tte l'année, choix de concerts de musique classique ou non, à prix raisonnables (20-50 €). Également des visites guidées (en anglais).* • *concertgebouw.nl* •

AMSTERDAM

Dans le Jordaan et le nord des grands canaux

♩ **Maloe-Melo** *(plan A4,* **255***)* **:** *Lijnbaansgracht 163. ☎ 420-45-92.* • *maloemelo.com* • *Tlj 21h-3h (4h ven-sam) ; salle de concerts à partir de 22h30. Entrée payante le w-e (5 €) et variable selon concert les autres soirs.* Au fil du temps, *Maloe-Melo* est devenu le rendez-vous amstellodamois des amateurs de blues et de rock. Le genre petite salle et grosse ambiance ! *Texas blues,* punk rock, soirées Elvis, *western swing* : la grande famille du rock se déchaîne jusqu'à l'aurore dans une atmosphère de fête contagieuse et bon enfant. Ceux qui veulent danseront jusqu'à l'épuisement.

Au sud des grands canaux, autour de Leidseplein et Rembrandtplein

♩ **Jazz Café Alto** *(plan B5,* **250***)* **:** *Korte Leidsedwarsstraat 115. ☎ 626-32-49. Tlj 21h-3h (4h ven-sam).* Aussi petit que réputé, ce bar est toujours plein à craquer. Laissez-vous imprégner de l'ambiance sonore, dans un lieu où l'on a d'emblée l'impression d'être entre amis. Et ça fait du bien ! Autre avantage : pas de droit d'entrée et la bière est à peine plus chère qu'ailleurs. Côté musique, c'est toujours le jazz qui tient le haut du pavé... et ça swingue !

♩ **Paradiso** *(plan Vondelpark, D1,* **251***)* **:** *Weteringschans 6. ☎ 626-45-21.* • *paradiso.nl* • *Entrée payante. Achat des billets à la caisse ou dans les grands magasins de disques, mais mieux vaut réserver sur leur site.* Dans les années 1960, cette ancienne église devint un temple de la contre-culture. Les années ont émoussé la veine contestataire du lieu, mais la musique est toujours bonne, tout comme l'acoustique. Les 35-40 ans viennent ici en pèlerinage, et les 18-20 ans suivent les concerts avec une régularité bigote. Programmation très éclectique, allant de la pop au rock jusqu'au reggae, en passant par l'électro. L'endroit propose aussi du théâtre, de la danse, des projections de film...

♩ 🚶 **Melkweg** *(plan B5,* **252***)* **:** *Lijnbaansgracht 234a. ☎ 531-81-81.* • *melkweg.nl* • *Juste derrière Leidseplein. Entrée payante.* Un lieu vraiment extraordinaire : dans cette ancienne et superbe laiterie, on trouve 2 salles de concerts, un cinéma programmant des œuvres qu'on ne voit pas ailleurs (qui plus est, dans une salle magnifique), un théâtre, un espace vidéo projetant tous les délires possibles et imaginables, un salon de thé, une galerie d'art et enfin un *tearoom* cosy où, en dehors du thé, sont proposées moult autres herbes de provenance internationale et dont on ne fait pas forcément des infusions. Ceux qui ne se sentent pas solidaires de la contre-culture pourront se contenter de venir se trémousser avec plusieurs milliers de semblables sur la piste de danse puisque, après le concert, ça se transforme en boîte. House, techno, drum'n'bass, avec les meilleurs DJs du moment ou des petits groupes locaux. Le samedi, hip-hop et R'n'B. Cette « Voie lactée », puisque telle est sa traduction, est l'un des phares culturels les plus reconnus de la ville, et même des Pays-Bas.

♩ ***Jimmy Woo Lounge*** *(plan B5,* ***264****) :* *Korte Leidsedwarsstraat 18.* ☎ *626-31-50.* • *jimmywoo.com* • *Jeu-dim 23h-4h. Entrée payante (souvent chère).* Salle au design ultra-contemporain doublé d'une atmosphère évoquant l'univers interlope des bouges de Macao : lanternes, mobilier en cuir et tissus en soie, atmosphère de luxe, opulence et volupté. Cocktails exclusifs, DJs triés sur le volet, éclairage de 12 000 ampoules sur la piste... De quoi faire succomber les *clubbers* les plus blasés. Les *people* en visite à Amsterdam y finissent souvent leurs nuits, d'où le sévère filtrage à l'entrée.

♩ ***Bourbon Street*** *(plan B5,* ***253****) :* *Leidsekruisstraat 6-8.* ☎ *623-34-40.* • *bourbonstreet.nl* • *Tlj 22h-4h (5h ven-sam). Concerts à partir de 22h30 en général. Entrée payante. Âge min 21 ans.* Toute petite salle avec son long bar sur le côté et, au fond, la scène. Spécialisé dans le blues, mais pas mal non plus niveau jazz, rock, pop, soul et funk, le tout en live.

♩ ***De Heeren Van Aemstel*** *(zoom Centre, D5,* ***234****) :* *Thorbeckeplein 5.* Voir plus haut « Où boire un verre ? ».

Dans l'est et les nouveaux quartiers du port

♩ ***Muziekgebouw aan 't IJ*** *(plan F2) :* *Piet Heinkade 3.* ☎ *788-20-00.* • *muziekgebouw.nl* • Derrière la gare, au bord de l'eau, cette magnifique bâtisse en verre abrite plusieurs salles à l'excellente acoustique, dédiées à la musique classique, contemporaine et au jazz. Leur structure permet d'accueillir de grands orchestres comme de petits ensembles. Concert-déjeuner gratuit (!) 1 voire 2 jeudis par mois. Accueil prévenant.

♩ ***Bimhuis*** *(plan F2) :* *Piet Heinkade 1-3.* ☎ *788-21-50.* • *bimhuis.nl* • Petite boîte collée au *Muziekgebouw aan't IJ,* c'est l'un des meilleurs clubs de jazz de la ville, ici plutôt dans le style centre de recherche expérimentale. Quand une pointure du jazz est en ville, elle vient se produire au *Bimhuis* pour y trouver l'acoustique idéale. La scène, placée devant d'immenses baies vitrées, a pour arrière-plan la voie ferrée et les lumières de la ville. Très vite complet pour les grands concerts. Le mardi soir, super *jam sessions* pendant lesquelles les jazzeux de la ville élaborent de beaux bouquets de notes, en toute simplicité. Possibilité de manger, de grignoter ou de boire un coup avant et après les concerts.

– Enfin, le stade *Johan Cruiff ArenA,* dans le sud de la ville *(plan Grande Couronne),* où s'entraîne le célèbre club de foot de l'Ajax, accueille les concerts des mégastars internationales de passage. • *johancruijffarena.nl* •

OÙ DANSER ?

La ville compte des boîtes pour tous les goûts et tous les âges. Les vendredi et samedi soir, la jeunesse se rassemble surtout autour de *Leidseplein* et de *Rembrandtplein* où se trouve la plus grande concentration de bars, restos et clubs. Vu que ces endroits drainent aussi les grappes de jeunes touristes qui n'ont pas le courage d'aller chercher plus loin, ça donne un melting-pot animé, certes, mais pas vraiment palpitant.

Dans le centre

Disco Dolly *(zoom Centre, C4,* ***260****) :* *Handboogstraat 11. • discodolly.nl • Tlj 23h-4h (5h ven-sam). Entrée gratuite ou payante.* Programmation hétéroclite et clientèle plutôt estudiantine. Tout à côté, allez faire un tour au ***Bloemenbar*** *(Handboogstraat 15 ; • bloemenbar.nl • ; tlj 20h-4h – 5h ven-sam).*

Au sud des grands canaux, autour de Leidseplein et Rembrandtplein

Supperclub *(zoom Centre, C4,* ***261****) :* *Singel 460. • supperclub.amsterdam • Lun et jeu-sam pour le club, horaires variables selon programmation. Entrée payante.* Adresse design et conceptuelle, installée dans un bâtiment XVIIe s. Soirées à thème avec DJ aux platines, spectacles et animations variées. La déco est splendide, mêlant sans état d'âme mobilier design, plafonds à caissons, moulures et éclairages contemporains. On y trouve aussi un resto chic et cher (ouvert tous les soirs), un bar à cocktails et même une salle de concerts.

AIR *(zoom Centre, D4,* ***265****) :* *Amstelstraat 16. • air.nl • Jeu-dim, horaires variables selon programmation. Entrée payante.* Une grande salle de concerts de 1 300 places, dotée de 5 bars colorés et chaleureux, réputée pour sa programmation de qualité et ses soirées effervescentes !

Oliva *(zoom Centre, D4,* ***262****) :* *Rembrandtplein 17. • oliva-amsterdam.nl • Jeu 20h-4h, ven-sam minuit-5h (4h ven). Entrée payante.* Entrée discrète sur cette place où les discothèques jouent à touche-touche. Petite salle élégante (capacité de seulement 300 places) et belle programmation : DJs en vogue, nouvelles têtes, musiques expérimentales... Pour les adeptes, *THE place to be* à Amsterdam !

Dans l'est et les nouveaux quartiers du port

Panama *(plan Oostelijk Havengebied, B1-2,* ***266****) :* *Oostelijke Handelskade 4. • panama.nl • Mer-dim ; ouverture variant selon programmation.* Installé dans une ancienne centrale électrique, ce night-club très *trendy* (c'est un peu le quartier qui veut ça !) accueille d'excellents DJs, venant de tous les horizons. Fait aussi resto, cher et branchouille (ouvert toute la journée, de midi jusque tard).

À l'ouest, au Westerpark

Pacific *(plan Grande Couronne,* ***165****) :* *Polonceaukade 23, Westerpark. ☎ 488-77-78. • pacificamsterdam.nl • Tlj 12h-minuit. Entrée payante.* Direction le Westerpark où se passe une partie de la vie culturelle amstellodamoise, entre festivals en plein air et cinéma branché. Le *Pacific* a investi les murs en brique d'anciennes usines. Une référence dans le genre *rockabilly,* surtout le vendredi soir. Possibilité de dîner sur place.

AMSTERDAM

LES *COFFEE-SHOPS*

Commençons par un peu de sémantique. Un *coffee-shop,* étymologiquement, c'est une sorte de café cosy où l'on vient se relaxer, boire un verre et éventuellement manger un morceau. Mais à Amsterdam, la plupart des *coffee-shops* proposent à la vente ***plusieurs sortes de cannabis et d'herbes*** venues de tous les horizons. Entrer dans un *coffee-shop* n'implique pas cependant qu'on vienne expressément en acheter, on peut parfaitement se contenter d'y prendre un verre... sans alcool le plus souvent, question de licence !
Les *coffee-shops* font partie du décor, au même titre que les « cafés bruns ». Les Pays-Bas considèrent depuis toujours que quelques lieux de vente connus et ayant pignon sur rue offrent plus de sécurité que 100 vendeurs à la sauvette.

À juste titre. Pourtant, la réglementation tend à évoluer dans le sens d'une restriction aux seuls usagers locaux (voir intro générale). Grâce aux dernières élections législatives, les travaillistes entrés dans la coalition ont permis de laisser la situation en l'état pour l'instant, chaque ville étant libre de juger par elle-même de la pertinence ou non de fermer les portes des *coffee-shops* aux non-résidents. Un débat qui a refait surface en 2020-2021 dans la vie politique néerlandaise. À surveiller donc.

L'enjeu économique est de taille : plus de 80 % des clients sont des étrangers, les Néerlandais préférant consommer chez eux. Mais ce tourisme cannabique pose problème. ***À ce propos, rappelons que, malgré ce que pensent nombre de visiteurs, fumer de l'herbe dans la rue ou dans les lieux publics est illégal, même à Amsterdam !*** C'était d'ailleurs la raison d'être des *coffee-shops.* Pour en savoir plus et éviter les ennuis, relisez très attentivement notre rubrique « Drogues et stupéfiants » dans la partie « Pays-Bas utile » en début de guide.

ILS ONT FUMÉ OU QUOI ?

Une incongruité dans la législation : l'interdiction de fumer dans les cafés et restaurants, instaurée en 2008, s'applique également aux coffee-shops. *Résultat : on peut y fumer de l'herbe (*weed *en anglais), mais pas de tabac ! Les joints doivent donc être consommés purs. La réalité est plus nébuleuse : les gens ne doivent pas laisser traîner leur paquet de tabac...*

Autre particularité hollandaise, l'existence de boutiques appelées *smart shops,* distribuant tous les accessoires nécessaires à la consommation des drogues, ainsi que diverses vitamines, minéraux, excitants sexuels, etc. On y trouve aussi quelques redoutables cactus psychotropes et des barquettes de champignons hallucinogènes au frigo. Ceux-ci, jusqu'alors tout à fait légaux aux Pays-Bas, risquent, contrairement au haschisch et à l'herbe, d'être interdits (ce qui ne veut pas dire que la vente ne sera pas encore tolérée). Retenir surtout que ces produits, aussi illégaux dans nos contrées que le hasch, ont un ***potentiel réellement dangereux,*** notamment quand ils sont consommés par des personnes présentant des troubles psychiatriques ou s'ils sont combinés à l'alcool.

Site bien à jour à consulter : ● *vanupied.com/amsterdam/coffee-shop-amsterdam* ●

Dans le centre

🍷 ***Dampkring*** *(zoom Centre, C4,* ***270****) : Handboogstraat 29. Tlj 10h-1h. Interdit aux moins de 18 ans.* Un *coffee-shop* bon enfant, rendu célèbre par une scène du film *Ocean Twelve*. Décoration délirante faite de volutes psychédéliques et multicolores. Au fond de la salle, bel assortiment de plantes séchées dans des petits tiroirs, mais assez cher.

🍷 ***Rusland*** *(zoom Centre, D4,* ***273****) : Ruslandstraat 16. Tlj 8h-0h30.* L'un des 1ers *coffee-shops* de la ville, sur 3 niveaux, modernisé sans grande originalité. Propose également une large sélection de thés, cafés, milk-shakes et jus de fruits.

🍷 ***Bluebird*** *(zoom Centre, D4,* ***274****) : Sint Antoniesbreestraat 71. Tlj 9h30-1h.* Au 1er étage, coin cosy et 2 petites pièces, climatisées et aérées. Peintures animalières et psychédéliques, bonne musique, coin salon très cool.

Dans le Jordaan et le nord des grands canaux

🍷 ***Coffeeshop Amsterdam*** *(plan C1,* ***280****) : Haarlemmerstraat 44. ☎ 320-54-27. Tlj 8h-1h.* Créé par les proprios du *De Dampkring* de la *Handboogstraat*, ce *coffee-shop*-là est tout aussi *fashion*, voire encore plus classe et design que son grand frère. Les herbes sont au comptoir avec toutes sortes d'explications techniques (cultures, effets, saveurs, odeurs...). Si ça continue, ils finiront par donner des cours de dégustation ! Belle lumière, bonne musique, jus de fruits frais et bio.

🍸 ***Siberië*** *(plan C2,* ***275****) : Brouwersgracht 11. Tlj 11h-23h (minuit ven-sam).* Un *coffee-shop* relativement spacieux, avec ses longues tables et ses murs offerts aux jeunes artistes pour y exposer leurs œuvres. Animation musicale assurée par un DJ le week-end et une *playlist* allant du rock à l'électro, en passant par le jazz et le reggae. La même maison gère 2 autres adresses du quartier : ***De Supermarkt*** *(hors plan par A2 ; Frederik Hendrikstraat 69, face au resto Yam Yam)* et ***De Republiek*** *(plan A1 ; Tweede Nassaustraat 1b).*

🍸 ***Paradox*** *(plan B3,* ***276****) : Eerste Bloemdwarsstraat 2 (proche de Blo-emgracht). ☎ 623-56-39. Tlj 11h-20h.* Le lieu est grand comme un mouchoir de poche, mais propice aux rencontres et conversations. Burgers végétariens, jus de fruits, milk-shakes, gâteaux, etc. Ambiance et musique tranquilles.

🍸 ***Grey Area*** *(zoom Centre, C3,* ***277****) : Oude Leliestraat 2. Tlj 12h-20h.* Minuscule *coffee-shop* aux murs bariolés d'autocollants colorés, plusieurs fois vainqueur de la Cannabis Cup (si, si, ça existe !). Sympa, bonne musique.

AMSTERDAM

ACHATS

Chaque quartier d'Amsterdam dégage une atmosphère particulière et accueille différents types de boutiques.

Dans le centre, les 2 rues piétonnes très commerçantes *Kalverstraat (plan C3-4),* reliant le *Dam* et *Muntplein,* et *Nieuwendijk (zoom Centre, C-D2-3),* qui prolonge *Kalverstraat* au nord, du *Dam* jusqu'à la gare, abritent toutes les grandes enseignes européennes de prêt-à-porter et les boutiques touristiques. Les adeptes des grands magasins trouveront leur équivalent néerlandais sur le *Dam*, avec le *Bijenkorf (zoom Centre, C3,* ***157****).* Pour les budgets largement plus étoffés, rendez-vous ***autour du Vondelpark,*** dans le quartier des musées, où la *Pieter Cornelisz Hoofstraat (plan Vondelpark, C-D2)* rassemble une kyrielle de boutiques de luxe.

Les jolies boutiques originales, ethniques, design, se cachent au détour des petites rues du ***Jordaan*** et dans le ***nord des grands canaux,*** ainsi que dans les ***9 Straatjes*** (les 9 rues comprises entre le *Prinsengracht* et le *Herengracht*, la *Raadhuisstraat* et *Leidsegracht ; plan B3-4*).

Au nord du Jordaan, la ***Haarlemmerdijk*** et, dans son prolongement, la ***Haarlemmerstraat*** *(plan B-C1)* se distinguent de plus en plus par leurs petites boutiques très tendance, qui ont placé ce quartier parmi les préférés des magazines de mode, et leurs épiceries fines.

Enfin, pour les amateurs d'antiquités, tout se passe autour du *Spiegelgracht* et de Nieuwe Spiegelstraat (le sud des grands canaux, autour de ***Leidseplein et Rembrandtplein*** ; *plan B-C5*). Le quartier possède un caractère un peu londonien, empreint de sérénité et de charme.

Amsterdam ayant élargi les horaires d'ouverture des boutiques, tout le centre-ville reste vivant le dimanche (ne vous levez pas trop tôt quand même, avant 12h, la ville roupille) !

Bons produits

🧺 ***De Kaaskamer van Amsterdam*** *(plan B4,* ***409****) : Runstraat 7. ☎ 623-34-83. Tlj 9h (12h dim-lun)-18h (17h30 sam, 17h dim).* Aimez-vous l'edam ? Voici un fromager adepte de la *slow food,* qui va chercher ses produits (au lait cru) directement chez les producteurs. Laissez-vous guider, goûtez et vous verrez que les fromages hollandais peuvent être bien plus savoureux et subtils que toutes les pâtes fades qu'on nous inflige trop souvent. Propose également une belle sélection de produits italiens, français... ainsi que des saucissons et des olives. Attention à la facture quand même...

Bourgondisch Lifestyle (plan C1, **421**) : *Haarlemmerstraat 115. ☎ 218-43-54. Lun-ven 10h-19h, sam 9h-18h, dim 12h-18h.* Cette jolie fromagerie, qui fait le bonheur des gourmets du quartier, propose un choix excellent de spécialités hollandaises, notamment de fromages fermiers au lait cru. Dégustation possible. Accueil francophone sympathique. De quoi plaire aux plus chauvins !

Frank's Smoke House (plan G4, **419**) : *Oostenburgervoorstraat 1. ☎ 585-71-07. Tlj sauf lun 11h-19h (17h dim).* Légèrement excentrée, voici les meilleures fumaisons d'Amsterdam. Prix un petit peu plus élevés qu'ailleurs, mais qualité inégalable. Saumon, maquereau, anguille, hareng, flétan, mais aussi saucisse, *pastrami*, jambon, poulet... tout y passe. Il est bien rare que le fumoir fasse relâche ! Espace sobre et agréable pour déguster sur place. On peut aussi choisir le resto, juste à côté, pour dévorer des plats plus consistants et bien réalisés (voir « Où manger ? »).

Papabubble (plan B1, **410**) : *Barndegat 6-8. ☎ 281-419-12. Lun 13h-18h, ven 12h-17h, sam 10h-18h.* Petite boutique de bonbons « artistiques » conditionnés en pots ou en sachets. En descendant les quelques marches qui séparent le laboratoire du comptoir, les curieux pourront assister à la confection de ces petites boules de sucre toutes colorées et très graphiques, aux saveurs typées.

Puccini (zoom Centre, D4, **403**) : *Staalstraat 17. ☎ 626-54-74. Tlj 9h (11h dim-lun)-19h.* Amateurs de chocolat, vous entrez ici au paradis ! Tout est fait maison, et on peut voir l'atelier à l'arrière. La présentation exquise et le parfum sucré qui chatouille vos narines en entrant vous mettent déjà l'eau à la bouche : chocolat noir en vrac, pépites, noix, barrettes, orangettes. Parfums classiques, saveurs fruitées et alcoolisées, mais aussi des goûts inédits. *Une autre boutique sur le Singel nº 184 (quartier Joordan).*

Jacob Hooy & Co (zoom Centre, D3, **404**) : *Kloveniersburgwal 10-12. ☎ 624-30-41. Tlj sauf dim 10h-18h (17h sam).* Fondée en 1743 et toujours fidèle au poste, cette étonnante boutique stocke des centaines d'herbes médicinales et culinaires. Le charme d'un voyage dans le temps.

Hartog's Volkorenbrood (plan F6, **418**) : *Wibautstraat 77. ☎ 220-00-44. Tlj sauf dim 7h-18h (17h sam).* Assez excentrée, cette boulangerie est pourtant considérée par beaucoup comme une des meilleures de la ville. Il suffit de voir la foule qui s'y presse le week-end, certains n'hésitant pas à venir de loin pour goûter aux *broodjes* pomme-cannelle. Comme le choix est grand et le pain bien bon, on le retrouve à la carte de nombreux salons de thé et endroits à la mode.

Brocante, design et déco

Den Haan & Wagenmakers (zoom Centre, C3, **420**) : *Nieuwezijds Voorgburgwal 95. ☎ 620-25-25. • dutchquilts.com • Mer-sam 10h-17h (16h sam). Fermé dim-mar.* Une merveille de boutique proposant des chintz délicats aux couleurs chatoyantes, imprimés à l'ancienne par la dernière manufacture hollandaise. On y trouve du tissu au mètre ou des coupons de toutes tailles, car le but avoué est de vendre tout le matériel nécessaire au célébrissime patchwork. Le choix des motifs et des couleurs semble infini... de quoi éveiller des envies de couture insoupçonnées ! Beaucoup de rééditions de modèles créés au XVIIIe s, mais aussi des motifs contemporains d'inspirations graphique, japonaise, etc.

Droog Design (zoom Centre, D4, **402**) : *Staalstraat 7b. ☎ 523-50-50. • droog.com • Tlj sauf lun-mar 11h-18h.* Boutique et galerie présentant les créations d'un collectif de designers néerlandais. Meubles et accessoires originaux tout en restant fonctionnels, pleins d'humour pour certains. Les prix sont certes élevés, mais nombre de petits articles restent tout à fait abordables. À l'étage, agréable petite salle pour manger un morceau ou boire un verre, ainsi qu'une cour arborée sur l'arrière, tout aussi sympathique et reposante.

The Frozen Fountain *(plan B4,* ***411****) : Prinsengracht 645. ☎ 622-93-75. • frozenfountain.com • Mar-sam 10h-18h. Fermé dim-lun.* Large éventail d'objets de design contemporain pour la maison, du porte-journal à la vaisselle en passant par l'éclairage. Pas toujours abordable mais beau.

Antiekcentrum *(plan A4,* ***422****) : Elandsgracht 109. ☎ 624-90-38. • antiekcentrumamsterdam.nl • Tlj sauf mar 11h-18h (17h le w-e).* Des dizaines de stands de brocanteurs regroupés dans cet espace de 1 750 m^2. On y trouve de tout, à tous les prix. Certains de nos lecteurs y ont fait de précieuses trouvailles, vous y dénicherez peut-être votre trésor.

Kramer Kunst & Antiek *(plan C5,* ***415****) : Prinsengracht 807. ☎ 626-11-16. • antique-tileshop.nl • Tlj 10h (11h lun, 13h dim)-18h.* Dans une rue d'antiquaires, coup d'œil à cette belle devanture d'un autre âge remplie de carreaux et faïences de Delft ou non, sous toutes leurs formes. À l'intérieur, un spectaculaire bric-à-brac digne d'un décor de théâtre.

Luxe et fringues

P.G.C. Hajenius *(zoom Centre, C4,* ***401****) : Rokin 96. ☎ 623-74-94. • hajenius.com • Tlj 9h30 (12h dim-lun)-18h (17h dim).* Cette prestigieuse et splendide boutique Art déco a fait du cigare sa spécialité depuis 1815. On y trouve les meilleurs « crus » et les meilleures marques du monde. Beaucoup de cubains, bien sûr, mais aussi des cigares « maison » avec du tabac de Sumatra (dont les Hollandais sont traditionnellement très friands). Les cigares sont présentés sur des écrins, dans des vitrines... On y trouve également des cigarillos et du tabac pour la pipe.

Hester van Eeghen *(plan B3,* ***412****) : Hartenstraat 37. ☎ 626-92-12. • hestervaneeghen.com • Tlj 11h (12h dim-lun)-18h (17h dim).* 2 boutiques tout en couleur, l'une consacrée aux sacs (c'est là qu'on vous accueille) et l'autre (dans la même rue, au nº 1) aux chaussures, lesquelles sont assez délirantes. Les prix sont très élevés – et pour cause : la fabrication est italienne – mais les modèles sont vraiment uniques.

– Pour la fripe et les fringues vintage, rendez-vous Sint Antoniesbreestraat *(plan Centre, D3-4),* Haarlemmerstraat *(plan B-C1)* et dans tout le quartier du Jordaan.

Insolite

Amsterdam Tulip Museum *(plan B2,* ***320****) : Prinsengracht 116. ☎ 421-00-95. • amsterdamtulipmuseum.com • Tlj 10h-18h.* Au rez-de-chaussée du « musée » (voir plus loin), une jolie boutique où l'on vous conseille avec passion et enthousiasme sur le choix des bulbes (comment et quand les faire pousser, etc.). Quelques objets de déco et de jardinage. Si vous avez la *I amsterdam City Card,* poussez donc la porte du musée, l'entrée sera gratuite.

Vlieger *(zoom Centre, D4,* ***408****) : Amstel 34. ☎ 623-58-34. • vliegerpapier.nl • Tlj sauf dim 9h (12h lun, 11h sam)-18h (17h30 sam).* Cette incroyable boutique entièrement vouée au papier n'est autre que la plus grande et la plus vieille papeterie d'Europe. Une mine de trésors !

Mechanisch Speelgoed *(plan B2,* ***413****) : Westerstraat 67. ☎ 638-16-80. • mechanisch-speelgoed.nl • Lun-sam 10h-18h, dim 12h-17h.* Des jouets du sol au plafond qui sautent, couinent, flottent, rebondissent, font le yo-yo... en carton, en bois, métalliques ou mécaniques... Une bien jolie boutique pour petits et grands.

The Mouse Mansion *(plan B2,* ***423****) : Eerste Tuindwarsstraat 1HS. • themousemansion.com • Tlj 10h-17h.* Une boutique qui plaira certainement aux (grands) enfants et à ceux qui apprécient l'art du détail. Place à un monde où la souris est reine, personnage principal des incroyables maisons de poupée qui recouvrent ici les murs. Et puis, quelques bandes dessinées, relatant les scènes de vie tirées de ces constructions, sont en vente et traduites dans de nombreuses langues, dont le français.

Sex and rock'n'roll

Condomerie *(zoom Centre, D3,* ***406****)* **:** *Warmoesstraat 141. ☎ 627-41-74. • condomerie.com • Dans le quartier Rouge. Tlj sauf dim 11h-18h.* Le royaume du préservatif. Il y en a pour tous les goûts et toutes les fantaisies. Mais derrière la vitrine rigolote et colorée, on propose surtout une centaine de marques sérieuses, et l'on prodigue des conseils personnalisés. Le patron, très sympa, finance des programmes de recherche scientifique sur le sujet. Vente par correspondance possible.

Concerto *(plan D5,* ***414****)* **:** *Utrechtsestraat 54. ☎ 261-26-10. Tlj 12h (10h ven-sam)-18h.* Immense boutique de musique rassemblant une vaste sélection de rock, pop, *dance,* world, jazz et classique, dont pas mal de CD d'occasion. Également des films musicaux et un rayon de collectors vinyles, du genre 1er pressage de Hendrix...

AMSTERDAM

À VOIR. À FAIRE

– ***Il est vivement conseillé d'acheter les billets d'entrée des musées sur Internet et bien à l'avance*** (sage précaution toute l'année, davantage encore le week-end et pendant les vacances scolaires). En plus de gagner du temps, on sera assuré de pouvoir passer la porte.

Attention : pour la maison d'Anne Frank et le musée Van Gogh, il est obligatoire d'acheter son billet sur Internet et, de préférence, plusieurs mois avant la visite.

– Les prix et les horaires des musées sont assez fluctuants. Mieux vaut vérifier au préalable sur leur site. Et surtout ***ne pas arriver juste avant la fermeture.***
– La ***I amsterdam City Card*** est avantageuse si vous prévoyez de visiter plusieurs musées (voir plus haut la rubrique « Infos touristiques » dans la partie « Adresses et infos utiles »). Il existe d'autres forfaits permettant de réduire significativement le budget visites. Pour cela, se reporter à la rubrique « Budget » dans « Pays-Bas utile » en début de guide.
– Pour toute info sur les musées d'Amsterdam, consulter l'utile site *• amsterdammuseums.nl •* ou encore *• iamsterdam.com •*

AMSTERDAM GRATUIT

Certes, les musées à Amsterdam sont ruineux. Mais la découverte des ***canaux à pied*** ne vous coûtera rien (si ce n'est quelques efforts physiques !). De même pour les visites du Begijnhof (le ***Béguinage***), des ***galeries de la garde civique et de l'art contemporain,*** du ***Vondelpark,*** des ***jardins du Rijksmuseum,*** de la ***Zuiderkerk,*** des ***marchés,*** une balade dans les ***nouveaux quartiers de l'Oostelijk Havengebied*** avec leur architecture contemporaine, des ***docks du Nord*** (même le ferry est gratuit) et de ***Cultuurpark Westergasfabriek...*** Vous avez déjà de quoi vous occuper un moment avec tout ça, non ?

Concerts gratuits

À Amsterdam, la musique n'est pas une affaire d'élite. Concerts et spectacles musicaux gratuits ont lieu régulièrement aux 4 coins de la ville.
– Concert gratuit (30 mn) tous les mardis à 12h30 de septembre à mai, au foyer du ***Dutch National Opera*** *(plan D-E4).* ● *operaballet.nl* ● Au programme : musique de chambre, chœur de l'Opéra ou ballet, rien que ça !
– Le ***Concertgebouw*** *(plan Vondelpark, C-D2-3)* organise des concerts gratuits les mardi, mercredi ou jeudi à 12h30 (sauf juillet-août). ● *concertgebouw.nl* ● Arrivez tôt, les places sont limitées et vous ne serez pas seul !
– Le ***Muziekgebouw aan 't IJ*** *(plan F2)* programme lui aussi parfois des concerts gratuits. ● *muziekgebouw.nl* ●
– Des groupes de jazz ou de formation classique se réunissent parfois sur Leidseplein ou au Vondelpark (voir surtout le programme des festivités en été).

De la gare au quartier des musées

Balade dans le centre historique
(plan C-D2-3-4 et zoom Centre, C-D3-4)

Bien sûr, à Amsterdam, on peut se contenter de suivre les canaux au petit bonheur la chance, de saluer les chats derrière les vitrines, de voir les lumières colorer les intérieurs à la nuit tombée et les livrer aux regards des curieux. Les mille façades étonnantes, les charmants petits ponts incurvés au-dessus des péniches et les bancs de canards distillent immédiatement leur magie. Mais voici pour commencer une suggestion de balade dans le centre historique d'Amsterdam. Cette boucle qui démarre de la gare centrale permet de croiser la plupart des monuments emblématiques ainsi que les façades les plus marquantes. Comptez 2 à 3h de marche, selon votre rythme. Ajoutez-y le temps passé dans les musées. Si vous vous lancez à bicyclette, il faudra la laisser à l'entrée du Musée historique, puis au Béguinage, et rattraper ensuite notre itinéraire.

Centraal Station *(gare ferroviaire centrale ; plan D-E2)* **:** pour la plupart des visiteurs, c'est ici que commence la découverte d'Amsterdam. D'abord, sachez que ce monstre de pierre édifié à la fin du XIXe s repose sur près de 9 000 colonnes de bois plantées dans le sable, sur 3 îlots artificiels. Incroyable ! Comme pour le *Rijksmuseum* (c'est le même architecte), la gare affiche un style néo-Renaissance monumental, mais où le souci du détail reste très présent : travail des tours latérales, bas-reliefs des fenêtres...
Considérablement agrandie, elle abrite aujourd'hui un vaste centre commercial plutôt chic, truffé de restos, bars et boutiques en tout genre. Du côté de l'*IJ,* une esplanade réservée aux piétons et aux vélos permet de se diriger vers l'est et le nouveau quartier qui s'est élevé à l'emplacement des anciens docks.
Depuis l'embarcadère derrière la gare, ***des ferries relient la partie nord de la ville*** (que le métro no 52 permet d'atteindre, même si les arrêts *Noorderpark* et *Noord* sont finalement assez loin des adresses que nous référençons). Attention, 4 ferries partent des quais de la gare centrale ! 2 conduisent à l'EYE et la tour A'DAM en 5 mn de traversée, avec des départs toutes les 5 mn (un peu moins fréquents la nuit), 24h/24. Un autre mène à NDSM en 15 mn, avec des départs toutes les 15-30 mn environ jusqu'à 23h50 (24h/24 lors d'événements ou de festivals). Puis un pour IJplein, d'où l'on peut aller à vélo vers les petits villages.

The Sex Museum *(plan D2,* ***300****)* **:** *Damrak 18. ☎ 622-83-76. Tlj 11h-19h. Entrée : 9 €. Âge min : 16 ans.* L'art et l'érotisme ont toujours vogué de concert, ici comme ailleurs. Vous ricanerez ou vous écarquillerez les mirettes dans ce musée sans tabou, plus ou moins réussi (on frise parfois le mauvais goût !). D'un film muet des années 1920 à la reconstitution du quartier Rouge de l'après-guerre, c'est une page d'histoire que vous tournerez malgré tout.

Beurs van Berlage *(Bourse du commerce de Berlage ; zoom Centre, D3)* **:** *Beursplein 1.* • *beursvanberlage.com* • Achevée en 1903, c'est l'œuvre majeure de Hendrik Petrus Berlage, l'un des plus célèbres architectes hollandais du début du XXe s. Il dessina également les plans d'Amsterdam sud et du *Gemeentemuseum* de La Haye. Son style fonctionnel inspiré de la Renaissance italienne influença largement l'école d'Amsterdam. C'est ***l'un des plus étonnants édifices urbains*** que l'on n'ait jamais vus. Faites-en le tour : selon l'angle, on croit voir tantôt une église avec une tour carrée florentine, tantôt une usine avec une grande cheminée, ou encore un château monumental en brique rouge ! Les activités boursières ayant déménagé en banlieue en 1987, le bâtiment héberge aujourd'hui différentes activités culturelles. Malheureusement, seul le hall principal se visite. Il accueille régulièrement des expositions temporaires payantes et parfois très chères. Et vous pouvez toujours jeter un œil aux belles mosaïques *Jugendstil* qui ornent les murs du restaurant *Bistro Berlage* situé au rez-de-chaussée (voir « Où manger ? »).

Le Dam *(zoom Centre, C3)* **:** la place principale d'Amsterdam et la plus connue des Pays-Bas. Y trônent le Palais royal et la *Nieuwe Kerk* (la Nouvelle Église). À la fin du XIIIe s, les 1ers habitants, des pêcheurs, s'installèrent ici et élevèrent une digue (le mot *dam* signifie « barrage ») sur la rivière *Amstel,* d'où le nom d'Amsterdam. C'est donc le véritable ***cœur historique*** de la cité.
La blanche et vilaine colonne sur l'esplanade a été dressée en hommage aux victimes civiles de 1940-1945.
Longue artère descendant de la gare, le ***Damrak*** (*rak* signifie au sens strict « section droite d'une voie d'eau navigable », comme quoi vaut mieux abréger parfois !) borde le flanc est de la place. Au-delà, il devient le ***Rokin*** (*rokin* – rak-in – signifie « port intérieur », en simplifiant). Cette terminologie rappelle qu'autrefois le port venait jusqu'ici et que les activités commerciales débutèrent à cet endroit.

De Nieuwe Kerk *(Nouvelle Église ; zoom Centre, C3)* **:** *Dam 34.* ☎ *638-69-09 ou 626-81-68.* • *nieuwekerk.nl* • *Tlj sauf lun 11h (10h le w-e)-18h ; parfois fermé entre 2 expos. Entrée payante (jusqu'à 20 €) selon expos ; réduc avec la* I amsterdam City Card. *Concert d'orgue à l'occasion d'événements, se renseigner.*
Dédiée à la Vierge Marie et à sainte Catherine, elle fut construite au début du XVe s dans le style gothique flamboyant. Plusieurs fois retouchée (notamment au XVIIe s par l'architecte Jacob Van Campen), devenue protestante, elle ne fut jamais terminée. C'est pourtant ici que sont intronisés les souverains (le dernier en 2013). Curieusement, l'église a perdu toutes fonctions religieuses, faute de pratiquants, s'il faut en croire les mauvaises langues (les non-croyants seraient légion dans le pays !).
À l'intérieur, voûte en bois, élégante et légère. Mais ce qui frappe surtout, c'est cette impressionnante chaire en acajou, sculptée au XVIIe s, dont la fixation de la partie supérieure reste un mystère. Remarquez comme les angelots prennent un plaisir certain à glisser le long de la corde qui longe l'escalier de la chaire, ainsi que les personnages qui se penchent au niveau de la balustrade de l'abat-voix. On pourra encore voir le buffet d'orgue, orné de panneaux peints, ainsi que la grille en cuivre doré qui ceint le chœur.
Privée de toute fonction cultuelle, l'église ne dégage plus beaucoup de charme, et on s'y promène comme dans un musée. D'ailleurs, les autorités religieuses louent la salle pour des expos (souvent de grande qualité), des conférences, des cocktails...
Dans le bas-côté droit, ***café*** avec terrasse donnant sur la place.

Koninklijk Paleis *(Palais royal ; zoom Centre, C3)* **:** *Dam 1.* • *koninklijkhuis.nl* • *(agenda royal) ou* • *paleisamsterdam.nl/en* • *Tlj sauf lun et réceptions officielles (se rens avt la visite) 10h-17h. Entrée : 10 € ; réduc ; gratuit moins de 18 ans.*

Jacob Van Campen construisit cet ancien hôtel de ville pendant l'âge d'or d'Amsterdam, au XVIIe s. Ce lourd édifice, empesé d'un morne classicisme, est bâti sur plus de 13 657 pilotis, 5 000 de plus que la gare ! Suite à un incendie au début du XIXe s, Louis Bonaparte le transforma en palais royal. Sur le fronton, une frise évoque l'importance de l'eau dans le développement de la ville. Au sommet, une femme tient les palmes de la victoire, à l'époque de la guerre contre l'Espagne. Les grilles du rez-de-chaussée devaient prévenir les émeutes. À l'arrière, fier atlante en bronze encadré de 4 vertus. Dans les années 1930, l'édifice fut racheté par l'État et devint résidence royale. Cela dit, la reine n'y séjournait presque jamais, et son fils, une fois les cérémonies d'investiture passées, ne donne pas l'impression de vouloir y retourner souvent. On ne leur en tient pas rigueur. Brrr...

LA MAIN HEUREUSE

Louis Bonaparte fut intronisé d'autorité par son frère alors que la Hollande n'avait connu que la République. Face à l'opposition envers un souverain étranger, Louis chercha à gagner l'affection de ses sujets. Dès le début, il les rassura et veilla à leurs intérêts. Louis suivit des cours de néerlandais et vint en aide aux victimes des inondations. En refusant à son frère la conscription dans la Grande Armée, il s'attira définitivement la sympathie de la population.

Madame Tussauds *(zoom Centre, C3,* ***301****)* **:** *Dam 20. ☎ 522-10-10. • madametussauds.com/amsterdam • Tlj 10h (9h30 de mi-juil à fin août)-20h. Entrée* ***(beaucoup trop chère !)*** *: 24,50-28,50 € (réduc en ligne) ; petite réduc moins de 16 ans et ticket familial ; réduc de 25 % avec la I amsterdam City Card ; billet combiné avec le Donjon : 48,50 € (!) ; réduc en ligne.* En plus des habituels mannequins de cire représentant des célébrités, plusieurs attractions en phase avec l'actualité cinématographique, musicale, littéraire. On le mentionne par principe, mais c'est scandaleusement cher.

Magna Plaza *(zoom Centre, C3)* **:** *derrière le Palais royal.* L'ancienne poste centrale est aujourd'hui un centre commercial et un lieu de restauration (voir « Où manger ? Dans le centre... »). Beau bâtiment construit au XIXe s, dans le style de la Renaissance hollandaise, reconnaissable par son exubérance et son souci du détail. C'est une réalisation d'un architecte catholique, détail important puisqu'on commença seulement à redonner du travail aux catholiques à cette époque. Résultat, le bâtisseur n'a pu s'empêcher de dessiner des tourelles ajourées, de travailler les détails, tout comme il le faisait pour les églises.

Spuistraat *(zoom Centre, C3-4)* courait autrefois le long du canal. Au no 210, jeter un œil à la *Bungehuis,* devenue un hôtel (visitable en partie), dans le style Art déco. Au no 230, 2 vieilles maisons du début du XVIIe s. Au no 253, il y a 2 anciens entrepôts qu'on remarque grâce à leurs volets de bois et à leurs fenêtres en arcade. Au no 274, une curieuse maison Art nouveau avec fronton en bois au dernier étage et petits encorbellements.

Emprunter ensuite à droite la ***Rosmarijnsteeg*** (« ruelle du Romarin » ; *zoom Centre, C4*), une rue de numismates. Elle débouche sur le gros boulevard ***Nieuwezijds Voorburgwal.*** Sous les arbres, ***marché aux timbres*** et à la monnaie les mercredi et samedi de 10h à 16h (voir plus loin, « Les marchés »). À l'angle de ces 2 rues, au no 304, une petite maison penche étrangement, comme un certain nombre d'autres dans la ville d'ailleurs. Cette inclinaison empêchait les objets de heurter la façade lorsque des charges étaient hissées depuis l'extérieur grâce au palan.

Traversée du Nieuwezijds Voorburgwal pour poursuivre dans la ruelle ***Sint Luciensteeg*** (« Saint-Lucien » ; *zoom Centre, C3*). La référence aux saints catholiques montre que nous sommes dans la partie ancienne de la ville, à l'époque où cette confession n'était pas encore montrée du doigt. Au début de la rue, sur la droite, incrustées dans un grand mur appartenant au musée d'Amsterdam, remarquer une série d'armoiries de maisons anciennes, véritable carte d'identité des habitants du quartier, autrefois, qu'il faut s'amuser à décoder. Sur l'une des plaques, on voit un forgeron, sur une autre un orfèvre.

En prenant immédiatement à droite, on pénètre dans l'une des ***cours du musée d'Amsterdam,*** ancien orphelinat du XVIe s qui fonctionna jusqu'en 1960. Dans la cour de gauche, noter les casiers des orphelins.

Le ***Museum Cafe Mokum,*** la cafétéria du musée, occupe l'ancien réfectoire de l'orphelinat. À l'intérieur, déco insolite, inspirée des collections du musée.

Amsterdam Museum *(musée d'Amsterdam ; zoom Centre, C3-4)* **:** *2 accès possibles, Kalverstraat 92 et Sint Luciensteeg 27.* ☎ *523-18-22.* • *amsterdammuseum.nl* • *Tlj 10h-17h. Entrée : 20 € ; réduc ; gratuit moins de 18 ans et avec la* I amsterdam City Card. *Audioguide gratuit.*

Une muséographie au goût du jour pour un voyage dans le temps assez ludique, avec notamment ce système simple de code-barres figurant sur les dépliants (appelés *DNA*) et qui permet de visionner 7 petits films (en français), consacrés à différentes périodes historiques.

CROIX DE BOIS, CROIX DE FER, SI JE MENS, JE VAIS EN ENFER !

Au-dessus du fronton de l'ancien orphelinat devenu musée d'Amsterdam, on est intrigué par 3 croix de Saint-André superposées et surmontées de la couronne impériale. C'était, dit-on, l'avertissement d'un triple danger : l'Eau, le Feu et la Peste. La reine, trouvant ces définitions trop négatives, transforma ce funeste trio en Héroïque, Déterminé et Miséricordieux, rendant ainsi hommage aux résistants d'Amsterdam pendant la guerre. Une triade rassurante pour les armes de la ville.

Installé depuis 1975 dans un bel ancien orphelinat en brique, cet intéressant musée retrace, vous l'aviez compris, ***l'évolution de la ville depuis sa fondation jusqu'au début du XXe s,*** au gré d'un parcours chronologique : d'innombrables plans et cartes animées permettent de suivre l'évolution géographique et démographique de la ville. C'est là que l'on se rend compte à quel point le défi des creusements et des comblements de canaux fut complexe et fascinant. La moitié des salles est consacrée aux XVIIe et XVIIIe s, pendant lesquels la ville connut un développement étonnant.

À chacun de trouver en fait ses repères pour ce voyage dans le temps très complet et captivant. Après la vision de *La Ville sur pilotis (1000-1500),* on passe à *La Révolte contre le roi et l'église (1550-1600)* ; le commerce prime, qu'on se le dise ! Y compris sur les opinions religieuses... Arrêtez-vous devant la fascinante ***perspective aérienne d'Amsterdam*** datant de 1540. D'une grande minutie dans les détails, elle donne une idée du plan ultérieur de la ville, quand le Jordaan n'était encore que campagne et où le Dam servait de quai de déchargement et de marché.

Au XVIIe s, Amsterdam devient *Le Centre du monde,* en atteste la jolie ***collection de globes :*** art, médecine, commerce, philosophie, pas un domaine où la ville n'excelle. Elle attire tous les talents. Puis vient la section *Liberté, Égalité, Fraternité (1795-1815)* et... « Guillotine » pourrait-on rajouter. Celle-ci servit 3 fois en 1812 et la peine capitale ne fut abolie ici qu'en... 1983 ! Les clés de la ville sont remises à l'empereur ***Napoléon et son frère Louis*** (1778-1846) devient le nouveau roi de Hollande. Le pays perd son indépendance mais devient une démocratie. *Vers une ville moderne (1870-1940)* : Amsterdam fait sa révolution industrielle et connaît une expansion sans précédent. *La Seconde Guerre mondiale (1940-1945)* : l'Occupation, les rafles et Anne Frank. Et, enfin, depuis 1945, Amsterdam *Capitale de la Liberté* : mariage des homosexuels (le 1er au monde fut célébré ici en 2001), Gay Pride, drogue, tolérance, 180 nationalités recensées, montée des extrémismes... Les dernières salles, consacrées à l'histoire moderne et contemporaine, permettent d'aborder les actuels enjeux économiques, sociaux et urbanistiques.

- Au rez-de-chaussée, l'intéressante *salle des Régents (Regentenkamer)*, ouverte seulement à l'occasion d'expos temporaires, où les administrateurs de l'hospice se réunissaient. Au plafond, leurs armoiries, sur les murs, des portraits de groupes lors des conseils ainsi qu'une toile de Jacob Backer les illustrant. Intéressantes pièces de mobilier et, parmi des tableaux du XVIIe s, la *Défaite de la flotte espagnole*, de 1631.

- En passant sous les arcades, sortez de la cour du musée par le n° 92 de la *Kalverstraat*. Jetez alors un œil au fronton de l'orphelinat. Sur une plaque, sous des orphelins en uniforme, une supplique dit à peu près ceci : « Ne passez pas ici sans donner un petit quelque chose. »

- ***La galerie des gardes civiques :*** accès libre. Entrer à l'intérieur de l'ancien orphelinat, sur la gauche. Même si vous ne visitez pas l'Amsterdam Museum, jetez un œil à ce passage-galerie qui relie la cour des garçons à celle des filles. Cette rue couverte, dont les murs sont parés de toiles et d'œuvres contemporaines, répond à l'idée d'amener l'art dans la rue, et les citoyens au musée. C'est réussi, même si la confrontation des époques a de quoi surprendre.

AMSTERDAM

Het Begijnhof *(Béguinage ; zoom Centre, C4)* **:** *2 entrées, soit par la pl. Spuicentrum, côté nord (repérer la maison en brique entre 2 maisons blanches), soit côté est par la rue Gedempte Begijnensloot, sur la gauche en descendant.* • *begijnhofkapelamsterdam.nl* • *Lun-ven 11h-16h. GRATUIT.*

ATTENTION, silence ! Les groupes de visiteurs bruyants finiront-ils par faire interdire l'accès du Béguinage en dehors des visites guidées ? Ce serait dommage pour tous ceux qui sont émerveillés par la découverte de ce lieu hors du temps, toujours habité par des femmes. Soyez donc respectueux de la tranquillité des lieux.

Une église en brique et une grande pelouse, entourée d'une cinquantaine de maisons faisant écran à l'agitation du dehors... c'est la parenthèse enchantée que prodigue le plus ancien des béguinages d'Amsterdam. L'effet de surprise est garanti en entrant par la porte de Spui, surmontée de sainte Ursule, la patronne des ***béguines d'Amsterdam***.

Au XVe s, le béguinage est presque entièrement détruit par 2 grands incendies, à l'exception du n° 34, à l'étage légèrement avancé, l'une des 2 seules maisons en bois à subsister dans la ville. Les demeures entourant aujourd'hui le n° 34 attestent de la richesse architecturale des XVIe et XVIIe s. Au n° 29 se cache... la célèbre ***chapelle cachée.*** Ce tour de passe-passe est une conséquence de l'Altération de 1578. Celle-ci entraîne la confiscation de l'église du béguinage, à l'instar de tous les autres lieux de culte catholiques, et oblige les béguines à pratiquer leur religion en secret. Elles ont alors l'idée de réunir 2 maisons pour assister aux offices, toutes ensemble et dans les règles de la liturgie catholique. Quand l'endroit est consacré, en 1678, elles sont 150 ! Poussez donc la porte pour découvrir ce lieu étonnant, plutôt chaleureux. Notez

UNE VIE DE BÉGUINE

Fondé au XIVe s, ce havre de paix hébergea pendant des siècles une communauté de béguines, dont la dernière représentante s'est éteinte en 1971. Ces dames, catholiques ferventes, célibataires ou veuves, vivaient dans la prière et offraient leur aide aux déshérités et aux malades. Elles n'appartenaient à aucun ordre religieux et pouvaient rompre librement leurs vœux de chasteté et d'obéissance. Autre différence avec les religieuses, elles ne faisaient pas vœu de pauvreté.

encore les différentes représentations du miracle d'Amsterdam, une abracadabrante histoire d'hostie volante du XIVe s ! Les vitraux n'ont été ajoutés qu'au XIXe s pour célébrer le retour à la liberté religieuse.

Le Spui *(zoom Centre, C4)* **:** cette placette (prononcez « speuille », textuellement « vidange des canaux ») fut le lieu de rendez-vous de la jeunesse progressiste et le centre névralgique du mouvement provo en 1967. On y trouve la statue d'un Gavroche local, *Het Lieverdje,* figure du non-conformisme et d'une certaine désobéissance sociale. Le vendredi, le Spui est occupé par un marché aux livres. En face du Béguinage, la vaste bâtisse en brique, très sobre et presque austère, de ***Maagdenhuis*** est une ancienne « maison de vierges » du XVIIIe s, entendez par là un orphelinat de jeunes filles. À l'époque, le système social de la ville est déjà particulièrement développé. Aujourd'hui, cette demeure appartient à l'université d'Amsterdam.

Suivons le Spui vers le centre-ville. On croise l'une des artères les plus riches de la ville et l'une des plus commerçantes : ***Kalverstraat*** *(zoom Centre, C3-4),* la « rue des Veaux ». Il suffit de lever la tête pour en apercevoir un, au sommet de la maison qui fait l'angle avec le Spui.

On traverse le ***Rokin*** *(zoom Centre, C3-4),* large artère où passait autrefois l'Amstel. Nous entrons là dans ce qui était la vieille ville, dont il ne reste aucune trace sur le plan architectural. Sur le pont du Rokin, la *statue équestre de Wilhelmine* (voir la rubrique « Personnages » dans « Hommes, culture, environnement » en fin de guide).

La ***station de métro du Rokin*** est décorée d'un crocodile géant truffé de plaques de marbre et de pierres incrustées. Cette réalisation est due à un duo d'artistes, l'Anglais Daniel Dewar et le Breton Gregory Gicquel, inspirés par la découverte d'une mâchoire de crocodile préhistorique lors des travaux de creusement du tunnel. D'autres découvertes archéologiques sont exposées dans des vitrines.

Nous continuons par ***Langebrugsteeg*** et ses nombreuses boutiques de petits objets de toutes sortes. Cette ruelle se prolonge par ***Grimburgwal.*** À l'angle avec *Oudezijds Voorburgwal,* la *maison des Trois Canaux* est nommée ainsi parce qu'elle est la seule de la ville à être bordée sur 3 côtés par des canaux. Petits volets carrés très élégants. Façade avec pignon à redents du XVIIe s, absolument superbe. On passe devant l'*université d'Amsterdam,* puis on prend à droite le passage au nº 229 de *Oudezijds Achterburgwal*. Sous les arcades, les bouquinistes rappellent la forte présence d'étudiants dans le secteur.

Allard Pierson Museum *(musée Allard-Pierson ; zoom Centre, C4)* **:** *Oude Turfmarkt 127. ☎ 525-55-01. • allardpierson.nl • Tlj sauf lun 10h-17h. Entrée : 12,50 € ; réduc moins de 18 ans ; gratuit avec la* I amsterdam City Card. Dans un immeuble néoclassique, le Musée archéologique de l'université illustre de manière très didactique les aspects de la vie quotidienne avec ses collections relatives à l'Antiquité : le rez-de-chaussée est consacré à la Mésopotamie, l'Égypte ancienne, l'Asie Mineure et l'Iran. Rites funéraires sous les pharaons, bijoux parthes, bronzes du Luristan et vaisselle de la dynastie sassanide. L'étage est dévolu au monde gréco-romain, à la civilisation étrusque et à l'art des Cyclades. Ce musée bien fait se visite à petites foulées, en moins d'une heure.

Muntplein *(zoom Centre, C4)* **:** sur cette place se dresse la tour de la Monnaie *(Munttoren),* élevée vers 1490. Elle assurait la défense d'une porte de l'enceinte médiévale. Suite à un incendie, sa partie supérieure fut refaite dans un joli style baroque au début du XVIIe s. Après l'invasion de l'armée française, sous Louis XIV, en 1672, cette tour abrita la Monnaie. Aujourd'hui, elle donne l'heure sans se faire prier ni payer et héberge au rez-de-chaussée un magasin de faïence de Delft.

– À partir de *Muntplein,* le long du *Singel,* on trouve le célèbre ***marché aux fleurs*** (voir plus loin « Les marchés ») que les touristes arpentent en bullant devant les bulbes. Une fois passé le pont, on tombe sur un petit bijou, perdu au milieu d'une rue commerçante : l'incroyable cinéma Tuschinski.

✶✶ ***Le cinéma Tuschinski*** *(zoom Centre, C4,* ***7****)* **:** *Reguliersbreestraat 26. ☎ 428-10-60. Visite tlj sauf événement 9h30-11h30 ; 10 €, thé ou café inclus.* Un des plus beaux cinémas d'Europe, où se déroule en novembre l'IDFA, le Festival international du film documentaire *(● idfa.nl/en ●).* Peu importe le film, l'étonnant cadre ***Art déco*** de 1921 vaut le déplacement à lui seul. C'est à ***Aram Tuschinski,*** comme son nom l'indique, qu'on doit cet ancien théâtre construit pour divertir les riches marchands de l'époque. La superbe coupole du lobby, les panneaux de bois en marqueterie, l'escalier, les éclairages subtils, les vitraux, les profonds fauteuils des salons... Tout est resté dans son jus. Le merveilleux tapis du hall, abîmé par 70 ans de mégots écrasés par les visiteurs, a été entièrement retissé à la main, d'après les cartons d'origine.

AMSTERDAM

✶ En revenant sur Muntplein et en empruntant Nieuwe Doelenstraat, on gagne ***Kloveniersburgwal*** *(zoom Centre, D4).* Sur le fronton du passage, une femme avec une corne d'abondance représente la ville d'Amsterdam qui soutient les vieillards nécessiteux. Le lieu était autrefois un hospice. On voit de l'autre côté du canal, au n° 95, la *Nispenhuis,* bâtisse du XVIIe s de style classique, ancêtre du *Rijksmuseum*. Au loin pointe la tour de la *Zuiderkerk* (église du Sud), qui fut la 1re église protestante construite à Amsterdam après l'Altération. Remonter le Kloveniersburgwal sur la gauche pour emprunter, de nouveau à gauche, la petite ***Rusland.*** Au n° 23, une façade classique du XVIIIe s avec ses pignons à redents. Au n° 16, un minuscule *coffee-shop,* le *Rusland,* qui fut l'un des premiers du genre.

✶ Prendre, à droite, la ***Oudezijds Achterburgwal,*** puis à droite la ruelle ***Spinhuissteeg.*** Immédiatement sur la gauche, un fronton rappelle ici le travail des femmes prisonnières, que l'on faisait filer, d'où le nom de la rue. On reprend ensuite Kloveniersburgwal avant de traverser le pont qui mène dans *Nieuwe Hoogstraat.*

✶ ***Zuiderkerk*** *(église du Sud ; zoom Centre, D4)* **:** *Zuiderkerkhof 72. ● zuiderkerkamsterdam.nl ● zuiderkerkstorenamsterdam.nl ● De mi-mai à fin oct, tlj sauf mer 9h-20h30. Tour guidé de la tour ttes les 30 mn ; prix : 9 € (résa en ligne conseillée). Non compris dans la I amsterdam City Card.* Cette église du début du XVIIe s, de style Renaissance, fut le 1er édifice construit pour le culte protestant. Son clocher fut une source d'inspiration pour la *Westerkerk.* L'édifice abrite à présent des entreprises diverses. Y entrer (gratuit) pour l'architecture intérieure et les pierres tombales encastrées dans le sol. Jeter aussi un coup d'œil sur les panneaux décrivant le développement urbanistique d'Amsterdam. On constate que tous les projets à venir sont soumis dans leurs moindres détails à l'examen des citoyens. Belle leçon de transparence et de démocratie ! Brochures multilingues décrivant plusieurs circuits de découvertes architecturales.

✶ ***Nieuwmarkt*** *(Nouveau Marché ; zoom Centre, D3)* **et le Waag** *(le poids public)* **:** vaste place où, tous les matins, se tient un marché. Ce qui frappe ici, c'est évidemment cette grosse structure carrée, flanquée de tours massives. Il s'agit de la porte Saint-Antoine (la seule à témoigner du passé médiéval de la ville), insérée dans l'enceinte du XVe s. À l'origine entourée d'eau, elle se trouva sans fonction lorsque que le canal fut asséché pour construire la place, au début du XVIIe s. La porte Saint-Antoine fut alors transformée en balance publique, la *Waaghuis.* Les tours servaient pour leur part de sièges aux corporations (médecins, peintres, maçons...). *La Leçon d'anatomie du docteur Tulp,* qui assit la célébrité de Rembrandt à 26 ans, fut peinte dans la salle des médecins de cette tour. Le *Waag* a été transformé en un superbe café-restaurant, doté d'une agréable terrasse (voir « Où boire un verre ? »).

Dans le quartier Rouge
(Red Light District ; zoom Centre, D3)

À 300-400 m en face de la gare et légèrement sur la gauche s'étend un quartier coloré organisé autour d'axes principaux (*Warmoesstraat, Oudezijds Voorburgwal* et *Oudezijds Achterburgwal),* irrigué de petites rues perpendiculaires, bien plus hard. Le long des canaux, dans les étroites venelles, les « dames déshabillées en vitrine » ont conféré à ce quartier une réputation mondiale. Comme vous l'avez deviné, il s'agit du « quartier Rouge », chaque vitrine étant éclairée par un néon écarlate. Raison pour laquelle ***vous ne verrez jamais d'ampoules rouges chez les Néerlandais,*** comme dans beaucoup d'autres pays d'ailleurs.
Aux Pays-Bas, pas d'hypocrisie ni de faux-semblants. On appelle un chat un chat. Toutes les prestations tarifées sont alignées sur un barème. ***Plutôt que d'interdire, on tolère, on règlemente...*** et on taxe ! Car ces dames déclarent leurs revenus et paient leurs impôts comme tout le monde.
Pour beaucoup, une visite à Amsterdam ne serait pas complète sans un petit tour dans le quartier Rouge. Cela dit, on peut très bien s'en passer ! Le soir, et même en journée, des milliers de touristes en goguette y déambulent, des délégations japonaises en voyage d'affaires aux cars de jeunes ados excités, et même des familles avec marmots. Les regards se font insistants, curieux ou perplexes. Mais attention ! ***Il est bien sûr interdit de prendre ces vitrines en photo.*** Ces travailleuses ne sont pas des bêtes de foire. Elles attendent le client au chaud. Quand le rideau est tiré, c'est occupé !
Certains aimeraient voir le quartier Rouge remplacé par une zone dédiée au shopping de luxe et à la culture, ou alors à la contre-culture. Par ailleurs, la municipalité essaie d'éradiquer les dérives mafieuses et tente de vider les vitrines d'une population en provenance des réseaux d'Europe de l'Est et d'Afrique. Elle souhaite aussi redorer son image et rêve d'un tourisme moins orienté vers la prostitution et la drogue !, et ce, à la demande des habitants. C'est pourquoi ***les visites guidées du quartier Rouge sont interdites*** (sauf celle organisée par le PIC ; voir plus loin).
Cependant, le quartier Rouge n'est pas voué à disparaître même si son activité est limitée à quelques ruelles autour de la *Oude Kerk*. Cela dit, beaucoup de ces vitrines sont à vendre ou à louer, et certaines accueillent désormais des bars et boutiques tendance, ou de jeunes artistes qui y exposent leurs œuvres !
Souvent, qui dit sexe tarifé dit aussi drogue. Qu'on se le dise, si malgré le nettoyage effectué il reste encore des dealers isolés, il suffit de les ignorer. Ceux qui ne se sentent pas trop à l'aise éviteront les ruelles et resteront sur les grands axes. Rassurez-vous, le quartier est certainement le coin le plus fliqué d'Amsterdam.

Oude Kerk *(Vieille Église ; zoom Centre, D3)* **:** *Oudekerksplein 23. ☎ 625-82-84. • oudekerk.nl • Lun-sam 10h-18h, dim 13h-17h30 (dernière entrée 15 mn avt fermeture). Entrée : 12 € ; réduc ; gratuit moins de 13 ans et avec la* I amsterdam City Card. *Guide en français disponible à l'accueil (gratuit).* Dans les ruelles adjacentes, des dizaines de dames en vitrine attendent patiemment le chaland, formant une surprenante couronne colorée (un peu unicolore le soir, d'ailleurs !) autour de la plus vieille église d'Amsterdam (1366-1566).

CADEAU ROYAL POUR LE QUARTIER ROUGE !

À la sortie de la Oude Kerk, légèrement à droite, les touristes photographient les pavés plutôt que l'église. C'est que dans le sol est scellé un buste de femme avec une main posée sur le sein. Cette œuvre d'art aurait été installée de nuit, en catimini. Lorsque la municipalité a voulu la faire enlever, les gens du quartier ont manifesté pour la garder. D'autant plus qu'une rumeur attribue ce cadeau à une artiste royale au nom cher à tous les Hollandais et dont l'effigie figure même sur les euros néerlandais !

C'est plus facile à comprendre quand on sait que cette église, dédiée à saint Nicolas, était un endroit vénéré par les marins. D'ailleurs, pendant longtemps, ceux-ci se servaient de sa tour octogonale comme d'une balise pour rentrer au port. Intérieur vaste et dépouillé, doté d'un bel orgue du XVIIe s. Quelques souvenirs évoquent le passé maritime de la ville, notamment les tombeaux de certains amiraux hollandais. On peut monter au sommet du clocher (pour la vue) entre avril et septembre *(payant ; la visite est guidée et dure 1h ; interdit aux moins de 6 ans).* Le carillon manqua de s'effondrer dans les années 1950. Aujourd'hui, il est tellement bien restauré qu'il rythme la vie d'Amsterdam toutes les demi-heures, voire tous les quarts d'heure, même la nuit !

🍴 ***PIC*** *(centre d'information sur la prostitution ; zoom Centre, D3,* ***316****)* ***:*** *Enge Kerksteeg 3. ☎ 420-73-28. • pic-amsterdam.com • Mer, ven et sam 12h-17h (horaires susceptibles de changer). Visite guidée du quartier : 25 € (mer, ven et sam à 17h ; durée : 1h30).* Le petit et assez coquet QG du *PIC*, créé par une ancienne prostituée, *Mariska Majoor,* fait aussi boutique : bouquins sur le sujet, souvenirs, préservatifs...

🍴 ***Belle*** *(zoom Centre, D3,* ***317****)* ***:*** *angle sud de Oudekerksplein.* En hommage à celles qui font le plus vieux métier du monde, *Belle,* statue d'une femme se détachant du cadre d'une fenêtre, a été érigée à l'initiative du *PIC.*

🍴🍴 ***Ons' Lieve Heer op Solder*** *(musée « Le Bon Dieu au grenier » ; zoom Centre, D3)* ***:*** *Oudezijds Voorburgwal 38. ☎ 624-66-04. • opsolder.nl • Mar-sam 10h-17h (18h sam), dim 13h-18h. Fermé lun, 1er janv et 27 avr. Entrée : 14 € ; réduc ; gratuit avec la* I amsterdam City Card. *Audioguide en français.* Visite insolite et passionnante suivant un parcours clair et fléché. Il s'agit en fait d'une grande maison du Siècle d'or bien rénovée, dont le grenier abrite une église clandestine parfaitement conservée depuis le XVIIe s. Tout y est : l'autel, les rangées de chaises, les tableaux et les objets de culte, l'orgue et les balustrades en bois. Incroyable ! D'habitude, les églises clandestines se cachent dans les caves, mais celles d'Amsterdam sont facilement inondables... De grands marchands proposèrent des cachettes dans leurs maisons comme Jan Hartman, propriétaire de cette belle demeure bourgeoise. Seule maison-église que l'on puisse encore admirer dans son état d'origine, elle a été transformée en musée en 1888.

🍴 ***Hash Marihuana Museum*** *(musée du Haschisch et de la Marijuana ; zoom Centre, D3)* ***:*** *Oudezijds Achterburgwal 148. ☎ 624-89-26. • hashmuseum.com • Tlj 11h-19h. Entrée : 9 € (cher pour ce qu'on voit).* Contigu à la boutique de graines *Sensi Seeds Bank,* ce lieu décline toute l'histoire du cannabis. Pas moins de 9 000 objets et documents divers pour tout savoir sur le sujet : sa culture, ses diverses utilisations, la campagne américaine de diabolisation du cannabis, plus motivée par les arguments commerciaux (laisser le champ libre au coton) que par la question de santé publique, narghilés et pipes... Toute l'armada est de sortie. La boutique, pour sa part, propose des bouquins et tout l'équipement pour le jardinage, ainsi que des graines (exportation interdite, on vous le rappelle). Le billet inclut la visite de la ***Hemp Gallery*** située au n° 130 et consacrée à l'histoire industrielle du chanvre et ses transformations actuelles.

🍴 ***Red Light Secrets*** *(musée de la Prostitution ; zoom Centre, D3,* ***302****)* ***:*** *Oudezijds Achterburgwal 60. ☎ 846-70-20. • redlightsecrets.com • Tlj 12h-20h. Entrée : 13 €.* Un « musée » consacré au plus vieux métier du monde, attrape-touristes et très commercial avec sa boutique de souvenirs spéciale « Red District ». Muni d'un petit livret explicatif (en français), on découvre cet ancien appartement où l'on se déshabillait avant d'entrer. Quelques petites histoires, secrets et confidences... Et un envers du décor moins reluisant quand on se penche de plus près sur les conditions de vie de ces travailleuses venues d'Europe de l'Est pour la plupart, trimant 12h par jour, 7 jours sur 7...

Balade le long des grands canaux *(plan B-C2-3-4-5)*

Ah, les canaux d'Amsterdam ! Un incontournable. Les couples énamourés contemplent leur reflet au-dessus du pont au printemps ; les badauds se promènent sur les pavés luisants, le long des canaux plombés par une pluie d'automne fine et pénétrante... L'été, c'est un spot tout indiqué pour siroter une bière en terrasse, pendant que les bateaux-mouches locaux évoquent 400 ans d'histoire. Alors, on se prend à envier ceux qui vivent sur les péniches du Herengracht.

Un peu d'histoire

Le troupeau de canaux qui entoure le centre-ville a été édifié en 2 temps. Au XVe s, le canal *het Singel* est creusé pour intégrer la ceinture de défense de la ville, dont il reste aujourd'hui quelques vestiges telles les tours fortifiées de ***Muntplein*** *(Munttoren)* et de ***Nieuwmarkt*** (le *Waag*). Les 3 autres canaux, *Herengracht, Keizersgracht* et *Prinsengracht,* sont construits au début du Siècle d'or, vers 1560, afin d'y ajouter une ceinture résidentielle (le *Grachtengordel*). Les travaux s'étendent sur plus de 100 ans. Contrairement à Haussmann, chantre de la ligne droite rigoriste, les architectes déploient les 4 canaux en demi-lune autour du centre historique. Le tracé suivant la course du soleil, chaque maison reçoit son rayon de lumière à un moment de la journée. Essentiel dans une contrée aussi humide ! Des milliers d'arbres, surtout des ormes, sont plantés. Les canaux reçoivent le nom des puissances politiques de l'époque. Ceux du ***Herengracht*** (canal des Notables) et du ***Keizersgracht*** (canal de l'Empereur) sont bordés d'hôtels particuliers de toute beauté, tandis que les quais du ***Prinsengracht*** (canal du Prince, en hommage à Guillaume de Nassau, dit « le Taciturne ») sont frangés d'entrepôts. Cette ceinture de canaux a été classée au Patrimoine mondial de l'humanité par l'Unesco.

> **ROBOAT SUR L'EAU BIENTÔT ?**
>
> *La ville d'Amsterdam projette de déployer une flotte d'embarcations sans pilote qui pourra transporter voyageurs et marchandises sur ses canaux, de façon autonome. Et aider à repêcher les quelque 12 000 vélos qui y sombrent chaque année !*

Les édifices les plus anciens datent du XVIIe s. Ils composent, avec ceux des XVIIIe et XIXe s, un harmonieux tableau que le XXe s chercha bien souvent à entacher. Dans ces belles et hautes demeures des bourgeois du XVIIe s (banquiers, avocats, médecins, armateurs), ce qui frappe d'abord, c'est la diversité de leurs architectures : brique ou pierre, petits carreaux ou baies vitrées, baroque, Renaissance, néoclassique ou Art nouveau.

> **UNE LANGUE HAUTE EN COULEUR**
>
> *Le mot hollandais* « grachtengroen » *désigne en peinture le vert foncé destiné à orner portes et fenêtres des maisons situées le long des 3 grands canaux du XVIIe s (Herengracht, Keizersgracht et Prinsengracht). Les Amstellodamois prétendent que ce mot est aussi le plus compliqué à prononcer pour des francophones !*

Architecture, façades à pignon

Avec ses 7 000 maisons classées Monuments historiques, Amsterdam possède un patrimoine architectural exceptionnel. La plupart ont été édifiées aux XVIIe et

XVIIIe s, par les architectes Jacob Van Campen, Hendrick de Keyser et les frères Vingboons, dont on retrouve les noms sur certaines façades.
L'imposition fiscale au prorata de la surface occupée au sol explique la physionomie élancée de ces demeures. Quant à leur petite inclinaison vers l'avant, elles ne le doivent pas toujours à leur grand âge.
Le pignon (*the gable,* en anglais) est la partie haute de la façade. Il peut être à corniche simple ou triangulaire, avec ou sans ornements. Remarquez cette poutre à palan en saillie, perpendiculaire à la façade et munie d'un crochet. Elle servait, et sert toujours d'ailleurs, à hisser les meubles par l'extérieur. Ils ne passent pas dans les escaliers, trop raides et trop étroits. Bien qu'ils soient tous un peu différents, la forme des pignons est liée à leur période de construction :

TOMBERA, TOMBERA PAS ?

Il y a plusieurs explications au fait que les maisons penchent légèrement du pignon. Certaines étaient délibérément inclinées vers le canal pour épargner les façades quand les marchandises étaient hissées au grenier grâce à la poulie. D'autres, ployant dans toutes les directions imaginables, ont tout simplement les pilotis des fondations qui flageolent...

– le pignon en pointe : en vogue jusqu'au milieu du XVIe s, on ne le voit quasiment plus puisqu'il habillait les maisons en bois et qu'il n'en reste que 2, dont une au Béguinage ;
– le pignon à redents : utilisé du début et jusqu'au milieu du XVIIe s, le Siècle d'or. C'est un pignon en pointe dont les pentes sont étagées comme des marches d'escalier ;
– le pignon en forme de cou *(halsgevel)* : il apparaît surtout dans la 2de moitié du XVIIe s. Il se caractérise par une courbe élégante allant vers l'intérieur, en se rétrécissant et s'élargissant à nouveau vers le haut. Le sommet est souvent frappé d'un masque ou rehaussé d'une sculpture. On trouve des dizaines de variantes de ce pignon, où volutes, guirlandes et accolades viennent décorer l'ensemble ;
– le pignon en cloche *(klokgevel)* : on le trouve jusqu'à la fin du XVIIIe s. C'est le pignon à cou, mais dont la partie supérieure rappelle la forme d'une cloche.
Bien des variantes existent encore, et les frontons cumulent souvent plusieurs styles. Les grosses demeures bourgeoises du XIXe s possèdent souvent des pignons plats à corniche, décorés de colonnes, de boules et de sculptures.

AMSTERDAM

Itinéraire à vélo ou à pied à la découverte des canaux

N'essayez pas de suivre la numérotation des maisons, pour vous repérer le long des canaux, nous avons choisi d'aller dans un sens puis dans l'autre pour le canal voisin, ce qui est bien plus pratique. Vous allez vite comprendre ! À suivre avec le *plan B-C3-4.*

Singel : il a été creusé au milieu du XVe s entre l'ancien bras de mer (l'IJ) et le *Binnen Amstel.* Ce canal constitua la défense occidentale de la ville jusqu'en 1585. Il fut aménagé au XVIe s pour accueillir les installations du florissant commerce maritime : quais, entrepôts, boutiques... Les riches marchands installèrent leur demeure le long du canal. Le prix du terrain allait grimper rapidement. On construisit des maisons de plus en plus étroites, pour finalement s'étendre au-delà du canal. Vous noterez d'ailleurs que celles situées à l'extérieur du *Singel* sont en général plus larges et plus récentes que leurs homologues d'en face. À la fin du XIXe s, les rares entrepôts ayant survécu au déclin de la marine marchande furent habilement transformés en logements. Ce sont donc ***4 siècles d'architecture qui défilent devant vos yeux.***
Tout d'abord, au no 7, voici la maison possédant ***la façade la plus étroite de la ville,*** à peine 2 m. Pas vraiment jolie, cela dit. En face, au no 56, une demeure du

XVIIe s, à corniche très travaillée. Même chose au no 58. Quant aux nos 62 et 64, elles offrent un exemple typique de pignons à redents. Aux nos 66 et 68, des demeures jumelles, à corniches décorées, du XVIIIe s.
Plus loin, au no 76, une large bâtisse de la fin du XIXe s, à la haute mansarde. Le no 45 propose une maison d'angle à corniche sculptée, du XVIIIe s. Au no 83, un cygne sur le côté, du nom du propriétaire, *Zwaan,* et une façade ornée de paniers de fleurs et de fruits en stuc. En face, aux nos 140-142, vécut le capitaine ***Frans Banning Cocq*** (personnage principal de *La Ronde de nuit* de Rembrandt). À l'époque, le tableau s'appelait d'ailleurs *La Compagnie de Frans Banning Cocq.* Observer le positionnement des briques vers l'extérieur, censé donner de l'ampleur à la construction, l'alternance de pierre ainsi que les masques au fronton et obélisques au niveau de la corniche, selon un style curieusement appelé, « Renaissance hollandaise ».
Au niveau de *Oude Leliestraat*, une statue de ***Multatuli,*** célèbre écrivain hollandais du XIXe s, pourfendeur de la politique coloniale des Pays-Bas en Indonésie, dans son fameux roman *Max Havelaar.* C'est aujourd'hui le nom d'une gamme de produits issus du commerce équitable. De l'autre côté, au no 326, façade du XVIIe s, avec d'un côté Neptune, dieu de la Mer, et de l'autre Mercure, dieu du Commerce et des Voleurs. Habile façon de souligner qu'Amsterdam doit tout à la mer. Plus loin, aux nos 377 et 379, des petites maisons jumelles, avec pignons en demi-lune et volutes rococo.

AMSTERDAM

De Poezenboot *(la péniche aux Chats ; plan C2,* ***303****) : Singel 38g. ☎ 625-87-94. • poezenboot.nl • Mar et ven-sam 13h-15h. Résa conseillée.* Amis des bêtes, ne ratez pas ce rendez-vous ! Depuis une cinquantaine d'années, cette péniche abrite un refuge pour chats, tous adoptables, recueillis, soignés et chouchoutés par des bénévoles.

Herengracht : le canal des Notables, aujourd'hui siège des banques, des grosses sociétés et des consulats, offre son lot de belles façades. Les demeures comptaient parfois 30 ou 40 pièces ! On suit son cours en remontant cette fois-ci vers le port depuis le pont de la *Vijzelstraat*. Au no 476, l'un des plus étonnants hôtels particuliers du canal, doté d'une riche façade à pilastres et demi-pilastres corinthiens. Au no 493, une maison de style Renaissance, du milieu du XVIIIe s. Le no 475 appartenait à un riche marchand. Très intéressante demeure du XVIIe s, remaniée plus tard. Corniche et fronton décoré, ainsi qu'un double escalier. La fenêtre centrale est encadrée de cariatides. L'hôtel particulier du no 412 est couvert de stucs datant du XVIIe s. Au no 388, demeure à pignon avec pilastres et guirlandes. À côté, au no 386, style néoclassique. Enfin, l'ensemble de maisons des nos 369 à 361 présente une gamme intéressante de pignons en vogue aux XVIIe et XVIIIe s. Pour qui adore les boutons (pas les boutons de porte !), une boutique originale, au no 389 : *De Knopenwinkel.*

Willet-Holthuysen Museum *(musée Willet-Holthuysen ; zoom Centre, D5,* ***306****) : Herengracht 605. ☎ 523-18-22. • willetholthuysen.nl • Tlj 10h-17h. Entrée : 12,50 € ; gratuit moins de 18 ans et avec la* I amsterdam City Card. *Audioguide en français gratuit.* Maison patricienne du XVIIIe s dans laquelle les derniers occupants ont accumulé meubles, peintures et collections de verres, éventails, estampes et dessins, ainsi que céramiques, horloges, porcelaines et argenterie. Tout a été légué à la Ville, qui en a fait un musée en 1889. Rien n'a changé depuis ! Pompeux, à l'image des grands portraits de famille, et pas très excitant, malgré la jolie rotonde qui donne sur un mignon jardin à la française.

Het Grachtenhuis *(Maison des canaux ; plan B4) : Herengracht 386. ☎ 421-16-56. • grachten.museum • Tlj sauf lun 11h-17h. Fermé 27 avr et 25 déc. Entrée : 15 € ; réduc ; gratuit avec la* I amsterdam City Card. *Audioguide en français inclus.* Aménagé dans une demeure typique du XVIIe de l'élégant canal des Notables, ce musée est principalement consacré aux canaux justement. On y découvre

tout d'abord la vie mondaine au bord de ceux-ci : façade austère mais intérieur luxueux et jardin caché. Tout un art de vivre !
Dans les étages, les dernières techniques en matière de scénographie et de multimédia s'attachent à mettre en scène l'histoire, l'urbanisme, l'économie de cette *grachtengordel* (ceinture de canaux) qui a célébré ses 400 ans en 2013. Amusants hologrammes dans une maison de poupée et toute une rue à découvrir en glissant un œil par les fenêtres. Une vraie réussite, ludique et didactique. Mais pour découvrir réellement une maison bourgeoise, autant visiter celle de la famille Cromhout, toute proche.

Keizersgracht : le canal de l'Empereur, en référence à Maximilien Ier, empereur germanique, distille aussi de remarquables façades. Commençons notre descente vers le sud depuis *Leliegracht,* un petit canal qui démarre à la limite du *Jordaan,* d'où son nom fleuri (canal du Lys). Il avait 2 fonctions essentielles, comme tous les canaux transversaux du secteur : la navigation, bien sûr, mais aussi le renouvellement de l'eau stagnante du *Grachtengordel* à partir de la rivière périphérique de l'Amstel. Au n° 123, l'incroyable demeure réalisée par l'architecte ***Keyser*** au début du XVIIIe s, dans un style Renaissance hollandaise. On l'appelle la « maison des Têtes », car les fenêtres du 1er niveau sont encadrées de bustes romains. Au sommet de la façade, accolades décoratives, obélisques, boules de coin et niches aveugles. Plus loin, aux n°s 221-223 se dresse une maison typique du XVIIIe s, avec sa corniche à balustrade. Au n° 324, une demeure néoclassique de la même époque. Passons au n° 384, où le frontispice du portail cite une maxime du poète Vondel qui dit à peu près ceci : « Le monde est un théâtre, chacun y joue son rôle ». Le lieu fut autrefois... un théâtre, bravo !

Magere Brug *(pont Maigre ; plan D-E5)* **:** *situé sur l'Amstel, au sud de Waterlooplein, sur Kerkstraat (entre Keizersgracht et Prinsengracht).* C'est l'un des survivants des centaines de ponts de bois à bascule qui enjambaient les canaux à la fin du XVIIIe s. Long de 80 m, ce double pont-levis est encore levé plusieurs fois par jour, manuellement, pour laisser passer les péniches. L'origine de son nom est double : *Magere,* patronyme de son architecte, signifie aussi « maigre » ou « mince », tout comme cette élégante construction. D'autant qu'à l'origine deux personnes s'y croisaient avec peine. Le *Magere Brug,* avec sa multitude de loupiotes allumées le soir, c'est aussi ***la vue la plus photographiée d'Amsterdam.*** Non loin, à l'angle du *Nieuwe Herengracht,* l'autre pont à bascule est en réalité une copie bien plus récente de son vieux frère.

Van Loon Museum *(musée Van Loon ; plan C5,* ***307****)* **:** *Keizersgracht 672. ☎ 624-52-55. • museumvanloon.nl • Tlj 10h-17h. Entrée : 12,50 € (plus cher en cas d'expo) ; réduc ; gratuit avec la* I amsterdam City Card. *Brochure en français.*
Vaste demeure de pierre à l'allure austère, réalisée en 1672 par Dortsman, l'un des architectes les plus réputés de son temps. La maison subit une importante rénovation à la fin du XVIIIe s. La famille Van Loon, et particulièrement Willem, fut à l'origine de la Compagnie des Indes orientales. D'ailleurs, Philippa Van Loon vit toujours sur place, dans ses appartements privés. On visite 8 pièces de la maison : galerie de portraits, chambres et salons, à réserver pour un jour de pluie... En cas d'éclaircie, vous pourrez faire un tour dans le joli jardin et une pause dans le salon de thé, installé dans l'ancienne écurie.

Foam *(plan C5,* ***310****)* **:** *Keizersgracht 609. ☎ 551-65-00. • foam.org • Tlj 10h-18h (21h jeu-ven). Entrée : 12,50 € ; réduc ; gratuit avec la* I amsterdam City Card.
Ce musée, relativement petit mais très bien conçu, propose des expos temporaires de photographes émergents ou reconnus, qui changent tous les 3 mois et qui sont toujours d'un excellent niveau.

Huis Marseille – Museum for Photography *(plan B4,* ***308****)* **:** *Keizersgracht 401. ☎ 531-89-89. • huismarseille.nl • Tlj 10h-18h (21h jeu). Fermé 27 avr, lundi de Pentecôte et 25 déc. Entrée : 9 € ; gratuit moins de 18 ans et avec la* I amsterdam

City Card. Expos de photographie contemporaine de qualité, dans 2 très belles demeures, dont l'une a été construite par un marchand de Marseille au XVIIe s, d'où son nom et la représentation du célèbre port méditerranéen sur la façade. L'espace ainsi créé se compose de 14 salles baignées d'une belle lumière en toute saison. La muséographie, neutre et aérée, permet à l'œil d'apprécier pleinement chaque photographie. Au fil des expos (qui changent tous les 3 mois), le musée fait la part belle à l'innovation et à la pertinence sociale, tout en restant très accessible. Au sous-sol, n'hésitez pas à suivre le couloir jusqu'au bout : il mène à un joli jardinet avec, de l'autre côté, un étonnant petit pavillon-galerie.

Prinsengracht : le canal du Prince tire son nom du prince d'Orange, héros de la révolte contre les Espagnols au XVIe s. Moins riche en façades ouvragées que ses confrères du *grachtengordel,* le *Prinsengracht* n'en est pas moins charmant. Il est bordé de péniches habitées, maisons flottantes devenues les ambassadrices d'un mode de vie original. Aux beaux jours, les occupants prennent le café au soleil sur leur terrasse. Certains cultivent des bouts de jardin tirés au cordeau. Étonnant ! Commençons la remontée vers le port au niveau du canal transversal ***Bloemgracht*** *(plan A-B2-3).* Au nº 263-267, la maison d'Anne Frank. Du nº 217 au nº 211, une série de 5 entrepôts du XVIIe s, aux lourds volets de bois, rappelant l'importance des activités commerciales de l'époque. Au nº 189, un ensemble de bâtisses du XIXe s de style français. Au nº 181, c'est la Suisse et ses chalets que rappelle l'avancée de bois d'un édifice Art nouveau.

Amsterdam Tulip Museum *(plan B2,* ***320****)* **:** *Prinsengracht 116.* ☎ *421-00-95.* • *amsterdamtulipmuseum.com* • *Tlj 10h-18h. Fermé 27 avr et 25 déc. Entrée : 5 € ; réduc ; gratuit avec la* I amsterdam City Card. L'appellation de « musée » est un peu usurpée. Ce lieu un brin attrape-touristes relate l'aventure mouvementée de la tulipe en Hollande à l'aide de films, audioguides et photos. On apprend que le bourgmestre d'Amsterdam au XVIIe s, le Dr Nicolaes Tulp (celui de la célèbre *Leçon d'anatomie* de Rembrandt), prit ce nom en hommage à cette fleur alors à la mode. Jolie boutique, dont on peut se contenter en fait, d'autant que les bulbes sont ici de bonne qualité.
– À côté, tout aussi touristique, l'***Amsterdam Cheese Museum*** *(tlj 10h-18h – 19h ven-sam ; plus tard en été),* un minuscule musée-boutique du fromage hollandais bondé. Pas incontournable.

Anne Frank Huis *(maison d'Anne Frank ; plan B3)* **:** *Prinsengracht 263-267.* ☎ *556-71-00.* • *annefrank.org* • Ⓣ *Westermarkt (nos 13 ou 17 depuis la gare centrale). Accès possible par le* Hop On Hop Off Boat *(voir plus haut la rubrique « Transports »). En principe : avr-oct, tlj 9h-22h ; le reste de l'année, tlj 9h-19h – 22h sam. Ferme plus tôt certains j. fériés et complètement le jour du Grand Pardon (Yom Kippour).* ***Il est maintenant OBLIGATOIRE d'acheter son billet EN LIGNE le plus tôt possible (idéalement 2 mois à l'avance !).*** *Entrée : 14 € ; réduc ; gratuit moins de 10 ans. ATTENTION : ni gratuité ni réduc avec la* I amsterdam City Card. *Audioguide en français inclus, très utile.*

« La Maison de derrière »

Il y a en fait 2 maisons : l'une en façade, la boutique d'épices du père d'Anne, et l'autre à l'arrière. C'est dans celle-ci que se réfugie la famille Frank. Le père, Otto, l'aménage en mai 1940, après l'invasion de l'armée nazie. De juillet 1942 au 4 août 1944, 8 personnes (la famille Frank et 4 de leurs employés, également juifs) vivent cloîtrées dans cet espace restreint, dont l'accès était dissimulé derrière une bibliothèque.
La petite Anne vient d'avoir 13 ans quand on lui offre un cahier, dont elle fait ensuite son *Journal.* D'une grande maturité, elle écrit au jour le jour les menus détails de sa vie et de celle de sa famille en s'adressant à une amie imaginaire, *Kitty*. Une dénonciation met fin à cette vie secrète (l'identité de la dénonciatrice a été dévoilée par des journalistes en 2015). Le 4 août 1944 à 10h30, les Allemands font une descente et se dirigent sans hésiter vers la bibliothèque qui dissimule

l'accès à la planque. Le journal d'Anne tombe par terre, abandonné, alors que toute la famille est arrêtée, puis déportée à ***Auschwitz.*** Anne et sa sœur Margot sont envoyées à ***Bergen-Belsen,*** où elles meurent du typhus en mars 1945.
Otto, libéré par les troupes soviétiques, sera le seul survivant de cette tragédie. Il revient à Amsterdam et décide de publier (en partie) le journal qu'une de ses employées lui a remis, sous le titre qu'Anne avait choisi, *La Maison de derrière.* Traduit dans plus de 50 langues, ce récit poignant est devenu le symbole de l'innocence assassinée. Les revenus de ses ventes sont reversés à la ***Fondation Anne-Frank,*** qui continue de lutter contre le racisme.
Après avoir échappé à la destruction, la maison réhabilitée de la famille Frank a été ouverte au public en 1960. Une visite émouvante, mais pas intime, autant prévenir : l'exiguïté des lieux et l'afflux de visiteurs qui font la queue du début à la fin du parcours (plus d'un million par an !) peuvent oppresser.

La visite

- ***La 1re maison :*** on commence par des photos d'archives, citations et films (projetés dans l'ancien entrepôt) pour faire connaissance avec Anne et appréhender le contexte historique de la guerre. Là, les pièces de la 1re maison sont vides mais des photos de reconstitution donnent une idée de ce que pouvait être l'ameublement de l'époque.
À travers les extraits du journal d'Anne, que l'on écoute dans l'audioguide, on est plongé dans ces années terribles où le port de l'étoile jaune était obligatoire pour les juifs. En immersion, on imagine facilement les 8 personnes apeurées et réfugiées dans l'annexe, les fenêtres tendues de toiles noires.

LA RENAISSANCE D'UN ARBRE MYTHIQUE

Évoqué par Anne Frank dans son journal, le marronnier, rongé par un champignon, avait échappé à l'arrachage grâce à une véritable mobilisation internationale. Le symbole avait son importance : c'était la seule chose du dehors que la petite fille pouvait apercevoir. Renversé par le vent, il fut débité en morceaux mais eut pas mal de rejetons : 300 plants ont pris racine dans le monde entier.

On arrive, finalement, à la fameuse bibliothèque pivotante, restée en l'état, servant de passage secret vers la maison cachée, de 1942 à 1944.
- ***Annexe :*** dans la 1re chambre, celle d'Edith, Otto et Margot Frank, des objets personnels, une carte illustrant la progression des Alliés depuis le débarquement de Normandie et la marque au mur servant à mesurer la taille des enfants parlent d'eux-mêmes. Dans la chambre d'Anne, la décoration est telle qu'elle était à l'époque avec, sur les murs, les photos de ses idoles découpées dans des magazines. On traverse ensuite la salle de bains et l'on emprunte un escalier de meunier pour gagner la pièce commune (qui servait de chambre au couple Van Peels), dotée d'un poêle et d'un évier avant d'arriver à la chambre de Peter. Dans chaque pièce, des extraits affichés du journal évoquent des moments de la vie quotidienne. On n'accède plus aujourd'hui au grenier, seul endroit d'où l'on apercevait le ciel.
- ***Expositions :*** on quitte l'annexe par une passerelle pour arriver dans un bâtiment consacré aux témoignages sur la déportation des juifs pendant la guerre. Un temps fort, complété par des documents personnels, des photos des habitants de l'annexe et les poignants témoignages de son père. Il parle d'Anne ou des employés « libres » qui aidèrent les 8 réfugiés à survivre pendant 2 ans, jonglant au quotidien avec les restrictions et les rationnements. L'original du journal d'Anne Frank est exposé dans une pièce sombre, derrière un mur rouge portant la photo d'Anne en train d'écrire. À côté du journal original, la version réécrite par Anne elle-même en 1944, ainsi que 2 autres de ses écrits, un livre de fictions et un livre de citations.
Les originaux d'Anne Frank font partie de la *World Heritage list of documents* de l'Unesco depuis 2009. Enfin, une salle exposant par thèmes la collection d'environ

15 000 objets et documents provenant de la maison-cachette, un mur recouvert des éditions étrangères du journal et une projection de film, très émouvante, de témoignages de personnes connues ou simplement marquées par Anne Frank et son histoire. Librairie et café.

Westerkerk *(église de l'Ouest ; plan B3) : Prinsengracht 279, à l'angle de la pl. Westermarkt. • westertorenamsterdam.nl • westerkerk.nl • Église : lun-ven 11h-15h, plus sam 11h-15h avr-oct. Visite guidée de la tour : avr-oct, tlj 9h-20h, ttes les 30 mn (dernier tour à 19h30) ; ticket : 9 €. Concerts d'orgue gratuits, se renseigner sur le site web.* Encore un magnifique témoignage du Siècle d'or. Rembrandt y fut inhumé dans une fosse commune le 8 octobre 1669. Construite entre 1620 et 1631 dans le style Renaissance hollandaise, la *Westerkerk* est considérée comme le chef-d'œuvre de son architecte, Hendrick de Keyser. Signe particulier : sa tour-clocher, la plus élevée de la ville (85 m), est surmontée de la couronne impériale que la Ville fut autorisée à arborer par ***Maximilien de Habsbourg.*** Pourquoi ? Pour remercier Amsterdam du soutien qu'elle fournit aux princes autrichiens et bourguignons. Aller jusqu'au fond pour admirer les panneaux de bois peint de l'orgue. Concert de carillons tous les mardis de mai à octobre entre 12h et 13h *(infos au ☎ 624-77-66).* Anne Frank parle de ce carillon réconfortant dans son *Journal.*
- En sortant de l'église, jetez un coup d'œil sur les belles demeures environnantes. Sur le *Westermarkt,* Descartes a résidé au nº 6, en 1634, lors de son séjour en Hollande.
- Au bord du canal, devant le parvis de l'église, les 3 triangles de granit rose de l'*Homomonument* symbolisent l'oppression, le présent et la renaissance, et commémorent le souvenir des persécutions que subirent les homosexuels de la part des nazis.

Houseboat Museum *(plan B4,* ***309****) : Prinsengracht 296k, Johnny Jordaan Plein (à l'embouchure d'Elandsstraat). ☎ 427-07-50. • houseboatmuseum.nl • Mar-dim 10h-17h, horaires réduits hors saison. Entrée : 4,50 € ; réduc moins de 15 ans ; gratuit avec la* I amsterdam City Card. *Petit feuillet explicatif en français.* Cette péniche-musée est l'occasion de découvrir le cadre de vie des 30 000 personnes habitant les 2 500 bateaux-logements d'Amsterdam. Elle répond aussi à toutes les petites questions à propos de ce mode de vie que l'on suppose a priori exigu, humide et sombre. Au contraire : ces habitations s'avèrent parfois cosy, lumineuses, avec des agréments insoupçonnés. En tout cas, la péniche *Hendrika Maria* construite en 1914 et d'une superficie habitable de 80 m², est vraiment mignonne avec ses lits en alcôve et sa salle de jeux. Accueil très sympa.
- Et puisque vous êtes là, regardez donc autour de vous. Peut-être remarquerez-vous sur les péniches avoisinantes de curieuses nageoires en bois qui ornent les côtés du bateau. *Kesako ?* Des stabilisateurs, remplaçant les quilles rendues inutilisables par le faible tirant d'eau des canaux.

Balade dans le quartier du Jordaan *(plan A-B2-3)*

Curieuse histoire que celle de ce quartier aménagé au tout début du XVIIᵉ s sur un ancien polder. Il s'agissait alors de loger le petit peuple des ouvriers et artisans. Leurs minuscules maisons insalubres formèrent une sorte de ghetto, alors que le reste d'Amsterdam s'enrichissait. Fin XVIIᵉ s, les huguenots réfugiés vinrent s'y installer, fuyant la France et les persécutions dues à la ***révocation de l'édit de Nantes.*** On pense que le nom de *Jordaan* remonte à cette époque. Il viendrait de la déformation du français « jardin », d'autant que les rues et canaux alentour portent des noms de fleurs.
Le quartier continua par la suite à cultiver son identité « parallèle ». Marginal, sorte de ***ville dans la ville,*** d'esprit frondeur, il connut des émeutes sérieuses en 1934. Aujourd'hui, le *Jordaan* reste à part. Ses habitants se sont souvent élevés avec succès contre certains projets de restructuration. Étudiants, artistes et

journalistes ont été les premiers à s'enticher de cette enclave émaillée de petits cafés, commerces et marchés, d'atmosphère douce et sereine, avant que les autres bobos ne les rejoignent. Malgré les coups de boutoir modernistes, illustrés par quelques ensembles qui le dévisagent quelque peu, et en dépit de l'embourgeoisement, le tissu social du Jordaan tient encore bon.
Il y règne une ambiance *arty* qui invite à la flânerie. À moins que vous n'ayez envie de faire la balade en compagnie d'un Amstellodamois, qui vous en montrera les coins secrets, les boutiques les plus originales, les pierres de façade les plus insolites (voir « Amsterdam autrement », dans la partie « Adresses et infos utiles »).
Du sud au nord, voici quelques points de repère que vous croiserez ou longerez lors de votre promenade.

Au sud de Rozengracht : l'ancien canal des Roses est à présent bitumé. Il scinde le Jordaan en deux : le nord, intact et tranquille, et le sud, qui a perdu un peu de son authenticité à force de reboucher les canaux ! Très commerçante, l'avenue incite au lèche-vitrines : boutiques de vêtements, *Hutspot* et bien sûr la boutique de verroterie *Coppenhagen Kralen,* au n° 54. L'assortiment étonnant de perles, de boutons et de billes de verre contentera les stylistes les plus imaginatifs !

Bloemgracht *(canal des Fleurs)* **:** à voir particulièrement pour ses belles demeures dans lesquelles habitaient de riches artisans. Façades ouvragées et coquettes. Les 3 étonnants entrepôts des n°s 87 à 91, aux fenêtres façon vitraux et volets en bois, ont été exceptionnellement bien rénovés.

Egelantiersgracht *(canal des Églantiers)* **:** plein de douceur et de charme, ce canal est bordé d'une flopée de belles maisons. Noter cette série à l'identique entre le n° 201 et le n° 215, dotée de pignons rectangulaires à blasons. De l'autre côté, au n° 12, le minuscule « café brun » *'t Smalle* (voir « Où boire un verre ? »), où Peter Hoppe installa ses alambics à la fin du XVIIIe s pour distiller son genièvre.
- ***Tweede Egelantiers Dwarsstraat :*** la rue commerçante du quartier court du canal des Églantiers vers le nord. Boutiques aux devantures étonnantes, friperies, objets d'occasion.
- ***Eerste Egelantiers Dwarsstraat :*** à droite du n° 3, un passage donne dans une courette intérieure qui se prolonge par 2 autres. Vous n'êtes pas dans un mini-béguinage, même si la ressemblance est frappante. L'ensemble a été fondé par un riche drapier d'Amsterdam. Ici logeaient les veuves de réputation irréprochable (non mais !).

On ressort par **l'*Egelantiersstraat.*** Dans cette rue, au n° 52, la plaque au mur, une main avec une plume, indique le métier de l'occupant.

Karthuizersstraat : petite rue située entre Westerstraat et Lindengracht. Du n° 11 au n° 19, 5 frontons identiques, portant le nom des 4 saisons, ainsi que la date de construction. Du n° 61 au n° 191, un étonnant ensemble architectural, tout en brique, datant du Siècle d'or : les ***Karthuizerhofje.*** Un ancien hospice (un des plus grands d'Amsterdam) construit en 1650. Aux fenêtres du 1er étage, des séchoirs à linge en bois compris dans le logement. L'architecte devait être méridional ! On peut accéder à la cour centrale, pavée de briques, d'une étonnante tranquillité.

Noordermarkt : place sur laquelle trône la **Noorderkerk,** un temple en croix grecque (la chaire est au centre), construit pour les protestants au XVIIe s. Concerts de musique classique tous les samedis après-midi *(● noorderkerkconcerten.nl ●).*
Remarquez les ***beaux pignons*** et quelques pierres de façades à droite de la place, certains indiquant les professions de leurs occupants (un marchand de tissu au n° 16), d'autres représentant des animaux (n°s 17-19) liés à Pâques. Sur la place, ***marché bio*** le samedi, de 9h à 15h. Le lundi matin, de 9h à 13h, le ***marché aux textiles et aux puces*** s'étend dans le prolongement du *Noordermarkt*. Penser

aussi à la tarte aux pommes couverte de crème fouettée du café *Winkel* (voir « Où boire un verre ? »). Sur *Lindengracht (plan B1-2),* autre marché plus classique, le samedi.

Pianola Museum *(musée du Piano mécanique ; plan B2,* ***311****) :* *Westerstraat 106.* ☎ *627-96-24.* • *pianola.nl* • *Ven-dim 13h-17h (16h dim) seulement. Entrée : 9 € ; gratuit avec la* I amsterdam City Card*. Programme régulier de concerts.* Petit musée assez fascinant. *Pianola* est le nom hollandais du piano mécanique (ou bastringue) très à la mode dans la 1re moitié du XXe s. On peut en voir une quinzaine, restaurés et en état de marche. Le musée possède 25 000 partitions constituées de rouleaux de carton perforé, certaines réalisées à partir de compositions de Debussy, Gershwin, Art Tatum ou Fats Waller.

Moooi *(plan B2,* ***305****) :* *Westerstraat 187.* • *moooi.com* • *Mar-sam 10h-18h. Fermé dim-lun.* Plus qu'un showroom, un lieu assez magique pour tous les amateurs de design. *Mooi,* ça veut dire « beau » en néerlandais, et avec un « o » en plus, c'est encore plus beau, forcément ! Une boutique de design qui est dans le ton du quartier.

AMSTERDAM

Brouwersgracht : c'est le charmant canal des Brasseurs. Pourtant, au XVIIe s, il rassemblait les industries les plus polluantes de la ville : poudre, salpêtre, oléagineux, ainsi que les plus grandes brasseries d'Amsterdam. Aux nos 7 et 9, 2 entrepôts avec leurs beaux volets en bois.
Parallèle au *Brouwersgracht*, plus au nord, la *Haarlemmerstraat,* une des rues emblématiques de l'Amsterdam actuel, avec des boutiques tendance, insolites. Mais là, on a déjà quitté le *Jordaan*.
Pour la suite du programme, revenez en flânant à travers ***De Negen Straatjes*** (les « neuf rues »), ou laissez-vous porter au fil de l'eau jusqu'à la *Leidseplein,* porte d'entrée de 2 quartiers très agréables, selon l'heure : le *Vondelpark* d'un côté, à faire de jour, le sud des grands canaux de l'autre, à découvrir le soir, entre *Leidseplein, Rembrandtplein* et *Frederiksplein* (voir « Où dormir ? » et « Où manger ? »).

Leidseplein, le Vondelpark, le quartier des musées (plan A-B5-6 et plan Vondelpark)

Stadsschouwburg – Internationaal Theater Amsterdam *(théâtre municipal ; plan B5 et plan Vonderlpark, D1) :* *Leidseplein 26.* • *ita.nl/en* • Édifié une 1re fois au milieu du XVIIe s, ce théâtre brûla un siècle plus tard à cause des candélabres qu'on avait allumés en surnombre lors d'une représentation. On en bâtit un 2e qui brûla également, puis un 3e à la fin du XIXe s dans un style néo-Renaissance baroquisant. Intérieur superbe. Les soirs de première, *Leidseplein* bourdonne intensément.

American Hotel *(plan B5,* ***236****) :* *Leidsekade 97.* • *hardrockhotels.com/amsterdam-american* • Bâti en 1897 dans un inimitable style Art nouveau (heureusement respecté par le nouveau propriétaire du *Hard Rock Cafe* !), avec sa triomphante tour ronde-carrée qui ne manque pas d'humour et ses pignons en pointe ornés de carreaux de faïence. Il faut pénétrer dans ce vaste resto-café (voir plus haut « Où boire un verre ? ») fréquenté par les écrivains, journalistes, riches touristes qui y résident, et les touristes fauchés qui se fendent d'un café pour jeter un œil à cette institution. Ne pas manquer les fresques murales qui illustrent des pièces de Shakespeare et les lustres de chez Tiffany.

Le Vondelpark *(plan A6 et plan Vondelpark) :* superbe parc de 48 ha, planté d'arbres remarquables, semé de pelouses vert anglais, de lacs constellés d'îlots, de bars et restaurants, de jeux pour les enfants et de petits spots secrets. Le Vondelpark est un ***super lieu de balade et d'agrément,*** l'endroit rêvé pour buller avant (ou après) la visite des grands musées. Il est également parfait pour le jogging, une promenade à rollers, un thé l'après-midi ou un verre. Certains soirs d'été, on peut assister à des concerts gratuits ou à des pièces de théâtre « expérimentales ». Et quand les hivers sont rigoureux (ce qui arrive moins fréquemment aujourd'hui), cela devient évidemment le rendez-vous des patineurs ! Les amateurs d'ornithologie seront ravis et étonnés de voir autant d'oiseaux en liberté... De curieux oiseaux en vérité puisque les cigognes majestueuses côtoient les piverts farceurs et les perruches vert anis. Et ce même au cœur de l'hiver.

PRISES DE BEC

S'il vous arrive d'apercevoir des perroquets verts en liberté autour du Vondelpark et dans Amsterdam, vous ne rêvez pas ! Il s'agit en fait de magnifiques perruches à collier rose (Psittacula krameri) *qui ont été relâchées par leurs propriétaires au fil des années. Ces « pestes animales » sont aujourd'hui des milliers à s'être acclimatées. Comme à Paris, où on les observe facilement dans les parcs, elles constituent un vrai fléau, en prenant la place d'espèces endémiques.*

À l'est du parc, dans la *Roemer Visscherstraat,* du nº 20 au nº 30a, un architecte inspiré a construit à la fin du XIXe s 7 maisons différentes, illustrant la diversité de l'architecture européenne. L'endroit est connu sous le nom d'***Europe unie.*** Ainsi, vous pourrez traverser sept pays d'Europe en un clin d'œil : l'Allemagne, la France, l'Espagne, l'Italie, la Russie, les Pays-Bas et l'Angleterre ! En fait, tout le quartier autour du parc revêt des airs de quartier chic avec des demeures cossues, pour beaucoup construites dans le style Art nouveau.

Hollandsche Manege *(Manège hollandais ; hors plan par A5 et plan Vondelpark, C2)* ***:*** *Vondelstraat 140. ☎ 618-09-42. • dehollandschemanege.nl • Tlj 10h-17h. Entrée : 8 € ; réduc, notamment avec la* I amsterdam City Card. L'*École d'équitation royale* a ouvert ses portes en 1882. L'architecte, qui réalisa aussi le Concertgebouw, s'est inspiré de l'***École d'équitation espagnole de Vienne.*** L'intérieur a peu changé depuis le XIXe s, et est aujourd'hui largement décrépi. Pour accéder au manège, passez sous le porche. C'est la grande porte au fond. Soyez discret pour ne pas déranger les reprises. C'est l'un des rares manèges urbains d'Europe. Dommage que son entretien laisse à désirer. Un peu cher pour ce que l'on voit, d'autant plus que le traitement des chevaux frise l'exploitation.

Rijksmuseum *(Musée national ; plan B6 et plan Vondelpark, D2)* ***:*** *Museumstraat 1. ☎ 674-70-47. • rijksmuseum.nl • Ⓜ Vijzelgracht (nº 52 depuis la gare centrale). Ⓣ Rijksmuseum (nos 2 ou 12 depuis la gare centrale et depuis le Dam) ou Vijzelgracht (nº 24 du Dam). L'accès par les canaux est plus pittoresque, avec le* Hop On Hop Off Boat *(voir la rubrique « Transports »). Tlj 9h-17h ; fermeture des caisses 30 mn avt. Entrée : 20 € (!); gratuit jusqu'à 18 ans et avec la* I amsterdam City Card. ***Achat des billets en ligne très recommandé.*** *Prendre le plan (en français) à l'entrée, très bien fait avec les principales œuvres en photo, par étage. Textes explicatifs clairs et traduits en anglais. Audioguide : 5 € ; appli pour smartphone (gratuite) en français.*

LE RIJKSMUSEUM REVOIT SA COPIE

En 2015, ce musée a décidé de supprimer tous les mots péjoratifs utilisés pour décrire les œuvres datant de l'époque coloniale. Les 220 000 cartels concernés sont donc réécrits, faisant peu à peu disparaître les qualificatifs comme « nègre », « maure », « nain » ou encore « sauvage », jugés trop offensants, racistes ou sexistes. Parmi les tableaux déjà rebaptisés, la Jeune Femme nègre *s'appelle maintenant la* Jeune Fille à l'éventail *!*

Ce vaste bâtiment de 1885 abrite l'un des plus beaux musées d'Europe, équivalent du Louvre, en plus petit quand même. Il doit sa renommée aux grands noms de la peinture hollandaise du Siècle d'or (le XVIIe s), dont *Rembrandt, Vermeer* et *Frans Hals* (voir la rubrique « Peinture hollandaise » du chapitre « Hommes, culture, environnement » en fin de guide). Il a été complètement rénové en 2013, au gré de 10 ans de travaux.
Grandes toiles, grands espaces... 80 salles vous promènent sur 800 ans de l'histoire des Pays-Bas, explorant son art à travers quelque 8 000 œuvres, sur le million en réserve ! L'aile Philips accueille quant à elle les expositions temporaires. Si votre temps est compté, grimpez sans tarder au 2e étage pour admirer les collections du Siècle d'or.
Suite à de gigantesques travaux, le cabinet espagnol *Cruz y Ortiz Arquitectos* a réussi l'exploit de transformer un bâtiment du XIXe s en un musée lumineux et spacieux, doté d'une entrée monumentale avec atrium et verrières, d'infrastructures de pointe, de salles intelligemment aménagées et d'un pavillon asiatique nouvelle génération. Quant à la muséographie et au mobilier des salles, c'est à l'équipe du designer parisien ***Jean-Michel Wilmotte*** qu'on les doit.

LES VÉLOS SUR LA SELLETTE

Vision insolite : la piste cyclable qui traverse le musée de part en part. Elle revient de loin puisque les architectes prévoyaient de la supprimer lors de la rénovation. C'était sans compter sur la mobilisation des adeptes de la petite reine. Les plans furent revus, au prix d'un surcoût faramineux. Cela valait bien un concert de sonnettes lors de la réouverture, en présence de la reine Béatrix.

L'accrochage complètement renouvelé permet de suivre un parcours chronologique allant du Moyen Âge à nos jours. La seule œuvre ayant retrouvé son emplacement d'origine, c'est la célèbre *Ronde de nuit* de Rembrandt (voir plus loin), après de périlleuses manœuvres ayant nécessité de percer le plafond !

Le Siècle d'or (XVIIe s)

Au 2e étage, plus de 30 salles sont consacrées au Siècle d'or, avec une majestueuse galerie d'honneur rassemblant les tableaux célèbres de Frans Hals, Johannes Vermeer, Rembrandt van Rijn et Jan Steen, entre autres. En passant, allez donc jeter un œil à la superbe bibliothèque. On ne peut pas parcourir ses rayonnages, seulement l'observer depuis un balcon, mais déjà l'odeur apaisante des vieux livres nous envahit, dans un lieu d'une incomparable sérénité. Il s'agit en réalité du plus grand répertoire littéraire d'histoire de l'art des Pays-Bas, mais on ne voit ici que 20 % des collections !
Au cours du Siècle d'or, on assiste à l'essor politique, commercial et culturel des Pays-Bas. On peint la réalité d'un monde et d'une société qui, sous la poussée du calvinisme, pour la 1re fois, se laïcise. L'apparition de la « peinture civile » en témoigne. On découvre la nature et les paysages, on choisit de peindre les gens tels qu'ils sont. Beaucoup arborent un léger sourire !
Difficile de ne pas s'attarder, dans la galerie principale, devant les chefs-d'œuvre de ***Vermeer*** : la célébrissime *Laitière, La Ruelle, Femme lisant une lettre* et *La Lettre d'amour.* Notez leur petite taille. Chez Vermeer, ce qui frappe, c'est l'art de magnifier les scènes les plus banales grâce à une composition de génie, un sens des couleurs extraordinaire et une obsession rare du détail. Observez l'ombre des clous dans le mur de ***La Laitière.*** Ou encore cette vibration de la lumière qui irradie littéralement du tableau et donne l'illusion que le lait s'écoule du pichet alors que tout semble immobile et le temps arrêté. Il s'en dégage une impression de quiétude et de troublante intimité. Mais visiblement on ne buvait pas que du lait à l'époque.
Autre ambiance, les œuvres de ***Frans Hals,*** originaire de Haarlem, qui s'est rendu célèbre par ses portraits naturalistes tout comme son *Joyeux buveur,* dont les yeux trahissent le degré d'ivresse. Remarquez également le regard espiègle du *Couple.*

En face, l'univers de ***Jan Steen*** et ses scènes de ripailles joyeuses, truffées de détails savoureux. N'oubliez pas de jeter un œil aux toiles de ***Hendrick Avercamp*** et son virevoltant *Paysage d'hiver.* Les centaines de patineurs s'en donnent à cœur joie à perte de vue, tandis qu'un chien dévore une carcasse dans un recoin en 1er plan.

Parmi les tableaux signés ***Rembrandt,*** pas mal d'œuvres de jeunesse. Un petit autoportrait à 22 ans, où il s'essaie aux techniques du clair-obscur ; une *Sainte Anne* empreinte de sérénité ; un aristocratique portrait de *Jan Six* ; ou encore la superbe *Fiancée juive.* Par-ci, par-là, des toiles de ***Van Ruysdael,*** de ***Nicolas Maes*** (émouvante ferveur de la femme en prière, alors que le chat espiègle s'agrippe à la nappe pour attraper l'appétissante brioche) ou de ***Van Goyen*** montrent à quel point les élèves font honneur au maître.

Entrez dans la ronde...

Incontournable, ***La Ronde de nuit*** *(Nachtwacht, 1642)* constitue le plus célèbre des tableaux de Rembrandt, le plus admiré et aussi le plus grand par la taille. Initialement intitulé *La Compagnie du capitaine Frans Banning Cocq et du lieutenant Willem Van Ruytenburch,* il a été rebaptisé *Ronde de nuit* au XIXe s. À tort, selon certains, car si les vernis noircis par le temps ont pu faire croire à une scène nocturne, ce n'est probablement pas le cas. Mais ce dont on est sûr, c'est qu'il s'agit d'une commande – comme souvent à cette époque –, faite ici par la milice bourgeoise d'Amsterdam représentée sur cette toile. Ceux qui souhaitaient être dans la lumière devaient payer le prix fort !

Ce qui interpelle d'abord, c'est le mouvement des personnages quand les autres portraits de groupe semblent souvent si figés. Ici, certains visages se retrouvent même « masqués », sous le feu de l'action... (les personnages concernés n'ont pas dû être très heureux du résultat !). Personne (sauf un !) ne regarde en direction du peintre. En photo, on appellerait ça un instantané. Puis il y a la vigueur du clair-obscur, le jeu de l'ombre et de la lumière. Détail troublant : observez cette petite fille lumineuse et énigmatique sur la gauche du capitaine Cocq. Qui est-elle ? Que fait-elle là ? Comme souvent dans l'œuvre de Rembrandt, elle ressemble étrangement à Saskia, la femme du peintre morte cette année-là. On pense que c'est la mascotte de la milice. Elle porte un poulet à sa ceinture (eh oui !). Or les pattes d'un poulet figurent dans le blason des arquebusiers... Et le capitaine s'appelle comment ? On pourrait vous en parler toute la nuit sans tourner en rond...

DE LA TOILE À LA DÉCOUPE

Dans la composition d'origine de La Ronde de nuit, *il y avait 32 personnages : 16 gardes et 16 « notables » identifiés formellement, car ils avaient payé pour figurer sur la toile. Aujourd'hui, ils ne sont plus que 29 ! En effet, pour pouvoir être accroché entre 2 portes de l'hôtel de ville, le tableau a été découpé au XVIIIe s. Jetez un œil à la petite copie, juste à droite de l'original de Rembrandt, le bout manquant et ses 3 personnages sont bien là. On ne dit pas s'ils ont été remboursés !*

Les autres collections

– Découvrir en parcourant à votre rythme les salles spacieuses aux plafonds hauts et à la déco nettement néogothique, consacrées à la fin du XIXe s ; le cabinet d'architecture sévillan ayant tenu à recréer l'agencement fluide conçu à l'origine par Pierre Cuypers. Les 4 étages du bâtiment vous racontent ainsi, mieux que de grands discours, l'univers hollandais, mêlant tableaux, estampes, dessins, photographies, en replaçant dans leur contexte bijoux, costumes, faïences de Delft (superbes pyramides porte-tulipes), porcelaine, argenterie, maisons de poupée ou meubles d'époque. Voir notamment au 1er étage la chambre de style de Haarlem et au 2e étage le ***Grand Hall (Voorhall),*** une pièce de musée en soi. Même si le Siècle d'or représente l'attraction no 1 du musée, ne pas négliger les périodes ***1100-1600***

AMSTERDAM

(au niveau 0) ainsi que ***1700-1800*** et ***1800-1900*** (au 1er étage). On y trouve des œuvres de ***Fra Angelico, Beuckelaer, Goya, Van Gogh, Breitner...***

– ***La période 1900-2000 :*** au 3e étage. Plus d'une centaine d'acquisitions réparties dans 2 ailes (1900-1950 et 1950-2000). Pas facile de s'y retrouver ; pour vous aider, les escaliers sont situés aux extrémités du Grand Hall *(Voorhall).* Parmi les œuvres, ***De Vierkante Man*** (*L'Homme carré,* 1951), de Karel Appel, l'un des fondateurs du mouvement ***CoBrA,*** un fauteuil blanc créé par le designer et architecte néerlandais *Gerrit Rietveld* (1923) et la légendaire robe « Mondrian » (1965-1966) créée par *Yves Saint Laurent* et inspirée des œuvres de l'artiste néerlandais.

– ***Au niveau 0,*** une structure très différente, à l'architecture savamment bancale : ***le pavillon asiatique,*** relié au reste du musée par un couloir souterrain. Nombreuses parois inclinées, perspectives inhabituelles pour présenter la riche collection d'art asiatique du musée : Thaïlande, Vietnam, Inde, Japon, Indonésie, Chine... 365 objets, chiffre symbolique, allant de l'an 2000 av. J.-C. à l'an 2000 apr. J.-C. Voir notamment *Gardiens du Temple* ou le remarquable *Shiva* en bronze.

– Enfin, restons au ***niveau 0*** où nous avons le plus envie de vous inciter à prolonger la visite, pour apprécier, loin de la foule, les ***special collections*** d'arts décoratifs et d'histoire de l'art présentées de façon si originale, ludique, intelligente qu'on y passerait des heures. Les argenteries catholique et protestante ne font qu'une dans leur vitrine tandis qu'une armada de maquettes de navires laisse pantois. Puis c'est la vie au quotidien que l'on découvre à travers costumes, meubles, accessoires et bijoux. Les armes sont impressionnantes (étonnante collection de pistolets en ivoire), comme flottant dans l'air par la grâce d'un trucage. De la salle de musique sortiraient presque des sons de clavecin, violes de gambe ou saqueboutes, tandis qu'on peut revivre l'émotion des 1ers pas du cinéma à travers une lanterne magique datant de la moitié du XVIIe s.

RETOUR AU BERCAIL

Une salle (2.9) expose ce qui reste de l'expédition tragique de Willem Barents, qui tenta en 1596 de découvrir un passage vers la Chine par le nord, aux confins de la banquise polaire. Pris par les glaces, son équipage fut contraint de se réfugier sur une île dans une cabane faite du bois récupéré sur le navire. 15 matelots survécurent, mais pas Barents, dont le nom fut donné à cette mer de l'océan Arctique.

À l'extérieur

On trouve à l'extérieur un pavillon entouré d'eau, et un jardin historique de plus de 14 000 m², pour terminer la visite *(tlj 9h-18h, accès libre).* Un véritable musée en plein air, présentant différents styles de jardin, sur fond de statues restaurées et de vestiges d'anciens bâtiments. Des expositions internationales de sculptures y sont organisées chaque été.

Inutile de préciser que la restauration sur place n'a pas été oubliée, avec un superbe ***resto*** gastronomique étoilé par un guide concurrent.

Un ***musée flambant neuf*** a ouvert ses portes au Weteringschans 2, tout près du musée. Il propose de découvrir une reconstitution virtuelle de l'atelier de Rembrandt au gré d'une muséographie interactive *(tlj 11h-19h30 ; compter 12,50 € ; • rembrandtsamsterdam.com •).*

Van Gogh Museum *(musée Van Gogh ; plan A-B6 et plan Vondelpark, D2)* **:** *Museum Square 6. ☎ 570-52-00. • vangoghmuseum.nl • Ⓣ Van Baerlestraat (nos 2 ou 12 depuis la gare centrale). Horaires un peu compliqués, mieux vaut vérifier. En principe, juil-sept 9h-18h (21h ven) ; ferme plutôt à 17h (18h le w-e) le reste de l'année ; 1er janv 11h-17h.* ***Il est maintenant OBLIGATOIRE d'acheter son billet EN LIGNE le plus tôt possible.*** *Entrée : 19 € ; gratuit moins de 18 ans et avec la I amsterdam City Card. Audioguide en français recommandé : 5 € ; réduc. Expos temporaires au rdc, sans supplément.*

– Conseil : visite à faire ***de préférence hors saison ou alors le matin,*** dès l'ouverture (surtout en été), ***pour éviter la cohue*** devant les toiles, ou encore ***profiter de la nocturne, le vendredi jusqu'à 21h.***

Préambule à la visite

Le fonds provient essentiellement de la collection personnelle de Théo (le frère de Vincent) et de ses descendants. Ceux-ci ont en effet choisi de confier, de façon permanente, l'ensemble des œuvres à la Fondation Van Gogh et au musée. Depuis, la collection n'a cessé de s'enrichir, comptant aujourd'hui ***plus de 200 tableaux,*** soit près d'un quart de la production totale de Van Gogh. Ajoutez à cela moult ***dessins, esquisses*** et ***lettres manuscrites*** du peintre, ainsi que ***270 œuvres d'artistes contemporains*** qui l'influencèrent ou furent influencés par lui, comme Gauguin, Toulouse-Lautrec, Monet, Rodin, Pissarro, Signac, pour ne citer que les plus connus. Il s'agit donc bien de la plus grande collection de Van Gogh au monde mais, attention, ***les pièces sont exposées par roulement*** et vous ne pourrez admirer en fait qu'***une centaine d'œuvres*** lors de votre visite. Par ailleurs, il peut arriver que vous ne trouviez pas toutes les œuvres dont nous vous parlons ci-dessous. Ne nous en voulez pas, elles sont probablement en goguette dans d'autres musées !

L'HOMME À L'OREILLE COUPÉE

Le 23 décembre 1888, lors d'une violente dispute, Van Gogh menaça son ami Gauguin avec un rasoir. Gauguin s'enfuit. Durant la nuit, Vincent se trancha l'oreille gauche dans la tourmente d'un accès de folie. L'épisode est connu. Ce qui l'est moins, c'est qu'il l'enveloppa dans du papier journal pour aller la porter « en cadeau » à une certaine Rachel, dont on ne sait pas grand-chose. Une prostituée ? Une maîtresse ? Un mystère qui occupe encore les experts aujourd'hui...

Construit en 1973 par le grand architecte hollandais Gerrit Rietveld et agrandi d'une magistrale entrée tout en verre en 2015, le musée privilégie le didactisme. Pas de profusion d'œuvres, mais de l'espace pour accueillir les quelque 2 millions de visiteurs annuels.

– On conseille de télécharger l'appli « Touch Van Gogh » (sur le site du musée), pour tablettes et smartphones), assez géniale dans le genre, qui permet de décrypter les secrets picturaux du maître !

– Enfin, pour en savoir un peu plus sur le Hollandais à l'oreille coupée, reportez-vous en fin de guide à la rubrique « Peinture hollandaise » dans le chapitre « Hommes, culture, environnement » en fin de guide.

La visite

Le musée couvre de manière chronologique toutes les périodes de production de l'artiste, ***de ses débuts aux Pays-Bas jusqu'à Auvers-sur-Oise*** où il termina ses jours, à l'été 1890. Tout au long de ce fabuleux voyage dans le monde intérieur (lisez les lettres !) et extérieur du peintre, on retrouve explications brillantes et mise en perspective avec les pays traversés, les thématiques retenues, les maîtres qu'admirait Van Gogh. Parmi les plus célèbres, citons Millet, Daubigny, Delacroix, Courbet, Corot. L'influence de l'école de La Haye, puis de Barbizon est évidente, même si l'on sent dès ses débuts une volonté de rompre avec l'académisme.

– ***Autoportraits :*** au rez-de-chaussée, en préliminaire. On retrouve les yeux verts et la barbe rousse de Van Gogh sur ses nombreux autoportraits, de techniques très différentes. Un mur entier détaille son regard, montrant la précision et le détail des touches de couleurs appliquées. Sur 2 tableaux seulement, il s'est représenté devant son chevalet. Voir aussi sa palette de peinture dans une vitrine, savamment badigeonnée, une œuvre d'art en soi ! Également, une frise chronologique résume la vie du peintre, à l'aide d'images d'archives, de lettres et de croquis.

– ***Van Gogh's models, Rural life et Painter of Peasant Life :*** les débuts en Hollande ***(1883-1885).*** Installé dans le Brabant chez ses parents, Van Gogh l'autodidacte apprend, étudie la technique des autres peintres, tâtonne, le trait est encore parfois maladroit (enfin... relativement). Il s'intéresse aux paysages, à la vie paysanne et dessine ou peint des toiles sombres, graves, qui reflètent les dures conditions d'existence des gens de la terre, comme le bouleversant *Mangeurs de pommes de terre* baigné d'une frêle lumière, ainsi que le *Cimetière de paysans.* Du Brel en peinture !

– ***Modern art in Paris :*** la période parisienne ***(1886-1888).*** Après un court séjour à Anvers où il s'était inscrit à l'Académie, il rejoint son frère à Paris. Il découvre la couleur et réalise plusieurs autoportraits, dont le fameux *Autoportrait au chapeau de paille,* la *Femme assise au café du Tambourin,* ainsi que *La Nature morte aux citrons,* qui constituent des œuvres marquantes de cette période. Il est frappant de voir comment Van Gogh a intégré et adopté le pointillisme et le japonisme.

– ***Artistic flourishing et Dreaming of Japan :*** la période d'Arles ***(1888-1889).*** Van Gogh quitte Paris, dont l'agitation ne lui convient pas, et s'installe dans « la maison jaune » à Arles. Il découvre le calme de la Provence et rêve d'une communauté d'artistes qui réunirait ses amis. Gauguin le rejoint, et la dispute entre les 2 peintres est à l'origine du célèbre épisode de l'oreille tranchée. De cette période, on peut admirer *La Chambre de Van Gogh,* ainsi que plusieurs tableaux célébrant la nature : *Les Tournesols* (remarquez sa signature sur le vase !), *La Moisson,* et toute une série d'arbres fruitiers en fleurs d'une grande délicatesse...

VINCENT ET LE JAPON

Quelques toiles de l'artiste sont clairement inspirées par le Japon, qui fascinait Van Gogh. Cette obsession fut la raison majeure de son installation en France. En effet, ses finances ne lui permettaient pas de rejoindre l'Orient. Il partit donc en Provence, persuadé que les paysages et les couleurs y étaient les mêmes qu'au pays du Soleil-Levant !

– ***Painting against all odds*** *(contre toute attente)* **:** la période de Saint-Rémy ***(1889-1890).*** Il se fait interner à l'hospice de Saint-Rémy, suite à des crises importantes de démence que l'on sait aujourd'hui être dues à une forme d'épilepsie. Il peint la série des *Iris* et des *Champs de blé.* Il décline aussi toute une variation autour des œuvres de ses grands maîtres, qu'il réinterprète et se réapproprie, comme cette série d'étonnantes toiles sur les travaux des champs d'après Millet, ou encore une *Pietà* d'après Delacroix. Quelques tableaux, comme les *Bourgeons d'amandiers,* témoignent à nouveau de l'influence japonaise.

– ***Impassionned Nature :*** la période d'Auvers-sur-Oise ***(mai-juillet 1890).*** Retour vers le nord où le bon docteur Gachet s'occupe de lui. De cette courte période, la plus prolifique néanmoins et sans doute la plus géniale, peu de toiles paradoxalement. Les plus belles sont à Orsay ! On pourra tout de même admirer un ensemble de 4 tableaux champêtres d'une force saisissante, dont *Champ sous un ciel d'orage* et *Champ de blé aux corbeaux.* Il se tire un coup de pistolet dans la poitrine au milieu d'un champ en juillet 1890 et meurt 2 jours plus tard, 6 mois avant son frère Théo.

– ***Van Gogh inspires :*** cette section présente des toiles de peintres qui ont influencé Van Gogh *(Monet, Pissarro, Vuillard, Manet, Doré, Toulouse-Lautrec, Denis, Signac, Bernard, Gauguin, Van Dongen...).* Mais là aussi, les œuvres étant présentées par roulement, certains de ces peintres peuvent être absents lors de votre passage.

– ***A life in letters*** et ***Artistic exchange :*** on y voit notamment

UN VAN GOGH MÉCONNU

On le croyait dingue, fauché et sans culture. Il n'en était rien. Rendue publique en 2009, l'étude de sa correspondance révèle qu'il lisait quantité de livres en néerlandais, en anglais, en français et en allemand, et ses lettres sont d'une grande qualité littéraire. Le peintre n'était pas non plus totalement pauvre, son frère l'aidant à joindre les deux bouts. Cela dit, il ne vendit qu'une seule œuvre de son vivant, en 1888 : La Vigne rouge. *Mais il faut aller à Moscou pour la voir.*

son abondante correspondance avec son frère Théo, toujours en français (la réponse du peintre arrivait dès le lendemain, de La Haye à Paris !). On doit la renommée posthume de Van Gogh à la femme de Théo puis à leur fils Vincent Willem qui créa la Fondation Van Gogh et le musée.
– ***Van Gogh at work :*** à l'aide de microscopes, écrans tactiles et de l'appli « Touch Van Gogh », les curieux sont invités à percer les secrets des couleurs du peintre. Celles-ci se sont affadies avec le temps, sauf sur les bords des tableaux (grâce à la protection du cadre !). Ainsi, les couleurs que nous admirons aujourd'hui ne sont pas celles que Van Gogh avait choisies.

MOCO *(Modern Contemporary Museum ; plan B6 et plan Vondelpark, D2)* **:** *Hontorststraat 20, Museumplein. ☎ 370-19-97. • mocomuseum.com • Tlj 9h-20h (21h ven-dim). Entrée : 15,50 € (19,50 € sur place !) ; réduc. Audiotour à télécharger sur portable : 2,50 €.* Installé dans une élégante villa entre le musée Van-Gogh et le Rijksmuseum, ce nouveau-né profite de son prestigieux environnement pour attirer un public nombreux, avec des expos temporaires dévoilant les œuvres de quelques rockstars de l'art contemporain, à commencer par Bansky, le *wonderboy* du *street art.*

Stedelijk Museum *(musée d'Art moderne ; plan A6 et plan Vondelpark, C-D2)* **:** *Museumplein 10. ☎ 573-29-11. • stedelijk.nl • Tlj 10h-18h. Entrée : 20 € ; gratuit moins de 18 ans (accompagnés d'un adulte) et avec la* I amsterdam City Card. *Prendre l'audioguide (en français) pour s'y retrouver. Très belle boutique de design, rayon enfants, bouquins...*

Un musée dans le bain de l'époque
Le *Stedelijk Museum* possède une des collections les plus importantes d'art moderne et de design du monde, dans laquelle figurent des grands noms comme ***Matisse, Mondrian, Picasso, Malevitch, De Kooning, Rietveld*** et ***Sottsass.*** Le bâtiment historique de style néo-Renaissance, construit par l'architecte Weissman, datait de 1895. Après 8 ans de travaux, la réouverture du musée en 2012 a créé l'événement : c'est peu dire que ce bâtiment rénové et agrandi (10 000 m^2 !), assorti d'un centre d'information et d'une boutique, ne passe pas inaperçu.
Avec son look de gigantesque baignoire en acrylique, l'extension à l'apparence futuriste conçue par *Mels Crouwel* domine le paysage du quartier des musées, entre le Van Gogh et la salle légendaire du *Concertgebouw* : un volume qui offre de nombreuses possibilités pour les expositions, relié à la « salle d'honneur » de l'ancienne construction. On y trouve également l'auditorium et la salle de cinéma. Tout est recherche d'harmonie. La disposition est symétrique, avec une cage d'escalier centrale, les salles sont monumentales et leur traitement d'un blanc immaculé accentue la luminosité procurée par les ouvertures et les baies vitrées. Une fois à l'intérieur, le visiteur en oublie le contraste qui l'avait surpris au-dehors.

Des collections qui déménagent
D'entrée, c'est l'éblouissement : ***Cézanne*** et *La Montagne Sainte-Victoire,* ***Monet*** et la *Maison à travers les roses,* ***Ensor*** et le *Carnaval en Flandre,* ***Chagall*** et *La Femme enceinte* et le fameux *Violoniste,* ***Braque,*** son broc et ses 3 bouteilles...
Les collections présentent les grands noms de la peinture en privilégiant toutefois un choix limité, appréciable pour la clarté du propos. L'art contemporain, depuis ses fondements et ses 1ers essais, est ici décodé. De l'expressionnisme et l'abstraction avant la 2de Guerre mondiale au mouvement CoBrA des années 1948 à 1951, en passant par le Bauhaus et le Pop Art.
Dans la plupart des salles, un objet ou une sculpture moderne occupe le centre de la pièce et, sur les murs, une toile grand format est accompagnée de quelques œuvres de dimensions plus modestes. Ainsi pour ***Mondrian, Warhol, Malevitch, Picasso,*** entre autres. La lecture est facile et pédagogique, expliquant bien cette période où l'on quitte la représentation du réel pour la représentation de l'essence des choses et de l'être. C'est une décomposition et une recomposition de l'homme, du paysage, préfigurant, dans la touche de peinture, ces pixels auxquels nous ont habitués la photographie et le numérique.

Hormis toutes ces œuvres picturales magistrales, le musée présente des objets de notre quotidien, revus dans leur conception par des formes et des matériaux nouveaux. Les produits issus du design industriel vont ravir les amoureux du genre.
I●I À l'étage, une petite ***cafétéria*** pour faire une pause et un beau ***restaurant*** au rez-de-chaussée (indépendant du musée).

House of Bols *(distillerie Bols ; plan A6 et plan Vondelpark, D2,* ***318****) : Paulus Potterstraat 14.* ☎ *570-85-75.* ● *bols.com* ● Ⓣ *nos 2 ou 12. Tlj 13h-19h (21h ven-sam) ; dernier ticket 1h avt. Entrée : 16 € (cocktail inclus) ; 25 % de réduc avec la* I amsterdam City Card. *Interdit aux moins de 18 ans.* La distillerie *Bols* n'est rien de moins que la plus vieille distillerie au monde, présente à Amsterdam depuis 1575. La maison est également célèbre pour son genièvre, qui n'est plus fabriqué sur place. À travers une muséographie moderne et ludique (à l'instar de cette batterie de tests olfactifs), on revit l'épopée de l'alcool emblématique hollandais. Une dégustation est comprise dans le prix (heureusement, vu le tarif affiché !). À l'aide d'ordinateurs, vous élaborez votre cocktail sur mesure, qu'un barman vous apprendra à *shaker.* À la boutique, vous pourrez aussi acheter une bouteille de genièvre avec étiquette personnalisée. Un brin commercial, on s'en doute.

Le célèbre bâtiment du ***Concertgebouw*** *(plan Vondelpark, C-D2-3)* a fêté ses 130 ans en 2018. Plus de 800 000 visiteurs chaque année pour une des salles de concert classique les plus célèbres dans le monde. Visites guidées en anglais *(dim-lun, mer et ven ; compter 11 € ; résa en ligne* ● *concertgebouw.nl/en/guided-tours* ● *ou au* ☎ *671-83-45)* ou des concerts à prix doux (voir plus haut « Où écouter de la musique ? ») !

Amsterdam toujours, un peu plus loin

Amsterdam est en constante évolution et les adresses, vous l'aurez compris, ne manquent pas dans le centre et le *Jordaan.* Mais si vous voulez découvrir un autre visage de la ville, moins touristique sans être moins intéressant, aventurez-vous en périphérie : dans le sud multiculturel du quartier *De Pijp,* dans l'ancien quartier juif, pour une visite historique émouvante, ou au nord dans les anciens docks pour une virée nocturne effervescente... De nombreuses possibilités s'offrent à vous. Alors, par ici la visite !

Balade au sud, dans le quartier De Pijp (plan C-D6)

Voilà le quartier hype où les trentenaires se retrouvent autour du marché multiculturel le plus emblématique de la ville : le ***marché Albert-Cuyp*** *(plan Grande Couronne),* le plus grand marché des Pays-Bas, qui s'étire, du lundi au samedi de 9h à 17h, sur 2 km le long de l'Albert Cuypstraat et dans les rues voisines *(métro nº 52, depuis la gare centrale).* Si le quartier continue de vivre la nuit, il a fortement changé depuis l'époque où il était le repaire des cabarets, boîtes et prostituées.

Heineken Experience *(plan C6,* ***312****) : Stadhouderskade 78.* ☎ *523-96-66.* ● *heinekenexperience.com* ● Ⓣ *Ferdinand Bolstraat (nº 16 depuis la gare centrale). Lun-jeu 10h30-19h30 (dernière entrée à 17h30), ven-dim 10h30-21h30 (dernière entrée à 19h). Entrée : 21 € (19 € sur Internet) ; réduc avec la* I amsterdam City Card. *Billet combiné* Rock the City *avec* A'DAM Lookout *+ accès en bateau : 50 € (35 € en ligne). Visite guidée de 2h en anglais.* *Heineken,* « la bière qui fait aimer la bière », incite surtout à faire aimer Heineken. Aussi, l'ancienne brasserie du XIXe s, qui ne brasse plus rien, s'est-elle transformée en méga-attraction dédiée à la gloire de la marque. 2 bières comprises dans le prix d'entrée.

Balade dans l'ancien quartier juif
(Jodenbuurt ; plan E4)

Bon à savoir : l'organisation culturelle du « ***Quartier culturel juif*** » propose un billet jumelé (17 €) regroupant le Musée historique juif, la synagogue portugaise, le *Hollandsche Schouwburg* (mémorial) et le musée national de l'Holocauste. Gratuit avec la *I amsterdam City Card,* il permet de faire un tour historique complet des lieux emblématiques de l'ancien quartier juif d'Amsterdam.

Les origines de la communauté juive d'Amsterdam remontent au début du XVIIe s. Vers 1600, des juifs séfarades, chassés d'Espagne (1492) et du Portugal (1531) par l'Inquisition, souvent des *marranes* (de faux-convertis), vinrent trouver refuge dans une ville favorable à leurs activités commerciales et d'autant plus tolérante que les Provinces-Unies s'étaient libérés du joug espagnol. Vers 1635, au Siècle d'or, d'autres juifs, ashkénazes originaires d'Europe centrale et orientale, s'exilèrent à leur tour, encouragés par une République qui y trouvait un intérêt économique, et l'occasion de marquer ouvertement leur opposition à l'Église catholique et à ses pratiques.
Le *Jodenbuurt* fut habité à 95 % par des juifs, mais des membres de minorités religieuses, luthériens, baptistes et catholiques, chassés de leurs lieux de culte par le protestantisme triomphant, y trouvèrent également refuge. Par ailleurs, non-juif, mais non-conformiste dans l'âme, ***Rembrandt*** y vécut pendant plus de 20 ans, dans sa maison-atelier de la *Jodenbreestraat*. De nombreux juifs du quartier devinrent ses amis, et certains posèrent pour ses dessins et ses peintures d'inspiration biblique.
Pendant près de 350 ans, aucune persécution ne menaça l'existence de cette communauté bien intégrée, considérée comme l'une des plus florissantes d'Europe. ***L'holocauste perpétré par les nazis mit un terme tragique à une coexistence pacifique.*** Sous l'Occupation, entre 1940 et 1945, près de 80 % des juifs d'Amsterdam (100 000 personnes) furent arrêtés, puis déportés et tués dans les camps de la mort (Auschwitz, Sobibor). Après la guerre, ce vieux quartier n'était plus qu'une zone peuplée de fantômes : maisons abandonnées, synagogues vides. « J'habite sur les lieux d'un des plus grands crimes de l'histoire », dit un personnage de Camus dans *La Chute.*
Aujourd'hui, les méfaits du modernisme (tunnel routier, métro, immeubles en béton) ont défiguré ce qui restait du *Jodenbuurt*, à l'exception de quelques témoins remarquables. C'est ce que l'on peut découvrir à pied, en comptant une bonne matinée ou un peu plus si l'on inclut la visite de la taillerie de diamants *Gassan.*
Un tuyau : accéder au Jodenbuurt par le *Hop On Hop Off Boat* (arrêt Stadhuis ; voir plus haut la rubrique « Transports. En bateau »).

Stadhuis *(hôtel de ville ; zoom Centre, D4)* **:** grand immeuble moderne et fonctionnel inauguré en 1986. Dans le passage couvert (aux heures d'ouverture seulement), on peut voir le ***Niveau normal d'Amsterdam*** *(NAP).* Cet étalon en cuivre correspond au niveau des canaux de la ville. Il est devenu la référence de mesure de l'altitude dans la plupart des pays européens. À côté, 3 colonnes de verre jaillissent du sol. Leur niveau d'eau correspond à la hauteur de la mer à *Vlissingen* et *Ijmuiden*, et aux grandes inondations de la Zélande en 1953. Ça fait froid dans le dos. Pourvu que les digues tiennent le coup !

Dutch National Opera & Ballet *(plan D-E4)* **:** *sur le Waterlooplein.* ☎ 625-54-55. ● *operaballet.nl* ● Il n'est pas sans rappeler l'Opéra Bastille.

Jodenbreestraat *(plan D-E4)* **:** la « rue Large-des-Juifs » était autrefois l'artère commerçante et animée du quartier juif d'Amsterdam. Hormis la maison de Rembrandt (au n° 4), rien n'arrête le regard dans cette rue défigurée par des immeubles sinistres.

Rembrandthuis *(maison de Rembrandt ; plan D4 et zoom Centre, D4) :* *Jodenbreestraat 4-6. ☎ 520-04-00. • rembrandthuis.nl • De la gare centrale, Ⓜ Waterlooplein. Ⓣ Waterlooplein (nº 14 du Dam). Tlj sauf lun 10h-18h. Fermé 27 avr et 25 déc. Entrée : 15 € ; réduc ; supplément lors des expos temporaires ; gratuit avec la* I amsterdam City Card. *Audioguide en français gratuit.* ***Attention, rénovation prévue entre 2021 et 2023 ; certaines parties du musée risquent d'être fermées lors de votre passage*** *(se renseigner).*

UN PINGRE ROUÉ

L'avarice de Rembrandt était légendaire : tantôt il mettait ses gravures en vente publique et allait lui-même surenchérir, tantôt il chargeait son fils d'aller les vendre. Encouragé par ses succès, il imagina un jour une ruse encore plus tordue : il disparut et répandit le bruit de sa mort. Son atelier et ses œuvres, mis en vente, rapportèrent une somme fabuleuse et le mort reparut au milieu des acheteurs ébahis.

Seulement une peinture du maître mais 250 eaux-fortes de Rembrandt Van Rijn (1606-1669) sont exposées par roulement. C'est d'ailleurs presque exclusivement avec ses ***eaux-fortes*** d'une remarquable finesse de trait, ainsi que par ses gravures, toutes d'inspiration biblique, que Rembrandt intéressa les collectionneurs au XIXe s. Sa peinture ne fut appréciée que plus tard. La demeure n'est pas sa maison natale (il est né à Leyde), mais c'est celle où il a vécu et travaillé pendant plus de 20 ans (de 1639 à 1660). Ce fut la période la plus faste de son existence.
En 1639, grâce à l'argent qu'il gagne avec *La Ronde de nuit* et aux commandes qui affluent, l'artiste achète cette belle maison bourgeoise de la Breestraat, en plein quartier juif, ce qui ne se faisait pas en son temps. Ses voisins sont ses amis : le savant ***Menasseh Ben Israël,*** rabbin d'Amsterdam, ***Éphraïm Bueno,*** un médecin juif portugais, et ***Jan Lutma,*** un riche joaillier. Des commerçants aisés du quartier lui achètent des portraits. Les rues autour de chez lui l'inspirent et lui évoquent la Bible. C'est dans cette maison que Titus, son fils, est né (1641) et que Saskia, sa femme, est morte, en 1642. En 1656, l'artiste est en faillite, ses biens sont vendus, ainsi que sa maison.
Il quitte le quartier juif en 1660 et s'installe dans le Jordaan (quartier pauvre à l'époque). L'inventaire réalisé à l'occasion de la vente de ses biens a permis de reconstituer la collection d'objets précieux et insolites, ainsi que les antiquités qui meublaient son intérieur : les armes anciennes sont celles que l'on voit dans ***La Ronde de nuit,*** les coquillages, les animaux naturalisés, les verres de Venise et les instruments de musique du *Kunstcaemer* constituent un ensemble hétéroclite à la manière des cabinets de curiosités de l'époque.

La visite

Rénovée, la maison a été réaménagée dans un décor du XVIIe s et se visite selon la distribution logique des pièces d'origine.
– ***Au sous-sol :*** la cuisine, la pièce la plus confortable de la maison, où dormait aussi la cuisinière. Noter qu'à l'époque on buvait peu d'eau, plutôt de la bière peu alcoolisée.
– ***Au rez-de-chaussée :*** l'entrée au sol pavé de carreaux noir et blanc ; l'antichambre *(Sijdelcaemer),* hall de vente et de réception de Rembrandt, tapissée à l'époque de ses toiles à vendre et où il recevait ses commanditaires (le lit dans la pièce attenante était destiné à accueillir un hôte occasionnel) ; en face de l'escalier, une petite pièce servant de bureau privé à Rembrandt et contenant une presse à bois pour y imprimer les eaux-fortes ; le salon *(sael),* doté d'un majestueux manteau de cheminée et d'un lit encastré où mourut sa femme à l'âge de 29 ans. Remarquez le miroir, un objet très précieux à l'époque.
– ***Au 1er étage :*** l'atelier *(Schildercaemer)* réservé au travail du maître et de ses nombreux élèves. C'est là qu'il a peint ses toiles les plus virtuoses, notamment *La Ronde de nuit,* exposée au Rijksmuseum. Face à l'atelier, la ***Kunstcaemer,*** le

cabinet reflet de la curiosité, de l'érudition et du standing du maître, est remplie d'un incroyable bric-à-brac d'objets qui lui servaient de modèles et d'inspiration. Sous les combles, où officiaient les élèves de Rembrandt, sont exposées de remarquables eaux-fortes : paysages, portraits et de superbes scènes bibliques marquées par de violents contrastes de lumière. Encore et toujours le clair-obscur, l'ombre et la lumière, obsession de Rembrandt.
– ***Au 2e étage :*** autre atelier, réservé autrefois à ses élèves. Cet endroit, savamment organisé, offrait des espaces de création très bien pensés : des façades en bois compartimentent la pièce en quatre, où chaque élève peut peindre en toute intimité avec un chevalet, une table, une chaise et, surtout, une fenêtre par laquelle passe la lumière du jour.
– À noter, l'intéressant atelier-démonstration qui explique en anglais la technique des eaux-fortes.
– L'aile contemporaine accueille des expos temporaires, le plus souvent fabuleuses.

La taillerie de diamants Gassan Diamonds *(plan E4)* ***:*** *Nieuwe Uilenburgerstraat 173-175. ☎ 622-53-33. • gassan.com • Tlj 9h-17h. GRATUIT. Visite guidée seulement en anglais (15-40 mn), quelques-unes en français. Parfois un peu d'attente, venir dès l'ouverture en été, avt la cohue des cars et bateaux-mouches.*
La taillerie est installée dans un immense bâtiment en brique de 1879. La visite est instructive, même si le but principal est de vous présenter la marchandise. Beaucoup de juifs d'Amsterdam étaient diamantaires et fournissaient des emplois aux ouvriers du quartier. ***Samuel Gassan*** a perpétué cette activité en la modernisant. On visite l'atelier de taille de diamants. 3 étapes : le sciage (une journée pour scier un diamant d'un carat !), l'arrondissage, puis le polissage. Les cailloux proviennent essentiellement des mines d'Afrique du Sud, d'Australie ou du Canada. Entre la pierre brute et le brillant, le diamant perd environ 50 % de son volume. Une fois travaillé, le nombre de ses facettes peut varier de 25 à 57. Imaginez le boulot sur un diamant pas plus gros qu'une tête d'épingle !
Après cela, on vous montre et on vous explique les critères pour distinguer les diamants les uns des autres : le poids, la couleur, la clarté et la coupe (les 4 C : *carat, colour, clarity and cut*). On peut y acheter un diamant à prix d'usine, certifié par *Gassan.* Ils peuvent même le faire monter dans l'heure.
Boissons chaudes à dispo au fond du magasin pour faire une pause avant de reprendre les visites.

UN DIAMANT POUR NE PAS TENTER LE DIABLE !

L'incube, ce démon qui couchait avec les femmes endormies, était la terreur du Moyen Âge. Le diamant, symbole de fidélité, protégeait l'épouse de ces assauts répugnants. Voilà pourquoi, même si on en a oublié la signification, on offre encore un diamant à sa fiancée (quand on en a les moyens !). Heureusement, les incubes sont assez rares.

Portuguese Synagogue *(Synagogue portugaise ; plan E4)* ***:*** *Mr Visserplein 3. ☎ 531-03-10. • jck.nl • Tlj sauf sam : fév-nov, 10h-17h ; déc-janv, 10h-16h. Le ven, fermeture à 14h nov-fév et 16h mars-avr et sept-oct. Ferme plus tôt certains jours et complètement les j. fériés juifs (voir site). Billet jumelé avec le* Musée historique juif, *le* Hollandsche Schouwburg *(mémorial) et le* musée national de l'Holocauste *: 17 € ; gratuit moins de 6 ans et avec la* I amsterdam City Card. *Audioguide inclus.*
1re synagogue d'Amsterdam, c'est aussi ***l'une des plus grandes du monde !*** Construite en 1675, elle est le fruit d'une épopée historique tumultueuse. En 1492, sous le joug de l'Inquisition, les juifs quittent l'Espagne pour le Portugal. Manque de chance, là, on les oblige à se convertir. 100 ans plus tard, certains de leurs descendants, souhaitant renouer avec la tradition hébraïque, s'établissent dans la cité

d'Amsterdam, réputée pour sa tolérance. Comme la Hollande est en guerre contre l'Espagne, les juifs préfèrent dire qu'ils sont portugais ! Vous avez suivi ? C'est ainsi qu'est née la communauté portugaise israélite d'Amsterdam, qui a compté jusqu'à 4 300 personnes avant l'Holocauste.
L'architecte ***Elias Brouwman*** s'est inspiré du plan du Temple de Salomon à Jérusalem. Cet énorme cube en brique a miraculeusement été épargné par la guerre et par les nazis. Rien n'a changé à l'intérieur depuis sa fondation. D'ailleurs la synagogue n'a toujours pas l'électricité. En hiver, elle est entièrement éclairée à la chandelle ! À côté de la synagogue, plusieurs petits bâtiments abritent notamment une synagogue de poche pour l'hiver, chauffée elle. Également une salle des Trésors *(Treasure chambers),* la salle de prière du rabbin et la bibliothèque *Etz Chaim,* connue dans le monde entier.
– ***Jonas Daniel Meijerplein :*** c'est la place triangulaire derrière la synagogue. Au milieu, sous les arbres, se dresse une statue en bronze, le *Dokwerker* (le Docker). Elle rappelle que les dockers du port d'Amsterdam furent les premiers à se mettre en grève générale en protestation à la 1re rafle organisée par les nazis. Le 22 février 1941, les Allemands rassemblèrent les juifs sur cette place pour les déporter.

AMSTERDAM

★★ ***Joods Historisch Museum*** *(Musée historique juif ; plan E4)* **:** *Jonas Daniel Meijerplein 2-4 ; entrée par la Nieuwe Amstelstraat 1.* ☎ *531-03-10.* • *jck.nl* • Ⓜ *Waterlooplein.* Ⓣ *Waterlooplein (nº 14 du Dam ou de la gare centrale). Tlj 10h-17h. Fermé aux fêtes juives. Entrée (combinée avec la synagogue, le* Hollandsche Schouwburg *et le* musée national de l'Holocauste*) : 17 € ; réduc ; gratuit moins de 6 ans et avec la* I amsterdam City Card. *Audioguide en français gratuit.*
Beau musée consacré à l'histoire et à la culture juives, installé dans 4 anciennes synagogues juxtaposées. L'ensemble est assez impressionnant et témoigne bien de l'importance de la communauté juive d'Amsterdam aux XVIIe et XVIIIe s. La muséographie, sur 3 niveaux, est moderne et agréable, comprenant même une section dédiée aux enfants.
– Descendre d'abord en sous-sol pour gagner la ***Grande Synagogue,*** la plus ancienne des quatre (1670). Objets et mobilier de culte, écrans tactiles pour aborder l'histoire des juifs et leur identité de 1600 à 1900, en lien avec l'histoire des colonies *(Dutch East Indies).*
– Puis on pénètre par une passerelle dans la ***Nouvelle Synagogue*** (1752), consacrée au XXe s. Le musée ne s'appesantit pas sur l'Holocauste, indicible horreur. Un aperçu en revanche du sinistre camp de transit de *Westerbork,* le Drancy hollandais, et une évocation des 25 000 juifs qui se cachèrent dans le pays, comme la famille d'Anne Frank. Le musée traite surtout en profondeur de la difficulté à reconstruire la communauté après la guerre. Des 140 000 juifs vivant aux Pays-Bas avant la guerre (100 000 à Amsterdam), il n'en restait plus que 30 000 en 1945, la plupart dépossédés de leurs biens, ayant perdu toute leur famille, osant à peine affirmer leur identité par crainte de l'antisémitisme.
– ***Kindermuseum :*** les chérubins sont accueillis par des animateurs, jouent avec les écrans et passent volontiers de la cuisine à la salle de musique ou à la salle de dessin.
|●| ***La cafétéria casher et la librairie :*** *mêmes horaires que le musée (accès libre).* Spécialités juives comme les galettes au gingembre et à l'orgeat, les quenelles de poisson, les tartes au fromage. Et sinon, liste des restos casher d'Amsterdam disponible à l'accueil.

LES JUIFS ET LE PÔLE EMPLOI

Les juifs habitaient au sud-est de la ville et travaillaient dans ce quartier, distinct mais pas clos comme un ghetto. Privés de la citoyenneté et exclus des guildes (corporations), ils pouvaient pratiquer librement leur religion à condition de rester discrets ! Beaucoup de juifs trouvèrent donc du travail dans le textile, ainsi que dans le commerce des diamants, tout simplement parce que ces activités n'étaient pas organisées en corporations et les matières premières faciles à transporter.

Hollandsche Schouwburg *(mémorial ; plan F4)* **:** *Plantage Middenlaan 24. ☎ 531-03-10. • jck.nl •* ***Fermé pour rénovation jusqu'en 2022-2023, se renseigner.*** C'est dans cet ancien théâtre, dont il ne subsiste que la façade aujourd'hui, que des milliers de juifs étaient regroupés en 1942-1943 avant d'être envoyés dans le camp de transit de *Westerbork*. Un mémorial avant tout où sont inscrits les noms des familles, un film de témoignages (25 mn) et, à l'étage, de nombreuses photos émouvantes, pour ne pas dire éprouvantes.

– En face du mémorial, au n° 27, se trouve le ***National Holocaust Museum*** (musée national de l'Holocauste), mais il est lui aussi fermé pour travaux jusqu'en 2022 au moins. Pendant la 2de Guerre mondiale, cette ancienne école fut utilisée pour cacher, en lieu sûr, près de 600 enfants.

Hermitage Amsterdam *(plan E5)* **:** *Amstel 51. ☎ 530-87-55. • hermitage.nl • Ⓣ Waterlooplein (n° 14). Tlj 10h-17h. Fermé 27 avr et 25 déc. Entrée (chère et variable) : 18-27,50 € selon parcours choisi ; réduc ; gratuit avec la* I amsterdam City Card. *Audioguide en français gratuit.* Cet ancien hospice accueille l'antenne du célèbre musée de l'Ermitage et présente par roulement des expos temporaires avec des pièces en provenance de Saint-Pétersbourg. Ce lieu multifonction s'est vite imposé à Amsterdam comme un incontournable de la vie culturelle : concerts, lectures, conférences, centre d'étude, restaurant et, évidemment, lieu d'exposition. À raison de deux par an, ces expos temporaires, vouées à l'art, à l'histoire et à l'archéologie, permettent d'accueillir une partie du fonds considérable qui dort pour l'instant dans les réserves de la cité de Pierre le Grand. Quelques salles permanentes relatent l'histoire du bâtiment et de l'Ermitage. Ne pas manquer les belles cuisines datant de 1725.

Balade dans le quartier du Plantage et vers l'Oosterpark (plan E-F-G4-5-6)

Hortus Botanicus *(Jardin botanique ; plan E4)* **:** *Plantage Middenlaan 2. ☎ 625-90-21. • dehortus.nl • Ⓣ Visserplein (n° 14 du Dam). Tlj 10h-17h (21h juil-août). Fermé 1er janv et 25 déc. Entrée : 11,50 €, réduc ; gratuit avec la* I amsterdam City Card. *Visite guidée dim à 14h (en anglais en été seulement).* Datant de 1638, c'est l'un des plus vieux jardins botaniques du monde. Sur une toute petite surface (à peine 1,2 ha), il rassemble des plantes de tous les pays et de tous les climats. On ne compte pas moins de 50 arbres anciens ou remarquables dans les jardins, et près de 4 000 végétaux dans les serres. On peut, par exemple, voir un agave qui date du XIXe s ou le célèbre *Victoria regia,* nénuphar originaire d'Amazonie et dont le diamètre peut atteindre 3 m en été. Incroyable serre aux palmiers.

Agréable ***cafétéria*** aménagée dans l'ancienne orangerie et belle terrasse pour prendre un verre ou grignoter sur le pouce.

Tropenmuseum *(musée des Tropiques ; plan G5)* **:** *Linnaeusstraat 2. ☎ 568-82-15. • tropenmuseum.nl • Ⓣ Eerste van Swindenstraat ou Alexanderplein (n° 14 du Dam ou nos 19 ou 7 de Leidseplein). Tlj (sauf lun hors vac scol) 10h-17h. Fermé 1er janv, 27 avr et 25 déc. Entrée : 16 € ; réduc ; gratuit avec la* I amsterdam City Card. Très bien conçu, installé dans le grand bâtiment de l'ex-Institut colonial néerlandais (1926), c'est un de nos musées préférés à Amsterdam, d'autant qu'il est exempt de ce colonialisme nostalgique souvent présent dans les musées du genre... Aujourd'hui, outre des collections remarquables, il s'ouvre aux questions de recherche et d'ethnologie, aux problèmes de développement, notamment dans les pays de ***l'ancien empire colonial néerlandais (Indonésie surtout).*** Dans le magnifique hall, les galeries sur plusieurs étages sont consacrées à l'Indonésie (1er étage) puis à l'Afrique et à l'Amérique latine (2e étage). Présentation originale et colorée, régulièrement modifiée. Chaque objet est expliqué et replacé dans un contexte, voire un environnement reconstitué. Dommage

AMSTERDAM

qu'on ait parfois un peu de mal à savoir par quel bout prendre l'expo ! Le rez-de-chaussée accueille des expos temporaires, un espace consacré à l'éveil culturel et sensoriel des plus petits et un « musée animé », génial pour les 6-13 ans.

Après la visite, on peut déguster de délicieuses spécialités des 4 coins du monde dans le très joli ***restaurant-salon de thé*** du musée (ou sur sa terrasse), situé au rez-de-chaussée.

Très belle ***boutique*** d'artisanat du monde à la sortie.

Artis Royal Zoo *(jardin zoologique Artis ; plan F-G4)* **:** *Plantage Kerklaan 38-40. ☎ 523-36-70. • artis.nl • Ⓣ Artis (nº 14 du Dam) ou Alexanderplein (nºs 19 ou 7 de Leidseplein). Tlj 9h-17h (18h mars-oct et jusqu'au coucher du soleil juin-août sam). Entrée : 25 € ; 30 € avec* Micropia *; réduc ; gratuit avec la* I amsterdam City Card. Conçu au XIXᵉ s, idéal pour une balade familiale mais pas vraiment original et hors de prix surtout ! Le parc abrite aussi un planétarium, ainsi qu'un aquarium, une jungle, une savane et une serre aux papillons de 1 000 m². Le *Groote Museum,* en cours de rénovation, présentera les collections de l'ancien musée de Géologie.

De Plantage **:** *2 entrées, Plantage Kerklaan et Plantage Middenlaan. ☎ 760-68-00. Tlj 9h (10h le w-e)-1h. Plats 6-19 € le midi, un peu plus cher le soir.* Café-restaurant chic à l'entrée *d'Artis.* Idéal pour se requinquer de plats de snack ou d'un thé et d'une pâtisserie l'après-midi, dans un décor qui évoque l'intérieur d'une serre, avec son arbre trônant au centre de la salle. Jolie vue sur la volière du parc zoologique et tables en extérieur à la belle saison.

Micropia *(plan F4)* **:** *• micropia.nl • Tlj 11h-17h. À l'entrée du zoo ; mêmes coordonnées. Entrée seule : 16 € ; réduc.*

Les microbes n'avaient pas encore leur zoo, les Hollandais l'ont inventé ! Ce n'est que justice : bactéries, micro-algues, levures et autres bébêtes ou planplantes invisibles à l'œil nu surpassent largement en nombre toutes les espèces sur terre. Il y aurait plus de 1,5 milliard de ces envahisseurs rien que chez un homme, une amusante machine vous le prouvera !

Muni d'un carton pour collecter les tampons de vos micro-organismes préférés, vous voici l'œil rivé aux microscopes, sous le regard intello de gugusses en blouse blanche quand ils ne sont pas affairés derrière des vitres jaunes. Le tout dans une atmosphère sombre et futuriste, sur fond de bruits abyssaux tandis que ça bouillonne ici et là. Écrans digitaux, hologrammes, technologie poussée à l'extrême... Pour le monde de l'infiniment petit, on a vu les choses en grand. Et c'est plutôt efficace !

On se laisse prendre au jeu, on embrasse sa moitié et on compte les bactéries que l'on s'est échangées (bonjour le tue-l'amour !). On reste songeur devant les ravages que peuvent causer ces êtres unicellulaires (la peste, le sida, Ebola...). On admire leurs capacités d'adaptation dans les eaux les plus salées, les volcans ou à des pressions inimaginables dans les fosses marines. À la sortie, vos chouchous patiemment collectés s'animent sur un ultime écran. Bon, on ne sait pas vous, mais nous, en sortant, on court se laver les mains !

Verzetsmuseum *(musée de la Résistance ; plan F4)* **:** *Plantage Kerklaan 61a. ☎ 620-25-35. • verzetsmuseum.org • Ⓣ Artis (nº 14 du Dam). Tlj 10h (11h w-e et j. fériés)-17h. Fermé 1ᵉʳ janv, 27 avr et 25 déc. Entrée : 13 € ; réduc ; gratuit avec la* I amsterdam City Card. *Audioguide en français inclus.* Ce musée dévoile

UNE GRÈVE ANTI-RAFLE

Les rafles de juifs commencèrent à Amsterdam en 1941. Elles donnèrent lieu, en février, à une grève générale des travailleurs pendant 2 jours, en protestation des mesures antisémites particulièrement violentes. Ce fut le seul soulèvement populaire de grande ampleur en Europe contre les nazis !

tous les aspects de la vie quotidienne des Hollandais pendant la 2de Guerre mondiale, et les tentatives de résistance face à l'envahisseur, dont une très intéressante documentation sur la ***grève générale de 1941*** en réaction au sort réservé aux juifs. Photos, tracts, ustensiles du quotidien, montages sonores sont présentés clairement et avec réalisme. Un très bon complément au *musée Anne-Frank.* Sans oublier l'audacieuse section pour les enfants située au sous-sol, *Junior,* où l'on suit le sort de 4 d'entre eux durant l'Occupation. Sons atténués, film adapté... De l'école aux bombardements la nuit, un remarquable exercice de pédagogie pour expliquer l'inexplicable. Pari réussi ! Enfin, une section séparée relate les souffrances de l'Indonésie à la même époque, alors colonie hollandaise sous le joug des Japonais. Expositions temporaires d'artistes dont le travail se rattache, de près ou de loin, à la thématique générale du musée.

Balade à l'est de la gare et dans l'Entrepotdok *(plan E-F-G2-3-4)*

À deux pas du zoo, une sympathique balade à faire dans l'ancien port d'Amsterdam, autour de l'***Entrepotdok.*** Bel ensemble de 84 ***entrepôts*** en brique, tous accolés en bordure d'un paisible bassin. Construits par la ***Compagnie néerlandaise des Indes orientales,*** à l'époque où Amsterdam était le 1er centre commercial et financier d'Europe (et du monde), ils portent chacun un nom de ville hollandaise, belge ou luxembourgeoise, de Bergen-op-Zoom à Zutphen. Réhabilités, ils abritent aujourd'hui des logements sociaux haut de gamme, des appartements et des bureaux. Lorsque l'on vient à pied, l'entrée principale se situe sur Kadijksplein, à côté du pittoresque pont à bascule qui enjambe le *Schippersgracht*. Elle est marquée par un grand porche néoclassique en pierre que l'on ne peut pas rater. Il faut faire un petit effort d'imagination pour se figurer l'ambiance qui régnait ici autrefois, quand toutes les épices de la terre débarquaient sur les quais. Depuis le petit pont à bascule, jolie vue sur le chantier naval, les entrepôts et, au loin, un moulin on ne peut plus typique...

Werfmuseum 't Kromhout *(chantier naval et musée 't Kromhout ; plan G4)* **:** *Hoogte Kadijk 147. ☎ 627-67-77. • kromhoutmuseum.nl • S'il n'y a personne au rdc, monter dans les bureaux au 1er étage. Mar 9h30-15h30, plus le 3e dim du mois 12h-15h30. Entrée : 7 € ; réduc.* Tout à fait à l'est du port, *'t Kromhout* est l'un des derniers chantiers de construction traditionnelle encore en activité à Amsterdam. À la fin du XIXe s, on y fabriquait les chaudières et les machines à vapeur les plus modernes du port, comme le légendaire *Kromhout 12CV.* Pas touristique pour un sou, ce musée occupe une modeste partie de ce chantier toujours en activité. La visite des commandes en cours avec un employé de la maison est passionnante.

LA ROUTE MARITIME DES ÉPICES

Des Arabes aux Britanniques, en passant par les Portugais, les Hollandais et les Français, elle fut l'objet de toutes les convoitises. La nation qui en contrôlait le commerce s'assurait, via la puissance de sa flotte, un rôle diplomatique et politique de 1er plan. Mais on oublie parfois qu'en plus de leurs qualités gustatives, les épices étaient également connues depuis la haute Antiquité pour leurs vertus médicinales.

Het Scheepvaart Museum *(Musée maritime ; plan F3)* **:** *Kattenburgerplein 1. ☎ 523-22-22. • hetscheepvaartmuseum.nl • Tlj 10h-17h. Fermé 1er janv, 27 avr et 25 déc. Entrée : 16,50 € ; réduc ; gratuit avec la I amsterdam City Card. Audioguide en français. Consigne, mais garder son manteau pour la visite du bateau s'il ne fait pas beau !*

Ce musée renferme l'une des ***plus importantes collections maritimes du monde.*** Pour comprendre la culture néerlandaise façonnée par la mer, c'est une visite à ne pas manquer. D'autant que la rénovation du bâtiment de l'ancien arsenal fièrement dressé sur le port est une totale réussite, de la cour couverte d'une immense verrière à la cafétéria design. La scénographie moderne s'appuie quant à elle sur une sélection de pièces remarquables et des reconstitutions virtuelles réalistes. Un musée maritime nouvelle génération, quoi ! Depuis le hall central, choisissez votre thème.

– ***Aile Est (orange) :*** les objets liés à la navigation, figures de proue, instruments de navigation, maquettes, globes rares, tableaux... Amusants albums photo que l'on feuillette dans des fauteuils.

– ***Aile Ouest (rose) :*** les histoires et légendes autour de la mer, avec un focus sur les baleines. Intéressant film noir et blanc d'un harponnage.

– ***Aile Nord (bleu) :*** voyage virtuel en mer (25 mn) et découverte interactive du port d'aujourd'hui (le 4e d'Europe), avant d'aller visiter la réplique grandeur nature d'un ***trois-mâts de la Compagnie hollandaise des Indes*** du XVIIIe s *(en principe, le w-e seulement, 10h-16h).* Génial pour vos Jack Sparrow en herbe avec les bruitages, le tir au canon et les plafonds bas qui ne leur posent pas de problème ! Sur le pont, les quartiers des officiers, luxueux et confortables. Dans les cales, les habitacles pour le moins confinés réservés aux 350 matelots. Imaginez tout ce monde ne se lavant pas pendant 8 mois, plus les meules de fromage... On aime penser que le voyage du retour était moins pénible grâce aux fragrances des épices rapportées des contrées lointaines !

I●I ***Cafétéria*** ouverte à tous, y compris sans visiter le musée *(snacks et salades 5-15 €).* Superbe, lumineuse, design, avec de larges ouvertures donnant sur l'IJ et le pont à bascule.

Science Center Nemo *(plan F3)* **:** *Oosterdok 2. ☎ 531-32-33. • nemosciencemuseum.nl • De la gare, accès par une passerelle pour piétons. Tlj sauf lun (ouv certains lun de vac scol, liste sur le site) 10h-17h30. Fermé 1er janv et 27 avr. Accès libre au toit (gratuit) quand la météo le permet. Entrée : 17,50 € (à partir de 4 ans !) ; gratuit avec la* I amsterdam City Card. *Explications en néerlandais et en anglais.*

Le musée national de la Science et de la Technologie, habillé de cuivre patiné, se dresse fièrement au milieu des flots comme la proue d'un paquebot ou d'un supertanker échoué au milieu du port ! Une architecture qui ne laisse pas indifférent, signée ***Renzo Piano,*** à qui l'on doit aussi le Centre Pompidou à Paris.

À l'intérieur, les phénomènes physiques les plus variés sont présentés sous une forme ludique et interactive, avec des ***démonstrations pédagogiques*** parfois spectaculaires. Télécommunications, univers virtuels et psychiques, transformation de l'énergie, instruments high-tech. Entre autres aventures, le visiteur peut tour à tour devenir chirurgien et effectuer une délicate intervention sur un genou (artificiel !), diriger la mise en scène d'une pièce de théâtre, se découvrir avec une paire d'années de plus dans la section « ADN ».... Un musée versé tout entier dans le XXIe s.

L'été venu, profitez de la très agréable « plage urbaine » avec vue, aménagée sur le toit *(plats et boissons proposés ; accès libre tlj).*

L'OBA – Openbare Bibliotheek Amsterdam *(bibliothèque centrale ; plan E2)* **:** *Oosterdokskade 143. ☎ 523-09-00. • oba.nl • Tlj 8h-22h (10h le w-e).* Cette magnifique bibliothèque panoramique, érigée en 2007 dans l'ancien quartier portuaire en totale mutation, compte parmi les grandes fiertés de la ville. Elle déploie sur 7 niveaux de vastes espaces blancs, propices à la lecture studieuse. Les autres médias ne sont pas oubliés puisqu'on peut y passer sa journée à visionner des films, à écouter de la musique...

– ***Les quais :*** tout autour de l'OBA, une grande promenade permet de circuler à pied ou à vélo de la gare centrale aux anciens docks de l'est. En passant, vous pouvez boire un verre dans le bar panoramique du très chic hôtel *Hilton,* par exemple, et profiter de sa terrasse perchée sur le toit. Les salles de concerts du *Muziekgebouw aan 't IJ,* élégant bloc de verre qui s'avance prudemment vers l'eau, et le *Bimhuis,* la petite boîte noire qui le jouxte, se trouvent Piet Heinkade 1 et 3. Quelques encablures plus loin, le pont *Jan Schaefferbrug,* surnommé le « Lézard » pour sa structure de tubes d'acier obliques longue de 200 m, rejoint les Java Eiland et KNSM Eiland.

L'Oostelijk Havengebied (plan Oostelijk Havengebied) et *Steigereiland*

L'Oostelijk Havengebied *(les anciens docks de l'est)* **:** *au-delà du Het Scheepvaart Museum (Musée maritime). Circuit à faire à pied, à vélo ou en transports en commun.* Ⓣ *Rietlandpark (nº 26 de la gare).*
En matière d'architecture contemporaine, Amsterdam ouvre avec réussite de nouveaux horizons. L'*Oostelijk Havengebied,* une zone de docks longtemps en friche, est devenue un des premiers terrains de jeu des architectes rêvant d'un nouvel Amsterdam. Une zone qui englobe les presqu'îles de ***Java-KNSM, Bornéo, Sporenburg...*** Des noms qui font rêver.
Après consultation de la population au sujet de l'élargissement des possibilités d'hébergement de la ville, ces presqu'îles ont été livrées à la créativité d'une armada d'architectes, avec le défi d'y construire 8 000 logements. Résultat : un univers qui aurait probablement inspiré Jacques Tati et, surtout, la concrétisation d'un pragmatisme hollandais tourné vers la modernité. Façades en pierre brute ou travaillée, intrusion de touches de couleurs vives, combinaisons originales de matériaux, de structures et de formes contribuent à la ***réhabilitation réussie des anciennes constructions portuaires.***
Cette « renaissance » a immédiatement attiré une population jeune, *trendy,* et, à sa suite, des hôtels, restos, boutiques de design et de déco à la pointe de la création contemporaine. Voilà ce qui peut justifier une excursion dans ce quartier étonnant, avant tout résidentiel, même si ce n'est ni le plus convivial ni le plus vivant de la ville.
– Sur Sporenburg, face à Java Eiland, aller jeter un coup d'œil au ***Lloyd Hotel & Culturele Ambassade*** *(plan Oostelijk Havengebied, B2,* ***322****),* une vaste construction de 1921 à l'histoire mouvementée, aussi étonnante vue de l'extérieur que de l'intérieur. L'imposante bâtisse a été transformée en un hôtel original où les chambres vont de 1 à 5 étoiles. On s'arrêtera plus facilement au café-restaurant, à la bibliothèque d'art, ou l'on viendra assister à une expo ou à un concert.
– KNSM Eiland compte quelques magasins qui sortent de l'ordinaire. Le ***SBK Kunstuitleen & Galerie*** *(KNSM-laan 307-309),* par exemple, loue des œuvres d'art à la semaine ou au mois. ***Pols Potten*** *(KNSM-laan 39)* présente beaucoup de petits et grands objets insolites pour la décoration intérieure et extérieure. ***Imps & Elfs*** *(KNSM-laan 297)* est une boutique pour enfants. ***De Ode Uitvaartbegeleiding*** *(Levantkade 51),* boutique funéraire pour le moins surprenante, présente cercueils et autres urnes d'une manière très originale. Vous en découvrirez bien d'autres.
– Reliant Sporenburg et Borneo Eiland, les ***2 étonnants ponts rouges*** dessinés par Adriaan Geuze se retrouvent sur toutes les photos du quartier.

Les plus courageux pousseront encore plus loin jusqu'à ***Steigereiland*** *(*Ⓣ *Steigereiland – nº 26 depuis la gare centrale),* pour découvrir les fameuses maisons flottantes, version néerlandaise du logement collectif. À la sortie du tramway, prendre à gauche et emprunter un passage au milieu du long bâtiment. Un réseau de pontons dans cette marina abritée mène à des cubes blancs et vitrés empilés sur l'eau, à touche-touche et sans aucune intimité. Mais les loyers sont moins élevés qu'en centre-ville, les logements lumineux et spacieux. Et c'est plutôt amusant de garer devant sa fenêtre un bateau au lieu d'une voiture !

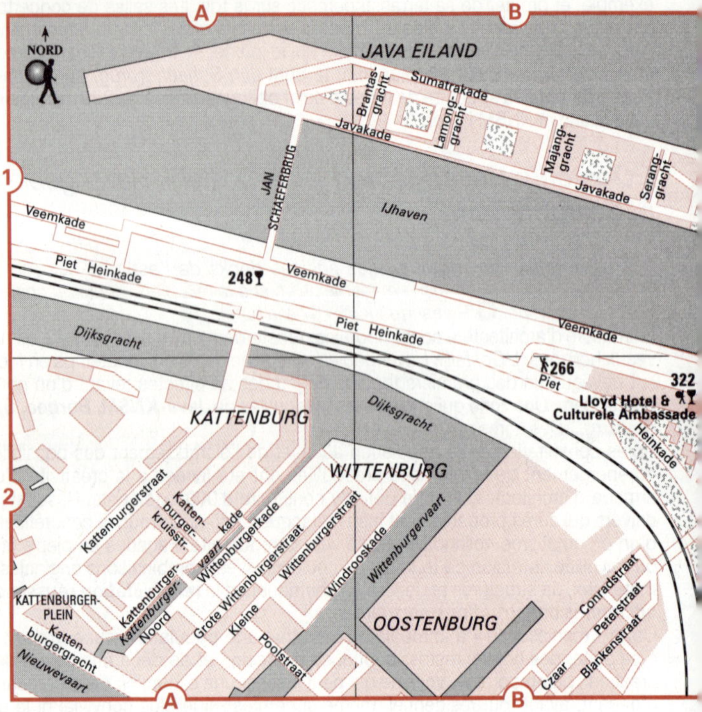

Où boire un verre ?	
244 Kanis & Meiland 3.0 (C1)	**248** Pakhuis de Zwijger (A1)
	322 Lloyd Hotel & Culturele Ambassade (B2)

Autour du Westerpark, à l'ouest

Ce district, organisé autour du parc du même nom *(Ⓣ Van L. Stirumstraat – n° 3 depuis Museumplein ; bus : Haarlemmerplein – n° 21 depuis la gare centrale),* n'est qu'à 20-30 mn à pied à l'ouest de la gare centrale. À vélo ou à pied, suivre Haarlemmerstraat puis Haarlemmerdijk, les 2 rues les plus tendance du moment.

Westergas *(plan Grande Couronne)* : *Haarlemmerweg 8-10.* ● *westergas.nl* ● Fidèle au concept de la *Kultur Fabrik,* cette ancienne usine à gaz a été reconvertie en lieu culturel. Ses différents bâtiments en brique rouge au bord du canal accueillent dans un cadre moderno-industriel designers, cinéma, resto-bars et boîtes. Le spectaculaire gazomètre datant de 1902 (la citerne géante) propose des spectacles de temps à autre. On ne peut rêver plus belle salle et acoustique, une invention du concepteur de la Villette ! Un parc contemporain complète

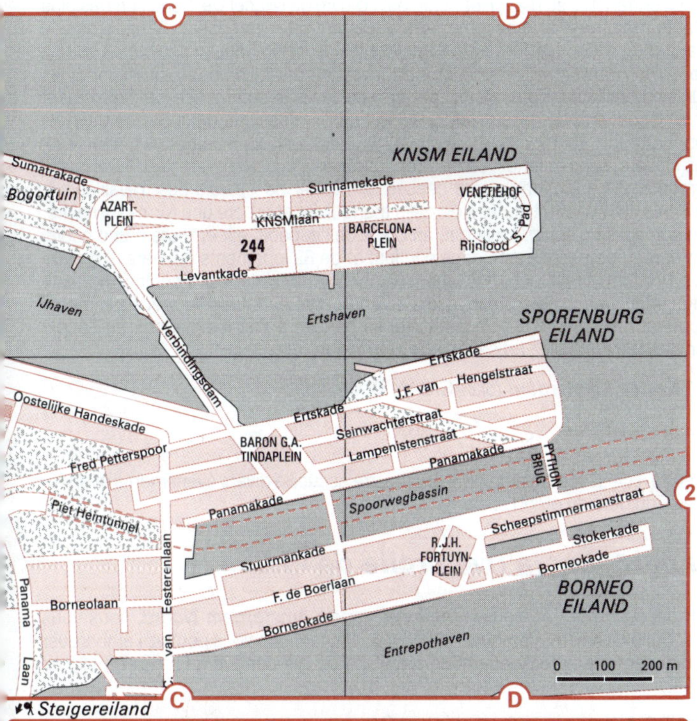

AMSTERDAM – Oostelijk Havengebied

Où danser ?	**À voir**
266 Panama (B1-2)	**322** Lloyd Hotel & Culturele Ambassade (B2)

l'ensemble. Les Amstellodamois y prennent leurs quartiers d'été en famille, quand les terrasses envahissent les bords du canal.

Pour changer un peu de cuisine, ***Raïnaraï,*** un restaurant nomadique *(Polonceaukade 40).* Mais il y a beaucoup d'autres bars, de restaurants, de lieux de vie, dans ce quartier qui bouge ! Voir nos rubriques « Où manger ? » et « Où sortir ? ».

Het Schip Museum *(Amsterdam School, arts and architecture ; plan Grande Couronne)* **:** *Oostzaanstraat 45 (Zaanstraat). ☎ 686-85-95. • hetschip.nl • De la gare centrale, bus n°s 22 et 48 (arrêt Spaarndammerstraat). Ⓣ Van L. Stirumstraat (n° 3 de Museumplein). Depuis le parc, devant la Westergasfabriek (la citerne géante), passer sous la voie de chemin de fer, à la sortie prendre à gauche. Tlj sauf lun 11h-17h. Fermé 1er janv, 27 avr et 25 déc. Entrée : 15 € ; réduc ; gratuit avec la* I amsterdam City Card. *Visite guidée (comprise dans le prix et passionnante) en anglais (à 15h) et en néerlandais (ttes les heures), en français sur demande.*

Réalisé entre 1917 et 1921, *Het Schip* est l'œuvre de Michel De Klerk, l'un des plus brillants membres du mouvement architectural dit « de l'école d'Amsterdam ». Il s'agit d'un ensemble formé de 3 immeubles de logements sociaux, créé suite à la loi « *The Housing Act* » de 1901 interdisant la construction d'habitats indignes pour les travailleurs. Pour mieux comprendre, la visite commence judicieusement par la découverte de ce qu'était un « logement » classique de la classe ouvrière avant cette loi : 10 m² insalubres où (sur)vivaient jusqu'à 8 personnes, sans eau, sans lumière, sans toilettes, sans... rien. Effrayant !
Surmonté d'une étonnante tour censée couronner ce « palais des travailleurs », *Het Schip* est construit sur une parcelle triangulaire et arbore une forme de navire, d'où son surnom *schip.* Le jardin, au cœur de l'espace, est entouré d'une école, d'un bureau de poste (resté dans son jus) et de 82 logements ouvriers. 2 d'entre eux se visitent et restituent fidèlement l'aménagement intérieur d'origine, modeste certes, mais qui semble presque luxueux comparé au taudis vu précédemment ! L'école abrite aujourd'hui un petit musée consacré aux réalisations de l'école d'Amsterdam (mobilier, artisanat, photos, documents).

Theater Amsterdam *(plan Grande Couronne) : Danzigerkade 5, Westpoort-nummer 2036. ☎ 705-50-55. • theateramsterdam.com • Bus nos 22 et 48 de la gare centrale (arrêts Spaarndammerstraat ou Koivistokade), puis 5-10 mn de marche. Sinon accès en bateau-navette (30 mn). Spectacles jeu-lun. Billets : 25-100 €.*
Excentré – c'est son point faible –, ce théâtre accueille divers événements et spectacles. Toujours du grand show !

Au nord, sur la rive droite de l'IJ

Pour découvrir tout ce nouveau quartier appelé ***Amsterdam-Noord,*** nous vous conseillons vivement d'enfourcher un vélo, d'autant que vous pouvez l'embarquer gratuitement sur le ferry qui mène à NSDM, ou qui conduit à l'EYE et à la tour A'DAM.

NDSM *(hors plan détachable par D1) : rive droite de l'IJ. De l'embarcadère situé derrière la gare centrale, ferry (F4) gratuit tlj 6h45-23h50 (ttes les 15-30 mn, moins fréquents la nuit) ; 24h/24 lors de festivals ou d'événements. Traversée en 15 mn. • ndsm.nl •*
Cette vaste zone, dévolue naguère aux chantiers, est devenue une des destinations phares des Amstellodamois en phase avec les mutations de leur époque, depuis que les bars, les restos s'y sont implantés, dans des lieux souvent insolites : l'ancienne cantine des ouvriers, ancien container, etc. (voir « Où manger ? » et « Où boire un verre ? »). Il y a même un hôtel aménagé dans une ancienne grue, avec 3 suites de luxe accessibles par ascenseur privé. Une vision étonnante, au milieu d'un terrain où des créateurs de tous horizons ont trouvé refuge.
Tous les bâtiments de l'ancien chantier sont désormais classés et font partie du patrimoine industriel néerlandais. C'est ici que le ***musée de Street Art*** *(Street Art Museum ; • streetartmuseumamsterdam.com • ; tlj 10h-18h ; entrée : 15 €, 20 € en visite guidée)* réunit les artistes emblématiques du genre. Une déambulation en plein air libre ou menée par des guides spécialisés et pas avares d'anecdotes. Heureusement, vu le prix de la visite ! Les festivals de musique se déroulent sur les quais aux beaux jours, les anciens hangars accueillent des ateliers d'artistes et les containers empilés abritent une résidence étudiante haute en couleur. Tout un univers, absolument enthousiasmant, dédié à la créativité et à la culture contemporaine.
Un week-end par mois, vaste ***marché aux puces*** (le plus grand d'Europe !) à ne pas manquer *(entrée : 5 €, moins de 11 ans 2 € ; • ijhallen.nl •).*

EYE Filmmuseum *(plan D1) : IJ Promenade 1, sur la rive droite. ☎ 589-14-00. • eyefilm.nl • Ferry (gratuit) vers Buiksloterweg derrière la gare centrale (F3) ;*

ttes les 5-10 mn (24h/24), durée de traversée env 5 mn. Tlj 10h-19h (plus tard pour les projections). Fermé 27 avr et 15-26 déc. Entrée : 11 € ; réduc ; gratuit avec la I amsterdam City Card *et moins de 18 ans. CB obligatoire.*
Difficile de le rater, le musée se trouve juste en face de la gare centrale, de l'autre côté de l'IJ. Depuis 2012, il est devenu le point de rencontre des cinéphiles. Certains verront dans ce bâtiment ultramoderne la forme d'un œil mi-clos ou d'une élégante cocotte en papier (pliée par les 2 architectes autrichiens Roman Delugan et Elke Delugan-Meissl). Le musée doit son nom à un jeu de mots avec le vocable anglais « œil » mais aussi avec le surnom du canal de la mer du Nord l'« IJ » (que l'on prononce en néerlandais « eye » !).
N'y allez pas dans l'espoir de découvrir un musée au sens strict, ici, ***c'est sur l'écran que tout se passe,*** en dehors de l'expo interactive du moment. Seul espace culturel public ouvert après 17h, on y vient regarder un film, acheter un souvenir ou tout simplement boire un verre sur la terrasse au bord de l'eau, ou derrière l'immense baie vitrée du resto, en regardant les bateaux.
Si vous avez encore soif, de cinéma cette fois, vous pourrez descendre au sous-sol où 3 espaces projettent des films dans des mini-cabines, des extraits célèbres. Possibilité aussi de copier – pour la route ! – des films sur votre téléphone dans un étrange grille-pain téléchargeur...

La tour A'DAM *(plan D1)* **:** *juste avt l'EYE. ☎ 242-01-00. • adamtoren.nl • adamlookout.com • Tlj 10h-22h (dernière entrée à 21h30). Entrée : 14,50 € (12,50 € en ligne) ; réduc avec la* I amsterdam City Card. *Accès gratuit si résa préalable dans les restos (voir un peu plus haut). Billets combinés avec d'autres activités (réalité virtuelle, vol 5D, boissons, repas...) : 20-50 €. CB obligatoire.* Cette tour A'DAM *(Amsterdam Dance and Music)*, haute de 100 m et point culminant d'Amsterdam (!), est l'ancien centre technologique de la compagnie *Shell.* Le billet d'entrée ***(Lookout)*** permet d'accéder au sommet via un ascenseur « sensoriel » qui file au 20e étage en 22 s. ***Attention,*** il est interdit aux épileptiques, c'est dire ! Là-haut, petite expo interactive sur la ville, 2 restos, dont un tournant, et surtout une vue à 360° époustouflante de partout. Les plus téméraires pourront aller faire exploser leur taux d'adrénaline sur la balançoire qui swingue dans le vide. Conçue pour 2 personnes, elle permet de hurler en duo !

Au 20e étage, le ***rooftop bar*** *(☎ 237-63-10),* tout vitré, contemporain et très plaisant, propose de dîner au rythme de DJ sets *(ven-sam à 20h).* On peut se contenter d'y boire un verre *(tlj à partir de 21h30).* Pour y manger, et sur réservation uniquement, l'accès est gratuit... ouf !
Juste en dessous, le ***Moon*** *(☎ 237-63-11)* ouvre ses portes également *(tlj sauf lun midi),* mais il est hors de prix. Faut dire qu'il s'offre le luxe d'être tournant, alors on paie pour le tour de manège et la magnifique vue en mode XXL. Inutile de préciser que la note prend un goût aussi salé que la mer du Nord les jours de brouillard !

Bien planqué au sous-sol de la tour, dans l'ancien abri antinucléaire de Shell, le bien nommé ***Shelter*** est une boîte underground (c'est le cas de le dire !), électrisée par les meilleurs DJs du moment *(• shelteramsterdam.nl •).*
Vous pouvez aussi boire un verre au ***Tolhuistuin*** *(Tolhuisweg 3, Stadsdeel North).* Immense terrasse plantée de coussins pour s'installer au soleil, méridiennes et coques de bateaux reconverties en canapés, et très bonne ambiance le soir avec concerts et festivals de toutes sortes. Petite restauration sur la même terrasse que le bar.

Durgerdam *(plan Grande Couronne)* **:** Ⓜ *Noord (n° 52). En voiture, par le Zeeburgertunnel, prendre la sortie S115 et suivre les panneaux.* À seulement 7 km au nord-est d'Amsterdam, le petit village de *Durgerdam* garantit un dépaysement immédiat. Son photogénique cordon de maisons s'étire sur le côté de la route pavée, en haut d'une digue derrière laquelle sont rangés les bateaux. Les petites routes du coin sont si étroites que des niches de croisement sont aménagées,

AMSTERDAM

et si proches des canaux qu'on croirait y tomber. Parfois, des embouteillages étonnants se forment, quand personne ne veut ni reculer ni avancer ! Tout ça sur un fond vert harmonieusement saupoudré de fermes, cottages, moutons, moulins ou éoliennes. Aussi beau sous les bleus que les gris du ciel, qui se fond à l'horizon dans les flots du lac Ijssel... Pas grand-chose à y faire si ce n'est flâner, prendre un bol d'air et des photos, avant de continuer la balade. ***Petit tuyau, le bourg est facilement accessible à vélo*** au gré d'un itinéraire agréable (possibilité de prendre un ferry gratuit au retour jusqu'à la gare d'Amsterdam).

Au sud

CoBrA, Museum voor Moderne Kunst *(plan Grande Couronne)* **:** *Sandbergplein 1-3,* ***Amstelveen*** *(banlieue sud d'Amsterdam). ☎ 547-50-50. • cobra-museum.nl • Ⓜ Amstelveenseweg (n° 51 depuis la gare centrale), puis prendre un bus (n°s 347, 348, 357 ou 358) jusqu'à l'arrêt Busstation. En voiture, en bordure de l'A9. Tlj sauf lun 11h-17h (horaires étendus pour les grandes expos, parfois jusqu'à 22h). Fermé 1er janv et 25 déc. Entrée : 15 € ; réduc ; gratuit avec la* I amsterdam City Card, *mais avec supplément pour certaines expos.*
Sous cette appellation reptilienne, imaginée par l'écrivain Christian Dotremont, s'est constitué, en 1948, en réaction contre le réalisme socialiste, un éphémère mouvement artistique, essentiellement pictural, rassemblant des artistes originaires du Danemark, des Pays-Bas et de Belgique. Ses figures de proue se nomment *Asger Jorn, Corneille, Constant, Karel Appel, Pierre Alechinsky, Pol Bury, Heerup* et *Bille*. Fusionnant les courants expressionniste, surréaliste et abstrait, leur œuvre passe par un travail sur l'association de la matière et de la couleur. Le trait commun est de s'inspirer largement des bestiaires primitifs ou mythiques de l'art populaire nordique. La couleur est utilisée de manière tonique et incisive, et fait la part belle à la littérature parfois intégrée à l'œuvre peinte, comme chez *Corneille*. En 1951, CoBrA se dissout et certains de ses protagonistes se retrouvent dans l'Internationale situationniste.
L'expo permanente présente les compositions des Hollandais du mouvement ainsi que les arts abstraits et semi-abstraits (*Vrij Beelden* et *Creatie*) aux Pays-Bas. Par ailleurs, le musée organise des expos intéressantes sur les développements récents de l'art contemporain. On oubliait : bel agencement architectural lumineux et cafétéria agréable.

LE CoBrA À 3 TÊTES

C'est à Paris, en 1948, que naquit ce mouvement artistique et littéraire, à l'initiative du Danois Asger Jorn, des Belges Dotremont et Alechinsky et des Néerlandais Appel, Corneille et Constant. CoBrA est l'acronyme de Copenhague, Bruxelles et Amsterdam. En rupture avec l'académisme et même avec le surréalisme, les CoBrA revendiquaient le retour à la spontanéité créatrice et à une liberté totale d'expression plus impulsive. Il en ressort des œuvres violemment colorées, au graphisme tumultueux, s'apparentant parfois à des dessins d'enfant ou à l'art primitif. Le groupe fut dissous en 1951, mais chacun continua à peindre dans la même veine.

Molen van Sloten *(moulin de Sloten ; plan Grande Couronne)* **:** *Akersluis 10, à* ***Sloten.*** *☎ 669-04-12. • molenvansloten.nl • En voiture, prendre l'autoroute A4 en direction de La Haye (Den Haag), puis la sortie Sloten et suivre les indications. Ⓣ n° 2 depuis la gare centrale ou Leidseplein, jusqu'à Oudenaardeplantsoen, puis 15 mn à pied (suivre les panneaux indiquant un moulin). Tlj 11h-16h (dernière visite). Entrée : 7,50 € ; réduc ; gratuit avec la* I amsterdam City Card. Magnifique moulin à vent datant de 1847, bien restauré et encore en activité grâce à des bénévoles passionnées. Plaquette en français et présentation audiovisuelle avec des personnages issus des tableaux du fils de Rembrandt, lui-même meunier. Une maquette donne une bonne idée du paysage du XIXe s, où les moulins se disputaient la place. Visite également de la fromagerie, avec une explication de la fabrication à l'ancienne. Dégustation sur demande. À voir aussi, le village de Sloten lui-même, et le plus petit commissariat de police des Pays-Bas, entièrement servi par une équipe de policiers nains.

Flora Holland *(hors plan Grande Couronne)* **:** *à* ***Aalsmeer.*** *☎ (29) 789-89-89. • royalflorahollland.com • À env 25 km du centre d'Amsterdam, au-delà de Schiphol Airport. Depuis Museumplein, bus n° 357 ; compter 1h de trajet en tout. Lun-ven 7h-11h (9h jeu). Entrée : 9 €.* La bourse au cadran d'Aalsmeer est ***le plus grand marché aux fleurs au monde*** (*Flora Holland* possède 5 autres centres de vente, tous en Hollande). Impressionnant ! Chaque matin, dès 4h, des millions de fleurs en provenance du monde entier arrivent fraîchement coupées, par avion, pour être vendues ici aux enchères, avant de repartir, en avion, dans le monde entier (bonjour le bilan carbone !). Le moment le plus intense et le plus intéressant se situe autour de 7-8h ; à 11h tout est fini (voire avant le jeudi, jour où les arrivages sont plus limités). Mais les lève-tôt seront récompensés car, surplombant le marché, une passerelle a été aménagée pour le visiteur, d'où l'on peut contempler cette fourmilière grouillante s'activer frénétiquement. Orchestrées tel un ballet multicolore, les fleurs vont et viennent en chariot de l'entrepôt frigorifique à l'inspection, du cadran à l'expédition... Quelques chiffres pour mesurer l'ampleur de cette démesure : 4 500 employés, 48 millions de fleurs et de plantes par jour, 12 milliards par an ! Le parcours est balisé et vous trouverez toutes sortes d'explications sur place, mais on vous conseille de demander à l'entrée la plaquette promotionnelle (en français).

Les marchés

Le marché Albert-Cuyp *(plan Grande Couronne)* **:** *le long d'Albert Cuypstraat (quartier De Pijp), une rue perpendiculaire à Ferdinand Bolstraatt, à équidistance entre la brasserie Heineken et le Sarphatipark. Ⓜ De Pijp (n° 52 depuis la gare centrale). Ⓣ Frederiksplein (n° 4). Tlj sauf dim 9h-17h.* Le plus grand marché en plein air d'Europe, sympathique, animé et bien fourni. On y trouve de tout, du fantastique, du frelaté ou du futile : fringues, froufrous, fruits, fleurs, légumes (flûte, ça ne commence pas par un « f » !), poisson, épices et produits exotiques. Plutôt pas cher.

Le marché aux puces de Waterlooplein *(zoom Centre, D4)* **:** *Waterlooplein. Ⓜ Waterlooplein (nos 51, 53 ou 54). Ⓣ Waterlooplein (n° 14). Tlj sauf dim 9h30-17h30 (sam étant le meilleur jour).* Ce n'est pas, à notre avis, le plus pittoresque de la ville, contrairement à ce que l'on dit souvent. Beaucoup trop d'objets récents et sans grand intérêt. Bien, en revanche, pour acheter quelques fringues d'occasion. On peut même y trouver de vieux disques de jazz. Autrefois, cette grande place était occupée par de nombreux marchands juifs. Le philosophe Spinoza est né au n° 41.

Le marché aux timbres *(Postzegelmarkt ; plan C3-4)* **:** *Nieuwezijds Voorburgwal ; en face du Telegraaf et du n° 280. Ⓣ Dam ou Spui (nos 1, 2, 4 ou 12). Mer et sam 10h-16h.*

Le marché aux fleurs *(Bloemenmarkt ; zoom Centre, C4)* **:** *situé au bout du Singel, près de Muntplein. Ⓣ Koningsplein (nos 1, 2 ou 5). Tlj 9h (11h dim)-17h30.* Ce marché pour touristes (les locaux n'y achètent rien !), installé en bordure du canal, propose des fleurs par milliers, mais aussi des bulbes (de mauvaise qualité), des arbustes, des plantes... Le soir, les barges sont tout illuminées. Sympa pour la balade, mais rien d'exceptionnel.

Le marché des arts *(Rembrandt Art Market ; zoom Centre, D5) : Thorbeckeplein ; juste en dessous de Rembrandtplein.* Ⓣ *Rembrandtplein (nos 4 ou 14). Mars-oct, dim 10h30-18h.* On ne sait jamais, au milieu des croûtes, peut-être un Vermeer ou un Van Gogh s'est-il glissé ? On peut toujours rêver.

Kunstmarkt Spui *(marché des arts du Spui ; plan C4 et zoom Centre, C4) : Spui. Mars-déc, dim 11h-18h (18h30 en été).* Autre marché d'art à ciel ouvert.

Le marché des antiquités *(zoom Centre, D3) : Nieuwmarkt.* Ⓜ *Nieuwmarkt. Mai-oct, dim 9h-17h.* Plutôt un marché de la brocante. Patience, il y a quelques beaux livres et des objets intéressants noyés dans ce gigantesque bric-à-brac.

Les marchés bio (Boerenmarkt) : *sur Nieuwmarkt (zoom Centre, D3), sam 9h-17h ; sur Noordermarkt (plan B2), sam 9h-16h ; et sur Haarlemmerplein (hors plan par B1), à l'extrémité ouest de Haarlemmerdijk, mer 10h-18h.* Ce dernier est modeste, mais on y trouve d'excellentes anguilles fumées sur place et de délicieux *Hartog* (miches de pain campagnard). On craque quand même pour le marché du Jordaan.

Le marché aux puces de Noordermarkt *(plan B2) : lun 9h-13h.* Mais les fans préfèrent aujourd'hui le ***marché aux puces NDSM*** *(plan Grande Couronne) : 1 w-e/mois. • ijhallen.nl • Payant.*

Dappermarkt *(marché de la place Dapper ; plan Grande Couronne) : Dapperplein ; entre le Tropenmuseum et l'AJ Stayokay Zeeburg. Tlj sauf dim 9h-17h.* C'est le symbole d'une intégration en route, dans ce quartier en réhabilitation. Coloré, on y trouve absolument de tout, dont des produits et des restos exotiques.

Bouquinistes : *sur la pl. du Spui (zoom Centre, C4). Ven 10h-18h.* Grand marché de livres d'occasion. Également parfois le dimanche, aux beaux jours, autour de la place du Dam (voir le programme distribué par les offices de tourisme).

LES ENVIRONS D'AMSTERDAM

• Carte *p. 169*

AU NORD ET À L'OUEST D'AMSTERDAM

À une poignée de kilomètres de la capitale s'étend une magnifique campagne où la vie s'écoule paisiblement entre villages et champs de fleurs. Beaucoup d'excursions sont réalisables en une journée. Tous les lieux sont accessibles en train ou en bus. Pour les courageux, le vélo reste le mode de découverte privilégié de ce plat pays, d'autant qu'on pourra l'embarquer dans le train si nécessaire.

– ***Conseil :*** avant de quitter Amsterdam, munissez-vous de l'indispensable plan des transports *Around Amsterdam : visitor's guide by public transport,* ou téléchargez le plan sur • *www.iamsterdam.com/en/plan-your-trip/getting-around/public-transport/amsterdam-region-travel-ticket* • Vous y trouverez l'ensemble des liaisons (bus, train, bateau, etc.) pour rejoindre les villes et sites développés dans les pages suivantes.

– ***L'Amsterdam & Region Travel Ticket (ARTT)*** vous permet de parcourir la région (plages de Zandvoort, marché d'Edam, Volendam, Zaanse Schans...) pour la somme de 19,50 € pour 24h, 28 € pour 48h et 36,50 € pour 72h. Disponible aux bureaux du *GVB,* dans les *I amsterdam Stores,* aux guichets des compagnies de transport (sauf trains *NS*), à l'aéroport et dans certains hôtels et campings. On peut aussi se procurer en ligne.

Excursions en car

Les excursions organisées peuvent être pratiques si vous manquez de temps.

■ ***Tours & Tickets :*** Damrak 34, à **Amsterdam.** ☎ (020) 420-40-00. • tours-tickets.com/fr • Organise des excursions d'une demi-journée à *Zaanse Schans* et dans les villages de pêcheurs de *Volendam* et *Marken* ; à *Delft* et *La Haye*). Au printemps, départ quotidien pour la région des tulipes, vers *Keukenhof* (20 mars-17 mai), entre Haarlem et Leiden. Compter 55-100 € pour la journée.

LES VILLAGES DE L'IJSSELMEER (LAC IJSSEL)

⚲⚲⚲ Cette région, appelée à juste titre *Waterland,* se trouve juste au nord d'Amsterdam, au bord de ce qui fut le Zuiderzee. Elle compte quelques étonnants villages, si proches de la capitale et pourtant déjà si dépaysants.
Autrefois véritable mer intérieure, le Zuiderzee débordait d'activité. Quand on endigua définitivement l'accès au large en 1932, la mer devint lac, sous le nom d'IJssel. Une partie des marécages fut asséchée pour créer ces polders

sillonnés par de petits canaux. Seuls les moulins découpent l'horizon, tels des phares devenus inutiles sur une mer dont les seules vagues sont désormais les douces ondulations des fleurs caressées par le vent printanier.
Enfin seuls... À vrai dire, il y aura bientôt plus d'éoliennes que de moulins à vent par ici. À chaque époque ses symboles. Si les habitants y revêtent parfois habits à l'ancienne et sabots comme d'autres mettent un costume-cravate, ça n'a rien de folklorique ni de politique. Bien sûr, certains villages auparavant consacrés à la pêche et aux activités portuaires se sont aujourd'hui tournés vers le tourisme, mais avaient-ils le choix ?
À partir d'Amsterdam, si l'on visite les 5 villages (en comptant le tout proche *Durgendam,* traité plus haut), le circuit en boucle couvre environ 60 km.

Comment y aller d'Amsterdam ?

➢ ***En bus :*** au départ de la gare centrale d'Amsterdam (derrière celle-ci plus exactement), les bus *EBS* proposent un ticket journalier à 12,50 € (réduc enfants) pour faire le tour des villages du Waterland.

➢ ***En bateau :*** la compagnie *Marken Express (☎ 0299-36-33-31 ; • markenexpress.nl •)* assure les liaisons entre Marken et Volendam. De mi-mars à fin oct, traversées 10h30-18h30 ou 19h15 selon la direction, ttes les 30-45 mn (moins fréquentes le reste de l'année). Durée : 30 mn. Tarifs : 8,75 € l'aller simple et 13,50 € l'A/R (moins cher si acheté en ligne) ; réduc. Possibilité d'embarquer son vélo (3 € A/R).

➢ ***En voiture :*** le mieux est de prendre le Zeeburgertunnel puis de longer l'IJsselmeer. Prévoir un budget parking assez large (5-10 €), à l'exception de Durgerdam et de Volendam, qui disposent de parkings gratuits.

➢ ***À vélo :*** super grâce au formidable réseau de pistes cyclables. Faire étape pour la nuit, à Edam par exemple, permet de prendre tout son temps.

Où dormir dans la région ?

La campagne du Waterland est une étape idéale pour les amoureux de la nature, les cyclotouristes et les routards motorisés qui n'ont pas trouvé de place dans les hôtels d'Amsterdam. Liste des *B & B* disponible dans les différents offices de tourisme.

Campings

⛺ ***Camping Uitdam :*** *Zeedijk 2, à* ***Uitdam.*** *☎ (088) 070-80-90. • europarcsresorts.com • suncamp.fr • À 3 km au sud de Marken. Ouv avr-sept. Compter env 30 € pour 2 avec tente et voiture (min 3 nuits).* Le rendez-vous des yachts et des amateurs de voile du lac Ijssel. Douches chaudes payantes. Resto et supermarché, machines à laver, tennis, location de vélos, et baignade dans le lac pour les courageux. L'entretien laisse parfois à désirer et des lecteurs nous ont informés de la présence de rats. Pas étonnant dans cet environnement, à vous de voir si cette cohabitation est rédhibitoire.

⛺ Voir aussi le ***Camping Strandbad Edam*** à **Edam** *(avr-oct).*

MONNICKENDAM (ind. tél. : 0299)

🚶🚶 À 15 km au nord d'Amsterdam. Comme Marken, ce charmant village fut fondé au XIIIe s par des moines frisons. Ils édifièrent ici une digue, d'où le nom de *Monnickendam,* « la digue des moines ». Un de nos villages préférés, vivant, authentique et pittoresque, parfumé par les effluves des quelques fumeries de hareng encore en activité.

LES ENVIRONS D'AMSTERDAM

Comment y aller d'Amsterdam ?

➢ ***En bus EBS :*** de la gare centrale, bus n°s 314 ou 316. En été, départ ttes les 15-20 mn. Liaisons possibles pour les villages environnants.

Adresses et info utiles

ℹ ***Office de tourisme*** *(VVV)* ***:*** *Zuideinde 2. ☎ 82-00-46. • vvvnederland.nl • Tlj 10h-17h (hors saison, 11h-14h).* Tout sur Monnickendam et le Waterland.

Location de vélos : *chez* ***Ber Koning Fiets Sport,*** *Noordeinde 12. ☎ 65-12-67. • berkoning.nl • À côté du musée et de sa tour. Tlj sauf dim-lun 9h-12h30, 13h30-17h (16h sam et 20h en été). Tarif : env 13 €/j.*

– ***Marché :*** *le sam mat sur Noordeinde.* Tout petit. Produits paysans de la région : fromages, volailles, noix, raisins secs... De quoi se bricoler un ***pique-nique gourmand*** à déguster dans le coquet parc ***Groene Hart.***

Où dormir ? Où manger ? Où boire un verre ?

Posthoorn : *Noordeinde 43. ☎ 65-45-98. • posthoorn.eu • Doubles 145-300 €, petit déj compris. Promos sur le site. Resto tlj le soir seulement, plus dim midi. Menus 85-105 € ; carte à partir de 35 €.* Aussi inattendu que splendide, cet hôtel de charme est aménagé avec un goût exquis dans plusieurs vieilles maisons du village. Une douzaine de chambres et suites très confortables, toutes différentes et subtilement décorées sur une note contemporaine, sobre et élégante. Côté fourneaux, on savoure des mets mitonnés avec soin et créativité. Belle salle de resto et mignonne terrasse.

Coffee & Cacao : *Zuideinde 3. ☎ 65-43-43. Tourner le dos au Waag et traverser le pont ; c'est à 30 m sur la gauche. Tlj sauf lun 9h30 (10h30 dim)-17h30 (17h le w-e). Plats 5-15 €.* On aime beaucoup ce gentil resto au cadre soigné, avec ses tables en bois et son joli lustre. À la carte, de délicieux sandwichs, toasts garnis, soupes, salades, et une bien fameuse fondue au chocolat. Idéal aussi pour une pause sucrée dans l'après-midi. Très bon rapport qualité-prix-accueil.

Beuqz : *Middendam 10. ☎ 65-16-61. Face au Waag. Tlj midi et soir. Snacks 5-10 €, plats 15-35 €.* Grande salle à la déco industrielle avec faux murs de brique, parquet et éclairage tamisé. Sympa pour siroter une bière pression et grignoter un bout, ou même dévorer une des bonnes viandes grillées de la maison. En bref, un lieu pas compliqué pour faire une pause après une balade dans le village. Terrasse aux beaux jours.

De Waegh : *Middendam 5-7. ☎ 65-12-41. Juste devant le vieux pont. Tlj midi et soir. Plats 10-26 €.* Cet ancien poids public a vraiment de l'allure avec sa véranda soutenue par d'antiques colonnes, ses baies vitrées et son cadre rustique remis au goût du jour. Le midi, des salades, sandwichs, soupes et une poignée de plats. Le soir, cuisine plus élaborée et plus chère aussi, mélangeant traditions hollandaises, européennes et exotiques.

À voir

Promenade dans le village : démarrer depuis la tour du ***Speeltoren,*** facile à repérer. Le clocher de cet ancien hôtel de ville abrite un incroyable carillon. Au rez-de-chaussée, le petit ***musée de Speeltoren*** *(Noordeinde 2-4 ; ☎ 65-22-03 ; • despeeltoren.nl • ; avr-oct, tlj sauf lun 11h-17h – plus lun 13h-17h juil-août et vac scol ; le reste de l'année, le w-e seulement ; entrée : 5 €, réduc).* Presque en face, dans Noordeinde, au nº 4, voir l'actuel ***hôtel de ville*** *(Stadhuis),* avec son fronton décoré et ses rampes en forme de serpents. Au nº 27, une jolie boutique, pleine de trésors domestiques et nostalgiques. Sur Kerkstraat, la rue opposée, quelques autres façades intéressantes à découvrir.

L'église Saint-Nicolas *(Grote Kerk)* **:** *depuis le Speeltoren, s'engager sur Kerkstraat. En saison, tlj sauf lun 11h (13h dim)-16h ; le reste de l'année, le w-e seulement 13h30-16h (sauf 1er et 3e sam du mois).* On remarquera la grille du chœur en bois sculpté et les voûtes splendides. Sur le flanc gauche de l'église, à l'extérieur, 3 maisons sont accolées. Celles de droite et de gauche penchent dangereusement.

Depuis l'ancien ***Waag*** (le poids public) aux pignons sculptés (voir plus haut *De Waegh* dans « Où dormir ? Où manger ? Où boire un verre ? »), suivre

Havenstraat, jusqu'à l'ancien quartier des ***fumeries de poisson.*** Maquereaux, anguilles et harengs s'y achetaient le matin. Ils ne sont malheureusement plus nombreux à perpétuer la tradition. Petite marina, bateaux et péniches à quai.

MARKEN (ind. tél. : 0299)

À 17 km au nord d'Amsterdam. Un village pittoresque qui semble vivre hors du temps malgré le tourisme (et avec lui aussi, évidemment !). Au XIIIᵉ s, alors que les flots de la mer du Nord créaient une mer intérieure, Marken devenait une île. Depuis plusieurs décennies, le village est rattaché à la terre par une route surélevée, mais les habitants ont été façonnés par une histoire particulière.
Les moines frisons furent les premiers à s'installer ici. Ils élevèrent des tertres pour poser fermes et maisons. Puis ils s'en allèrent, abandonnant l'île aux inondations. Marken devint alors un port de pêche, jusqu'à ce que la fermeture progressive du Zuiderzee, au début du XXᵉ s, mette fin à cette activité.
De cette histoire gorgée d'eau découle l'urbanisme même de l'île. Sous les maisons hautes et étroites, dotées d'un carré de jardin où le linge sèche, les pilotis d'autrefois ont été comblés pour aménager une pièce de plus au rez-de-chaussée. D'autres habitations trônent encore sur les buttes originelles (à l'entrée du village), tandis que les dernières venues sont posées au sol et font confiance à la digue. Tout est paisible, avec un petit côté village de poupée : les moutons bêlent, les poussins pépient et les chats ronronnent au soleil.
La visite se fait à pied, exclusivement. Et c'est un vrai plaisir. À ne pas rater, à proximité du parking, juste après le pont sur la gauche, la boutique-atelier du savetier *(Klompenmakerij)* : les sabots y sont parmi les moins chers qu'on puisse trouver dans la région.

Comment y aller d'Amsterdam ?

➢ ***À vélo :*** quitte à se répéter, ça vaut le coup. Combinable avec le bateau, histoire de ne pas devoir rebrousser chemin par la piste de la digue. Depuis Amsterdam, suivre le bord de mer, c'est plus joli.

➢ ***En bus :*** depuis la station Noord (ligne 52 du métro), bus nº 315, 5h40 (6h40 sam, 7h40 dim)-1h10 ; 45 mn de trajet. On peut aussi transiter par les lignes de bus desservant Monnickendam.

➢ ***En voiture :*** à l'entrée de Marken, un vaste parking obligatoire et payant (3 €/h, 9 €/j.) accueille les voitures.

➢ ***En bateau :*** traversées Volendam-Marken assurées par la compagnie *Marken Express (☎ 0299-36-33-31 ; • markenexpress.nl •).* De mi-mars à fin oct, liaisons 9h45-18h30 (19h15 pour le retour), ttes les 30-45 mn (durée : 30 mn), moins en hiver. Tarif : env 13,50 € l'A/R (moins cher si achat en ligne) ; réduc. Possibilité d'embarquer son vélo (3 € A/R).

Adresse utile

ℹ Office de tourisme *(VVV)* **:** *sur le port. ☎ 60-21-84. • vvv.nl • Horaires variables, souvent fermé en basse saison.* Tout sur Marken et le Waterland.

Où dormir ? Où manger ? Où boire un verre ?

Hof van Marken : *Buurt II 15. ☎ 60-13-00. • hofvanmarken.nl • Hôtel ouv tte l'année, mais appeler s'il n'y a personne (la gérante n'est jamais loin). Doubles 130-150 € ; petit déj env 15 €. Loc de vélos.* Installé dans cette élégante maison de brique de 1905, c'est l'unique hôtel du village. Juste 7 ravissantes petites chambres bien douillettes (dont une suite avec baignoire et 2 combinables en une familiale). Belle déco moderne simple (lambris aux murs blancs ou noirs), mâtinée de quelques meubles anciens. Un établissement fréquenté par les clients de passage et les villageois, le salon de thé au rez-de-chaussée étant un lieu de rendez-vous formidablement chaleureux. Vous goûterez sûrement aux délicieuses petites douceurs préparées par la gérante. Une adresse pleine de charme.

De Visscher : *Havenbuurt 22. ☎ 60-13-04. Sur le port. Tlj 10h-21h. Plats 5-25 €.* Cuisine simple, savoureuse et pas chère, avec des produits de la mer travaillés avec soin. Également des *broodjes,* soupes, salades, pancakes, etc., servis dans une grande salle claire en bois décorée de maquettes de voiliers, donnant à la fois sur la mer (mais le ferry gâche un peu la vue) et le jardin. L'été, terrasse face à la mer.
– Également plusieurs ***cafés-restos*** sur le port, comme le restaurant ***De Taanketel*** *(Havenbuurt 1)* qui propose une cuisine locale dans un cadre soigné. Enfin, un kiosque à poisson traditionnel, parfait pour caler une petite faim.

À voir. À faire

Marken, c'est une ambiance particulière, empreinte d'une certaine magie. On distingue 2 quartiers : le ***Havenbuurt,*** autour du port, où les ruelles de brique et les canaux minuscules dessinent un gentil labyrinthe ; et le ***Kerkbuurt,*** centré autour de l'église, aux rues un peu plus larges et sans canaux.

De Hervormde Kerk *(église réformée)* **:** *avr-oct, lun-sam 10h-17h.* Suspendus à sa voûte, plusieurs petits bateaux de pêche. La mer n'est jamais loin à Marken.

Marker Museum : *Kerkbuurt 44-47. ☎ 60-19-04. ● markermuseum.nl ● À 2 pas de l'église. Fin juin-fin oct, tlj 11h (12h dim)-16h. Fermé le reste de l'année. Entrée : 3 € ; réduc.* Aménagé dans plusieurs maisons anciennes, dites *smookhuis,* car la fumée du foyer central s'échappait par un simple trou dans la toiture. Plein de vieux objets pour reconstituer l'habitat d'antan.

VOLENDAM (ind. tél. : 0299)

À 21 km au nord d'Amsterdam. Si Volendam vivait autrefois de la pêche à l'anguille, aujourd'hui, c'est le touriste que l'on appâte ; un peu trop d'ailleurs, au regard des innombrables restos, bars et boutiques de souvenirs sans âme qui se succèdent dans la rue principale, le long du rivage. Une ambiance un poil pesante en été, plus agréable en demi-saison.

Comment y aller d'Amsterdam ?

➢ ***En bus :*** de la gare centrale, bus nº 316. Il dessert Edam et Monnickendam. Départ ttes les 15-30 mn.

➢ ***En voiture :*** autant passer par Monnickendam en suivant les petites routes des digues (joli parcours, mais rester attentif). Parking gratuit (1h30), en face de l'office de tourisme. N'oubliez pas de mettre votre disque bleu (à acheter à l'office de tourisme, par exemple).

➢ ***En bateau :*** traversées Volendam-Marken avec *Marken Express* (voir Marken plus haut). Départs de Volendam 9h45-18h30.

Adresse et info utiles

Office de tourisme *(VVV)* **:** *Zeestraat 37. ☎ 36-37-47. ● vvvedamvolendam.nl ● Près d'un rond-point à l'entrée du village (300 m de la mer). Ouv tlj 11h-16h (15h dim nov-mars).* Plan gratuit du village, infos sur le Waterland, liste des loueurs de vélos, et une brochure payante en français pour réaliser soi-même une promenade artistique *(Historic art puzzle)* à la découverte des lieux qui ont inspiré les grands peintres hollandais. Sur place, petit musée consacré à la vie d'autrefois dans les villages de l'IJsselmeer.

– **Marché :** *sam 9h-17h sur Zeestraat ou Herculeslaan (très proche de l'office de tourisme).*

Où dormir ? Où manger ? Où boire un verre ?

Hotel Van den Hogen : *Haven 106. ☎ 36-37-75. • hogen.nl • Sur le port. Doubles à partir de 115 €, petit déj compris. Plats 15-46 €.* 4 petites chambres au confort simple (salle de bains, meubles *Ikea*), fonctionnelles et impeccables. Vue sur l'IJsselmeer pour la plupart. Au rez-de-chaussée, resto-bar concoctant une honnête cuisine familiale, avec poisson en vedette. Service attentionné en costume traditionnel.

Hotel Spaander : *Haven 15-19. ☎ 36-35-95. • spaander.com • Doubles 90-210 € ; petit déj env 15 €. Plats 9-23 €. Parking 10 €.* Dressé face à la Zuiderzee, l'hôtel accueillait à l'origine les peintres de passage, tel Paul Signac. Datant de 1881, le « café » rustique rappelle d'ailleurs cette époque, avec ses superbes murs couverts de toiles ayant permis à d'anciens hôtes de payer gîte et couvert. Une bien belle atmosphère pour une pause soupe ou sandwich. Également une grande salle de resto stylée, où sont servis des plats plus élaborés et plus chers aussi. Côté dodo, les chambres sont spacieuses, confortables, et certaines dotées d'un balcon avec vue sur le lac. Déco classique plutôt surannée.

Paviljoen Smit-Bokkum : *Slobbeland 19. ☎ 36-33-73. À l'extrémité ouest de Zuideinde, sur la nouvelle marina (Marinahaven). Tlj sauf lun 12h-23h30. Plats 15-30 €.* On est sous le charme de ce resto installé dans une longue bâtisse noire, coiffée de la cheminée caractéristique des fumeries d'anguilles (en activité depuis 1856). Assiettes de poissons fumés et plats pleins de gentilles saveurs, mais plus chers. Salle rustique, ou terrasse au bord de l'eau, idéale aussi pour boire un verre. À l'entrée, petit étalage où l'on peut acheter son poisson.

Viswinkel en Traiteur De Haven : *Zuideinde 2. ☎ 32-28-22. Tlj jusqu'à 18h (19h ven). Sandwichs 3-6 €, barquettes 7,50-10 €.* Voilà une bonne adresse où manger quelques *broodjes* garnis, sur le pouce et à prix raisonnable. Le poisson est frais et bon ! En plus, quelques plats (*fish & chips*, paella, salades en tout genre) à emporter en barquettes ou à manger sur place. Accueil gentil.

Eetcafe 't Havengat : *Haven 64. ☎ 36-34-76. Tlj 10h-1h (2h ven-dim) ; ferme plus tôt hors saison.* Grande maison en bois verte avec des baies vitrées ouvertes sur le port. Bar style taverne chaleureuse, avec coin capitonné et murs tapissés de photos. Une adresse bondée le week-end, et plébiscitée autant par les jeunes gens du cru que par les touristes.

À voir. À faire

Se balader sur le **port** tout en humant les odeurs d'anguille fumée. Observer le va-et-vient des bateaux, embarquer pour Marken (voir plus haut)...

EDAM *(ind. tél. : 0299)*

• Plan *p. 175*

À 23 km au nord d'Amsterdam. Voici notre village préféré ! S'il n'y a plus de port depuis l'assèchement partiel du Zuiderzee, tous les ingrédients qui font le charme des autres bourgades de la mer intérieure sont bien là : ruelles pavées, ponts à bascule, antiques maisons, canaux paisibles bordés d'arbres, tour-carillon... Et une indicible impression de sérénité.

Outre le fromage, qui n'y est d'ailleurs même plus fabriqué, Edam comptait une trentaine de chantiers navals au XVIe s. Ses marins partaient vers d'autres contrées pêcher la baleine... Restent les pittoresques canaux qui corsètent de vieilles demeures bourgeoises affublées de paisibles jardins à l'arrière, et qui font la joie des patineurs en hiver !

Comment y aller d'Amsterdam ?

➢ ***En bus :*** de la gare centrale, bus nos 314 ou 316, ttes les 15-30 mn env, 6h (6h30-7h sam, 7h40-8h dim)-1h. Compter 35-40 mn de trajet. Liaisons avec les autres villages de l'IJsselmeer.

Adresses et info utiles

Office de tourisme *(VVV ; plan B2) :* *Damplein 1. ☎ 31-51-25. • vvvedam volendam.nl • edam-volendam.nl • Tlj 11h-16h (15h dim nov-mars).* Situé dans l'ancien hôtel de ville, bel édifice du XVIIIe s. Brochure sur la ville avec plan, liste des *B & B,* autre brochure payante en français pour visiter le village, à pied ou à vélo, en autonomie. Si vous êtes en voiture, pensez à demander un disque, il est ici obligatoire. Vente de titres de transport.

Location de vélos : ***Ronald Schot*** *(plan A1,* ***2****), Grote Kerkstraat 7-9. ☎ 37-21-55. • ronaldschot.nl • Mar-sam 8h30-18h (16h sam), dim-lun sur résa. Compter 16,50 € pour 24h.* Loue aussi des vélos pour enfants, tandems et vélos électriques, et tous les accessoires.

– ***Marché :*** *mer mat, dans le centre.*

Où dormir ? Où manger ? Où boire un verre ?

Camping

Camping Strandbad Edam *(hors plan par B1,* ***13****) : Zeevangszeedijk 7a. ☎ 37-19-94. • campingstrandbad.nl • Ouv fin mars-début oct. Env 20 € pour 2 avec tente et voiture ; cabane (4 pers) env 50 €, draps et vaisselle non compris. Chiens exclus.* Au bord du lac et à proximité du port de plaisance, voilà un petit bout du monde bercé par le bruit du vent s'engouffrant dans les mâts des bateaux. Peu d'emplacements pour les tentes et peu d'ombre aussi. Également des cabanes rudimentaires avec 2 lits superposés, table et chaises, frigo et sanitaires communs. Sur place : resto, épicerie, laverie, jeux pour enfants, location de vélos, catamarans et planches à voile ; baignade pour les audacieux.

De bon marché à prix moyens

De Beurs *(plan A2,* ***14****) : Keizersgracht 6. ☎ 31-64-71. Mer-dim 12h-21h. Fermé lun-mar. Plats 7-26 €.* Dans cette ravissante maison d'angle en brique, les vitrines et la salle à manger exposent un bric-à-brac d'antiquités. Tout est à vendre, et l'on en oublierait presque la cuisine, simple, bonne et aux portions généreuses : soupes, sandwichs, salades, crêpes et tartes. Le soir, plats plus consistants, du genre porc sauce roquefort, *spare ribs...* Idéal aussi pour un café-tarte aux pommes entre 2 balades. Accueil en français.

Peter Gorter De Echte Bakker *(plan B1,* ***15****) : Achterhaven 101. ☎ 37-17-76. Tlj sauf dim 6h-18h (16h sam). Moins de 5 €.* Dans cette boulangerie, on vend du bon pain, mais aussi des pâtisseries et une foule de gâteaux secs. Ce n'est pas un hasard si on y fait souvent la queue ! Parfait pour caler un petit creux.

La Galera – Café de Gevangenpoort *(plan A2,* ***16****) : Gevangenpoortsteeg 1. ☎ 37-19-71. Cuisine ouv tlj 12h-21h ; café ouv tlj 12h (10h30 dim)-22h (1h jeu, 2h ven-sam). Pizzas 7-13 €. Plats 13-27 €.* À deux pas du centre, une salle lumineuse avec des tables en bois carrées. Dans l'assiette, de belles

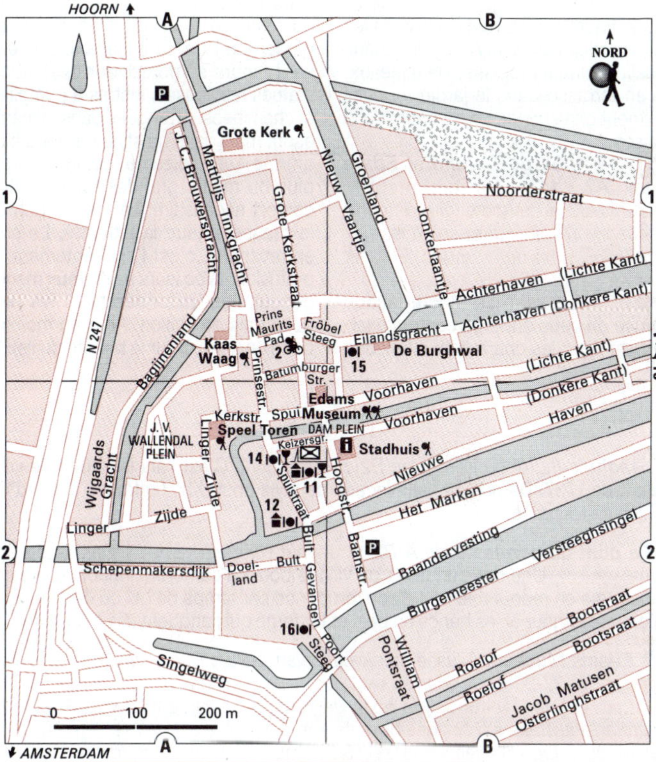

EDAM

Adresses utiles

- Office de tourisme (VVV ; B2)
- 2 Ronald Schot (location de vélos ; A1)

Où dormir ? Où manger ? Où boire un verre ?

- 11 L'Auberge Damhotel Edam (A2)
- 12 Hotel & Restaurant De Fortuna (A2)
- 13 Camping Strandbad Edam (hors plan par B1)
- 14 De Beurs (A2)
- 15 Peter Gorter De Echte Bakker (B1)
- 16 La Galera – Café de Gevangenpoort (A2)

pizzas bien garnies, que les gens du cru viennent dévorer en famille dans une ambiance bon enfant. Également des salades, pâtes, soupes, *antipasti*, et puis des viandes et poissons bien ficelés. Venir tôt, car souvent bondé.

De prix moyens à chic

Hotel & Restaurant De Fortuna *(plan A2,* ***12****) : Spuistraat 3. ☎ 37-16-71. • fortuna-edam.nl • Resto ouv tlj midi et soir. Doubles 113-150 €, petit déj compris. Au déj, plats 6-15 €. Menus 36-52 €.* Planté au carrefour de 2 canaux, près d'un pont qui se lève de temps en temps pour laisser passer un bateau, il s'agit d'un hôtel éclaté dans 5 maisons du XVIIe s, réparties dans un coquet jardin cerné par les eaux. Au choix : une vingtaine de chambres claires et assez charmantes, donnant sur les canaux, le jardin (les plus agréables et... les plus chères) ou la rue.

Délicieuse cuisine gastronomique et authentique, qui sublime à merveille les bons produits du coin. À déguster dans la salle à manger tapissée de tableaux, ou en terrasse dans le jardin. Accueil vraiment chaleureux, on se croirait à la maison.

L'Auberge Damhotel Edam *(plan A2, **11**) : Keizersgracht 1. ☎ 37-17-66. • damhotel.nl • Resto et brasserie ouv tlj midi et soir. Doubles 125-165 €, petit déj compris. Plats et sandwichs 7,50 € côté brasserie, jusqu'à 35 € au resto.* La stricte façade Empire de cette auberge contraste largement avec les charmants intérieurs. Côté brasserie comme dans la salle du resto, le mélange d'ancien et de modernité livre un ensemble très élégant : murs sombres, dorures, stucs, statues religieuses, lustres à pampilles et cheminées. Arrangées dans le même esprit mais dans un style baroque plus affirmé, une dizaine de chambres, plus ou moins grandes, avec tout le confort nécessaire. La carte lunch de la brasserie joue la légèreté. Le soir, en revanche, c'est l'enchantement, la profusion, avec leurs savoureux menus dégustation, mitonnés avec les produits frais de saison. Allez au moins y boire un verre, pour la beauté du lieu !

À voir

Stadhuis *(hôtel de ville ; plan B2)* **:** *Damplein 1.* C'est l'ancien hôtel de ville, datant de 1737. Derrière la belle façade de style Louis XIV, on trouve aujourd'hui l'office de tourisme.

Le pont de briques *(plan A-B2)* **:** *donnant sur Damplein, il enjambe le canal Keizersgracht.* Une des curiosités du village pour sa cambrure inhabituelle qui le transforme en redoutable dos d'âne (prudence par temps de gel ou de crachin !), sa grande largeur et les bancs en bois et fer forgé qui flanquent ses extrémités.

Edams Museum *(Musée municipal ; plan A-B2)* **:** *Damplein 8 et Damplein 1 (annexe). ☎ 37-26-44. • edamsmuseum.nl • En principe, avr-oct, tlj sauf lun 10h (13h dim et j. fériés)-16h30 ; le reste de l'année, seulement le w-e 11h-16h30. Attention, **l'annexe est fermée hors saison.** Le musée est parfois fermé faute de bénévoles. Entrée (musée + annexe) : 5 € ; réduc. Audioguide en français très bien fait (compris dans le prix).*
Aménagé dans la plus vieille maison en brique de la ville (1550), de style gothique très pittoresque. En dehors du mobilier XVIIe s, dont une astucieuse chambrette aux lits encastrés et chauffés par le conduit de cheminée, on y découvre, depuis la cuisine en contrebas, une étonnante cave-caisson recouverte de carreaux de faïence. Flottant sur l'eau présente sous la maison, ce système ingénieux évite la poussée ascensionnelle des eaux montantes sur les fondations de la maison et, accessoirement, procure une déroutante impression de roulis quand on y descend. Autres curiosités locales dignes du *Livre des records* : les portraits en pied d'un habitant dont la barbe faisait plus de 2,50 m, celui d'un obèse de près de 250 kg et d'une grande fille d'environ 2,60 m ! Le 1er étage, avec son plancher en pente, est dédié au fromage. Le 2d, toujours de guingois, propose une petite expo sur la marine et la religion. Un joli et intéressant petit musée, à ne pas manquer.
Une annexe du musée se trouve au 1er étage de l'ancien hôtel de ville (qui accueille aussi l'office de tourisme) mais il est surtout utilisé pour accueillir des expositions temporaires en saison.

Speel Toren *(plan A2)* **:** *du Spui, prendre la Kleine Kerkstraat ; c'est au bout.* Tour-carillon ayant appartenu à une église aujourd'hui détruite. Au XVIe s, la tour fut coiffée d'un campanile octogonal très élégant, avec cloches et marteaux apparents.

Grote Kerk *(Grande Église ; plan A1)* **:** *au bout de Grote Kerkstraat. De fin mai à fin oct, tlj 13h30-17h (16h oct). Entrée libre.* Bel édifice de style gothique flamboyant. En arrivant de Grote Kerkstraat, on découvre l'élégante façade en brique, enrichie de niches aveugles dont l'une abrite un amusant joueur de luth, et surmontée d'une surprenante coupole de style orthodoxe. L'intérieur vaut le coup d'œil pour la voûte en bois en berceau et les grandes orgues.

Le marché aux fromages : *Janvan Nieuwenhuizenplein. • kaasmarktedam.nl • Juil-août, mer 10h30-12h30 (une nocturne début août et un sam autour du 15 août).* Un événement folklorique saisonnier haut en couleur. Charles Quint autorisa la ville à tenir son 1er marché aux fromages en 1520. Au XVIIe s, on acheminait par le port plus de 500 000 fromages vers les pays étrangers. Les usines et la grande distribution ont pris le relais de la petite ville, entraînant la disparition du marché en 1922. Pour le grand plaisir des visiteurs, Edam a relancé cette activité folklorique. Sur la petite place historique, le poids public *(Kaas Waag)* de 1778, témoin des grandes heures de la cité, porte sur sa façade des fresques de faïence dont l'une illustre la pesée des fromages.

ZAANSE SCHANS

À 12 km au nord d'Amsterdam. *Zaanse Schans* signifie « redoute zaanoise », car c'est à l'emplacement d'un retranchement du XVIe s, destiné à contrer l'avancée de l'armée espagnole, qu'a été aménagé ce que l'on appelle de nos jours un écomusée. À partir de 1950, des moulins, des maisons et des bâtiments utilitaires régionaux, datant des XVIIe et XVIIIe s, ont été déplacés et regroupés ici, pour former un village au bord de la rivière Zaan. Ce but louable de sauvegarde du patrimoine a malheureusement engendré un des lieux les plus touristiques de Hollande. Malgré tout, il se dégage de l'ensemble un certain charme. Et même si le parking est cher, l'entrée du site est gratuite. Rien ne vous empêche donc de venir y faire un petit tour.

Comment y aller d'Amsterdam ?

➢ ***En voiture :*** prendre le Ring (A10), puis l'autoroute A8 vers le nord. Sortir à Zaanstad et suivre les panneaux jusqu'au parking. Depuis les villages de la Zuiderzee, prendre la N244, puis l'autoroute A7, via Purmerend.

➢ ***En train :*** à la gare centrale, prendre un billet pour Zaandijk-Zaanse Schans. Ensuite, 20 mn de marche à travers un parc ou 10 mn à vélo (loueur à la gare).

➢ ***En bus :*** de la gare centrale, prendre le bus n° 391. Ttes les 15-30 mn. Trajet : env 40 mn.

Infos pratiques

– ***Horaires :*** *ouv tte l'année. De mi-mars à fin oct, ts les moulins fonctionnent 9h30-16h30 ou 10h-17h ; le reste de l'année (nov-fév), il y en a au moins un qui tourne. Voir les horaires détaillés sur Internet, ils sont très variables.*

– ***Tarifs :*** *entrée gratuite dans le village. Petit droit d'entrée individuel sur certains sites (1-10 € à chaque fois). Il existe la Zaanse Schans Card à 23,50 € (réduc enfants), offrant la gratuité pour les principaux sites payants et des réduc sur les autres. Parking payant : 12 €/j. On a ouï dire que si on arrive en milieu d'après-midi, les barrières sont ouvertes et les automates inactifs... À vérifier quand même.*

■ ***Bureau d'informations :*** *au Zaans Museum, Schansend 7. ☎ (075) 6204-75-10. • dezaanseschans.nl • Tlj 9h-17h.*

À voir. À faire

De loin, le site est vraiment ravissant. Une vraie carte postale : spectaculaire enfilade de moulins plantés dans un méandre de la rivière, joliesse des petites maisons de bois peintes en vert, ponts et canaux. Les enfants sont ravis ! De près, le village est rythmé par une vie touristique intense et organisée, avec restos, boutiques, balades en bateau l'été, et visite payante de maisons thématiques à la qualité inégale. Ainsi trouve-t-on un savetier, un fondeur d'étain, un fromager, un horloger, un boulanger, qui revendiquent souvent le titre de « musée » ; entendez plutôt : expo-vente !

Zaans Museum : *Schansend 7.* ☎ *(075) 681-00-00.* • *zaansmuseum.nl* • *Tlj 10h-17h. Fermé 25 déc et 1er janv. Entrée : 12,50 € ; réduc ; gratuit avec la* I amsterdam City Card *et la* Zaanse Schans Card. La muséographie ludique et contemporaine, traduite en anglais et adaptée aux enfants, est articulée autour de 4 thèmes : la vie, le travail, l'eau et le vent. Elle enrichit la découverte des arts, des traditions populaires et de l'histoire du *Zaanstad* (pays du Zaan), une entité administrative récente au caractère pourtant bien affirmé depuis le Moyen Âge. Intéressante exposition de mobilier peint, vaisselle, costumes, coiffes, luges et traîneaux témoignant des hivers rigoureux de naguère, jouets, bondieuseries et peintures naïves (voir l'histoire du taureau cruel...). On comprend également l'importance passée des moulins, utilisés pour la transformation des céréales, l'industrie du bois et celle du papier (traditionnellement à base de chiffon). Également une section consacrée à une gloire nationale, la marque *Verkade,* fabricant de chocolat et de biscuits depuis le début du XXe s (machines, affiches publicitaires...).

HAARLEM

156 000 hab. IND. TÉL. : 023

• Plan *p. 180-181*

Haarlem ? Voyons, voyons... ce nom nous dit quelque chose... Eh bien oui, ce n'est pas une coïncidence. C'est aussi le nom que donnèrent des pionniers hollandais à un village du nord-est de l'île de Manhattan, à New York. À 20 km à l'ouest d'Amsterdam, le Haarlem d'origine est une gentille ville de province. De charmants quartiers anciens, ceinturés par une rivière et des canaux, y entourent la vaste place centrale où trône une grande église. C'est aussi la cité natale du peintre Frans Hals, auquel un splendide musée est dédié. Pour finir, on est ici dans la région des tulipes. Au printemps, des centaines de champs de fleurs de toutes les couleurs jouent avec la lumière et le vent. Un éden pour photographes !

UN PEU D'HISTOIRE

Dès le Xe s, bien avant Amsterdam, un village de pêcheurs s'installe ici. 3 siècles plus tard, des fortifications sont élevées et Haarlem obtient les droits de cité. Elle s'agrandit alors et se dote d'une belle église. En 1572, en pleine guerre d'indépendance contre les Espagnols, Haarlem soutient un siège de 7 mois. Tout au long de cet épisode héroïque et tragique, la ville est ravitaillée en hiver par des « gueux » venus en patins à glace, mais doit finalement se rendre. Toute la garnison et une grande partie de la population sont massacrées.
Presque entièrement brûlée au XVIe s, la ville fut reconstruite dans un style Renaissance, puis baroque. Comme à Amsterdam, le XVIIe s sera celui de la prospérité.

L'industrie drapière se développe grâce à l'arrivée massive de huguenots et de Flamands exilés après la prise d'Anvers par les Espagnols. La toile de Hollande est bientôt connue dans toute l'Europe. Des canaux sont creusés et, au XIXe s, le grand lac est asséché et transformé en champs de tulipes et de jacinthes, là où s'étend actuellement l'aéroport de Schiphol.
Aujourd'hui, Haarlem est une jolie ville, indépendante et fière, qui ne souffre même pas de la proximité immédiate de la capitale. On prend vraiment plaisir à arpenter ses rues commerçantes bordées de boutiques attrayantes.

Comment y aller d'Amsterdam ?

➢ ***En train :*** de la gare centrale, départ ttes les 10-15 mn, 3h30-1h env. Économique (env 10 € l'A/R) et rapide (env 20 mn de trajet), c'est la meilleure option.
➢ ***En bus :*** moins pratique que le train. Le bus n° 80 part de Marnixstraat (centre d'Amsterdam), ttes les 15 mn, 5h30-minuit. Sinon, le bus n° 300 est idéal pour venir directement de l'aéroport de Schiphol.
➢ ***À vélo :*** env 1h15.

Adresses et info utiles

Office de tourisme *(plan B2)* **:** *Grote Markt 2. ☎ 531-73-25. • visithaarlem.com • Sur le côté ouest de la pl. du marché, sous le beffroi. Tlj 10h-16h (11h-15h dim). Fermé j. fériés.* Le *VVV* propose plusieurs formules de promenades à pied et tours guidés (en anglais) autour du thème de la *tulipomanie,* cette folie spéculative qui embrasa Haarlem au XVIIe s.
Rent a Bike *(plan C1,* ***1****)* **:** *Lange Herenstraat 36. ☎ 542-11-95. • rentabikehaarlem.nl • Lun-sam 9h (10h mer)-18h, dim 9h30-17h30. Fermé dim en hiver. Loc 8-30 €/j. selon type de vélo.* Vélos classiques, VTT, enfant, tandem, e-bike (vélo électrique) ou cargo.
– ***Marchés :*** *sam 9h-17h sur Grote Markt (plan B-C2), marché alimentaire et aux fleurs ; ven-sam 9h-16h sur Botermarkt (plan B2-3), marché paysan.*

Où dormir ?

En dehors du plaisir de passer la nuit à Haarlem, ces adresses peuvent être utiles quand tout est complet à Amsterdam.

Camping

Camping de Liede *(hors plan par D3,* ***13****)* **:** *Lieoever 68. ☎ 535-86-66. • campingdeliede.nl • À 3 km à l'est de la ville. De la gare, bus n° 2, puis 15 mn à pied. En voiture depuis l'autoroute A200, sortie « Waarderpolder ». Ouv tte l'année. Compter env 20 € pour 2 avec tente et voiture. Bungalow (4 pers) env 100 € la nuit.* Petit camping champêtre situé près d'un plan d'eau. Douches et w-c propres. Également des bungalows en bois avec lits superposés, table et chaises, canapé, coin cuisine, et sanitaires communs. Sur place : épicerie, resto, lave-linge, jeux pour enfants. Location de vélos, de bateaux et de kayaks. Bien pour dépanner.

De bon marché à prix moyens

Hello I'm Local *(plan D3,* ***15****)* **:** *Spiegelstraat 4. ☎ 844-69-16. • helloimlocal.com • En dortoir 4-14 lits 25-35 €/pers ; doubles env 65-100 € ; familiale ; petits déj 4,50-6,50 €. Sdb dans dortoirs et chambres, certaines avec w-c sur le palier.* Dans un ancien atelier de maréchal-ferrant, un *hostel* de charme... et quel charme ! Dès la porte franchie, l'avenante réception-bar-salon, claire et ouverte sur une courette

Adresses utiles

- Office de tourisme (VVV ; B2)
- 1 Rent a Bike (C1)

Où dormir ?

- 10 Stayokay Haarlem (hors plan par B1)
- 11 Hotel Amadeus (B2)
- 12 Hotel ML (C2)
- 13 Camping de Liede (hors plan par D3)
- 14 Hotel Malts (B2)
- 15 Hello I'm Local (D3)

Où manger ?

- 20 De Haerlemsche Vlaamse (B2)
- 21 Hofje Zonder Zorgen (A-B3)
- 22 Jopenkerk (A2)
- 24 Jacobus Pieck (C3)
- 25 Parck (hors plan par A3)
- 26 Spaarne 66 (C3)

Où boire un verre ? Où sortir ?

- 21 Hofje Zonder Zorgen (A-B3)
- 22 Jopenkerk (A2)
- 30 Proeflokaal in den Uiver (C2)
- 31 Café Studio et Dodici (C2)
- 33 Proeflokaal De Blauwe Druif (C2-3)
- 34 Grand Café Brinkmann (C2)

À voir

- 40 Het Museum van de Geest (hors plan par C1)

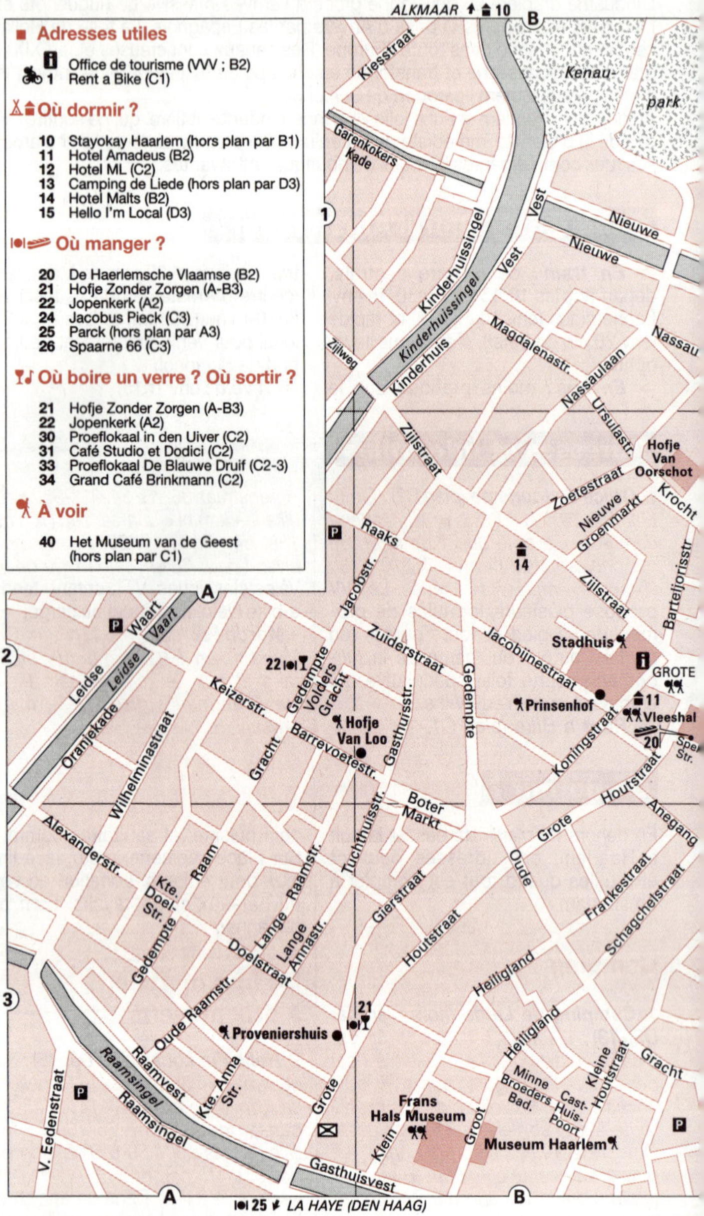

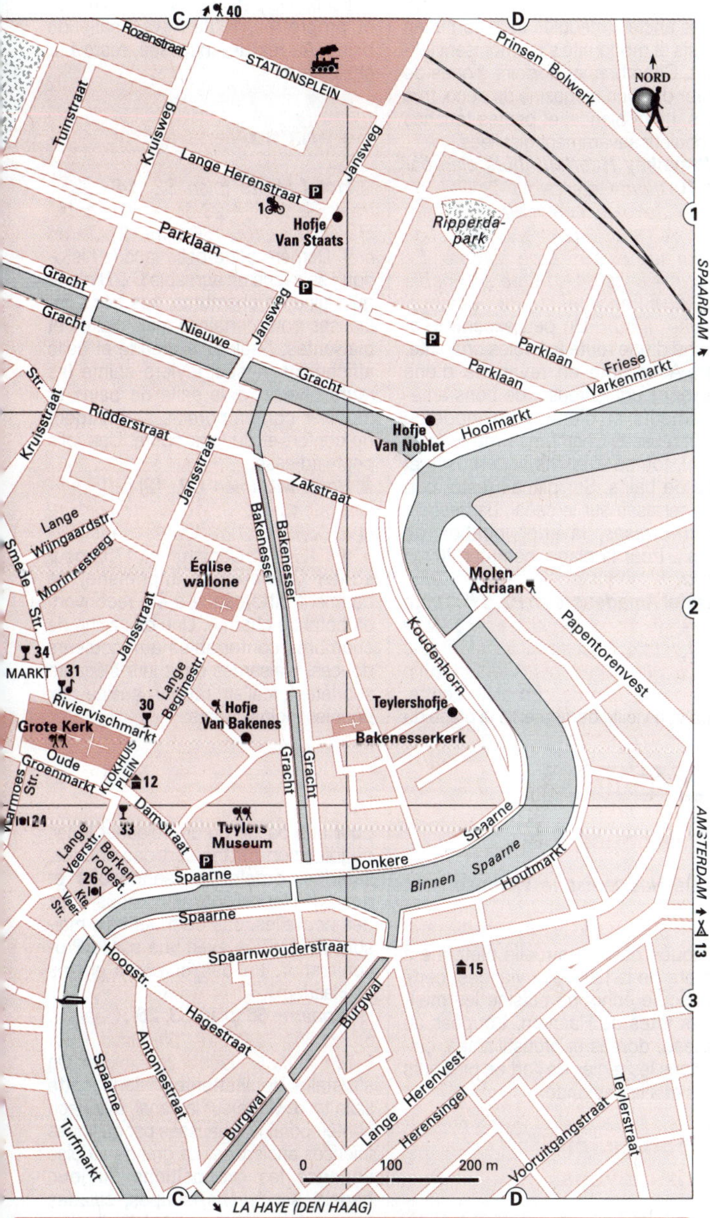

C
40
D
Rozenstraat
STATIONSPLEIN
Prinsen Bolwerk
NORD
Tuinstraat
Kruisweg
Jansweg
Lange Herenstraat
P
1
Hofje Van Staats
Ripperda-park
Parklaan
Gracht
Gracht
Nieuwe
Jansweg
Parklaan
Parklaan
Friese Varkenmarkt
SPAARDAM
Gracht
Str.
Kruisstraat
Ridderstraat
Hofje Van Noblet
Hooimarkt
Zakstraat
Jansstraat
Bakenesser
Bakenesser
Lange Wijngaardstr.
Morinesteeg
Smede Str.
Église wallone
Molen Adriaan
Papentorenvest
Koudenhorn
Jansstraat
34
MARKT
31
Lange Begijnestr.
Hofje Van Bakenes
Teylershofje
30
Riviervischmarkt
Grote Kerk
Bakenesserkerk
Oude Groenmarkt
KLOKHUIS PLEIN
12
Warmoes Str.
Gracht
Gracht
24
Damstraat
33
Teylers Museum
Spaarne
Lange Veerstr.
Berkenrodest.
26
Kte. Veer Str.
Spaarne
Donkere Spaarne
Binnen Spaarne
Houtmarkt
Spaarne
AMSTERDAM
13
Hoogstr.
Spaarnwouderstraat
15
Burgwal
Hagestraat
Antoniestraat
Spaarne
Burgwal
Lange Herenvest
Herensingel
Vooruitgangstraat
Teylerstraat
Turfmarkt
0 100 200 m
LA HAYE (DEN HAAG)

HAARLEM

tranquille, fleure la bonne adresse. Carrelage ancien, meubles de récup' bien choisis et modernité s'harmonisent joliment. Chambres et dortoirs dignes de figurer dans un magazine de déco, très clairs, murs blancs, et petites touches de couleur savamment distillées.

Stayokay Haarlem *(hors plan par B1,* ***10****) :* *Jan Gijzenpad 3. ☎ 537-37-93. • stayokay.com/en/hostel/haarlem • À 3 km du centre, en direction d'Alkmaar. Bus nº 2 de la gare. En dortoir 4-8 lits 34-41 €/pers ; double env 100 € ; petit déj et draps compris. Parking gratuit.* Un peu excentrée et proche d'une route à 4 voies bruyante, cette AJ profite en revanche d'une ambiance chaleureuse, de bons aménagements et d'une déco moderne plutôt réussie. Chambres simples mais nickel, toutes avec lits superposés et salle de bains. Sur place : resto, pub avec terrasse sur le canal, barbecues, *beach-cruises,* laverie, location de vélos... Pour la plage, compter 20 mn à vélo.

Hotel Amadeus *(plan B2,* ***11****) :* *Grote Markt 10. ☎ 532-45-30. • amadeus-hotel.com • Réception au 1er étage. Doubles 80-105 €, petit déj compris. Promos sur Internet.* En plein centre, dans une vieille demeure de la place du marché, des petites chambres simples et proprettes, toutes avec salle de bains. Au rez-de-chaussée, resto-bar chaleureux.

De prix moyens à chic

Hotel Malts *(plan B2,* ***14****) :* *Zijlstraat 58. ☎ 551-23-85. • maltshotel.nl • Doubles 105-155 € (min 2 nuits en été).* Derrière cette belle façade historique se cache un agréable *B & B* d'une quinzaine de chambres, pas très spacieuses pour certaines mais claires et plaisantes. Seule une grande et belle affiche du musée Teylers anime les murs blancs, puis salle de bains et mobilier contemporains se chargent du confort et du look épuré. Une jolie petite adresse.

Hotel ML *(plan C2,* ***12****) :* *Klokhuisplein 9. ☎ 512-39-10. • mlinhaarlem.nl • Doubles 125-175 € ; petit déj-buffet 17,50 €.* Construit en 1703 pour abriter une énorme imprimerie, ce bâtiment pittoresque a été reconverti en hôtel de charme. Une quinzaine de chambres confortables aux couleurs douces, plaisantes dans leur élégante sobriété. Excellent rapport qualité-prix pour les moins chères.

Où manger ?

Sur le pouce

De Haerlemsche Vlaamse *(plan B2,* ***20****) :* *Spekstraat 3. Tlj 12h (11h sam)-18h (assez variable). Env 5 €.* Planquée dans une ruelle piétonne à l'arrière de la halle aux viandes, cette minuscule échoppe cuisine les meilleures frites de Haarlem. Coupées au couteau, dorées et croustillantes, cuites dans les règles de l'art en plusieurs bains et à la demande.

De bon marché à prix moyens

Hofje Zonder Zorgen *(plan A-B3,* ***21****) :* *Grote Houtstraat 142a. ☎ 531-06-07. Tlj 10h-17h (18h le w-e). Plats 7-13 € ;* high tea *(sur résa) 24 €.* Parfait pour une pause ou un déjeuner léger, ce joli salon de thé sert des soupes, salades, omelettes, sandwichs et des pâtisseries dont vous nous direz des nouvelles. Jus de fruits frais maison. Baie vitrée avec vue sur le Proveniershof, un des célèbres enclos de Haarlem.

Spaarne 66 *(plan C3,* ***26****) :* *Spaarne 66. ☎ 551-38-00. Tlj 10h-minuit. Plats 6-14 € le midi, jusqu'à 28 € le soir.* On s'installe douillettement dans cette salle toute vitrée sur le canal, à la déco contemporaine rehaussée par quelques faïences anciennes. La grande ardoise annonce les propositions du jour, bagels, sandwichs, soupes, salades composées goûteuses, et plats plus élaborés le soir. Bien dans l'air du temps !

Jopenkerk *(plan A2,* ***22****) :* *Gedempte Voldersgracht 2. ☎ 533-*

41-14. Tlj 10h-22h (cuisine ouv à 12h, bar ferme plus tard ven-sam). Le midi, snacks (servis aussi le soir) et plats 4-14 € ; le soir, 12-23 € le plat. DJ certains w-e. Quelle belle idée ! La célèbre brasserie locale *Jopen* a récupéré cette église Art déco et y a érigé un temple voué à la bière. Venez donc communier autour des grandes tables et goûter l'une des 20 délicieuses bières maison. La cohabitation des cuves et des vitraux peut sembler insolite mais, indiscutablement, le lieu gagne en splendeur. On adore ! Éminemment convivial, on y vient à toute heure boire un verre ou grignoter un morceau (croquettes, tartines, sandwichs...), en lisant le journal, confortablement installé. Le soir, changement d'ambiance et de cuisine (dans le genre terroir créatif). Dans tous les cas, un accord mets-bière vous sera proposé.

Jacobus Pieck *(plan C3,* ***24****) : Warmoesstraat 18. ☎ 532-61-44. Mar-sam 11h-16h, 17h30-22h. Le midi 7-13 € ; plats 14-19 € le soir. Menu 27 €.* Ambiance cosy dans cette salle tout en longueur, où 2 belles cheminées en bois assurent l'essentiel de la déco. Carte assez restreinte mais suffisante pour satisfaire tous les goûts et toutes les faims, qui s'appuie sur des produits de saison et de qualité tout simplement bien traités. Service adorable en prime !

Chic

Parcck *(hors plan par A3,* ***25****) : Frederikspark 2. ☎ 542-09-11. Tlj 11h-23h. Au déj, plats 6-16 €. Le soir, plats 17-23 € ; menu 33 €.* À 3 mn à pied du musée Frans-Hals, dans une grosse maison posée au bord d'un parc, un resto moderne et tout vitré, doté d'une charmante terrasse dans un bel écrin végétal. Le midi, petits plats goûteux et légers vite avalés. Le soir, une cuisine plus élaborée qui respecte la tradition batave en lui apposant un agréable verni méditerranéen Une des meilleures tables de la ville, à prix justes.

Où boire un verre ? Où sortir ?

L'animation nocturne et les bars se concentrent essentiellement autour de la place de l'église Grote Kerk.

Pour boire un verre, reportez-vous aussi aux adresses **Jopenkerk,** une église reconvertie en pub *(plan A2,* ***22****)*, et **Hofje Zonder Zorgen** *(plan A-B3,* ***21****)* de la rubrique « Où manger ? ».

Proeflokaal in den Uiver *(plan C2,* ***30****) : Riviervischmarkt 13. ☎ 532-53-99. Tlj 16h-1h (2h ven-sam, minuit dim-lun).* Un bistrot qui a trouvé refuge dans une ancienne poissonnerie à la déco à l'ancienne : superbes faïences évoquant la mer, parquet brut, boiseries et luminaires en becs de gaz, tout respire le large ! Le *Proeflokaal in den Uiver* a été élu parmi les meilleurs bars de Hollande et a même remporté le 1er prix pour la convivialité. C'est dire ! Large choix de boissons, genièvres et bières.

Café Studio *(plan C2,* ***31****) : Grote Markt 25. ☎ 531-00-33. • cafestudio.nl • Tlj 12h (10h sam)-1h (2h ven-sam).* Ici, c'est un ancien cinéma qu'on a transformé en café. Contrairement à la façade quelconque, l'intérieur dégage un charme certain, avec son beau parquet, ses éclairages tamisés et ses affiches anciennes. Pas mal d'animation le soir. Le dimanche à partir de 16h30, concerts de musique rock, pop, soul, disco, etc., ou soirée DJ.

Dodici *(plan C2,* ***31****) : Smedestraat 47. ☎ 532-86-86. Tlj 8h (10h dim)-minuit (2h ven, 1h sam).* Un bar lounge au design bien affûté, où s'entasse la jeunesse branchée de Haarlem. On peut aussi y manger une cuisine tout à fait honorable, pour un prix raisonnable.

Proeflokaal De Blauwe Druif *(plan C2-3,* ***33****) : Lange Veerstraat 7. ☎ 884-16-26. Tlj 16h-minuit (2h ven-sam, 21h dim).* Un « café brun » typique au joli décor tout en bois, où l'on sirote son verre dans une ambiance feutrée, bon enfant et joyeuse.

Grand Café Brinkmann *(plan C2,* ***34****) : Grote Markt 13. ☎ 532-31-11. Tlj 8h (9h dim)-minuit.* La salle de ce bistrot ouvert à la fin du XIXe s affiche, bien que relookée, une agréable déco d'antan. Mais on le recommande surtout pour sa terrasse sur la place, vraiment sympa en été.

À voir

Balade dans le vieux Haarlem

Notre promenade débute sur ***Grote Markt,*** la grande place du marché, où trônent l'église, l'hôtel de ville et la halle aux viandes. C'est ici, en cet ancien lieu de tournoi au XIIIe s et autrefois proche de l'estuaire de la rivière (qui passe derrière), que Haarlem trouve ses origines.

Stadhuis *(hôtel de ville ; plan B2)* **:** cette ancienne résidence de chasse des comtes de Hollande, bâtie au XIVe s, plusieurs fois incendiée puis reconstruite, arbore une architecture composite : grand beffroi du XVe s, façade contenant encore quelques éléments gothiques dans sa partie gauche, mais pour le reste style Renaissance hollandaise (balcon central et aile droite) mâtiné de Tudor par les hautes cheminées (leur fameux architecte, Lieven de Key, vécut plusieurs années à Londres). Au-dessus de la façade, les armoiries de la ville, composées d'une croix, d'une épée et d'étoiles sur fond rouge. L'échafaud se dressait autrefois sur la place.
Complètement sur la gauche, un portique mène à la petite cour (ouverte aux heures de bureau) d'un ancien *monastère* du XVIe s. Il a échappé à la destruction parce qu'il était rattaché à l'hôtel de ville. Les arcades autour ont été transformées en bureaux.

Vleeshal *(halle aux viandes ; plan B-C2)* **:** *sur le Grote Markt, entre l'hôtel de ville et l'église.* Édifiée au début du XVIIe s, dans le style Renaissance flamande, par Lieven de Key, cette halle fut commandée par la corporation des marchands de viande. Noter la richesse décorative de la façade. On sent le souci du détail. Masques de bœuf et cornes de bélier rappellent la vocation du lieu. Aujourd'hui, l'édifice dépend du musée Frans-Hals (voir plus loin « Les musées »). Il héberge, dans la cave, le ***Musée archéologique de la ville*** *(mer et w-e 13h-17h ; GRATUIT)* et, au rez-de-chaussée ainsi que dans le *Verwey Hall* adjacent, le musée *Hof,* où sont présentées des expos temporaires d'art contemporain, dépend du Frans Hals Museum *(là, c'est 16 € pour les 2 musées).*

La statue de Coster : *au centre de la place.* Jeter surtout un œil à la belle façade à pignon à cou, au-dessus du centre commercial *Brinkmann.*

PRÉ-IMPRESSION

Selon les Néerlandais, ce n'est pas Gutenberg qui inventa l'imprimerie en 1440, mais Laurens Janszoon, dit « Coster », en 1423, qui mit au point un système d'impression par lettres mobiles, 17 ans avant l'Allemand. Cependant, aucun document n'étaye cette thèse, et certains pensent même que le personnage serait inventé...

Grote Kerk *(église Saint-Bavon ; plan C2)* **:** *sur le Grote Markt ; entrée côté nord. ☎ 553-20-40. • bavo.nl • Lun-sam 10h-17h (plus 10h-16h dim juin-sept). Entrée : 3 € ; réduc. Visite guidée sam à 14h (autre départ à 14h30 de mi-mai à fin sept) : 7 €.*
L'église en bois du village originel a été reconstruite et considérablement agrandie dans le style gothique, entre les XIVe et XVIe s. Depuis l'extérieur, observer la fine tour-lanterne en bois, qui s'élève à 78 m.
Malgré son apparente sobriété, ce vaste édifice mérite une visite. Dans la nef de droite, au mur, un ancien plan de la ville représente les fortifications d'autrefois, entourant encore des pâtures. Jeter un œil à la nef en chêne. Le sol de l'église est pavé de grosses dalles noires, dont ***1 500 pierres tombales !*** La plupart des noms des riches marchands, drapiers et brasseurs qui étaient inhumés ici sont à présent effacés par le temps. Toujours dans la nef de droite, 3 maquettes de

bateaux suspendues rappellent la participation de Haarlem à la 5e croisade qui prit Damiette, en Égypte. À voir encore, le chœur, fermé par un ensemble de grilles en laiton du début du XVIe s. Une lanterne sur les dalles indique l'emplacement du modeste tombeau de ***Frans Hals.*** Détailler également les stalles, sculptées d'amusants personnages.
Enfin, les orgues. Construites au début du XVIIIe s, elles comptent parmi les 5 plus grandes du pays. Pas moins de 5 068 tuyaux, 3 claviers, et 65 registres que firent sonner Mozart, Haendel et Mendelssohn. Rien que ça ! Leur buffet à dorures, de style baroque, est de toute beauté. Un ***festival international d'orgue*** a lieu tous les 2 ans (années paires), au mois de juillet. Par ailleurs, de nombreux concerts prestigieux sont régulièrement organisés *(mai-oct, mar à 20h – en été, jeu à 16h ; calendrier sur le site).*
Le beffroi de l'église abrite une cloche de 5 t... qui sonne gravement les heures *(concert de carillons lun à 12h et ven à 12h45).*

➢ En sortant de l'église, emprunter ***Damstraat,*** qui file vers la rivière Spaarne, pour découvrir quelques-unes des jolies maisons de la ville. Au no 21, à l'angle, se dresse la ***maison de Teylers,*** marchand et fabricant d'étoffes qui fit fortune et décida d'en dépenser une partie pour créer un musée. Au no 29, la bâtisse tout en pierre de l'ancien poids public, qu'on doit aussi à Lieven de Key qui la dessina dans le style Renaissance au début du XVIIe s, est aujourd'hui transformée en resto.

➢ La ***Spaarne,*** canalisée, a toutefois conservé son tracé en zigzag. Sur ces berges, d'autres belles façades. En prenant sur la gauche : le *Teylers Museum* (voir plus loin « Les musées ») au no 16, un pont à bascule en acier au no 4 et, de l'autre côté, 2 anciennes brasseries, reconnaissables à leurs pignons à redents. 2 maisons modernes à leur gauche s'inspirent de l'architecture traditionnelle.

Molen Adriaan *(plan D2)* **:** *Papentorenvest 1a. ☎ 545-02-59. • molenadriaan.nl • Mars-oct, tlj 13h (10h30 le w-e)-17h ; nov-fév, lun et ven 13h-16h30, le w-e 10h30-16h30. Entrée comprenant la visite guidée : 5 € ; réduc.* Bâti en 1778 sur les fondations d'une ancienne tour de défense plantée au bord du Spaarne, ce moulin à vent a brûlé en 1932 et été reconstruit à l'identique. Du haut de ses 12 m, vue magnifique sur Haarlem.

➢ Suivre ensuite, côté nord, l'agréable canal ***Bakenessergracht.*** Au no 72, s'engager à gauche dans la ruelle Nauwe Appelaarsteeg, puis dans la 1re à droite, Wijde Appelaarsteeg. Au no 11, le ***Hofje Van Bakenes*** *(tlj sauf dim 10h-17h)* est un ancien hospice pour dames âgées fondé en 1395, avec son petit jardin et ses maisonnettes au calme, à deux pas du centre.

➢ Reprendre à droite en sortant, puis de nouveau à droite dans *Lange Begijne Straat.* Au bout, la plus vieille ***église*** de Haarlem, protestante et wallonne, tout en brique, où l'on célèbre un office en français (2 dimanches par mois, à 10h30). Tout autour de l'église s'étendait un vaste ***béguinage,*** formé d'édifices qui furent détruits au fil des siècles. Aujourd'hui, tout autour de l'église et sans état d'âme, des vitrines aux lumières rouges accueillent les messieurs esseulés...

➢ En empruntant *Begijnesteeg* à gauche de l'église, on récupère la grande ***Jansstraat.*** Aux nos 61 et 63, façades à pignons à redents. Ici vécurent les peintres *Hendrick Goltzius* et *Pieter Saenredam,* 2 contemporains de *Frans Hals*. Ça ne vous dit rien ? À nous non plus... Bien qu'en cherchant un peu on découvre que le 1er participa à l'introduction de l'art maniériste aux Pays-Bas et que l'autre s'est spécialisé dans la peinture des intérieurs d'églises. Au no 54, remarquer la petite porte par laquelle on accédait à l'hôpital Sainte-Barbe, qui n'existe plus. Un bas-relief coloré et réaliste en évoque l'intérieur. Voir ces lits en alcôve qui accueillaient 4 malades à la fois, ce qui était fréquent à l'époque. Bonjour les contagions ! Au no 64, une ancienne auberge, comme en témoigne à nouveau le bas-relief. Beau pignon à cloche. On longe Jansstraat jusqu'à l'église Saint-Bavon (Grote Kerk).

➢ Prendre à droite Smedesstraat, jusqu'à ***Barteljorisstraat*** *(plan B-C2)*. À l'angle, une maison à l'étrange façade, mélange de pignons à redents et à cloche. Sur la droite, on trouve la *Kruisstraat.* Juste une mini-incursion dans cette rue pour voir, au n° 44, cette maison de retraite du milieu du XVIIIe s. Il ne s'agissait pas d'un béguinage, mais d'un vrai lieu d'habitation pour personnes âgées. Aujourd'hui, la politique sociale de la Ville est d'y faire cohabiter jeunes et vieux. En face, au n° 45, la façade rococo de l'ancienne demeure du bourgmestre.
Empruntons maintenant *Barteljorisstraat*. Au n° 12, beau pignon à cloche. Au n° 15, remarquez ce magasin dont la façade supérieure a été complètement remaniée dans le style Renaissance hollandais. Au n° 19, dans la ***Corrie Ten Boomhuis*** *(mar-sam 10h-15h30 avr-oct, 11h-15h nov-mars),* résidait une famille protestante qui cacha des juifs lors de la 2de Guerre mondiale, avant qu'ils ne soient malheureusement arrêtés. La boutique d'horlogerie-joaillerie de la famille *Ten Boom* fait toujours l'angle. On regagne ensuite le *Grote Markt*.

Autres cours et enclos

Haarlem possède l'une des plus grosses concentrations de cours, d'enclos et de béguinages de Hollande. Tous n'ont pas le même intérêt, mais l'ensemble dégage un charme indéniable. Pour vous faciliter la tâche, nous avons pointé les plus caractéristiques sur le plan de la ville (identifiés par un •).

Au n° 7 de la Barrevoetestraat, le ***Hofje Van Loo*** *(plan B2),* un bel enclos du XVe s. Les maisons en façade ont été détruites lors de l'agrandissement de la rue. La grille qui les remplace gâche la véritable intimité du lieu mais découvre de merveilleuses maisons de poupée.

Au milieu de la Jacobijnestraat, sur la droite, le ***Prinsenhof*** *(plan B2).* Dans ce carré de verdure, la municipalité cultivait autrefois les plantes médicinales.

Proveniershuis *(plan A3)* **:** *Grote Houtstraat 142-144.* Ancien cloître construit en 1591, il fut rénové et converti en auberge à partir de 1682. Au XIXe s, il devint un « home » pour vieux messieurs. De nos jours, les femmes y sont également admises.

Hofje Van Bakenes *(plan C2)* **:** un de nos préférés... C'est aussi le plus vieux : il date de 1395 (voir plus haut).

Les musées

ATTENTION : *les musées de Haarlem sont fermés le lun (sauf exception), ainsi que le 1er janv, le 27 avr et le 25 déc.*

Frans Hals Museum *(plan B3)* **:** *Groot Heiligland 62. ☎ 511-57-75. • franshalsmuseum.nl • Tlj sauf lun 11h (12h dim et j. fériés)-17h. Entrée : 16 € (audioguide et visite du musée Hof compris) ; réduc ; gratuit moins de 18 ans et avec la I amsterdam City Card. Le prix d'entrée est majoré de 5 € lors de certaines expos temporaires... ce qui arrive fréquemment ! Achat possible en ligne.*
Si les origines de ***Frans Hals*** demeurent un mystère (voir le texte concernant ce peintre dans la rubrique « Peinture hollandaise » du chapitre « Hommes, culture, environnement » en fin de guide), celles de son musée ne sont guère plus claires. En effet, nul ne peut affirmer avec certitude qui, de Lieven de Key ou de Peter Van Campen, les 2 grands architectes de Haarlem, a construit cet hospice de vieillards à l'aube du XVIIe s. Le bâtiment, avec ses vastes pièces réparties autour d'une cour, ses maisons basses à pignons à redents et ses carrelages blanc et noir, est typique de ce genre d'institution. L'ensemble fut soigneusement restauré et transformé en musée en 1913. Au centre, mignon jardin à la française.

Une salle introductive présente l'histoire de la peinture en Hollande et de Haarlem au Siècle d'or. Ce musée comporte une ***importante collection de toiles religieuses, bourgeoises et paysannes des XVIe et XVIIe s.*** Également du mobilier, de l'argenterie et de merveilleuses ***maisons de poupée*** du XVIIIe s, distribués dans des salles superbes, certaines ornées de panneaux de cuir dorés et de plafonds à médaillon. La salle 12 réunit ***une quinzaine d'œuvres de Frans Hals,*** dont ses célèbres toiles de corps de garde. Ces portraits de groupe, criants de spontanéité, marquaient la fin des 3 années de service militaire qu'effectuaient les officiers.
Un bien joli musée, plein de charme, doucement éclairé par la lumière filtrée des vitraux, égayé par le tintement du carillon et parfumé au printemps par les splendides compositions florales qui décorent les salles.

Museum Haarlem *(plan B3) :* *Groot Heiligland 47. ☎ 542-24-27. • museumhaarlem.nl • Tlj 11h (12h dim-lun)-17h. Entrée : 10,50 € ; réduc. Explications en anglais.* Dans un ancien hospice, petit musée municipal présentant l'histoire de Haarlem depuis le Moyen Âge. Belle épée de Justice, et maquette de la ville au XIXe s. 2 expos par an, toujours sur l'histoire de la ville.

Teylers Museum *(plan C3) :* *Spaarne 16. ☎ 516-09-60. • teylersmuseum.nl • Tlj sauf lun 10h (11h w-e et j. fériés)-17h. Ouv certains lun et j. fériés (voir liste sur le site). Entrée : 14,50 € ; réduc ; gratuit avec la* I amsterdam City Card. *Audioguide en français.*
Cet étonnant musée des Sciences, des Techniques et des Arts fut fondé en 1784 ; ce qui en fait le plus vieux musée des Pays-Bas. Le riche marchand d'étoffes ***Teylers*** en fut l'instigateur. Le musée semble être resté en l'état depuis l'origine tellement son aménagement intérieur est vieillot. C'est d'ailleurs certainement ce qui fait son charme. On passe devant ces dizaines de vitrines de fossiles de toutes tailles, de crânes et de mâchoires d'animaux préhistoriques, avant d'atteindre une section relative à l'électricité, à la communication et aux instruments d'optique. Tout un tas d'ustensiles, dont l'usage nous a échappé, mais qui valent souvent par leur simple beauté plastique.
En vedette, au centre, un impressionnant ***générateur électrique*** (300 000 volts !) datant de 1784, qui avait fasciné Napoléon lors de sa visite en Hollande. Au fond, la *salle Ovale,* tout en bois, absolument superbe, dans laquelle on trouve une importante section minéralogique et des vitrines d'instruments de mesure
Les salles suivantes exposent des peintures, des médailles, etc., ou accueillent des expos temporaires. C'est dans l'une d'elles qu'est exposé par roulement le trésor du musée, à savoir plusieurs centaines de dessins du XVIe au XIXe s, provenant des écoles hollandaise, française et italienne. On y trouve même quelques œuvres de *Raphaël*, de *Rembrandt* et de *Michel-Ange*. Des fac-similés permettent de les admirer entre 2 expositions.

Het Museum van de Geest *(hors plan par C1,* ***40****) :* *Schotersingel 2. ☎ 541-06-70. • museumvandegeest.nl • Traverser le pont derrière la gare, puis obliquer à gauche après la pièce d'eau. Mer-dim 11h-17h. Entrée : 20 € ; réduc.* Cette ancienne léproserie du XIVe s a commencé à accueillir des malades mentaux au XVIe s. Elle resta l'institution psychiatrique de la ville jusqu'à sa transformation en musée en 2005. Ce « musée de la psyché » se propose d'explorer notre propre conscience au travers d'une plongée dans celles d'artistes célèbres, sous-tendue par de riches collections retraçant ***l'histoire de la psychiatrie.*** Didactique et original.

Manifestations

– ***Corso fleuri :*** *mi-avr. • bloemencorso-bollenstreek.nl •* Un cortège de chars bigarrés quitte Noordwijk et rejoint Haarlem en traversant la région des fleurs à bulbes. Le samedi soir et le dimanche, les chars sont exposés dans le centre.

– ***Festival de Pop :*** *le 5 mai, le jour de la Libération. • bevrijdingspop.nl •*
– ***Festival culinaire*** *(Haarlem Culinair) :* *début août. • haarlemculinair.nl •* Grande balade gastronomique dans le centre, autour de Grote Markt.
– ***Festival de Jazz :*** *mi-août. • haarlemjazzandmore.nl •*

DANS LES ENVIRONS DE HAARLEM

Zandvoort : *à 11 km de Haarlem.* Une des stations balnéaires les plus fréquentées du pays, vu qu'elle est à moins de 40 km de la capitale. Sa plage, qui n'en finit pas, et ses kiosques à poisson font de l'endroit un charmant lieu de balade dès qu'on veut échapper à la ville. En été, atmosphère très populaire. Zandvoort abrite également un circuit automobile réputé. Nombreuses possibilités d'hébergement en hôtels, chambres d'hôtes et camping.

Office de tourisme : *Swaluestraat 1. ☎ 571-79-47. • visitzandvoort.com • Tlj sauf lun 10h-16h.*

LA RÉGION DES TULIPES

Elle s'étend le long de la côte entre Haarlem et Leiden, la plus forte concentration de plantations de bulbes se situant derrière les belles plages de ***Noordwijk aan Zee.*** Au printemps, 7 millions de tulipes, jacinthes et narcisses s'y épanouissent et transforment ces mornes plaines en tapis multicolores qui ondulent au gré du vent. Le spectacle est sublime. Attention, les dernières fleurs fanent dès la mi-mai.

DU BULBE À LA BULLE

Au XVIIe s, on observa un engouement inédit pour l'horticulture dans les Provinces-Unies. En 1637, un record fut atteint avec la vente d'un bulbe pour une somme équivalant au prix de 2 maisons de taille moyenne. L'effondrement du marché fut rapide. Cette crise est considérée comme la 1re bulle spéculative et les Hollandais comme les inventeurs de la finance moderne.

– Périodes à retenir pour la floraison des bulbes : fin mars, crocus ; début avril, narcisses et tulipes précoces ; mi-avril, narcisses et jacinthes ; de mi-avril à mi-mai, tulipes.
– Les passionnés consulteront la rubrique « Fleurs » dans le chapitre « Hommes, culture, environnement » en fin de guide.
– L'idéal est de découvrir cette région à vélo, que l'on peut louer directement sur place, à côté de l'entrée principale de Keukenhof, chez ***Rent a Bike Van Dam*** *(Landbouwplein 10, Noordwijkerhouti ; ☎ (0252) 25-11-44 ; • rentabikevandam.nl • ; résa vivement conseillée ; loc 12,50 €/j., avec service de livraison).* Les moins courageux opteront pour l'excursion en car d'une demi-journée ou d'une journée complète au départ d'Amsterdam avec ***Tours & Tickets*** (voir au début du chapitre « Les environs d'Amsterdam » la rubrique « Excursions en car »).

On vous conseille particulièrement :

Keukenhof : *Stationsweg 166a, à* ***Lisse.*** *☎ (0252) 46-55-55. • keukenhof.nl • Depuis la gare centrale d'Amsterdam, prendre le train jusqu'à Leiden (Leyde), puis le bus n° 854 jusqu'à Keukenhof. Autre option : prendre le train (ou le bus n° 197) jusqu'à Schiphol, puis le bus n° 858 direct jusqu'à Keukenhof. De Haarlem, prendre le bus n° 50. Compter env 30 € pour le billet combiné train-bus-entrée comprenant trajet depuis Schiphol (ou Haarlem) et entrée du parc avec A/R. Autre option de billet combiné bus-entrée : env 40 € (réduc) depuis la RAI d'Amsterdam avec le métro M52 depuis la gare centrale, descendre à la station Europaplein ; métro ttes les 5 mn et trajet en 8 mn à l'arrêt de bus du Keukenhof Express (ligne 852). Ouv* *de fin mars à mi-mai env (se renseigner, les tulipes peuvent avoir disparu dès fin avr), tlj 8h-19h30 (fermeture des caisses à 18h). Entrée ou achat en ligne : 19 € ; réduc. Parking : 6 €.* Près de ***7 millions de bulbes,*** dont 4,5 millions de tulipes de 100 variétés différentes, et 2 500 arbres de 87 espèces, le tout planté sur 32 ha de superficie ; voici tout simplement l'un des plus grands jardins du monde, et certainement le plus grand parc à bulbes de la planète ! Absolument splendide, mais très, très fréquenté à la saison de floraison. Les espèces changent selon la saison : jacinthes, orchidées, narcisses, roses... Parade fleurie mi-avril. Restos et terrasses pour prendre un verre. Vélos à louer à l'entrée, des itinéraires sont suggérés autour du parc, mais pas à l'intérieur. On repart avec des couleurs plein les yeux !

Où dormir dans la région ?

Stayokay Heemskerk : *Tolweg 9, à* ***Heemskerk.*** *☎ (0251) 23-22-88. • stayokay.com/en/hostel/heemskerk • À env 12 km au nord de Haarlem. Depuis la gare de Beverwijk, bus n° 74, arrêt Jan Van Kuikweg. Ouv tte l'année. En dortoir 2-8 lits 25-35 €/pers, petit déj et draps compris. Double env 70 €. Parking gratuit.* Installée dans un charmant château en brique du XIIIe s entouré d'un parc, cette AJ propose des chambres sommaires mais impeccablement tenues ; toutes avec lits superposés et salle de bains. Sur place : resto-bar avec jolie terrasse dans le patio central, lave-linge, location de vélos, et la mer n'est qu'à 6 km. Clientèle assez familiale. Une adresse tranquille.

AU SUD-OUEST D'AMSTERDAM

GOUDA

72 000 hab. IND. TÉL. : 0182

• Plan *p. 191*

Située à 80 km au sud d'Amsterdam et à 25 km au nord-est de Rotterdam, cette petite ville de caractère (prononcez « Gauwda ») est surtout connue pour le fromage auquel elle a donné son nom. S'il est le plus célèbre et le plus consommé des fromages hollandais, c'est aussi l'un des derniers du pays à être produits artisanalement avec du lait cru. Les amateurs de saveurs ne s'y trompent pas : rien à voir avec les pâtes jaunes pasteurisées vendues dans les supermarchés ! Pour une vraie rencontre gastronomique, on conseille d'aller visiter une ferme de production dans les environs. Et si entre avril et août vous êtes dans le secteur un jeudi matin, faites donc un tour au marché régional du fromage qui se tient sur le *Markt* (la place du marché), devant le *Waag* (le poids public)... Pour l'animation, évitez les dimanche et lundi, Gouda se repose.

Outre ces plaisirs fromagers, Gouda mérite à coup sûr une visite, ne serait-ce que pour les magnifiques vitraux de l'église Saint-Jean, et pour l'hôtel de ville pittoresque planté en plein milieu du *Markt*. Ces monuments rappellent que Gouda fut la 5e plus grande ville du comté de Hollande au XIVe s. Elle avait alors la même taille qu'Amsterdam et devait sa prospérité non seulement à la générosité de ses vaches laitières, mais encore aux bougies, aux pipes et aux *stroopwafels,* ces gaufrettes fourrées au sirop de mélasse. Eh oui, c'est pour ces petites gaufres, fabriquées pour la 1re fois ici au début du XIXe s, que certains font le déplacement.

Comment y aller d'Amsterdam ?

➢ ***En train :*** la gare ferroviaire *(plan A1)* se trouve au nord immédiat du centre historique de Gouda, à 10 mn à pied du *Markt*. Départ d'Amsterdam ttes les 10-30 mn pour env 1h de trajet. L'idéal, bien sûr.

➢ ***En voiture :*** prendre l'autoroute A10 en direction d'Utrecht, puis l'A2 vers Rotterdam, et enfin l'A12. Prévoir 1h de route. En arrivant, garer sa voiture dans l'un des parkings à deux pas du centre-ville (env 2 €/h, avec max 12 €/j.).

Adresses et info utiles

Office de tourisme *(VVV ; plan B1-2)* **:** *au musée du Fromage et des Artisanats (De Waag), Markt 35. ☎ 58-91-10. • bienvenueagouda.com • Mars-oct, tlj 10h-17h ; nov-mars, mer-dim 10h-16h ; période Noël-Nouvel An, tlj 10h-16h.*

Location de vélos : *chez* **Fietspoint Gouda** *(plan A1, **1**), Burgemeester Jamesplein 2. ☎ 51-61-11. Juste en sortant derrière la gare. Tlj 6h (7h sam, 8h dim et j. fériés)-0h15. À partir de 12,50 €/j. Dépôt de garantie de 50 € et pièce d'identité.* Carte des pistes de la région à l'office de tourisme.

Gaufres au sirop Van Vliet – Vliet's Siroopwafels *(plan A-B2, **2**)* **:** *Lange Groenendaal 32. Lun-ven 8h30-17h30, sam 8h-17h.*

– ***Marchés*** *(plan B2)* **:** *sur le Markt. Jeu mat jusqu'à 13h et sam jusqu'à 17h.* On y trouve de bons fromages, bien sûr, et toutes sortes d'aliments, des fleurs, des vêtements... *Également un **marché aux antiquités** ts les mer mai-début sept.*

Où manger ? Où boire un verre ?

Sur le pouce

Zeevishandel Kees Vrolijk *(plan B2, **20**)* **:** *Lange Tiendeweg 61. ☎ 51-23-63. Dans la rue à l'angle nord-est de l'église. Tlj sauf dim-lun 8h-18h (17h sam). Env 5-10 €.* Un magasin attractif proposant poissons (anguille fumée, hareng...) et fruits de mer crus, frits, arrangés en barquettes, salades, croquettes, *broodjes*, etc., à engloutir debout sur place ou à emporter. Fraîcheur garantie.

Banket Bakkerij Herfst *(plan B2, **21**)* **:** *Lange Tiendeweg 41-43. ☎ 51-25-93. Dans la rue à l'angle nord-est de l'église. Tlj sauf dim-lun 8h15 (7h30 sam)-17h30 (17h sam). Moins de 5 €.* La meilleure pâtisserie de la ville réalise de magnifiques gâteaux à dévorer en explorant les ruelles du vieux centre, ou assis à l'intérieur, car elle fait aussi salon de thé.

Bram Ladage *(plan B2, **22**)* **:** *Wijdstraat 24. ☎ 52-31-98. À l'extrémité sud du Markt, face à l'entrée du Stadhuis. Tlj 11h (12h lun, 14h dim)-20h (19h lun-mer). Moins de 5 €.* Une de ces petites friteries dont les Hollandais ont le secret. Propre et pro. Attentive à l'air du temps, elle fait sa pub avec une huile permettant un score de 216 calories aux 100 g ; une performance qu'on pourra allègrement ruiner en optant pour un supplément de sauce « pinda » à la cacahuète, et toc !

Museumcafe Gouda *(plan B2, **25**)* **:** *Achter de Kerk 14. ☎ 82-02-25. Dans le Museum Gouda. Tlj sauf lun 10h (11h dim)-17h. Plats 6-16 €.* Joliment installé dans une partie du musée, et sur une très agréable terrasse au pied de l'église aux beaux jours, c'est l'endroit idéal pour caler une petite faim ou boire un verre. Des plats simples, frais et bien faits, et d'excellents gâteaux pour succomber au plaisir du *high tea* ! Hmm...

Prix moyens

Eetcafé Vidocq *(plan B2, **23**)* **:** *Koster Gijzensteeg 8. ☎ 52-28-19. Dans une ruelle coudée rejoignant*

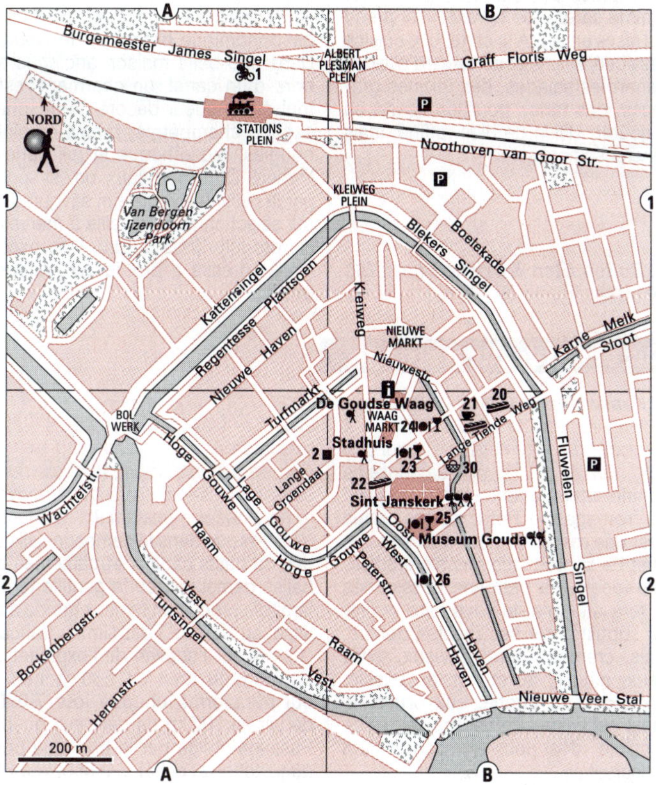

GOUDA

■ **Adresses utiles**

- **i** Office de tourisme (VVV ; B1-2)
- **1** Fietspoint Gouda (location de vélos ; A1)
- **2** Gaufres au sirop Van Vliet – Vliet's Siroopwafels (A-B2)

Où manger ?
Où boire un verre ?

- **20** Zeevishandel Kees Vrolijk (B2)
- **21** Banket Bakkerij Herfst (B2)
- **22** Bram Ladage (B2)
- **23** Eetcafé Vidocq (B2)
- **24** Grand Café Central (B2)
- **25** Museumcafe Gouda (B2)
- **26** Buiten Eten & Drinken (B2)

Où acheter du fromage ?

- **30** Kaaswinkeltje (B2)

l'église Saint-Jean depuis la rue Korte Tiendeweg. Tlj 17h-minuit (cuisine jusqu'à 22h). Terrasse ouv sam dès 13h s'il fait beau. Menu 30 € ; plats 7-27 €. Un agréable bar aux boiseries patinées et aux murs recouverts d'affiches, plaques émaillées... Très sympa d'y boire un verre, bien aussi pour ses petits plats traditionnels mitonnés avec soin inventivité.

Grand Café Central (plan B2, **24**) : *Markt 22. ☎ 51-25-76. Mar-ven 9h-23h (minuit jeu-ven), sam 8h30-minuit, dim 10h-22h. Plats 9-32 €.* Ouverte en 1916, cette brasserie occupant plusieurs vieilles maisons de la place est une institution, tout comme sa grande terrasse qui prend ses aises en été. À la carte, une cuisine classique, à l'image du cadre d'ailleurs, d'énormes salades, des tartines gratinées, des tartes pour le dessert ou le goûter... Rien de bien raffiné, mais généreusement servi.

Chic

|●| ***Buiten Eten & Drinken*** *(plan B2,* ***26****)* **:** *Oosthaven 23a. ☎ 52-48-84. Tlj sauf lun-mar 17h-22h. Menu 4 plats 43 € ; plats 20-24 €.* C'est l'adresse gastronomique branchée de Gouda. Dans une belle maison ancienne au bord d'un canal, un charmant resto tout en longueur décoré de fresques exotico-champêtres, tables en zinc, bougies, bibliothèque et joli patio à l'arrière. Côté fourneaux, on est séduit par la cuisine inventive et savoureuse, qui sélectionne et travaille à merveille les produits frais du cru. Une excellente adresse à prix justes. Accueil sympa.

Où acheter du fromage ?

Kaaswinkeltje (plan B2, **30**) **:** *Lange Tiendeweg 30. ☎ 51-42-69. Rue à l'angle nord-est de l'église. Tlj sauf dim 8h30-18h (8h-17h sam).* Kaaswinkeltje signifie littéralement « petit magasin de fromages ». Petit, certes, mais c'est une mine d'or pour débusquer le must de la production fermière artisanale locale. La patronne passionnée se fera une joie de vous faire goûter les subtilités de ses meules dorées. Frais, crémeux, tendre, vieux, extra vieux, nature, au cumin, au basilic, aux clous de girofle, aux orties, le choix est vaste ! Emballage sous vide possible, idéal pour le transport et la conservation.

Kaasboerderij Jongenhoeve : *Benedenberg 90, à* ***Bergambacht.*** *☎ 35-12-29. • jongenhoeve.nl • À env 10 km au sud de Gouda par la N207, puis tourner à droite au rond-point à l'entrée de Bergambacht ; c'est quelques km plus loin sur la gauche de la route. Boutique lun-sam 9h-18h (fermé dim).* Perdue dans la campagne sillonnée de petits canaux et parsemée de belles demeures, cette gentille ferme familiale produit un fameux gouda artisanal au lait cru. Petit film en français (15 mn) sur l'activité de l'exploitation qui compte près de 260 vaches et qui transforme chaque jour 7 000 l de lait en 700 kg de délicieux gouda. Passage obligé par la boutique pour dégustation et achat si le goût vous en dit : nature, aux herbes, poivre, cumin, paprika...

À voir. À faire

Stadhuis *(hôtel de ville ; plan B2)* **:** *Markt 1. • goudastadhuis.nl • Avr-sept, tlj sauf lun et ven 10h-16h ; oct-mars, 11h-15h. Entrée : 3,50 €. Fermé en cas de célébration.* Il date de 1450 et dresse fièrement sa silhouette gothique au milieu du *Markt.* Lors de la visite guidée, vous pourrez admirer le cabinet du bourgmestre, la salle des mariages avec des tapisseries des Gobelins et la salle du conseil (sauf s'il y a un mariage ou un conseil ce jour-là, bien sûr). Au 2e étage, petite expo sur l'histoire de Gouda.

De Goudse Waag *(poids public ; plan B2)* **:** *sur le Markt. • goudsewaag.nl • Avr-oct, tlj 10h-17h ; le reste de l'année, mer-dim 10h-16h. Pesée des fromages : avr-août, jeu mat. Entrée : 6,50 €.* Le visiteur y apprend tout ce qu'il faut savoir sur la fabrication du gouda, mais aussi celle des bougies et des pipes en argile. C'est devant le poids public que se déroule la très populaire pesée des fromages (et des touristes !) du jeudi matin, d'avril à août.

Sint Janskerk *(église Saint-Jean ; plan B2)* **:** *Achter de Kerk 16. ☎ 51-26-84. • sintjan.com • Accès par la ruelle au sud de l'église. Tlj sauf dim et certains*

LES ENVIRONS D'AMSTERDAM

j. fériés : 9h-17h mars-oct, 10h-16h nov-fév. Entrée : 9 € (audioguide en français inclus) ; réduc. Billet combiné avec le Museum Gouda : 17 €.

Longue de 123 m, c'est la plus grande église des Pays-Bas, malgré l'impression trompeuse résultant de son encerclement par la ruelle *Achter de Kerk* ! On vient la voir essentiellement pour la splendeur de ses ***72 vitraux, sur 2 niveaux, dont les plus anciens datent du XVIe s,*** avant la Réforme. Dans le chœur, ils illustrent l'Ancien Testament et dans la nef, le Nouveau, ainsi que la vie de saint Jean-Baptiste. Ce sont de riches donateurs catholiques, fidèles à la Couronne espagnole, qui commanditèrent les vitraux aux frères Crabeth. Leur magnificence impressionna tellement les iconoclastes que ceux-ci ne purent se résoudre à les détruire. À travers des scènes historico-bibliques, ils évoquent les guerres des Provinces-Unies pour se libérer du joug espagnol après 1572. Les plus remarquables montrent, entre autres, Judith et Holopherne, la levée du siège de Leyde par Guillaume le Taciturne, Jésus chassant les marchands du Temple, ou encore le baptême du Christ. Le sol de la nef est dallé de pierres tombales très anciennes... Le dimanche, on y célèbre le culte protestant. Le carillonneur donne des concerts le jeudi à 11h30 et le samedi à 12h30.

Museum Gouda *(Musée municipal ; plan B2)* **:** *Achter de Kerk 14. ☎ 33-10-00. • museumgouda.nl • Accès par la ruelle au sud de l'église. Tlj sauf lun 11h-17h. Entrée : 12 € ; réduc. Billet combiné avec la Sint Janskerk : 17 €.*

Ce joli portail donnant sur un jardin intérieur appartient à une ancienne léproserie qui fut convertie en hospice, avant d'abriter le riche musée de la ville qui, au cours de la visite, nous ouvre aussi ses réserves. Au 1er étage, ne pas rater les magnifiques paysages et le lot de portraits de gardes civiques dans la pure tradition de la peinture hollandaise. Et puis de l'argenterie, des meubles de style et des œuvres d'art religieux (*Annonciation* de **Peter Pourbus**) dans l'ancienne chapelle où l'on peut admirer les tableaux d'autels de l'église Saint-Jean avant l'arrivée des protestants dans la ville. Également une étonnante ***collection de pipes en argile*** qui rappelle que la fabrication de pipes fut la 2e spécialité de la ville après les meules de fromage. N'oublions pas le coin pharmacie avec ses pots, ses tiroirs, ses mortiers et... son crocodile naturalisé ; une cuisine et un cellier ; et au sous-sol, pour un petit frisson, l'inévitable cave aux instruments de torture.

TOLÉRANCE HOLLANDAISE

Au Moyen Âge, traquées par l'Inquisition, les présumées sorcières finissaient souvent sur le bûcher. Mais dès la fin du XVe s, à Oudewater, entre Utrecht et Gouda, les femmes suspectes pouvaient se faire peser, sur une balance spéciale sous le contrôle de magistrats incorruptibles. Si leur poids était conforme aux normes habituelles, on leur remettait un certificat d'innocence (très convoité) au motif, généralement admis, que seul un poids léger permettait aux sorcières de s'envoler sur un balai !

À voir encore, au 2e étage, les peintures des ***écoles de Barbizon*** (Daubigny) ***et de La Haye*** côtoyant quelques superbes toiles du Siècle d'or (Jan Steen...) et une belle collection de faïences de Gouda de différentes époques. Souvent des expos temporaires sur place sur des thèmes très variés. Très agréable salon de thé dans un style bonbonnière pour boire un verre, avaler une salade ou savourer de bons gâteaux (voir « Où manger ? Où boire un verre ? »).

Promenade le long des canaux : depuis Wijdstraat (rue qui prolonge le Markt vers le sud), suivre le canal par la berge ***Lage Gouwe,*** le traverser et rebrousser chemin par ***Hoge Gouwe.*** Poursuivre le long de ***Westhaven*** avant de revenir par ***Oosthaven,*** la rive opposée, en direction de l'église et du Markt. Au menu : architecture typique, musées et boutiques, atmosphère calme d'un grand passé bourgeois.

Manifestations

– ***Marché aux fromages :*** *avr-août, le jeu 10h-12h30, sur le Markt.*
– ***Gouda à la lumière des bougies :*** *mi-déc.* Illumination du Markt et de l'hôtel de ville aux chandelles. Féerique !

DELFT

102 000 hab. IND. TÉL. : 015

• Plan *p. 195*

Noyé au cœur de la *Randstad* – cette immense conurbation de cités juxtaposées entre Rotterdam et Amsterdam –, le nom de cette petite ville de charme sonne comme une légende par la grâce du peintre Johannes Vermeer, né ici en 1632, ou encore par l'évocation du bleu-blanc de la fameuse « faïence de Delft ». Vénérable cité, Delft semble figée dans le temps. Est-ce parce que chaque promenade le long des quais ombragés de tilleuls fait naître une curieuse impression de déjà-vu... les fameux paysages de Vermeer ? Ou bien qu'au détour d'un pont en dos d'âne on s'attend à voir surgir le fantôme de *Guillaume d'Orange,* acteur principal de la rébellion contre l'Espagne et assassiné dans le *Prinsenhof* ? Cette cité-musée bien vivante frémit de ces références inconscientes et imprègne progressivement le visiteur, par petites touches, de la palette de ses vibrations subtiles.
Pour l'anecdote, inutile de chercher le célèbre petit pan de mur jaune de la *Vue de Delft,* que Proust décrit dans *À la recherche du temps perdu...* Destructions, libertés prises par l'artiste ? Qui sait ? Le site n'a jamais été identifié.

UN PEU D'HISTOIRE

Delft est au Moyen Âge une cité de drapiers et de brasseurs. En 1536, 2 300 maisons en bois partent en fumée quand un incendie ravage la ville. Une cinquantaine d'années plus tard, alors que se trouve à Delft le bastion de la lutte contre la monarchie espagnole, le moine ***Balthazar Gerard,*** commandité par *Philippe II,* abat *Guillaume d'Orange* dans le *Prinsenhof.* En 1654, boum badaboum ! L'explosion de la poudrière de la ville détruit à nouveau tout le centre de la cité et cause la mort de 100 personnes.
Au XVIIe s, les potiers, s'inspirant des techniques et motifs d'Extrême-Orient, viennent opportunément prendre le relais des brasseries en plein déclin. Cent ans plus tard, la ville en est le centre de production le plus important d'Europe. L'industrie de la faïence commence à décliner au XIXe s, quand la production industrielle anglaise concurrence durement l'artisanat.
Les fabriques d'aujourd'hui, tout en respectant les critères de productivité moderne, parviennent à sortir de leurs ateliers une qualité de faïence assez proche du « vieux Delft ». Ce qui n'empêche pas les boutiques de la Grand Place de vendre aux touristes les pires horreurs « façon Delft » mais made in China.

Comment y aller ?

➢ ***En train :*** la gare ferroviaire *(plan A3)* se trouve à 15 mn à pied au sud du Markt. Delft est située sur la ligne Amsterdam-Rotterdam ; 3-5 trains/h, 6h-1h, pour respectivement 50 mn et env 10 mn de trajet.

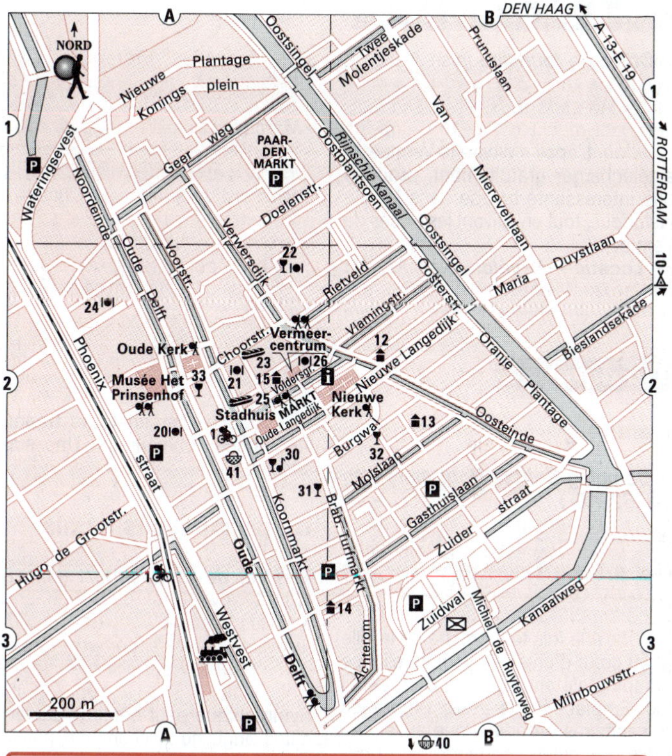

DELFT

■ **Adresse utile**

- **i** Office de tourisme (A-B2)
- **1** Location de vélo (A2)

Où dormir ?

- **10** Camping Delftse Hout (hors plan par B2)
- **12** Hotel de Emauspoort (B2)
- **13** Hotel De Koophandel (B2)
- **14** Hotel Grand Canal (A-B3)
- **15** Hostel Delft (A2)

Où manger ?

- **20** Stads Koffyhuis (A2)
- **21** 't Postkantoor (A2)
- **22** Hanno (A2)
- **23** Boulangerie De Diamanten Ring (A2)
- **24** Van der Dussen (A2)
- **25** Poissonnerie De Visbanken (A2)
- **26** Mekhong Thai-Lao (A2)

Où boire un verre ? Où sortir ?

- **22** Hanno (A2)
- **30** Eet & Proeflokaal de Kurk (A2)
- **31** Locus Publicus (A2)
- **32** Kobus Kuch (B2)
- **33** Delfts Brouwhuis (A2)

Achats

- **40** Royal Delft Experience (hors plan par B3)
- **41** Galerie Terra Delft (A2)

➢ ***En tram :*** depuis La Haye, ligne nº 1 ; ttes les 15 mn env, 6h-minuit. Prévoir 25 mn de trajet.

➢ ***En voiture :*** depuis Amsterdam, 60 km via l'A10, l'A4 puis l'A13 en direction de La Haye (Den Haag). Prévoir 1h de route. Se garer dans un des parkings est fortement conseillé, ils sont chers en centre-ville, mais plus abordables et couverts en périphérie (*plan B3 et A2* ; 3 €/h et 18 €/24h).

Adresses et info utiles

Office de tourisme *(plan A-B2)* **:** *à côté de la gare. ☎ 215-40-52. • delft.com • Avr-sept, tlj 10h-17h (16h dim-lun) ; oct-mars, tlj 10h-16h, dim-lun 11h-15h.* L'appli « Where is Vermeer », à télécharger gratuitement, propose une intéressante balade dans la ville historique, tout en suivant les traces de Vermeer.

Location de vélos *(plan A2,* **1***)* **:** ***Halfords,*** *Wijnhaven 17. ☎ 213-85-58. Lun-sam 9h30 (11h lun)-18h, dim 12h-17h. Aussi* ***Fietsplus****, Coenderstraat 4. ☎ 750-31-93. Tlj sauf dim 8h-18h (9h-17h sam).*

– **Marchés :** *victuailles et vêtements du Markt (plan A2) le jeu, et sur Branbantse Turftmarkt et Burgwal (plan B2) le sam. Également un* ***marché aux fleurs*** *sur Branbantse Turftmarkt le jeu ; et un* ***marché aux antiquités*** *le long des canaux Hippolyusbuurt, Voldersgracht et Wijnhaven (plan A2) le sam de mi-avr à mi-oct.*

Où dormir ?

Camping

Camping Delftse Hout *(hors plan par B2,* **10***)* **:** *Korftlaan 5. ☎ 213-00-40. • delftsehout.eu • À l'est de la ville. Bus nos 63 et 64 depuis la gare. Ouv avr-oct. Emplacements 2 pers avec tente et voiture 30-45 € ; cottages (4 pers) 450-950 €/sem. Nombreux forfaits.* À la fois tout proche de la ville et au cœur d'une réserve naturelle, ce camping s'étend au bord d'un gentil lac. Emplacements assez ombragés et sanitaires propres. Loue aussi une foule de chalets, cottages, éco-bungalows au toit en herbe, gîtes, igloos en bois... Sur place : épicerie, resto, laverie, piscine, location de vélos, jeux pour enfants... Et puis plein de loisirs à portée de main : embarcations à pédales, planche à voile, pêche, balades à cheval, terrains de sport...

Bon marché

Hostel Delft *(plan A2,* **15***)* **:** *Voldersgracht 17. 📱 06-16-49-66-21. • hosteldelft.nl • En dortoir 4-8 lits env 25-35 €/pers.* Idéalement situé en plein centre, cet *hostel* intime et paisible additionne les bons arguments. La déco d'abord, moderne, soignée, épurée sans manquer de fantaisie, que l'on retrouve dans toute la maison, de la salle à manger au coin télé en passant par la cuisine et les dortoirs, tous équipés d'une salle de bains. Puis ces 3 petites terrasses, mignonnes comme tout, pour buller en toute tranquillité. Accueil chaleureux. Une super adresse !

De prix moyens à chic

Hotel de Emauspoort *(plan B2,* **12***)* **:** *Vrouwenregt 9. ☎ 219-02-19. • emauspoort.nl • Doubles 135-170 € ; familiales ; petit déj compris. Roulotte 170 € pour 2. Réduc sur le site. Parking public à 5 mn à pied 18 €/nuit.* Sympathique petit hôtel à l'ancienne d'une vingtaine de chambres, pas toujours très grandes mais confortables et impeccablement tenues. Certaines, avec mezzanine, peuvent accueillir des familles. Petit déj servi dans une salle rustique, aux boiseries claires. Également 2 roulottes pittoresques aménagées en chambres dans la cour de l'hôtel.

Hotel Grand Canal *(plan A-B3,* **14***)* **:** *Breestraat 1. ☎ 215-71-33. • grandcanal.nl • Doubles 60-150 € ; petit déj 14,50 €.* Sans surprise, l'hôtel est posé au bord d'un canal. Toutes les chambres le regardent, ce qui ajoute un brin de poésie au lieu, par ailleurs décoré avec sobriété dans un esprit frais et moderne. Tranquille, plaisant et de bon confort. Une bonne petite adresse, idéalement située de surcroît, entre la gare et le centre.

Hotel De Koophandel *(plan B2,* **13***)* **:** *Beestenmarkt 30. ☎ 214-23-02. • hoteldekoophandel.nl • Doubles 130-150 €, petit déj-buffet compris. Promos* *sur le site.* Au coin d'une jolie place animée, l'« Hôtel du Commerce » est installé dans une belle maison qui vit naître en 1591 *Reynier Jansz*, le père de *Vermeer*. Une bonne vingtaine de grandes chambres confortables donnant sur la place ou sur la ruelle. Déco classique, dynamisée par de grandes reproductions des tableaux des maîtres hollandais. Accueil prévenant et tarifs au diapason.

Où manger ?

Sur le pouce

Poissonnerie De Visbanken *(plan A2,* ***25****) : Cameretten 2. ☎ 364-04-18. Tlj 9h (10h dim-lun)-18h (17h le w-e). Env 6 €.* Ce long comptoir couvert revendique avec fierté 6 siècles d'activité en tant que halle aux poissons ! Difficile de faire plus frais, plus typique et meilleur, qu'il s'agisse de harengs à toutes les sauces, d'anguilles fumées, de maquereaux ou de crevettes... À dévorer cru ou frit du bout des doigts, ou encore en salade, dans un petit pain moelleux, ou accompagné de frites. Le jeudi, on profitera plutôt du marché aux poissons.

Boulangerie De Diamanten Ring *(plan A2,* ***23****) : Choorstraat 9. ☎ 212-37-55. Lun-sam 8h-18h, dim 9h-17h. Env 5 €.* Ouverte en 1796, c'est une véritable institution populaire. D'excellents muffins, pâtisseries hollandaises en tout genre, et puis de délicieux *broodjes* variés et pas chers à engloutir assis au bord d'un canal lors d'un pique-nique improvisé.

De bon marché à prix moyens

't Postkantoor *(plan A2,* ***21****) : Hippolytusbuurt 14. ☎ 750-32-43. Tlj 10h-23h30 (minut ven-sam). Snacks et tapas 5-17 € ; plats 18-24 € le soir ; menu 26 €.* Beaucoup d'âme et de caractère dans cette ancienne poste, où la déco vintage s'amuse à mélanger grosses lanternes, mobilier des années 1950, tapis et objets chinés, avec humour et décontraction. L'endroit parfait pour grignoter, boire un verre, ou s'attarder autour d'une cuisine fraîche et plutôt bien faite, ouverte sur les saveurs d'ailleurs.

Hanno *(plan A2,* ***22****) : Doelenplein 7. ☎ 887-57-80. Tlj 10h-minuit (1h ven-sam). Snacks et plats 5-20 €.* De leurs nombreux voyages aux 4 coins du monde, les jeunes propriétaires ont rapporté toutes sortes d'objets qui ornent aujourd'hui ce resto plein de charme et d'esprit. Ambiance nomade côté décor, tout comme dans l'assiette avec des plats inspirés des cuisines d'ailleurs, style *street food* qui fait voyager. Super terrasse aux beaux jours, sur une petite place tranquille.

Stads Koffyhuis *(plan A2,* ***20****) : Oude Delft 133. ☎ 212-46-25. Tlj 9h (11h dim)-18h (17h le w-e). Plats 9-15 €.* On se régale de petits pains garnis succulents, les mêmes qui gagnent régulièrement le concours du meilleur sandwich de Hollande ! Également des soupes, salades, crêpes, tartes et, en fin de journée, des plats plus consistants. À accompagner, pourquoi pas, d'une *Delfste Knollaert,* bière artisanale élaborée selon une recette médiévale. Le tout servi dans une agréable salle claire avec coin lecture, ou sur la péniche amarrée devant le resto en été. Idéal aussi au petit déj.

Plus chic

Van der Dussen *(plan A2,* ***24****) : Bagijnhof 118. ☎ 214-72-12. Tlj sauf dim 17h30-22h. Menu env 45 € ; plats jusqu'à 20 €.* La belle table de la ville ! Autant pour le décor – avec ses éclairages subtils dignes des peintures flamandes et sa déco inclassable entre rusticité et modernité – que pour la qualité de sa cuisine. Légère, inventive, agréable à l'œil et délicate au palais.

Mekhong Thai-Lao *(plan A2,* ***26****) : Vrouwjuttenland 11. ☎ 737-02-74. Tlj 12-22h. Plats 8-25 €.* Décor simple, mais beau voyage gustatif en perspective ! Ce délicieux resto lao-thaï propose des plats raffinés, aussi beaux à regarder que savoureux à déguster. Et si le piment vous fait peur, le chef s'adaptera à vos papilles susceptibles. Les prix peuvent sembler un peu élevés, mais les assiettes sont tellement généreuses qu'un plat pour 2 devrait suffire. Idéal à plusieurs donc, pour découvrir un maximum de saveurs dépaysantes.

Où boire un verre ? Où sortir ?

Les noctambules plébiscitent les bars de la place Beestenmarkt *(plan B2)*.

🍷 ***Locus Publicus*** *(plan A2,* ***31****) : Brabantse Turfmarkt 67. ☎ 213-46-32. Tlj 11h (12h dim)-1h (2h le w-e).* Entre pub et « café brun », une longue salle tapissée de plaques publicitaires émaillées. Impressionnante sélection de bières du monde entier, à accompagner de quelques grignotages dans une bonne humeur contagieuse !

🍷 ♩ ***Eet & Proeflokaal de Kurk*** *(plan A2,* ***30****) : Kromstraat 20. ☎ 214-14-74. • dekurk.nl • Dans une ruelle donnant sur Kornmarkt, derrière Oude Langendijk. Tlj sauf lun-dim 17h-minuit (plus tard ven-sam).* Un de ces lieux où Delft la sage cache son animation débridée. Double salle, long bar et jardin d'hiver où grimpe le lierre (et où l'on peut dîner). Grosse affluence composée surtout d'étudiants appréciant autant le large choix de bières que les concerts live en fin de semaine.

🍷 ⛱ ***Kobus Kuch*** *(plan B2,* ***32****) : Beestenmarkt 1. ☎ 212-42-80. Tlj 9h30 (10h dim)-1h (minuit dim-lun).* Un bar-resto chaleureux et cosy, avec ses tables en marbre éclairées par des bougies, ses plaques émaillées et vieilles photos aux murs. Terrasse animée aux beaux jours.

🍷 ***Delfts Brouwhuis*** *(plan A2,* ***33****) : Hippolytusbuurt 43. Tlj 11h-1h (2h ven-sam).* Les amateurs de bière ne peuvent pas quitter Delft sans y faire une escale ! Sur plusieurs niveaux, dans un décor industriel et chaleureux, une ambiance formidable et surtout un large choix de bières, dont certaines brassées sur place, absolument délicieuses. La parfaite combinaison pour passer un joyeux moment, d'autant qu'on peut s'attarder autour d'une cuisine très honorable ou simplement picorer quelques snacks.

🍷 ⛱ ***Hanno*** *(plan A2,* ***22****) : Doelenplein 7. ☎ 887-57-80. Tlj 10h-minuit (1h ven-sam).* Pour une pause sympathique à toute heure, en été sur l'agréable terrasse, en hiver dans une ambiance chaleureuse et voyageuse (voir « Où manger ? »).

Achats

🧺 ***Royal Delft Experience*** *(hors plan par B3,* ***40****) : Rotterdamseweg 196. ☎ 760-08-00. • royaldelft.com • Au sud du centre-ville. Tlj 10h (11h30 lun-mar)-17h. Entrée : 14 € ; réduc. Audioguide en français compris.* Fondée en 1653, cette faïencerie est la seule à pouvoir revendiquer la qualité « Royal Delft ». Entendez qu'on y produit les pièces les plus prestigieuses. C'est donc la plus célèbre, et la plus grande aussi. On visite les ateliers où les formes sont façonnées, puis peintes et cuites. Un hall d'exposition exhibe les pièces les plus marquantes. Boutique pour s'offrir de belles pièces. Également d'autres petits ateliers de céramiques en ville, avec des productions parfois contemporaines et peut-être moins pompeuses (à gauche de Nieuwe Kerk ; liste à l'office de tourisme).

🧺 ***Galerie Terra Delft*** *(plan A2,* ***41****) : Nieuwstraat 7. ☎ 214-70-72. • terradelft.nl • Mer-ven 11h-18h, sam 11h-17h, 1er dim du mois 13h-17h.* Une galerie qui présente des créations contemporaines de céramistes. Aussi bien des objets utiles et originaux (plats, bols, vases...), à des prix accessibles, que des pièces uniques, véritables œuvres d'art. Également des expos temporaires thématiques de grande qualité.

Koos Rozenburg Antiquiteiten *(plan A2)* **:** *Markt 2, à l'angle de Voldersgracht. ☎ 214-78-28. Tlj 10h-18h.* Une échoppe pittoresque, spécialisée dans les carreaux de faïence de Delft. On peut aussi y dénicher toutes sortes d'objets insolites... comme chez tout antiquaire digne de ce nom.

À voir

– ***Malin :*** le ***Vermeer Combi Ticket*** permet de visiter les principales attractions de la ville : Vermeer Centrum (avec café ou thé), le Prinsenhof, Nieuwe Kerk et Oude Kerk. Achat au Vermeer Centrum ou à l'office de tourisme pour 25,50 €. Également l'appli pour smartphone « Where is Vermeer », pour une balade intéressante dans la ville historique.

Markt *(place du marché ; plan A2)* **:** *pile au centre de la ville.* Vaste et noble place rectangulaire bordée par le *Stadhuis* (hôtel de ville) à l'ouest, belle réalisation de la Renaissance rappelant son homologue anversois et, à l'est, en vis-à-vis, la *Nieuwe Kerk* (Nouvelle Église). Au centre de la place, la statue d'un enfant du pays : Hugo de Groot, dit « ***Grotius*** », un des pères fondateurs du droit international, qui, exilé en France, devint un protégé de Louis XIII.

Nieuwe Kerk *(Nouvelle Église ; plan A-B2)* **:** *Markt 80. ☎ 212-30-25. • oudeennieuwekerkdelft.nl • Fév-oct, lun-sam 10h-17h ; déc-janv lun-ven 11h-16h, sam 10h-17h ; fermeture du guichet 15 mn avt. Fermé dim. Entrée : 5,50 € (incluant la visite de Oude Kerk) ; réduc. Seulement la tour : 4,50 €. Accessible aussi avec le* Vermeer Combi Ticket*. Brochure avec plan en français.* Dotée d'une très esthétique flèche haute de 109 m, effilée comme un crayon et changeant 3 fois de style et de couleur, cette église gothique érigée à partir de 1381 sert de panthéon à la dynastie des Orange-Nassau. Leur devise : *Je maintiendrai* (en français !). Décor austère, pour ne pas dire triste. Impression renforcée par le spectaculaire mausolée de ***Guillaume le Taciturne,*** assassiné à quelques centaines de mètres de là. Au pied du gisant de marbre blanc, la statue de son chien, mort de chagrin après le trépas de son maître. Heureusement, de beaux vitraux, parfois récents, donnent un peu de couleur à l'édifice. Sous une crypte, le caveau de la famille royale. Visite du clocher.

De Waag *(poids public ; plan A2)* **:** *au fond du Markt, à droite derrière le Stadhuis.* Comme nombre de ses vénérables confrères, l'ancien poids public a été reconverti en café-resto.

Pas loin, à l'angle du Voldersgracht, la ***halle aux viandes*** *(Vleeshalle),* bâtiment de 1650, au fronton triangulaire flanqué de 2 escaliers décorés de têtes de mouton et de bœuf. Vers le canal, sur Hippolytusbuurt, voir aussi le ***marché aux poissons,*** en place depuis 1342.

Vermeer Centrum *(plan A2)* **:** *Voldersgracht 21. ☎ 213-85-88. • vermeerdelft.nl • Tlj 10h-17h. Entrée : 10 € ; réduc. Accessible aussi avec le* Vermeer Combi Ticket*. Audioguide en français (fortement conseillé).* Installé dans l'ancien siège de la ***guilde de Saint-Luc,*** ce centre d'interprétation jouit d'une muséographie vivante et interactive très bien faite. Malgré l'absence de toiles originales du maître (pour cela il faut aller au *Mauritshuis* de La Haye et au *Rijksmuseum* d'Amsterdam), on

DÉCOUVERTE TARDIVE

C'est en visitant le musée de La Haye en 1842 que Joseph Théophile Thoré, journaliste et critique d'art, découvrit la Vue de Delft, avec le nom de Vermeer, un peintre inconnu, figurant dans le catalogue. Plus tard, dans une collection particulière, il identifia 2 autres tableaux signés du même nom et se lança dans une enquête pour trouver ses œuvres, parfois connues mais attribuées à d'autres peintres. Grâce à sa ténacité, on a pu retrouver le reste des tableaux du maître de Delft (mais seulement 37, au total).

découvre avec curiosité les coulisses du génie de Vermeer, pour remonter aux sources profondes de son inspiration, saisir ses procédés créatifs et le contexte de chacune de ses œuvres.

À ce sujet, on ne peut s'empêcher de penser à Proust, qui disait « Depuis que j'ai vu au musée de La Haye la *Vue de Delft,* j'ai su que j'avais vu le plus beau tableau du monde [...]. Ce sont les fragments d'un même monde, c'est toujours, quel que soit le génie avec lequel ils soient recréés, la même table, le même tapis, la même femme, la même nouvelle et unique beauté... ».

– ***Au sous-sol :*** une projection audiovisuelle (en anglais) présente le peintre dans son époque, la ville de Delft, où il naquit en 1632, et pointe la genèse et autres influences de son art. Là sont reproduits grandeur nature les 37 tableaux connus du maître, replacés dans leur contexte historique du XVIIe s. Passionnant de les voir présentés ainsi chronologiquement côte à côte.

– ***Au 1er étage :*** l'interprétation picturale prend ici tout son sens ; spécificité des pigments et vernis, travail sur la perspective, composition dite en « repoussoir », utilisation supposée de chambres noires, scénographie et choix des personnages, effet miroir... et, surtout, sophistication et réalisme des effets lumineux, puisque « Vermeer EST lumière » !

– **Le *2e étage*** est dédié au thème préféré du peintre : l'Amour ! Décliné de 4 façons : l'amour romantique, l'amour « séduction », l'amour vénal et l'amour inaccessible. On vous y révèle les symboles discrets et les détails pudiques, cachés mais porteurs du message : un petit Cupidon sur un carreau de faïence, une cage ouverte, l'association d'un virginal et d'une viole de gambe (hautement érotique comme chacun sait !), une cruche de vin, un jeu de miroirs...

Oude Kerk *(Vieille Église ; plan A2) :* *Heilige Geestkerkhof 25. ☎ 212-30-15. • oudeennieuwekerkdelft.nl • Fév-oct, lun-sam 10h-17h ; déc-janv lun-ven 11h-16h, sam 10h-17h ; fermeture du guichet 15 mn avt. Fermé dim. Entrée : 5,50 € (incluant la Nieuwe Kerk). Accessible aussi avec le* Vermeer Combi Ticket. *Brochure en français.* Avec ses fondations remontant à 1200, c'est la plus ancienne église de la ville. Côté canal du *Oude Delft*, sa tour penche de façon flagrante : 2 m de différence au sommet par rapport à la base. On tremble pour le bourdon de 9 t qu'elle héberge ! Voûte en bois en forme de carène de bateau renversée. Il s'agissait à l'époque de ne pas trop charger les fondations datant du Moyen Âge, relativement instables. En plus d'abriter la discrète pierre tombale du peintre ***Johannes Vermeer,*** c'est l'église des gloires maritimes : les amiraux ***Piet Hein*** et surtout ***Maarteen Tromp*** (vainqueur de l'anglais *Robert Blake* et de 32 batailles) y ont leur tombeau. Attention aux chevilles, les pierres tombales couvrant le sol sont ornées de reliefs parfois traîtres ! La chaire de vérité et le décor dépouillé ne manquent pas d'allure. Au fond, des vitraux de 1960 où l'on reconnaît *Charles Quint* et *Philippe II* ! Pas rancuniers les Hollandais.

Oude Delft est assurément le canal le plus élégant par la profusion de maisons patriciennes qui le bordent. On s'y délecte d'une lumière douce, filtrée par le feuillage des tilleuls, jouant de nuances pointillistes sur les vieilles façades et les ponts en dos d'âne. On y trouve aussi le *Prinsenhof,* sans oublier au no 39 l'élégante succursale de la *Compagnie néerlandaise des Indes orientales (VOC).* Le canal **Koornmarkt** *(plan A2-3),* parallèle à un pâté de maisons à l'est de l'Oude Delft, mérite également la flânerie.

PHILIPPE II MESQUIN

En 1580, Philippe II signe un édit qui promet l'anoblissement et 25 000 écus à quiconque tuerait Guillaume d'Orange. Balthazar Gérard, un Franc-Comtois fanatique, se rend à Delft en se faisant passer pour un protestant en fuite. Son forfait perpétré, c'est en vain qu'après son exécution ses héritiers réclament la récompense promise. Ils devront attendre plus de 6 ans pour enfin être dédommagés.

Museum Het Prinsenhof *(plan A2) :* *Sint Agathaplein 1.*

☎ 260-23-58. • prinsenhof-delft.nl • Tlj (sauf lun hors vac scol) 11h-17h. Entrée : 12,50 € ; réduc. Accessible aussi avec le Vermeer Combi Ticket. *Plan et audioguide en anglais.*
Ancien palais princier aménagé dans un couvent par ***Guillaume le Taciturne,*** le *Prinsenhof* est d'abord un musée historique retraçant le combat de son locataire le plus célèbre contre le pouvoir espagnol, par le biais de nombreux portraits des protagonistes de la « guerre de 80 ans » et moult scènes de combats. Les heures de gloire de la ville sont largement évoquées par les expos temporaires disséminées dans les salles du palais. Mais l'endroit le plus visité est sans conteste le pied de l'escalier menant au dernier étage, où l'infâme ***Balthazar Gérard,*** assassin à la solde de la couronne d'Espagne, tira sur *Guillaume d'Orange* (en 1584). Les 2 énormes impacts de balles, un peu élargis par les doigts des visiteurs, sont dorénavant protégés par un panneau en plexiglas. Rapidement jugé, le meurtrier paya son crime d'un supplice particulièrement atroce... On vous fait grâce des détails tant ils sont monstrueux.
Dans plusieurs salles, superbes faïences de Delft, qui peuvent suffire à satisfaire votre curiosité si vous n'avez pas le temps de visiter le *Royal Delft.*

Fête

– ***Soirée aux chandelles :*** *mi-déc.* Toute la ville s'illumine : bougies, braseros... jusqu'aux bougies du grand sapin de Noël.

LA HAYE (DEN HAAG)

540 000 hab. IND. TÉL. : 070

• Plan *p. 202-203*

Son nom, *Den Haag,* est l'abréviation de *'s Gravenhage* qui signifie « la haie du comte ». Bon, d'accord, comme mise en bouche, ça vous laisse un peu sur votre faim. Mais ce qui surprend davantage, c'est que la 3e ville du pays ne se contente pas d'être la capitale administrative des Pays-Bas. Non seulement elle héberge les ministères, le Parlement, les ambassades et la résidence royale, mais elle est aussi devenue le siège de nombreuses institutions internationales juridiques, comme la Cour pénale internationale pour ne citer que la plus célèbre. Un sacré chemin parcouru quand on pense qu'il aura fallu attendre le passage de Napoléon Ier, pour une nuit seulement en 1811, pour que Den Haag obtienne officiellement le statut de ville... Il n'était pas question que l'Empereur dorme dans un village !
Ce statut privilégié lui donne un air un peu précieux, avec ses galeries de peinture, ses boutiques de luxe et ses restaurants chics, du moins dans le centre. La Haye se targue aussi d'être la seule cité des Pays-Bas où la plage est à moins de 15 mn en tram.
Cette charmante fausse capitale, où l'architecture la plus contemporaine côtoie des bijoux Art nouveau, compte aussi de nombreux et passionnants musées, dont le formidable *Mauritshuis,* qui abrite quelques chefs-d'œuvre de la peinture hollandaise du Siècle d'or, avec en point d'orgue *La Jeune Fille à la perle* de Vermeer, et des Rembrandt parmi les plus réputés. Pas de doute, une visite de La Haye s'impose, d'autant que le métro conduit à Rotterdam en 20 mn seulement !

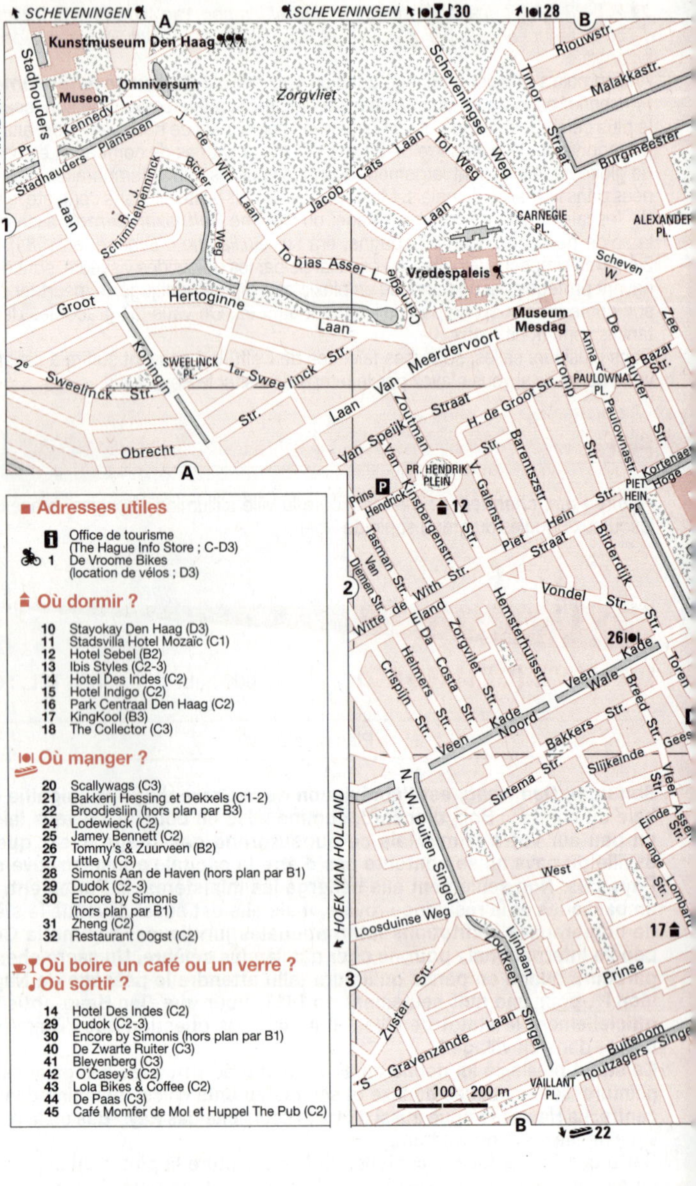

Adresses utiles

- Office de tourisme (The Hague Info Store ; C-D3)
- 1 De Vroome Bikes (location de vélos ; D3)

Où dormir ?

10 Stayokay Den Haag (D3)
11 Stadsvilla Hotel Mozaïc (C1)
12 Hotel Sebel (B2)
13 Ibis Styles (C2-3)
14 Hotel Des Indes (C2)
15 Hotel Indigo (C2)
16 Park Centraal Den Haag (C2)
17 KingKool (B3)
18 The Collector (C3)

Où manger ?

20 Scallywags (C3)
21 Bakkerij Hessing et Dekxels (C1-2)
22 Broodjeslijn (hors plan par B3)
24 Lodewieck (C2)
25 Jamey Bennett (C2)
26 Tommy's & Zuurveen (B2)
27 Little V (C3)
28 Simonis Aan de Haven (hors plan par B1)
29 Dudok (C2-3)
30 Encore by Simonis (hors plan par B1)
31 Zheng (C2)
32 Restaurant Oogst (C2)

Où boire un café ou un verre ? Où sortir ?

14 Hotel Des Indes (C2)
29 Dudok (C2-3)
30 Encore by Simonis (hors plan par B1)
40 De Zwarte Ruiter (C3)
41 Bleyenberg (C3)
42 O'Casey's (C2)
43 Lola Bikes & Coffee (C2)
44 De Paas (C3)
45 Café Momfer de Mol et Huppel The Pub (C2)

LA HAYE (DEN HAAG)

Comment y aller ?

➢ ***En métro :*** depuis Rotterdam-Centraal en 20 mn par la ligne E du Randstadrail (gratuit avec la *Rotterdam Welcome Card* – voir dans ce chapitre).

➢ ***En train :*** La Haye se trouve sur la ligne Amsterdam-Rotterdam. Liaisons plusieurs fois/h pour la gare de *Den Haag Centraal (CS ; plan D2)* et celle de *Hollands Spoor (HS ; hors plan par D3)*. Le tram nº 9 relie les 2 gares au centre. Encore une fois, c'est le mode de transport idéal côté hollandais.

➢ ***En voiture :*** à 61 km d'Amsterdam, prévoir 1h (si tout va bien). Prendre l'autoroute A10 puis l'A4, direction Den Haag. La répression étant impitoyable, on conseille de se garer dans un parking. En centre-ville, ils sont très chers : env 4 €/h avec max 30 € pour 24h. Sinon, optez pour le parking *P + R (Park and Ride) Hoornwijck* (Laan van Hoornwijck 55), situé en périphérie sud de la ville de La Haye. De là, les trams nºs 1 et 15 desservent le centre-ville en quelques minutes ; compter 5 €/pers pour le parking et le tram (6 € pour 2 pers, 7 € pour 3 pers, etc.).

Adresses et info utiles

Office de tourisme *(The Hague Info Store ; plan C-D3)* **:** *Spui 68. ☎ 361-88-88. • denhaag.com • À la bibliothèque centrale. Lun 12h-18h, mar-ven 10h-18h, le w-e 10h (12h dim)-17h.* Un lieu ouvert où l'on peut lire la presse internationale, boire un café, acheter des places de concert, etc.

Tourist Information Point : *à* ***Scheveningen,*** *Strandweg 156. ☎ 361-88-88. Mar-ven 12h-17h, sam-dim 11h-16h, fermé lun.*

Location de vélos chez **De Vroome Bikes** *(plan D3,* **1***)* **:** *Lekstraat 83. ☎ 06-53-18-99-98. Lun-mar et jeu-sam 8h-17h30 (14h sam). Fermé mer et dim. À partir de 8 €/j. Dépôt de garantie de 50 € et pièce d'identité. Autre adresse à Scheveningen :* ***Fietsverhuur Zuid-Holland,*** *Keizerstraat 27. ☎ 355-40-60. Tlj (sauf dim oct-mars) 10h-18h.*

Représentations diplomatiques *(plan C-D2)* **:** les grandes ambassades se concentrent autour de Paleis Noordeinde.

– ***Ambassade de France :*** *Anna Paulownastraat 76. ☎ 312-58-00. • amba france.org •*

– ***Ambassade de Belgique :*** *Johan Van Oldenbarneveltlaan 11. ☎ 312-34-56. • netherlands.diplomatie.belgium.be •*

– ***Ambassade de Suisse :*** *Lange Voorhout 42. ☎ 364-28-31. • eda.admin.ch/denhaag •*

– ***Ambassade du Canada :*** *Sophialaan 7. ☎ 311-16-00. • canadainternational.gc.ca/netherlands-pays_bas •*

– ***Marché*** *(hors plan par B3)* **:** *sur Herman Costerstraat, à 200 m de Hobbemaplein, lun, mer et ven-sam 9h-17h.* Excentré et sans vraiment de charme, il est énorme et bien fourni : nourriture des 4 coins du monde, fleurs, vêtements, puces...

Transports urbains

La Haye dispose d'un excellent réseau de transports publics. Plus de 30 lignes de tram et bus (dont plusieurs bus de nuit) sillonnent la ville et desservent les communes voisines. *Infos :* ***HTM,*** *guichets dans les gares Den Haag Central (CS ; plan D2) et* ***Hollands Spoor*** *(HS ; hors plan par D3). • htm.nl •*

Où dormir ?

– ***Important :*** les hôtels, fréquentés en semaine par une clientèle d'affaires, offrent souvent des réductions intéressantes le week-end, notamment sur Internet.

De bon marché à prix moyens

KingKool (plan B3, **17**) : *Prinsegracht 51. ☎ 215-83-39. • kingkool.nl • Ⓣ Brouwersgracht (nos 2, 3, 4 ou 6). Nuitée en dortoir (4-16 lits) 20-35 €/pers avec sdb à partager ; double avec sdb 60-90 €.* Sur 4 niveaux, un *hostel* vraiment sympa, coloré et joyeux comme on aime. En bas, salon, bar, salle de projection et cuisine parfaitement équipée. Chambres et dortoirs courent dans les étages, déclinant toutes sortes de thèmes : industriel, ferme hollandaise, graffitis, cinéma... Beaucoup d'esprit et d'humour dans cette maison conviviale, et des aménagements malins pour que chacun trouve son coin de tranquillité.

Stayokay Den Haag (plan D3, **10**) : *Scheepmakersstraat 27. ☎ 315-78-88. • stayokay.com/denhaag • Ⓣ Rijswijkseplein (no 17). À 5 mn à pied de la gare de Hollands Spoor (HS). Nuitée en dortoir (4-9 lits) 18-35 €/pers ; doubles avec sanitaires privés ou à partager 60-85 €, draps inclus ; petit déj 8 €.* Ce vaste bâtiment posé au bord d'un canal offre une cinquantaine de chambres et dortoirs fonctionnels et nickel, avec salle de bains privée. Resto-bar convivial avec terrasse au fil de l'eau. Excellente atmosphère internationale propice aux rencontres. Location de vélos.

Ibis Styles (plan C2-3, **13**) : *Kerkplein 3. ☎ 216-19-58. • all.accor.com • Doubles 80-160 €, petit déj compris.* On n'a pas l'habitude de mentionner des hôtels de chaîne, mais il faut reconnaître que celui-ci, joliment installé dans le Berlagehuis construit en 1895, cumule les bons points. Classé Monument historique, il a conservé son étonnant escalier – qui n'est pas sans rappeler les extravagances de Escher –, ainsi que de jolis vitraux. Les chambres sont quant à elles actuelles, simples mais confortables, parfois pas bien grandes mais les belles hauteurs sous plafond donnent une sensation d'espace. Une bonne affaire, en plein centre.

De prix moyens à encore plus chic

Stadsvilla Hotel Mozaïc (plan C1, **11**) : *Laan Copes van Cattenburch 38-40. ☎ 352-23-35. • mozaic.nl • Doubles 90-160 € avec ou sans petit déj (selon offre en cours) ; familiales. Parking sur résa (env 15 €/24h).* À 10 mn à pied du centre, cette élégante maison ancienne renferme un boutique-hôtel au design sobre et rassurant. Une vingtaine de belles chambres aux tons blanc et gris, douillettes et dotées de beaux équipements. Prix raisonnable compte tenu des prestations.

Hotel Sebel (plan B2, **12**) : *Prins Hendrikplein 20. ☎ 345-92-00. • hotelsebel.nl • Ⓣ Van Speijkstraat (no 17). Doubles 85-150 € ; petit déj 9,50 €. Parking sur résa (env 18 €).* Dans un quartier tranquille à deux pas du centre, ce petit hôtel est installé dans une jolie maison ancienne. Au choix, une trentaine de chambres à la déco égayée par de grandes photos liées à la nature, bien équipées et parfaitement tenues. Certaines, au rez-de-chaussée, ont un minijardin ; d'autres, au 1er étage, jouissent d'un généreux balcon. Aménagement en familiale (3-4 personnes) possible. Une bonne adresse.

Hotel Indigo (plan C2, **15**) : *Noordeinde 33. ☎ 209-90-00. • ihg.com • Doubles 115-200 €, petit déj compris. Parking 30 € (!).* Un hôtel de charme et de caractère dès la réception, installé dans une ancienne banque dont subsistent quelques beaux éléments Art déco. Chambres élégantes, pas forcément très grandes mais hyper confortables et design, dotées de salles de bains contemporaines... et de coffres-forts en guise de placards ou de minibar ! Excellent accueil du personnel, aux petits soins.

The Collector (plan C3, **18**) : *Haagsche Bluf 52. ☎ 850-54-80. • thecollectorhotel.com • Doubles 85-250 €, petit déj compris. Parking public (35 €) à 5 mn de marche.* Idéalement posé sur une jolie placette piétonne et paisible, cet hôtel récent et à taille humaine combine avec talent convivialité et élégance. Chambres d'un confort contemporain parfait, déco débordant de créativité, avec de grands tableaux composés d'une foultitude de petites collections rigolotes (bras de poupées, vieilles cassettes, petites voitures, boutons, etc.). Espaces communs chaleureux, accueil à la fois pro et d'une grande gentillesse. Une adresse top !

Hotel Des Indes (plan C2, **14**) : *Lange Voorhout 54-56. ☎ 361-23-45. • fr.lhw.com/hotel/des-indes-the-hague-the-netherlands • Doubles 125-380 € ; petit déj 20 €.* Au cœur du plus prestigieux quartier de La Haye, un hôtel de charme grand luxe établi dans une demeure historique construite en 1881. Le nom est un hommage à un homonyme célèbre de Jakarta. Mata Hari y avait ses quartiers, Joséphine Baker, le négus d'Éthiopie, le roi Fayçal d'Arabie, Mick Jagger l'ont fréquenté. Le lifting profond a intégré luxe, déco et équipements contemporains (resto-lounge-bar intime malgré son volume, club de remise en forme, piscine intérieure...) sans renier le passé et ses traditions (opulence en tout genre, moquettes et tapis, lustres imposants, lourdes tentures, etc.). Un ensemble très réussi, qui demeure cependant assez classique. Magique pour boire un verre...

Park Centraal Den Haag (plan C2, **16**) : *Molenstraat 53. ☎ 362-43-71. • parkcentraal.com/den-haag • Doubles 130-190 €, petit déj compris.* Au cœur d'un quartier plein de charme, vivant le soir mais assez calme la nuit, un hôtel fréquenté par une clientèle d'affaires qui reste une aubaine quand on guette les promotions. Petit garage (8 places !) au cas où vous auriez eu l'idée saugrenue de venir en voiture.

Où manger ?

Sur le pouce

Bakkerij Hessing (plan C1-2, **21**) : *Denneweg 186. ☎ 737-05-52. Tlj sauf dim 8h-17h. Moins de 5 €.* De beaux pains, de délicieuses viennoiseries et pâtisseries, dont la spécialité du cru : la tarte *haagse kakker* aux épices et aux fruits secs. Un régal à emporter !

Broodjeslijn (hors plan par B3, **22**) : *Waldorpstraat 271. ☎ 360-51-45. Mar-sam 10h-17h. Sandwich env 7 €.* Un choix hallucinant de sandwichs et de *broodjes* chauds ou froids, tous plus originaux et gourmands les uns que les autres. C'est simple, le patron figure chaque année parmi les finalistes au concours du meilleur sandwich de Hollande ! Quelques soupes et salades complètent la carte, sans oublier de bonnes pâtisseries.

Lodewieck (plan C2, **24**) : *Denneweg 5. ☎ 346-88-19. Tlj sauf dim 8h30-16h. Plats 5-15 €.* Cette avenante *lunch-room,* au décor de bois blond, mitonne avec simplicité d'excellents sandwichs, soupes, salades et omelettes. Une adresse plébiscitée par les gens du quartier, qui ne se trompent pas sur la qualité. Idéal aussi pour une pause en journée.

De bon marché à prix moyens

Scallywags (plan C3, **20**) : *Haagsche Bluf 16-18. ☎ 654-71-10-86. Tlj sauf lun 11h-17h (21h jeu, 18h ven-sam). Plats 6-15 €.* Avec ses fauteuils dépareillés et sa déco british au kitsch assumé, voici un petit nid cosy pour un repas simple, sain et soigné, ou un *afternoon tea* accompagné de scones absolument délicieux, entre autres douceurs. Accueil chaleureux.

Dudok (plan C2-3, **29**) : *Hofweg 1-a. ☎ 890-01-00. Tlj 9h30-20h (22h jeu-sam). Snacks et plats 5-18 €.* Grande brasserie Art déco largement vitrée, relevée d'une touche contemporaine industrielle. Dans l'assiette, une honnête cuisine de brasserie, d'un bon rapport qualité-prix et servie tout au long de la journée. Ambiance animée. Bien aussi pour prendre un verre. Petite terrasse sur l'arrière.

Little V (plan C3, **27**) : *Rabbijn Maarsenplein 21. ☎ 392-12-30. Tlj sauf lun 12h-21h30 (22h ven-sam). Plats 8-23 €.* Légèrement en retrait du quartier chinois, un resto vietnamien qui ne désemplit pas malgré sa grande taille, et pour cause ! On est là dans un superbe décor fait de bois, végétaux et murs sombres. Au menu, tous les classiques de la cuisine vietnamienne, joliment présentés et délicieux. Quand le soleil est de la fête, les tables investissent la grande terrasse installée sur une esplanade piétonne, bien sympa aussi. Et pour les bambins, un petit espace absolument adorable qui donne envie de retomber en enfance !

Simonis Aan de Haven *(hors plan par B1,* ***28****)* **:** *Visafslagweg 20, à* ***Scheveningen,*** *sur le port de pêche, au bout de la route allant vers la mer. ☎ 350-00-42. Ⓣ nº 1 depuis le centre-ville puis nº 11 jusqu'au terminus. Parking. Tlj 10h-21h (20h dim). Plats 14-24 € ; plateaux de fruits de mer 30-100 €.* Attention : la même enseigne propose une version beaucoup plus chic dans une autre partie du port (le *Encore by Simonis* cité plus bas). C'est vrai qu'il faut un peu le chercher ce resto, mais si vous aimez les produits de la mer et les adresses populaires, vous allez adorer ! Le choix de s'installer dans la salle à l'ambiance marine ou sur la terrasse couverte, où l'on s'attable sans manières avec son plat en barquette, pris au self. Ambiance fast-food de la mer géant en quelque sorte, pour s'imprégner de l'ambiance locale, notamment le dimanche quand le lieu est bondé !

Chic

Restaurant Oogst *(plan C2,* ***32****)* **:** *Denneweg 10b. ☎ 360-92-24. Tlj sauf dim-lun 12h-13h30, 18h-21h30. Résa conseillée. Menus 37-48 € ; plat env 15 €.* Un petit écrin d'un raffinement exquis, dont les tons sombres et mordorés sont sublimés par de beaux éclairages. Et, comble du bonheur, on y déguste une cuisine remarquable, tout en délicatesse. Chaque plat nous offre un festival d'inventivité, autant pour les yeux que pour les papilles. Si vous avez quelque chose à fêter, allez-y les yeux... grands ouverts !

Jamey Bennett *(plan C2,* ***25****)* **:** *Plaats 11. ☎ 365-02-35. Tlj 9h-minuit (23h dim). Sandwichs et plats 5-20 €.* Rembrandt aurait certainement apprécié ce cadre qui cultive l'art du clair-obscur avec brio. Hauts murs en brique ou peints de couleurs sombres et petits recoins cosy sur différents niveaux, le tout savamment mis en scène pour rendre le lieu à la fois chic et décontracté. Cuisine créative, elle aussi très inspirée, qui empreinte au Japon son talent pour la préparation du poisson et à la Méditerranée ses saveurs ensoleillées. Une très belle adresse, en tout point.

Dekxels *(plan C1-2,* ***21****)* **:** *Denneweg 130. ☎ 365-97-88. En principe, tlj 17h-22h (23h jeu-sam). Menu 35 € ; plats 11-14 €.* Encore un charmant resto intime à la déco contemporaine, tourné vers l'Asie mais qui aurait pris l'accent méditerranéen. Un étonnant mélange de saveurs exquises servi dans de tout petits plats. Gros mangeurs, passez votre chemin ! Une aventure culinaire inédite, réputée dans tout le pays.

Tommy's & Zuurveen *(plan B2,* ***26****)* **:** *Veenkade 19. ☎ 753-22-74. Ouv le soir mer-dim. Fermé lun-mar. Menus 43-64 €.* Cette petite salle d'une douzaine de tables seulement, à la déco sobre, figure dans tous les carnets d'adresses des gastronomes de la ville. À l'image du cadre, des menus assez simples a priori, mais les produits sont de qualité, traités soigneusement et avec suffisamment de créativité pour nous surprendre, accompagnés de vins bien sélectionnés si l'on choisit la formule « boissons comprises ». Le service, charmant et attentionné, ajoute de l'élégance à cette adresse aussi discrète que plaisante.

Encore by Simonis *(hors plan par B1,* ***30****)* **:** *Dr Lelykade 5, à* ***Scheveningen.*** *☎ 306-00-70. • encorebysimonis.nl • Ⓣ nº 16 depuis la gare centrale, direction Statenkwartier, puis descendre à Van Boetzelaerlaan. Mar-jeu 17h-23h, ven-lun 12h-23h. Plats 18-35 € (plus si vous optez pour le homard ou le caviar !).* Ce vaste espace chic et contemporain, tout vitré et prolongé d'une terrasse sur le port, propose une cuisine raffinée à base de poisson essentiellement. Les recettes traditionnelles sont revisitées, teintées d'inspirations nippones et de saveurs délicates. On peut aussi se contenter de boire un verre au bar ou assister à quelques soirées musicales (et dansantes parfois).

Très chic

Zheng (plan C2, **31**) : *Prinsestraat 33. ☎ 362-08-28. Tlj sauf lun 17h30-22h. Résa indispensable. Menus 50-100 €.* Attention, adresse d'exception ! Et un véritable voyage dans la Chine impériale d'antan ! Les 2 menus se composent d'un défilé de petits plats et boissons raffinés, servis selon des rituels précis qui rappellent les luxueux banquets d'autrefois. Une des meilleures tables asiatiques des Pays-Bas. Le lieu est superbe (dans le genre contemporain chic) et le dépaysement gustatif tout simplement magique !

Où boire un café ou un verre ? Où sortir ?

Lola Bikes & Coffee (plan C2, **43**) : *Noordeinde 91. Tlj sauf mar 8h-18h.* Un des lieux à la fois insolites, design et sympa qui font aimer la ville. On peut y entrer avec son vélo, le faire réparer éventuellement, le temps de boire un bon café et d'avaler une petite douceur. Certains bossent, d'autres discutent. Il y a même un piano, si l'envie de jouer quelque chose vous prend !

Hotel Des Indes (plan C2, **14**) : *voir plus haut « Où dormir ? ».* Si vous n'avez pas de tirelire à casser pour dormir dans ce magnifique hôtel aux allures de palace, venez au moins goûter au luxe voluptueux de ses salons feutrés le temps d'un *afternoon tea* (cher !) ou d'un verre de vin (pas donné non plus).

Bleyenberg (plan C3, **41**) : *Grote Markt 10. ☎ 800-21-20. Tlj sauf lun-mar 16h (12h le w-e)-minuit.* Si cette grande brasserie moderne possède un certain charme, on lui préfère cependant sa belle terrasse posée sur le toit, pour prendre de la hauteur et observer la ville. Au sous-sol, le ***Magazijn*** ouvre ses portes aux *clubbers* le week-end, pour des soirées menées par des DJs de qualité.

De Paas (plan C3, **44**) : *Dunne Bierkade 16a. ☎ 360-00-19. Tlj 14h-minuit.* Tranquillement posé le long du canal, un chaleureux petit bar à l'ancienne, avec lumière tamisée, vieilles affiches et plaques publicitaires émaillées. Idéal pour rencontrer des locaux en sirotant une bonne bière... Le seul souci étant d'en choisir une parmi les 170 proposées ! Clientèle à l'unisson avec le lieu, conviviale et pas compliquée.

De Zwarte Ruiter (plan C3, **40**) : *Grote Markt 27. ☎ 364-95-49. Tlj 8h-1h (1h30 jeu-sam). Concerts plusieurs soirs/sem.* Un bar vintage décontracté et accueillant, pour prendre un verre dans la journée (vins bio) ou écouter un concert en soirée. Fait aussi resto, tendance végétarienne. Une adresse très prisée des locaux, impeccable pour faire des rencontres.

Huppel The Pub (plan C2, **45**) : *Oude Molstraat 21. ☎ 360-91-13. Tlj 16h (15h w-e)-1h (1h30 jeu-sam).* Convivial à souhait, ce bar est parfait pour siroter un whisky (150 labels différents !), une bière (pas moins d'une soixantaine), un vieux rhum ou un verre de vin, tout en succombant à quelques grignotages bien sympathiques. Pour ne rien gâcher, bonne musique. On passe un joyeux moment dans ce pub sacré meilleur du pays. Rien de moins !

Café Momfer de Mol (plan C2, **45**) : *Oude Molstraat 19. ☎ 427-87-33. Tlj 16h (15h le w-e)-1h (1h30 jeu-sam).* Préparez-vous à jouer des coudes pour trouver un coin de comptoir dans ce lieu aussi étroit qu'animé. Et ça se complique encore si l'envie de grignoter vous prend ! Pour une ambiance plus tranquille, direction la petite salle du fond, style boudoir intime, où l'on peut s'attabler en commandant un plat, très honorable d'ailleurs. Une de ces adresses qui donnent un supplément d'âme à la ville.

Dudok (plan C2-3, **29**) : *voir plus haut « Où manger ? ».*

O'Casey's (plan C2, **42**) : *Noordeinde 140. ☎ 363-06-98. Tlj 15h (12h ven-dim)-minuit.* Le meilleur pub irlandais... du monde, à en croire l'*Irish Hospitality Global Dublin,* qui lui a décerné ce titre en 2019 ! Lieu incontournable pour les amateurs de bière, de *fish & chips,* de burgers et de soirées pleines d'une bonne humeur contagieuse. En revanche, si vous n'êtes pas fan de foot, sachez que c'est aussi le rendez-vous préféré des Haguenois qui ne rateraient pour rien au monde la retransmission d'un match au *Casey's*. Super *beer garden* sur l'arrière... sans écran !

Aux beaux jours, les ***terrasses*** fleurissent un peu partout en ville, notamment sur l'agréable **Plein** *(plan C-D2)*, cernée par des bars branchés.

À voir. À faire dans le centre

Mauritshuis *(plan C2)* **:** *Plein 29. ☎ 302-34-56. • mauritshuis.nl • Ⓣ Buitenhof (nos 15 ou 16). Tlj 10h (13h lun)-18h. Résa en ligne fortement conseillée. Entrée : 17,50 € ; réduc. Appli gratuite en français à télécharger sur smartphone et tablette.*

Juste à côté du *Binnenhof*, c'est LE musée à ne pas manquer à La Haye, surtout depuis sa rénovation qui lui a permis de retrouver son rang au sein des grands monuments du pays.

Une vraie « boîte à bijoux » comme se plaisent à le qualifier les Hollandais, le *Mauritshuis* est l'un des plus beaux exemples de l'architecture hollandaise classique. L'extérieur a été modifié afin de revenir à la conception originale du bâtiment, une résidence privée, construite et baptisée d'après le patronyme du comte *Johan Maurits Van Naussau-Siegen* entre 1636 et 1644, période durant laquelle ce dernier fut gouverneur des colonies bataves au Brésil. En 1820, le *Mauritshuis* (habituez-vous à le prononcer à la hollandaise !) fut acheté par l'État hollandais afin d'abriter les collections royales de peinture. ***Il a ouvert ses portes en tant que musée en 1822.*** Avec seulement 14 salles presque intimes, il compense sa faible surface par la qualité de sa collection de ***peinture hollandaise du Siècle d'or,*** qui regroupe tout de même 800 œuvres.

C'est par le sous-sol, réaménagé en billetterie et boutique, que la visite débute. Au fond, un escalier conduit à la nouvelle aile *Royal Dutch Shell Wing* située dans un bâtiment adjacent, où sont installées les expos temporaires et une petite cafétéria. Mais venons-en à l'essentiel, les 2 étages des collections. En vedette et sans organisation chronologique, ***Vermeer*** (vous êtes venu pour lui !) avec la célébrissime *Vue de Delft*, œuvre déjà impressionniste à l'étrange vibration lumineuse. Bergotte, un des personnages de Proust, ne s'en est jamais remis. Van Gogh non plus.

Plus célèbre encore, la « Joconde hollandaise », à savoir ***La Jeune Fille à la perle*** (salle 15), qui aurait pu s'appeler « au turban ». Mais, outre l'éclat du visage, c'est bien celui de la perle qui capte le regard, faisant écho à l'humidité des lèvres. Des spécialistes réfutent la nature de la perle et parlent d'étain poli... Peu importe, l'œuvre fascine quelle que soit la matière de la boucle d'oreille. Le voyage du chef-d'œuvre autour du monde durant la période des travaux a permis par ailleurs de récolter 30 millions d'euros, qui ont largement contribué à financer ceux-ci. Au cinéma, *Scarlett Johansson*, dont la ressemblance est frappante, a rendu la réplique à *Colin Firth-Vermeer* pour donner vie à ce personnage fascinant.

UNE BONNE AFFAIRE

Le célèbre tableau de La Jeune Fille à la perle *fut mis aux enchères à La Haye en 1881 sans avoir été attribué à Vermeer. Il est vrai qu'il était en très mauvais état. Un amateur éclairé et un collectionneur avisé se mirent d'accord pour ne pas surenchérir. Il fut attribué pour 2 florins et une commission de 30 cents, soit environ 2 € ! En 1902, le collectionneur légua le tableau par testament au Mauritshuis en compagnie de 12 autres chefs-d'œuvre.*

Ensuite quelques ***Rembrandt*** parmi les plus réputés : *La Leçon d'anatomie du docteur Tulp*, peint à l'âge de 25 ans, *Saül et David, Suzanne au bain, Deux Africains, Homère,* et 3 de ses *Autoportraits,* dont l'authenticité est toujours discutée.

LES ENVIRONS D'AMSTERDAM

Ce sont ces tableaux-là qui ont fait la réputation du musée, mais il ne faudrait pas pour autant occulter la présence des œuvres de, en vrac, ***Van der Weyden*** *(Lamentation du Christ),* ***Memling*** *(Portrait d'un homme de la famille Lespinette),* ***Cranach l'Ancien*** *(Marie et l'Enfant),* ***Hans Holbein le Jeune*** *(Portrait de Jane Seymour),* ***Rubens*** *(La Vieille Femme, le Garçon et les Bougies),* ***Antoon Van Dyck*** *(Portrait de Peeter Stevens),* ***Jan Steen*** *(Joyeuse société)* et ***Frans Hals*** *(L'Enfant rieur).* Que du beau monde !

Parmi les innombrables chefs-d'œuvre, notons également *Le Chardonneret,* un tout petit tableau délicat de ***Carel Fabritius*** (salle 14), devenu célébrité littéraire, par la grâce du best-seller et prix Pulitzer de Donna Tartt. Une scène hivernale du peintre du genre ***Hendrick Avercamp*** avec, à l'avant-plan, un petit dandy patineur à l'écharpe orange devenu la mascotte du musée. Puis un chef-d'œuvre de ***Jan Bruegel Ier*** peint en collaboration avec ***Rubens*** (salle 2), *Le Jardin d'Éden et la chute d'Adam et Ève,* un miracle d'harmonie surprenant de la part de ces deux-là ; le lion a l'air tout penaud, avec toutes ces proies à sa portée sans pouvoir les consommer. À signaler aussi, le monumental et naturaliste *Taureau* de ***Paulus Potter,*** icône de l'élevage bovin dans les polders.

Grandes expos régulièrement : consultez le site internet.

Binnenhof *(plan C2) :* *pour la visite guidée des intérieurs (principalement la salle des chevaliers), s'adresser à ProDemos, Hofweg 1 (à côté de la brasserie Dudok). ☎ 070-757-02-00. • prodemos.nl • Ⓣ Buitenhof (nos 1, 15 ou 16). Visite guidée (tlj sauf dim) : 6-10,50 € selon formule choisie ; réduc. Accès libre à la cour.* Ancienne résidence des comtes de Hollande dès 1248, le *Binnenhof* est le centre de la vie politique des Pays-Bas depuis 1815, où siègent plusieurs organes officiels de l'État. C'est ici qu'en 1651 se réunirent les états généraux qui entérinèrent la création de la république des Provinces-Unies. Seule la ***salle des chevaliers*** se visite aujourd'hui, qui abrita tour à tour un marché, une galerie commerçante, une salle d'armes et même le siège de la Loterie nationale ! Elle sert à présent de cadre solennel au discours annuel du Trône qui se tient le 3e mardi de septembre. Quand le programme parlementaire le permet, la visite se poursuit par la 1re Chambre et la 2e Chambre des états généraux. Tout cela est un peu compassé, assez compliqué aussi puisqu'il faut ***préalablement s'enregistrer*** (sur le site internet de ProDemos) pour décliner son identité. Bref, vous pouvez vous contenter d'admirer la cour *(accès libre),* qui vaut le coup d'œil.

Haags Historisch Museum *(Musée historique ; plan C-D2) :* *Korte Vijverberg 7. ☎ 364-69-40. • haagshistorischmuseum.nl • Ⓣ nos 1 ou 16. Bus nos 22 ou 24. Tlj sauf lun 10h (12h le w-e)-17h. Entrée : 12 € ; réduc.* Autrefois siège de la guilde des archers de Saint-Sébastien, ce bâtiment est aujourd'hui dédié à l'évocation des grands épisodes et des illustres personnages de l'histoire hollandaise, comme la révolte contre les catholiques espagnols, la folie iconoclaste, l'assassinat et la mutilation des ***frères de Witt,*** les guerres napoléoniennes, la colonisation... Sont exposés : des vues anciennes de la ville, des portraits, de l'argenterie, des porcelaines, du mobilier et de superbes maisons de poupée. À ne pas manquer : la carte mouvante qui trace les différentes frontières de la Hollande de 1550 à nos jours, quand elle occupait la future Belgique, ou au contraire, se retrouva intégrée à l'Empire français. Explications en anglais.

Escher in het Paleis *(plan C2) :* *Lange Voorhout 74. ☎ 427-77-30. • escherinhetpaleis.nl • Ⓣ Malieveld (no 9) ou Korte Voorhout (no 15). Bus nos 22 ou 24. Tlj sauf lun (et certains j. fériés) 11h-17h. Entrée : 11 € ; réduc.*

Voici un musée envoûtant, au propre comme au figuré, consacré à un artiste graphique majeur. Influencé par *Alice au pays des merveilles* et l'univers de ***Tolkien,*** fasciné par les maths, il déclara : « Tout cela n'est rien comparé à ce que je vois dans ma tête ! »

Si vous ne connaissez pas encore le nom de ***Maurits Cornelis Escher,*** jetez d'abord un coup d'œil à notre rubrique « Peinture hollandaise » dans « Hommes, culture, environnement » en fin de guide, puis poussez la porte de ce joli musée, installé dans une ancienne et magnifique résidence royale du XVIIe s, achetée par l'arrière-arrière-grand-mère de l'actuel roi. La grande cage d'escalier sous coupole, ornée d'étonnants lustres conçus spécialement pour le musée par *Hans-Van-Bentem*, distribue une belle lumière. Ceux qui découvrent cet artiste génial ressentiront certainement une impression de familiarité, puisque le monde imaginaire d'Escher a souvent été récupéré par la pub, la B.D. et la science-fiction.

- ***Au rez-de-chaussée,*** ses 1ers travaux sont principalement inspirés par de nombreux voyages de jeunesse, en Italie surtout (*San Giminiano* et la côte amalfitaine), mais aussi en Corse (Bonifacio). Escher rapporta des photos qui servirent de base à son travail d'interprétation fantastique de la réalité, de métamorphose du réel vers l'irréel. Dans ses autoportraits sur boules de verre, il joue avec les déformations produites par une surface convexe réfléchissante. Revisitant le genre après *Piranèse* ou *Victor Hugo,* il donna aussi une nouvelle dimension à la gravure sur bois, travailla sur support lino et réalisa des aquarelles, craies noires et lithos.
- ***Au 1er étage,*** les œuvres majeures du musée illustrent son évolution personnelle. Revenu dans une Europe du Nord qui l'inspire moins, il se détourna de la réalité pour lui préférer des thèmes sortis de son imaginaire. Un de ses domaines d'étude privilégiés fut le remplissage intégral d'une surface par des motifs. À l'impératif d'abstraction, il ajouta la figuration parce que « seul le reconnaissable l'excite ». Le paradoxe d'Escher pourrait se résumer ainsi : dans un monde en 3 dimensions, la représentation sur une surface plane est autant fiction et illusion que l'évocation d'une 4e dimension. Exemples célèbres : *Waterfall,* les 2 mains de *Drawing Hands, House of Stairs* et ses reptiles ronds. Au lieu de répéter des séquences de tailles identiques, il préféra bientôt les faire diminuer régulièrement, afin d'évoquer l'infini (voir la série *Circle Limit,* à partir de 1958). Cette technique culmine avec l'enchevêtrement d'éléments complètement différents et avec la géométrie colorée et effarante de *Snake* (1969), une triple impression qui sera sa dernière œuvre.
- ***Au 2e étage,*** plusieurs ateliers interactifs et ludiques où l'on pourra se faire prendre en photo, déformé par un volume quadrillé, se plonger dans le monde vertigineux d'Escher en 3D, ou encore manipuler d'impossibles objets.

Circuit Art nouveau : au tout début du XXe s, La Haye connut une croissance économique et démographique sans précédent. Elle favorisa tout naturellement l'essor d'une société et d'une architecture modernes. On assista, comme dans le reste de l'Europe, à l'émergence de l'Art nouveau, dont La Haye peut s'enorgueillir d'une rare concentration de bâtiments. S'il n'existe pas, comme à Paris, Bruxelles, Barcelone, Vienne ou Prague, d'artistes et d'architectes ayant lié leur nom à la ville et à l'histoire de l'art, la balade à pied n'en est pas moins agréable (brochure disponible à l'office de tourisme).

La Haye est une ville propice au lèche-vitrines. Ne pas manquer le ***Passage*** *(plan C2-3),* une galerie marchande couverte au cœur de la ville et datant de la fin du XIXe s. ***Noordeinde*** et ***Hoogstraat*** *(plan C2)* sont des rues commerçantes bordées de boutiques de mode, d'antiquaires et de galeries d'art, souvent installées dans de beaux immeubles Art nouveau. Dans ***Denneweg*** et ses rues voisines *(plan C1-2),* d'élégantes boutiques de design et tout ce qui touche à l'art de vivre.

À voir. À faire un peu plus loin du centre et dans les environs

Kunstmuseum Den Haag *(Musée d'art de la Haye ; plan A1)* **:** *Stadhouderslaan 41, à La Haye. ☎ 338-11-11. • kunstmuseum.nl • Ⓣ Kunstmuseum (nº 16). Bus nº 24. Tlj sauf lun 10h-17h. Entrée : 16 € ; réduc ; gratuit moins de 18 ans ; supplément lors des expos importantes.*

Un peu excentré, mais incontournable, ce remarquable bâtiment Art déco est l'ultime chef-d'œuvre de ***Berlage,*** l'un des précurseurs de l'architecture moderne hollandaise, qui mourut avant l'achèvement des travaux, en 1935. L'édifice à lui seul pourrait justifier une visite ! Il renferme une collection si riche et foisonnante qu'elle ne peut être exposée que par roulement. Dans cet univers tout entier dédié à la création, la muséographie innovante privilégie des thématiques originales et renouvelées régulièrement.

Les ***arts appliqués*** (faïence de Delft, céramique et porcelaine, argenterie, verrerie, mobilier...) sont mis en valeur dans les ***Chambres merveilleuses*** *(Period Rooms)* à partir de décors récupérés dans de riches demeures, aujourd'hui détruites. L'une d'elles, entièrement tapissée de cuir rehaussé d'or, restitue un intérieur de la fin du XVIIe s. Le « bleu de Delft » est illustré avec des tulipiers aux formes irréelles. Voir aussi la « ***salle japonaise*** », habillée de splendides panneaux de laque à motifs chinois du XVIIIe s, ou encore la ***salle des Gobelins*** réunissant de somptueuses tapisseries. Et que dire de cette incroyable maison de poupée ?

Toute une aile est consacrée au mouvement ***De Stijl*** et à ses figures de proue, ***Théo Van Doesburg*** et ***Piet Mondrian.*** On suit celui-ci à travers 300 œuvres (la plus grande collection au monde), de sa période figurative jusqu'au sommet de son abstraction dans sa dernière œuvre, inachevée : *Victory Boogie Woogie* (1944).

Au 1er étage, la peinture du XIXe s à nos jours est représentée par les plus grands noms comme ***Monet, Signac, Van Gogh, Kees Van Dongen, Kandinsky, Jongkind, Toorop, Mauve, Francis Bacon, Picasso, Cézanne, Appel, Louise Bourgeois...***

Au sous-sol, ne manquez pas l'exposition ***Wonder Kamers,*** notamment si vous êtes accompagné d'enfants. Une succession de petites salles dans lesquelles, munis d'une tablette tactile, les bambins peuvent vivre des expériences interactives et très ludiques comme reproduire un tableau de Mondrian, inventer un musée, se déguiser et cheminer dans un labyrinthe obscur, choisir une céramique qui va raconter son histoire, etc. On met au défi les parents de ne pas piquer la tablette de leur progéniture tant le procédé est séduisant et instructif ! Au centre de cet espace incroyable, toute une série de miniatures étonnantes, joliment exposées dans des cubes enchevêtrés.

– Dans le bâtiment adjacent, 2 autres musées : le ***Museum Voor Actuele Kunst – KM21*** *(☎ 338-11-11 ; • km21.nl •),* consacré à l'art contemporain ; et le ***Fotomuseum Den Haag*** *(☎ 338-11-11 ; • fotomuseumdenhaag.nl •). Mêmes horaires : tlj sauf lun 11h-17h. Entrée : 10 € ; réduc ; gratuit moins de 18 ans.*

Panorama Mesdag (plan C1-2) **:** *Zeestraat 65, à La Haye. ☎ 310-66-65. • panorama-mesdag.nl • Ⓣ Mauritskade (n° 1). Bus n°s 24 ou 22. Tlj sauf lun 10h-17h. Entrée : 15 € ; réduc. Audioguide en anglais seulement : 1 € (quasi indispensable).*

La plus grande toile panoramique du monde (14 m de haut et 120 m de circonférence), réalisée par *Hendrik Willem Mesdag* et sa femme, aidés d'une flopée d'assistants. Cette superbe fresque circulaire à 360° représente le panorama vu en 1881 depuis une dune proche du village de *Scheveningen*, aplanie peu de temps après. Bruitage avec ressac de la mer, cris des mouettes, bateaux de pêche, station balnéaire de l'époque avec ses cabines de baigneurs, train à vapeur la reliant à Rotterdam et La Haye... l'illusion est parfaite !

Les panoramas, réalisés sur des toiles tendues autour d'un poste d'observation, furent très populaires avant que le cinéma n'apparaisse. Tombés en désuétude, la plupart ont disparu avec le temps, mais celui-ci a survécu grâce à la fondation privée de la famille *Mesdag,* qui gère toujours le lieu.

Huis van het boek (plan D2) **:** *Prinsessegracht 30, à La Haye. ☎ 346-27-00. • huisvanhetboek.nl • Ⓣ Malieveld (n° 9) ou Korte Voorhout (n° 16). Bus n° 18. Tlj sauf lun et j. fériés 11h-17h. Entrée : 11,50 € ; réduc.* Cette demeure patricienne appartenait au baron *de Westreenen,* grand collectionneur et copain de

Vivant Denon. La visite intéressera d'abord les passionnés de livres anciens et de belles reliures. Dans la bibliothèque, à l'étage, manuscrits précieux et incunables, ainsi que quelques antiquités grecques et romaines un tantinet poussiéreuses. À l'arrière, joli jardin à la française. Expos temporaires.

Vredespaleis *(palais de la Paix ; plan B1) : Carnegieplein 2, à La Haye. ☎ 302-42-42. • vredespaleis.nl • Ⓣ Vredesplein (nº 1). Bus nºs 4 ou 13. Visites guidées : 11 € (durée : 45 mn) en anglais sur résa uniquement ; certaines visites incluent le musée du palais de la Paix, non accessible autrement (durée totale : 1h30).* Visitor Centre *ouv tlj 13h-17h ; entrée gratuite.*
On ignore souvent que le *tsar Nicolas II* fut, à la fin du XIXe s, l'initiateur de la 1re conférence pour la paix. Organisée à La Haye en 1899, elle réunit toutes les grandes nations pour un règlement pacifique des conflits et contre la course aux armements. Elle donna naissance à une cour d'arbitrage permanent, ancêtre de la SDN et de l'ONU, et à ce palais néo-Renaissance, largement financé par le milliardaire américain ***Carnegie,*** inauguré quelques mois avant... la 1re Guerre mondiale. Il a aujourd'hui pour locataires la Cour internationale de justice, l'Académie de droit international ainsi qu'un musée et une bibliothèque.
Comme les visites sont parfois impossibles (le passage des camions de traiteurs ou d'autres voitures vous fera vite comprendre pourquoi l'actualité bloque l'accès du palais au tout-venant), on peut se contenter de faire un tour au *Visitor Centre.* Bien réalisé, il permet de satisfaire la curiosité de tout un chacun quant à l'histoire du palais de la Paix et des institutions qu'il abrite. Enfin, presque...

Madurodam *(hors plan par C1) : George Maduroplein 1, à La Haye. ☎ 416-24-00. • madurodam.nl • Au nord de la ville, en direction de* ***Scheveningen.*** *Ⓣ Madurodam (nº 9). Bus nº 22, arrêt Plesmanweg. Tlj 9h-18h ou 11h-17h (très variable, voir horaires complets sur le site) ; parfois suivi de jeux de lumière nocturnes (voir dates et horaires sur le site) ; les caisses ferment 1h avt. Entrée : 21,50 € (16,50 € en ligne) ; réduc. Parking : 10 €.* Créée en 1952 à la mémoire d'un fils disparu en déportation, Madurodam est une ville miniature dont la notoriété a largement dépassé les frontières du pays. Tous les monuments du pays y sont réduits à l'échelle 1/25. Le port de Rotterdam déborde d'activité, les trains rapides parcourent une campagne sillonnée de canaux et bordée de moulins, la fête foraine bat son plein et les boules de fromage se vendent sur la place du marché d'Alkmaar. Les enfants et les nostalgiques des trains électriques sont ravis. On passe du « royaume de l'eau » au « royaume des villes » pour atteindre le « royaume de l'innovation » : les contributions néerlandaises à l'architecture, au design, au divertissement et à la technique ont été bien mises en lumière.

Scheveningen *(hors plan par A1 ou B1) :* à quelques kilomètres au nord, la plage de Scheveningen est englobée dans la grande agglomération de La Haye. Méchamment bétonnée, elle a perdu le charme désuet de la station balnéaire qu'elle fut au début du XXe s. En haute saison, l'ensemble se transforme en immense kermesse inondée par les décibels qui s'échappent des attractions et des cafés. Cela dit, il faut reconnaître qu'une plage de sable de 4,5 km de long et 100 m de large aux portes de la ville, c'est tout de même pas mal !

Le musée de Sculptures en plein air : *Harteveltstraat 1, à* ***Scheveningen.*** *☎ 358-58-57. • beeldenaanzee.nl • Sur le front de mer. Tlj sauf lun 10h-17h. Entrée : 16 € ; réduc.* Le musée Beelden aan Zee est le seul musée néerlandais exclusivement dédié à la sculpture internationale contemporaine. Expos permanentes et temporaires de qualité.

Museum Voorlinden : *Buurtweg 90, à* ***Wassenaar.*** *☎ 512-16-60. • voorlinden.nl • À 8 km au nord-est de La Haye. Bus nºs 43 ou 44 de Den Haag Centraal, arrêt Wittenburgerweg. Tlj 11h (10h le w-e)-17h ; tlj 10h-17h de mi-juil à fin août. Entrée : 19,50 € ; réduc.* Un vaste musée moderne et lumineux, planté dans un parc magnifique. Expos d'art contemporain et quelques installations originales, comme cette drôle de pièce qui donne l'illusion d'être en immersion dans une piscine, ou encore ce *Skyspace* propice à la contemplation du ciel. Très agréable resto sur place, et belle balade possible dans les dunes de *Wassenaar,* situées tout près.

Meijendel : *à 15 km au nord-est de La Haye et à 5 km du musée Voorlinden. • denhaag.com/en/meijendel • T Zwarte Pad (nº 9 de Den Haag Centraal) puis 15 mn de marche jusqu'à la Water Tower.* Une magnifique réserve naturelle composée de dunes, de longues plages de sable, de lacs et de forêts de pins. Idéal à découvrir à vélo (l'entrée la plus proche se trouve à 5 km du centre-ville de La Haye), mais aussi à pied évidemment. Sur place, possibilité de balade en calèche ou à cheval.

Fêtes et manifestations

– ***Festival CaDance*** *(danse moderne)* ***et Holland Dance Festival :*** *en alternance, en janv-fév. • korzo.nl/nl/themas/cadance-festival • et • holland-dance.com •* La ville, qui héberge déjà pas mal de compagnies de danse, devient alors la capitale hollandaise de cet art.

– ***Les fêtes du Roi :*** *fin avr.* Dès le 27 avril au soir, les grandes réjouissances débutent à travers toute la ville : concerts, spectacles, défilé, festival de musique, etc., et se poursuivent le lendemain. Sachez aussi que le 3e mardi du mois de septembre, le carrosse doré est de sortie à l'occasion du discours du Trône.

– ***Fête du Hareng*** *(Vlaggetjesdag) : mi-juin, sur le port de* ***Scheveningen.*** *• vlaggetjesdag.com •* Pour fêter l'arrivée du hareng nouveau : marché des métiers anciens, sans oublier l'incontournable concours du plus gros mangeur de hareng !

ROTTERDAM

644 600 hab. (agglomération 1,2 million) IND. TÉL. : 010

• Plan *p. 216-217*

Si Amsterdam lui vole souvent la vedette, Rotterdam recèle elle aussi de multiples atouts. C'est le plus grand port de commerce d'Europe et le 11e du monde. Ouverte sur la mer du Nord, Rotterdam est nichée à l'embouchure du Rhin et de la Meuse, qui la relient au reste du pays, mais aussi à la Belgique, à l'Allemagne, à la France et à la Suisse. Un carrefour économique stratégique qui fait de son arrière-pays « le cœur industriel des Pays-Bas » et l'une des régions les plus dynamiques et peuplées d'Europe.

À l'instar des grands ports, Rotterdam est une ville cosmopolite et multiculturelle (la moitié de sa population est d'origine étrangère : jusqu'à 175 nationalités différentes). Et c'est une ville qui s'assume plutôt bien, même si certains craignent le retour des traditionalistes à chaque élection : depuis 2009, c'est le travailliste Ahmed Aboutaleb, un fils d'immigré marocain de la nouvelle génération, qui en est le bourgmestre (maire). Un cercle de réflexion urbanistique anglais l'a même qualifiée de « ville la plus agréable à vivre d'Europe »... rien que ça !

Reconstruite au lendemain de la 2de Guerre mondiale (les bombardements allemands ont détruit son centre historique en 1940), Rotterdam affiche aujourd'hui une architecture contemporaine audacieuse et fascinante, à l'image de son élégant pont suspendu *Erasmus,* ses étonnantes maisons

cubiques *Kijk-Kubus,* sa futuriste tour *Euromast...* Les plus cotés des cabinets d'architecture (Foster, Piano, Portzamparc...) se sont donné le mot pour édifier une *skyline* unique en Europe. Les friches industrielles ont fait place à des lieux culturels aussi intelligents qu'innovants, et chaque année apporte son lot de nouveautés à cette ville qui semble se réinventer sans cesse. On découvre, dans le centre, la halle du marché (*Markthal,* une halle-appartements littéralement fantastique, qui change de celles imaginées au siècle dernier !), et le building *De Rotterdam* construit par *Rem Koolhass,* à deux pas de l'ancien terminal d'où partaient autrefois les passagers pour l'Amérique. Sans parler de la nouvelle gare, toute vitrée, au toit équipé de 130 000 cellules solaires...

UN BOURGMESTRE POPULAIRE

Ahmed Aboutaleb est né en 1961, dans le Rif marocain, d'un père imam de village. Émigré aux Pays-Bas à l'âge de 15 ans, il devient agent d'entretien, puis décroche un diplôme d'ingénieur électronicien. Conseiller municipal puis secrétaire d'État aux Affaires sociales, il introduit une carte scolaire pour favoriser la mixité sociale. Il se prononce pour la suppression des allocations de chômage pour les femmes qui refusent d'ôter la burqa. À la tête de la 2e ville des Pays-Bas, il est reconduit en 2014. À la suite des attentats de 2015 à Paris, il déclare aux musulmans : « Si vous refusez la liberté d'expression dans ce pays, faites vos bagages et foutez le camp » !

Et puis, çà et là, en cherchant bien, on trouve encore quelques tronçons de rues bordées de jolies maisons anciennes miraculeusement épargnées par les bombes, ou encore de charmants petits ports constellés de vénérables voiliers aux coques en bois. Les amateurs de *street art* seront aussi à la fête, et chacun appréciera la centaine de sculptures installées sur un parcours de 7 km, en pleine ville.

La nuit, la ville change encore et devient plus glamour pour les amateurs d'insolite, qui s'enthousiasmeront pour le patrimoine portuaire (entrepôts, quais, grues, bateaux...) reconverti ; un art dans lequel les Hollandais excellent. Tandis que les fêtards viennent s'offrir ici un week-end de folie, dans des hôtels de luxe qui cassent les prix pour l'occasion, Rotterdam étant un haut lieu du *clubbing* national et européen.

Une atmosphère agréablement *arty* et bohème que viennent alimenter des musées dernière génération. Le spectaculaire *Depot* en tête. Ce décoiffant bol vitré, coiffé d'un jardin suspendu, est, comme son nom l'indique, le tout 1er dépôt d'art ouvert au public. Il réunit la foisonnante collection du musée *Boijmans-Van-Beuningen* (fermé pour travaux jusqu'en 2025).

Comment y aller d'Amsterdam ?

➢ ***En train :*** Rotterdam se trouve sur le trajet du *Thalys* Paris-Amsterdam, à 1h15 de Bruxelles, 45 mn de la capitale néerlandaise et 2h36 de Paris (9 trains/j.). Sinon, plus long mais plus économique, le réseau national, avec un train ttes les 15 mn ; de 40 mn à 1h10 de trajet. Compter env 15 € l'aller simple.

➢ ***En voiture :*** à 76 km d'Amsterdam ; prévoir 1h (sans les embouteillages). Prendre l'A10 puis l'A4 direction Den Haag, et enfin l'A13 vers Rotterdam.

– ***Parkings P + R (Park and Ride) :*** situés en périphérie de la ville, ils sont gratuits durant 24h (vous avez juste besoin d'être en possession d'une *Chipcard,* la carte de transport jetable ou en plastique, voir plus loin). Y laisser sa voiture et prendre les transports en commun (voir plus loin). Les *P + R* les plus pratiques sont *Slinge* (métro) au sud ; *Kralingse Zoom* (métro) et

Adresses utiles

1 Office de tourisme (D1)
2 Rotterdam Info (C1)
3 Zwaan Bikes Rotterdam (C1)

Où dormir ?

10 Stayokay Rotterdam (D1)
11 King Kong Hostel (C2)
12 Sparks Hostel (C1)
13 Hotel Van Walsum (B2)
14 Hostel Ani & Haakien (B1)
15 Hotel New York (D3)
16 Hostel ROOM (C2)
17 Cruise Hotel ss Rotterdam (hors plan par D3)
18 H2otel (D1)
19 Mainport Hotel (D2)
20 Nhow Rotterdam (D3)
21 The Slaak (hors plan par D1)

Où manger ?

15 Hotel New York (D3)
22 Dudok et Thoms (D1)
23 Ayla (C1)
24 Hamburg et Ballroom (C2)
25 Fenix Food Factory (D3)
26 De Pijp (C2)
28 De Ballentent (C3)
29 Tante Nel (D1)
30 Heilige Boontjes (C2)
31 Spirit (D1)
32 Héroine Restaurant (hors plan par D1)
33 Buiten (C2)
34 Rodin (D2)
35 Het Witte Huis (D1)
36 NRC-Nieuw Rotterdams Café (C2)

Où boire un verre ? Où sortir ?

35 Het Witte Huis (D1)
40 Rotown (C1-2)
41 Café De Ooievaar et Café De Oude Sluis (A2)
42 Sijf (C1)
43 Café Labru (C2)
44 Café De Witte Aap (C2)
45 Café Pol (D1)
46 Bokaal (D1)
47 Annabel (hors plan par C1)

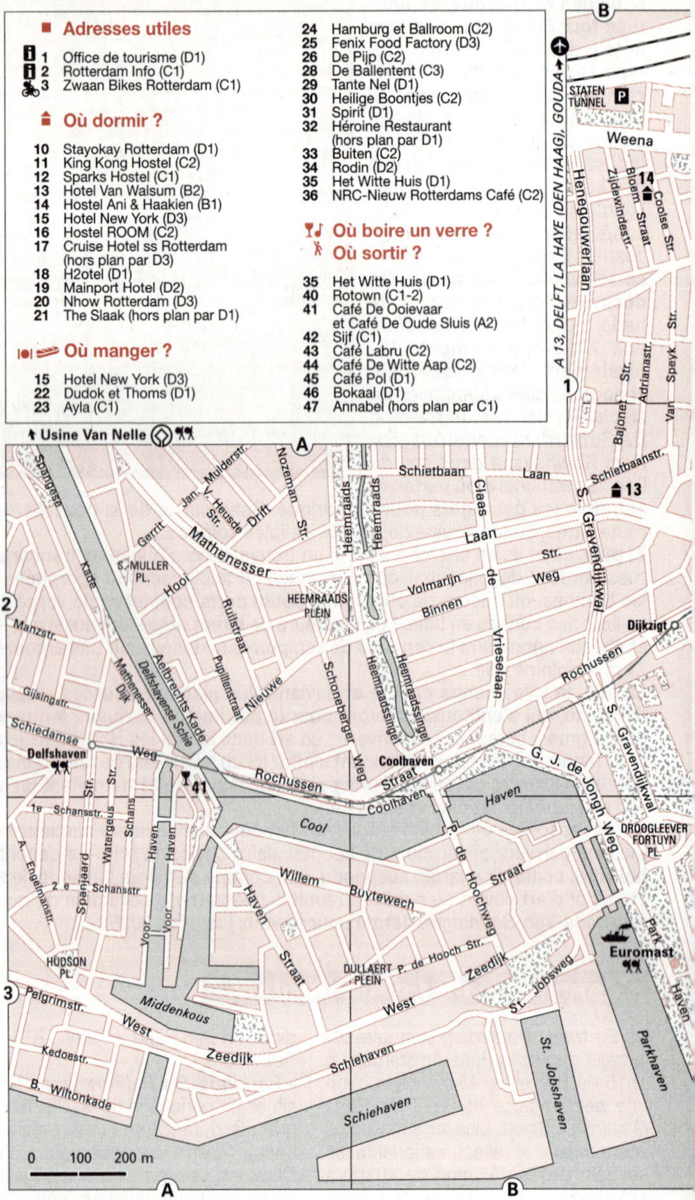

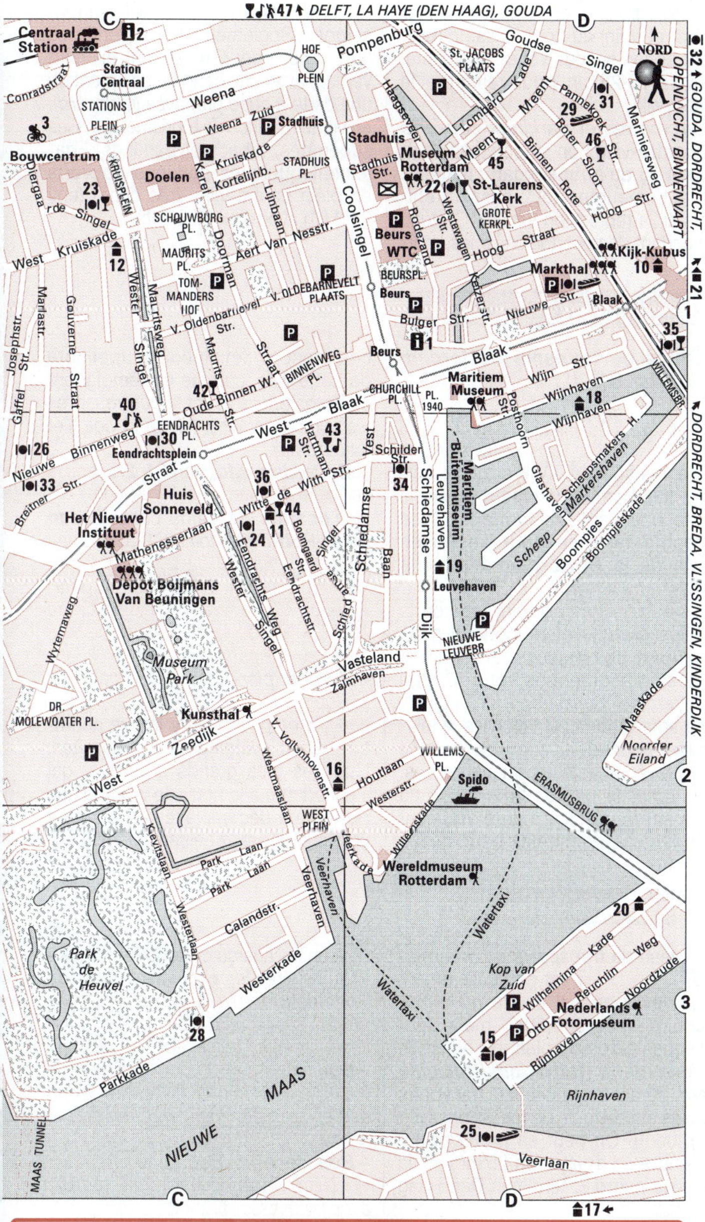
47 DELFT, LA HAYE (DEN HAAG), GOUDA
C
D
NORD
32 GOUDA, DORDRECHT, OPENLUCHT, BINNENVAART
21
DORDRECHT, BREDA, VLISSINGEN, KINDERDIJK
17
1
2
3
Centraal Station
2
Station Centraal
STATIONS PLEIN
Conradstraat
HOF PLEIN
Pompenburg
Goudse Singel
St. JACOBS PLAATS
Weena
Weena Zuid
Stadhuis
Stadhuis
Stadhuis Str.
STADHUIS PL.
Museum Rotterdam
Haagseveer
Lombard Kade
Meent
Pannekoek Str.
Boter Sloot
Binnen Rote
Hoog Str.
Mariniersweg
29
31
46
45
22
St-Laurens Kerk
GROTE KERKPL.
3
Bouwcentrum
Diergaarde Singel
23
KRUISPLEIN
Doelen
Karel Kruiskade
Kortelijnb.
Lijnbaan
Coolsingel
SCHOUWBURG PL.
Doorman
Aert Van Nesstr.
Beurs WTC
Roderand Str.
Westewagen Str.
Hoog Straat
Kijk-Kubus
10
Markthal
West Kruiskade
12
MAURITS PL.
TOM-MANDERS HOF
V. OLDEBARNEVELT PLAATS
BEURSPL.
Beurs
Bulger Str.
Keizerstr.
Nieuwe Str.
Blaak
35
Josephstr.
Marlastr.
Gouverne Straat
Wester Singel
Mauritsweg
V. Oldenbarnevelt Str.
Maurits Str.
Straat
BINNENWEG PL.
Beurs
1
Blaak
Wijn Str.
Maritiem Museum
Wijnhaven
18
Willemsbr.
Gaffel
42
Oude Binnen W.
40
CHURCHILL PL.
PL. 1940
EENDRACHTS PL.
West Blaak
Hartmans Str.
43
Vest
Schilder Str.
Posthoorn Str.
Wijnhaven
Scheepsmakers H.
Markershaven
26
30
Eendrachtsplein
Nieuwe Binnenweg
33
Breitner Str.
Straat
34
36
Witte de With Str.
44
11
24
Maritiem Buitenmuseum
Leuvehaven
Schiedamse
Glashaven
Scheep
Boompjes
Boompjeskade
Huis Sonneveld
Het Nieuwe Instituut
Mathenesserlaan
Depot Boijmans Van Beuningen
Wester Singel
Eendrachts Weg
Eendrachtstr.
Boomgaard Str.
Singel
Schiedamse Vest
Baan
Dijk
19
Leuvehaven
NIEUWE LEUVEBR
Wytemaweg
Museum Park
Vasteland
Zalmhaven
Maaskade
Noorder Eiland
DR. MOLEWOATER PL.
Kunsthal
Zeedijk
West
V. Vollenhovenstr.
16
Houtlaan
WILLEMS PL.
Westerstr.
Spido
ERASMUSBRUG
Westmaaslaan
WEST PLEIN
Willemskade
Kevitslaan
Park Laan
Park Laan
Veerkade
Veerhaven
Veerhaven
Wereldmuseum Rotterdam
Watertaxi
20
Westerlaan
Calandstr.
Park de Heuvel
Westerkade
Watertaxi
Kop van Zuid
Wilhelmina Kade
Reuchlin Weg
Noordzude
Nederlands Fotomuseum
Otto
15
Rijnhaven
28
Parkkade
MAAS
Rijnhaven
NIEUWE
25
Veerlaan
MAAS TUNNEL

ROTTERDAM

Capelsebrug (métro) à l'est ; *Alexander* (métro et train) au nord. C'est la meilleure option si vous venez en voiture. Prévoir 15-25 mn pour rejoindre le centre-ville.

– ***Parcmètres et parkings couverts en centre-ville :*** on se gare plus facilement ici qu'à Amsterdam, mais les tarifs demeurent tout aussi prohibitifs et la répression sévère. Gratuité cependant dans certaines zones, mais seulement après 18h ou 23h ; se renseigner. Règlement des parcmètres (env 0,50 € pour 10-20 mn) exclusivement avec une carte de paiement ou une carte à puce prépayée *(Chipcard),* en vente à l'office de tourisme, dans les supérettes, tabacs et parkings. Également quelques parkings couverts en plein centre-ville, très chers (env 2,50 €/h avec max 27 €/24h).

Adresses et info utiles

Office de tourisme Rotterdam Info *(plan D1,* ***1****) :* *Coolsingel 114. ☎ 790-01-85. • rotterdam.info • Ⓜ Beurs. Ⓣ Beurs (nos 8, 21, 23 ou 25). Tlj 9h30-18h.* Situé dans la seule maison du XVIIe s ayant survécu aux bombardements, agrandie d'une belle annexe moderne avec agréable terrasse pour se poser. Vente de la **Rotterdam Welcome Card** *(12,50 €, 18,50 € et 23,50 € pour 1, 2 ou 3 j. ; réduc)* offrant transports publics gratuits et réductions dans la plupart des musées, attractions, restos, discothèques, etc. L'appli « *Rotterdam Tourist app* » (en anglais), pour smartphones et tablettes, à télécharger pour retrouver toutes les infos utiles, événements, bonnes adresses, etc. Enfin, la petite expo située au sous-sol de l'office mérite vraiment une visite, notamment pour mieux comprendre l'évolution stupéfiante de cette ville, comme en témoignent 3 photos prises avant la guerre, après les bombardements (le grand vide !) et aujourd'hui.

Rotterdam Info *(plan C1,* ***2****) : dans le hall de la gare centrale. Tlj 9h-18h.*

Location de vélos *chez* ***Zwaan Bikes Rotterdam*** *(plan C1,* ***3****) : Weena 703-707. ☎ 412-62-20. • czwaan.nl • À droite en sortant de la gare. Tlj 8h30 (9h le w-e)-18h. À partir de 10-12,50 €/j. Dépôt de garantie de 50 € et pièce d'identité.*

– ***Marché*** *(plan D1) : sur Binnenrotte et Hoogstraat, mar et sam 8h30-18h30 (8h-17h en hiver).* On y trouve nourriture, fleurs, vêtements et antiquités. L'un des plus grands d'Europe, qui s'est adapté à la nouvelle vision d'une Rotterdam décomplexée en s'offrant un Markthal assez délirant en 2014.

Transports urbains

Le réseau de ***transports en commun*** *(RET ; • ret.nl •)* est particulièrement bien développé. Il existe un forfait d'une journée à 8,50 €, mais pour quelques euros de plus, on conseille de prendre la ***Rotterdam Welcome Card,*** offrant la gratuité des transports publics et une foule de réductions (voir plus haut). On peut en profiter pour se rendre à La Haye (en 25 mn) via la ligne de métro E, terminus Den Haag Centraal.

– ***Tramways et métros :*** *tlj 5h (7h dim)-0h30.* Les 2 moyens les plus pratiques pour se déplacer en ville. Bon plan : de juin à octobre, le tram no 10 offre un bel aperçu de la ville en desservant les sites les plus intéressants de Rotterdam *(départ de Willemsplein juil-août tlj sauf lun, juin et sept-oct seulement le w-e ; ticket : env 9 €, réduc).*

– ***Bus :*** *dès 5h en sem, fréquence moindre que les trams. Ttes les 12 mn env en journée, jusqu'à 20 mn dim et le soir.*

– ***Bus de nuit*** *(Bob Bus) : jeu-sam 1h-7h. Billet spécial : 5,50 € (ou 5 € avec la Chip Card).*

– ***Waterbus*** *(plan D2) : départ sous le pont Erasmus. ☎ 0800-023-25-45 (lun-ven 6h-23h, le w-e 7h-23h). • waterbus.nl • 1-2 départs/h, env 7h-20h (19h* *en hiver).* Si l'excursion vous tente, service de ferry rapide, reliant notamment Rotterdam à Dordrecht (ligne n° 20), une très jolie cité historique (env 13 € l'A/R).

Taxis RTC : *☎ 462-60-60.*

- ***Watertaxis :*** *départs du Veerhaven (plan C-D3) et du Leuvehaven (plan D2) pour rejoindre notamment l'*Hotel New York *sur le quai Wilhelminapier. ☎ 403-03-03. • watertaxirotterdam.nl • Service tlj 9h-minuit. Env 5-10 €/pers (plus 5 € de résa) ; réduc.* Plus de 20 points d'embarquement possible sur la Nieuwe Maas (« Nouvelle Meuse ») et ses ramifications, avec de petits pontons spéciaux. Passage assez régulier des petits bateaux aux toits jaunes, sauf le matin et tard dans la soirée. Si ça traîne, appelez et donnez les points de départ et d'arrivée désirés. Un prix estimé vous est communiqué, il sera ensuite calculé à bord avec un compteur.

Où dormir ?

- ***Bon plan week-end :*** fréquentés en semaine par une clientèle d'affaires, les hôtels de catégories supérieures, qui ne cessent de se multiplier à Rotterdam, offrent des ***réductions importantes le week-end.*** L'idéal étant de réserver sur les sites internet spécialisés.

De bon marché à prix moyens

Sparks Hostel *(plan C1,* ***12****) :* *Westersingel 1a. ☎ 436-30-80. • sparkshostel.com • Ⓜ Rotterdam Centraal. En dortoir (4-12 lits) 25-30 €/pers (plus 6,50 € pour le petit déj) ; doubles 55-80 €, petit déj (basique) compris.* Une AJ proche de la gare, pas chère, charmante et conviviale. Les parties communes ne sont pas bien grandes mais très plaisantes, avec jolie cuisine ouverte et adorable petit salon, cosy à souhait. Même esprit déco et soigné dans les dortoirs, équipés de salles de bains modernes et w-c séparés, lits avec petits panneaux coulissants pour préserver l'intimité et grands casiers individuels. Un ensemble vraiment réussi, d'une propreté sans faille qui plus est.

Hostel Ani & Haakien *(plan B1,* ***14****) :* *Coolsestraat 47-49. ☎ 236-10-86. • anihaakien.nl • Ⓜ Rotterdam Centraal. En dortoir (6-12 lits) 24-36 €/pers ; doubles 60-130 €. Parking sur résa 15 €.* Cet *hostel,* situé à 300 m de la gare, dégage une atmosphère et un charme vraiment réjouissants. Belle salle chaleureuse et grande cuisine ouverte, déco *arty*-vintage, jeux à disposition (pas de télé !) et dortoirs impeccables, gais comme tout. Les doubles les moins chères sont vraiment riquiqui, mieux vaut être en bons termes en arrivant ! Pour ajouter encore au plaisir de séjourner ici, un adorable jardinet derrière la maison. Location de vélos et balades accompagnées parfois (gratuites).

King Kong Hostel *(plan C2,* ***11****) :* *Witte de Withstraat 72. ☎ 818-87-78. • kingkonghostel.com • Ⓜ Leuvenhaven. Ⓣ Museumpark (n°s 7 ou 8). Lits en dortoir (3-6 pers) à partir de 25 € ; doubles 75-110 € ; petit déj compris.* Dans ce quartier en complète mutation, un lieu étonnant qui combine déco décoiffante sans manquer d'épure, parties communes aux espaces nuit en passant par les couloirs... qui peuvent réserver quelques surprises. Partout, un vrai soin est apporté aux détails, qui raviront tout le monde. Les cinéphiles visionnent d'anciens films au sous-sol, tandis que d'autres mangent ou boivent au rez-de-chaussée. Difficile d'imaginer, devant ces espaces colorés, que ce lieu fut autrefois celui de tous les trafics...

Stayokay Rotterdam *(plan D1,* ***10****) :* *Overblaak 85-87. ☎ 436-57-63. • stayokay.com/rotterdam • Ⓜ Blaak. Ⓣ Blaak (n° 21). En dortoir (4-8 pers) 28-35 €/pers ; doubles 60-110 € ; petit déj et draps compris.* On aime beaucoup cette AJ aménagée dans les étonnantes maisons cubiques (*Kijk-Kubus,* lire la rubrique « À voir. À faire » plus loin) de l'architecte hollandais *Piet Blom.* Une quarantaine de chambres nickel et plaisantes (toutes avec salle de bains), dotées d'une déco fraîche et moderne. Resto-bar très convivial et bonne ambiance internationale. Location de vélos.

Hostel ROOM (plan C2, **16**) : *Van Vollenhovenstraat 62. ☎ 282-72-77. • roomrotterdam.nl • Ⓣ Westplein (n° 7). Lits en dortoir (4-14 pers) 34-42 € ; doubles 70-90 € ; petit déj et draps compris.* À deux pas du fleuve et du Veerhaven, cet immeuble Art déco était autrefois le siège d'une compagnie maritime, puis d'un club de femmes, avant d'abriter cette excellente AJ new-look. Au choix, une quinzaine de chambres avec salles de bains communes, décorées par des artistes locaux. Équipement rudimentaire (lits superposés excepté dans les doubles), mais originalité à tous les étages. Cuisine à disposition. Bar et terrasse aux beaux jours. Parties communes sympathiques. Une adresse qui convient d'abord aux jeunes, d'âge ou d'esprit.

H2otel (plan D1, **18**) : *Wijnhaven 20a. ☎ 444-56-90. • h2otel.nl • Ⓣ Blaak (n° 21). Doubles 65-160 € ; petit déj 12,95 € (promos sur Internet à surveiller).* En plein centre, c'est un hôtel flottant d'une cinquantaine de chambres confortables, avec salle de bains et déco contemporaine épurée. Réserver en priorité celles du haut, joliment mansardées, plus lumineuses et jouissant d'une petite terrasse privée sur le port. Bon accueil. Resto-bar sur place.

Hotel Van Walsum (plan B2, **13**) : *Mathenesserlaan 199-201. ☎ 436-32-75. • hotelvanwalsum.nl • Ⓣ Mathenesserlaan (n° 4). Doubles 100-150 €. Parking payant sur résa.* À deux pas du fameux *Museum Park*, cet hôtel propose une trentaine de chambres sans grande imagination côté déco, mais claires, bien équipées (salle de bains, coffre, minibar et machine à café), et certaines avec balcon. Salon, bar et agréable patio participent à créer une atmosphère cosy et intime.

Cruise Hotel ss Rotterdam (hors plan par D3, **17**) : *3E Katendrechtsehoofd 25. ☎ 297-30-90. • ssrotterdam.com • Ⓜ Leuvehaven, puis watertaxi à partir du Veerhaven (plan C3) ou du Leuvehaven (plan D2), ou navette Spido à partir de Willemsplein (plan D2) ; sinon, sur la terre ferme, Ⓜ Rijnhaven, puis bus n° 77 jusqu'à l'extrémité du môle. Doubles 95-170 €. Parking payant sur le quai.* Lancé en 1959 sur la ligne *Holland-Amerika,* ce paquebot a été reconverti en hôtel proposant 254 cabines confortables (1-4 personnes) : sans hublot pour les moins chères ; avec vue sur la Meuse et la ville pour les supérieures ; puis des suites plus spacieuses, s'ouvrant sur le pont pour les plus coûteuses. Restos et bars de même style à bord. Inconvénient : un peu excentré.

De chic à très chic

Hotel New York (plan D3, **15**) : *Koninginnenhoofd 1. ☎ 439-05-00. • hotelnewyork.nl • Ⓜ Leuvehaven puis water-taxi à partir du Veerhaven (plan C3) ou du Leuvehaven (plan D2) ; sinon Ⓜ Wilhelminaplein, puis remonter à pied (5 mn) Wilhelminakade jusqu'au bout du môle. Doubles 160-350 € ; petit déj 20 €.* Construit au début du XXe s, ce bâtiment pittoresque et majestueux, ancien siège de la compagnie maritime *Holland-Amerika Lijn,* propose aujourd'hui des chambres confortables et plaisantes, dont le principal atout est la vue extraordinaire sur le port de Rotterdam (sauf pour les 1ers prix). Et pour ceux qui ont envie de s'offrir une folie, les chambres panoramiques sont nichées au sommet des 2 tours ! Restos et bars sur place, très agréables aussi.

Nhow Rotterdam (plan D3, **20**) : *Wilhelminakade 137. ☎ 206-76-00. • nh-hotels.fr/hotel/nhow-rotterdam • Ⓜ Wilhelminaplein. Ⓣ nos 20, 23 ou 25. Doubles 130-270 €, petit déj compris.* Une fois traversé le pont Erasmus, difficile de le manquer, sur votre droite. L'hôtel est installé dans l'immeuble *Rotterdam* construit par *Rem Koolhaas*. Ce célèbre architecte a imaginé une ville verticale où sont invités à se retrouver tous les artistes et amoureux de Rotterdam, dans de vastes espaces ouverts sur la ville, le fleuve, le ciel. Grandes baies dans les chambres à la déco minimaliste, literie et murs immaculés, quelques touches de couleur distillées avec parcimonie et salles de bains vitrées (pour l'intimité, on reviendra). Ceux qui connaissent le *Nhow Hotel* de Berlin ou Milan trouveront cependant celui-ci plus sage... Bar et resto.

Mainport Hotel (plan D2, **19**) : *Leuvehaven 77. ☎ 217-57-57. • mainporthotel.com • Ⓜ Leuvehaven. Ⓣ Leuvehaven (nos 8, 23 ou 25). Doubles 120-250 €, petit déj env 20 €.* Si vous êtes sensible à l'architecture contemporaine, vous allez adorer ! Le bâtiment donne à la fois sur le port, la ville et le pont Erasmus, vue que l'on retrouve dans les chambres distribuées sur 10 étages (ascenseur tout vitré génial !), décorées sous le signe de l'Asie, de l'Afrique ou de l'Océanie. Piscine couverte et salle de sport avec vue, baignoire à remous et/ou sauna dans certaines chambres et suites. Une adresse chic et une aubaine le week-end ou selon les promos. Bar, resto et terrasse, là aussi, au bord de l'eau.

The Slaak *(hors plan par D1,* ***21****) : Slaak 34. ☎ 312-06-40. • theslaakrotterdam.nl • Ⓜ et Ⓣ Oostplein (nos 21 ou 24). Doubles 100-250 €, petit déj 25 €. Parking payant.* Situé à deux pas du centre, ce bel hôtel est installé dans les anciens locaux d'un quotidien néerlandais. Quelques éléments simples et fonctionnels de l'architecture d'origine cohabitent aujourd'hui avec une déco années 1950 très réussie. Chambres plutôt spacieuses dans l'ensemble, hyper confortables et judicieusement aménagées. Le nom de son resto (correct mais pas inoubliable), le ***Didot34,*** fait référence à la police de caractères utilisée pour les gros titres de l'ancien journal.

Où manger ?

Sur le pouce

Markthal (plan D1) : *tlj jusqu'à 20h (21h ven, 18h dim).* La nouvelle halle délirante de Rotterdam abrite une petite centaine de stands de produits frais et de victuailles de toutes sortes : poissonneries, boulangeries, boucheries, fromageries, cavistes, fruits et légumes, fleuristes et pépiniéristes, supermarchés (en sous-sol), et propose une petite dizaine de stands où l'on peut s'asseoir pour casser la croûte.

Fenix Food Factory (plan D3, **25**) : *Veerlaan. Ⓜ Wilhelminaplein ou Leuvehaven. Ⓣ nos 20, 23 ou 25. Restauration jusqu'à 21h (22h ven-sam).* Dans le quartier de Katendrecht, en plein essor, cet ancien entrepôt a été réhabilité en halle gourmande. On y trouve un brasseur, des producteurs locaux de légumes et de fromages, des petits plats marocains et une boulangerie. Après les emplettes, tout le monde se retrouve autour des tables de récup pour confectionner son sandwich et picorer dans les paquets. Ambiance très sympa.

Tante Nel (plan D1, **29**) : *Pannekoekstraat 53. ☎ 846-02-65. Ⓣ Meent (no 8). Tlj 12h-22h (21h dim). À partir de 3 €.* Un accueillant snack-bar contemporain, pour caler une petite faim avec toutes sortes d'en-cas : très bons *broodjes,* frites accompagnées de mayonnaises aux parfums variés (il y en a même à la truffe !), le tout à base de produits frais, locaux de préférence. Large choix de cocktails également.

Bon marché

Il faudrait citer ici tous les restos préparant à prix doux une cuisine correspondant ne serait-ce qu'au dixième des 175 nationalités recensées dans cette ville multiculturelle. Restaurant égyptien, marocain ou africain, resto chinois, indonésien ou thaï, vous les découvrirez par hasard, au détour d'une balade. Fiez-vous à votre flair. Juste quelques noms, cela dit, dans la rue la plus vivante du centre, Witte de Withstraat : ***Fafi*** *(au 93b),* délicieux sandwichs venus du Surinam ; ***Warung Mini*** *(au 47),* une bonne cuisine surinamienne là encore, notamment d'excellentes soupes ; ou encore ***Jaffa Shoarma*** *(au 44b),* un *kapsalon* où l'on ne vient pas seulement pour la barbe ou les cheveux (c'est un coiffeur qui a eu cette idée de kebabs originaux, d'où le nom !). Dans un autre registre, ***Viva Afrika*** *(Nieuwe Binnenweg 153),* pour une cuisine sincère et parfumée ; ***Seoul Sista*** *(Hartmansstraat 31),* bonne cuisine coréenne ; ou encore ***Tensai Ramen*** *(Schiedamsedijk 1),* pour ses délicieux *ramen* à prix doux...

|●| ***De Ballentent*** *(plan C3,* ***28****) : Parkkade 1. ☎ 436-04-62. Ⓣ Erasmus MC (n° 8). Tlj 9h (10h le w-e)-23h. Plats 5-18 €.* Terrasse couverte ou salle pittoresque au décor patiné ; le genre de repaire à matelots aujourd'hui assagis. Dans l'assiette, une cuisine roborative typique avec, en vedette, les *balles,* ces grosses boulettes de viande hachée, servies avec divers accompagnements. Ambiance chaleureuse et bon enfant.

|●| ***Hamburg*** *(plan C2,* ***24****) : Witte de Withstraat 94b. ☎ 737-15-37. Ⓣ Museumpark (n°s 7 ou 20). Tlj 16h-22h (23h ven-sam). Hamburgers 8-18 €.* Dans cette rue plébiscitée par les fêtards en goguette, voilà un resto d'étage où l'on vient s'offrir un vrai hamburger maison (viande bio !), dans un cadre contemporain où les murs carrelés font un clin d'œil aux boucheries d'autrefois. Également des burgers végétariens. Ambiance jeune et animée.

|●| ***Buiten*** *(plan C2,* ***33****) : Nieuwe Binnenweg 100. ☎ 436-00-42. Ⓣ Bloemkwekersstraat (n° 4). Mar-ven 11h-19h, sam 10h-17h. Fermé dim-lun. Compter 10-20 € pour un lunch sain et goûteux.* Une épicerie bio et un *deli* tout à la fois, idéal pour un lunch à prix doux, autour de salades maison, de soupes revigorantes ou d'un des plats ou *pie's* proposés au tableau du jour. Beaucoup de monde le midi, pour des formules à emporter. Essayez de vous faufiler jusqu'au fond du magasin, après avoir jeté un œil sur tous les produits en vente dans les rayons, puis dénichez une table où traînent des crayons de couleur pour les enfants, qui sont ici chez eux.

|●| ***Spirit*** *(plan D1,* ***31****) : Mariniersweg 9. ☎ 411-63-56. Ⓣ Meent (n°s 7 ou 8). Tlj 8h (9h dim)-23h (22h pour le buffet). Repas complet env 15 €.* Un grand espace avec mezzanine, au décor simple mais plaisant, qui réunit les adeptes du manger sain. Ici, que du bio végétarien, en mode self, qui donne envie de goûter à tout. Grand choix, belles saveurs et pas mal d'inventivité, à prix doux.

|●| ***Heilige Boontjes*** *(plan C2,* ***30****) : Eendrachtsplein 3. ☎ 840-13-83. Ⓜ Eendrachtsplein. Ⓣ Eendrachtsplein (n° 7). Tlj 9h (12h dim)-22h (23h ven-sam). Snacks et plats 4-17 €.* C'est un policier qui est à l'origine de ce café-cafét', créé pour aider les jeunes en difficulté à se réinsérer en leur donnant un job et une formation. Une belle initiative et un lieu simple mais très sympa, pour manger un morceau, boire un verre ou simplement prendre un café, torréfié sur place.

De prix moyens à chic

|●| 🍸 ***Ayla*** *(plan C1,* ***23****) : Kruisplein 153. ☎ 254-00-05. Ⓜ Rotterdam Centraal. Tlj 11h-1h. Plats 7-13 €.* Un énorme coup de cœur pour ce resto qui cumule les bons points ! Son cadre d'abord, moderne, gai et chaleureux, invite à s'attarder. Puis, très belle surprise dans cette gamme de prix, une cuisine inventive, saine et délicate, aux intonations méditerranéennes, servie avec élégance dans des assiettes soigneusement dressées. Sympa aussi d'y boire simplement un verre ou un cocktail le soir, dans une atmosphère jeune et animée. Grande terrasse aux beaux jours.

|●| ***NRC – Nieuw Rotterdams Café*** *(plan C2,* ***36****) : Witte de Withstraat 63. ☎ 414-41-88. Tlj 10h-1h (2h ven-sam). Plats 7-37 €. DJ ven-sam.* Le *Nieuw Rotterdams Cafe* a été aménagé dans l'ancien musée de la Photo qui était également l'ancien siège du quotidien *NRC.* D'où ces hauts plafonds et ces photos d'art qui ornent les murs. Cuisine inspirée par les saveurs du monde, de qualité et d'une grande fraîcheur.

|●| ***Ballroom*** *(plan C2,* ***24****) : Witte de Withstraat 88b. ☎ 341-20-29. Tlj sauf lun-mar 16h-1h (2h ven-sam). Plats 19-23 €.* Dans cette rue où chaque nouveau resto tente d'innover, celui-ci a opté pour le concept des boulettes,

dont des assortiments servis sur des planches pour 2 ou 4 personnes. Malin pour attirer les bandes de joyeux drilles noctambules, d'autant que les gin-tonics (plus d'une centaine !) sont délicieux. Également des soupes, salades, *spare ribs,* etc. Tout ça se partage dans une belle salle au carrelage à damier, flanquée d'un bar où quelques animaux empaillés voisinent avec les bouteilles. Ambiance tamisée, comme il se doit.

De Pijp *(plan C2,* ***26****) : Gaffelstraat 90. ☎ 436-68-96. Ⓣ Bloemkwekersstraat (n° 4). Lun-sam à partir de 17h30, plus mer-ven 12h-14h. Fermé dim. Plats 15-35 €.* Grande salle patinée, qui vieillit doucement depuis 1898 en préservant son âme : sol recouvert de sciure et, accrochées aux murs, cravates, affiches, vieilles photos... Vue imprenable sur les fourneaux – au milieu du resto – où sont concoctés des plats traditionnels légèrement modernisés. Si la bonne humeur retentit midi et soir, l'addition est un peu lourde au dîner. Service stylé.

Dudok *(plan D1,* ***22****) : Meent 88. ☎ 433-31-02. Ⓜ Stadhuis ou Beurs. Tlj 9h-20h (minuit ven, 22h sam). Snacks et plats 5-16 €.* On aime bien la sobriété de cette grande brasserie Art déco, mâtinée d'une touche contemporaine industrielle. Idéal au petit déj, mais aussi à midi où sont préparés les incontournables sandwichs, soupes, salades... Également quelques plats plus chers au dîner mais rien de gastro, on vous prévient. En revanche, délicieuses pâtisseries ! Bien aussi pour prendre un verre.

Thoms *(plan D1,* ***22****) : Meent 131. ☎ 210-94-35. Ⓜ Beurs. Ⓣ Beurs ou Stadhuis. Tlj 8h30-1h (2h ven-sam) ; dîner jusqu'à 22h (minuit jeu-sam pour les assiettes à partager). Plats 9-19 € le midi, jusqu'à 25 € le soir ; menu 3 plats 35 €.* Dans une avenante salle haute de plafond, la déco combine joliment mobilier scandinave récent et pièces chinées. On peut se contenter d'y boire un verre (large choix de bières locales à la pression), ou se régaler d'une cuisine de saison mettant à l'honneur des viandes soigneusement sélectionnées. Ambiance tranquille ou animée, selon les heures.

Rodin *(plan D2,* ***34****) : Schilderstraat 20a. ☎ 413-01-43. Ⓣ Beurs (n°s 8, 12, 21, 23, 24 ou 25). Tlj sauf lun 12h (17h mar-mer et dim)-23h (1h ven-sam). Menus 23,50 € (le midi)-32,50 € ; plats 8-22 €.* Dans ce bel espace à la fois convivial et élégant, on vient à toute heure pour profiter du charme des lieux, mais surtout de la cuisine inspirée par la France et présentée avec soin. Service attentionné.

Het Witte Huis *(plan D1,* ***35****) : Geldersekade 1c. ☎ 414-21-42. Ⓣ Blaak (n°s 21 ou 24). Tlj sauf dim 15h (16h sam)-1h (3h jeu, 5h ven, 4h sam). Plats 10-25 €.* Fièrement installé dans l'une des rares maisons à avoir survécu aux bombardements de la dernière guerre, au bord de l'eau et face aux maisons cubes *Kijk-Kubus,* ce resto compte parmi les plus charmants de la ville. Un pub cosy à souhait pour se mettre en appétit (voir « Où boire un verre ? »), puis 2 petites pièces intimes, mignonnes comme tout, aux murs en brique avec cuisine ouverte pour l'une, style mini galerie de peinture pour l'autre. Bravo aux cuistots, passionnés et curieux, qui ont l'art de sortir des assiettes aussi goûteuses qu'esthétiques !

Chic

Heroïne Restaurant *(hors plan par D1,* ***32****) : Kipstraat 12. ☎ 310-08-70. Ⓜ Blaak ou Oostplein. Mar-dim à partir de 17h ; plus le midi le w-e. Fermé lun. Menus 55-64 € le midi, 64-79 € le soir ; pas de carte.* À 5 mn à pied du Markthal, un vaste et élégant restaurant au style scandinave clair et épuré. La cuisine ouverte permet d'admirer les cuistots, qui dressent leurs assiettes comme des œuvres d'art. Le menu-surprise propose une cuisine innovante d'une incroyable subtilité, où les légumes sont sublimés. De quoi séduire même les plus carnivores. Viandes et poissons ne sont pas en reste, là aussi traités avec finesse et beaucoup de créativité. Belle carte des vins, évidemment. Une adresse remarquable, pour les aventuriers du goût qui ne sont pas sans le sou !

Où boire un verre ? Où sortir ?

Rotterdam est une ville réputée dans toute l'Europe pour sa vie nocturne animée et ses boîtes sulfureuses, essentiellement situées dans le centre. Plusieurs quartiers pour boire un verre sagement ou pour faire la fiesta.
Dans la journée, ne pas hésiter à pousser la porte des musées rotterdamois. La plupart disposent de cafétérias cosy et design. Certaines sont même superbes (Kunsthal, Het Nieuwe Instituut, Musée maritime...). Idéal pour boire un verre ou pour un déjeuner rapide et léger.

Sur Witte de Withstraat et dans les rues environnantes (plan C-D1-2)

THE place to be ! Ambiance plutôt jeune, cosmopolite et enfiévrée. Tant que la météo le permet, les terrasses investissent le pavé. Voici seulement quelques-unes des adresses prisées des *clubbers,* mais vous en trouverez d'autres sans problème lors de vos balades nocturnes.

🍸 ***Café De Witte Aap*** *(plan C2, **44**) : Witte de Withstraat 78. ☎ 414-95-65. Dim-jeu 15h-4h, ven-sam 12h-5h.* Joli café rétro avec ses grands lustres en cristal et ses murs patinés. Atmosphère intime et conviviale pour clientèle pleine de bonne humeur.

🍸 ♩ Continuez d'arpenter les rues voisines si les adresses citées font déjà le plein. Sur *Hartmanstraat,* coup de cœur pour le ***Café Labru*** *(plan C2, **43**),* au n° 18, ouvert jusqu'à 1h (2h ven-sam). Une vingtaine de gin-tonic, de vieux fauteuils pour se laisser aller, une déco vintage et une musique assez cool (parfois live) en font une étape idéale dans la nuit.

🍸 ♩ 🕺 ***Rotown*** *(plan C1-2, **40**) : Nieuwe Binnenweg 19. ☎ 436-26-69. • rotown.nl • Tlj sauf lun-mar 16h (12h ven-dim)-2h (plus tard le w-e). Musique live 3 soirs/sem, DJ le w-e.* Un des lieux les plus vivants de Rotterdam, réparti en 2 salles, style entrepôt chaleureux côté rue, ou sous une verrière à l'arrière. Dans la journée, ambiance tranquille pour siroter un verre en consultant les revues qui traînent, ou pour la pause déjeuner puisque le lieu fait aussi resto, pas mal du tout d'ailleurs. En soirée, les espaces se métamorphosent en fonction des événements, passant de la piste de danse avec boules à facettes au club plus intime. Bref, un vrai caméléon ! Mais quelle que soit l'heure, on y passe toujours un joli moment de convivialité.

🍸 ***Sijf*** *(plan C1, **42**) : Oude Binnenweg 115. ☎ 433-26-10. Tlj 9h30h-1h (minuit dim-lun, 2h ven-sam).* Dans un immeuble doté d'une élégante fresque en céramique Art nouveau, un bar chaleureux, entre pub anglais et « café brun ».

Sur Meent et Pannekoekstraat (plan D1)

🍸 ***Café Pol*** *(plan D1, **45**) : Meent 46-48. ☎ 411-23-35. Tlj 11h (9h mar et sam)-23h (minuit jeu-dim).* Grandes baies vitrées sur la rue, déco hétéroclite (vieux casiers à bouteilles, plaques émaillées...) et clientèle décontractée dans ce bar sympa, bondé jusque sur le trottoir les soirs de week-end. Au n° 39 de la rue, de l'autre côté de la place, le ***Van Zanten*** est tout aussi populaire et dans le même esprit.

🍸 ⛱ ***Bokaal*** *(plan D1, **46**) : Nieuwemarkt 11. ☎ 720-08-98. Tlj 11h-1h (2h ven-sam).* Un bar de rêve, comme on aimerait en avoir un au coin de sa rue ! Verres et bouteilles scintillent derrière le bar, éclairages doux, sympathique mobilier en bois et métal, puis une grande terrasse pour profiter des beaux jours. Large choix de bières, cocktails, vins au verre, à accompagner d'une planche de fromage ou de charcuterie de qualité. Ce « bocal » est l'un des spots incontournables de la jeunesse rotterdamoise.

Au bord de l'eau !

🍸 ⛱ ***Het Witte Huis*** *(plan D1, **35**) : Geldersekade 1c. ☎ 414-21-42. Tlj* *sauf dim 15h (16h sam)-1h (3h jeu, 5h ven, 4h sam).* Dans le genre chaleureux, ce bar mériterait une médaille avec ses vieux lustres, sa patine de maison historique et sa terrasse qui s'étire jusqu'au bord de l'eau. Excellente atmosphère, bonne musique, et une clientèle hétéroclite qui savoure le temps qui passe... et quelques bières aussi ! Fait aussi resto (voir « Où manger ? »).

Café De Ooievaar *(plan A2,* ***41****) : Havenstraat 11b. ☎ 476-91-90. Mar-sam 11h30-1h (2h ven-sam), dim 12h-22h. Fermé lun.* Au bord du Delfshaven, on aime bien ce débit de genièvre typique et chaleureux, qui profite de cet îlot miraculé du vieux Rotterdam. Petite terrasse aux beaux jours. Son voisin, le ***Café De Oude Sluis,*** se distingue par son balcon-terrasse au-dessus du canal. Pour les amateurs de bière, à deux pas, une adresse à ne pas manquer, la brasserie artisanale ***De Pelgrim*** *(Aelbrechtskolk 12 ; ☎ 477-11-89 ; ● pelgrimbier.nl ● ; Ⓣ Ruilstraat – nº 4 ; mer-dim 12h-minuit – 22h dim).*

Près de Centraal Station

Annabel *(hors plan par C1,* ***47****) : Schiestraat 20. ● annabel.nu ● Café mer-dim à partir de 16h et les soirs de concert. Discothèque jeu-sam minuit-6h. Entrée : 10-30 € selon soirée (moins cher en réservant sur Internet).* Située à 5 mn à pied de la gare, voici LA scène musicale que les Rotterdamois attendaient ! Gigantesque, d'une capacité de 2 000 personnes et superbement équipée, elle accueille les plus grands DJs et la meilleure programmation musicale du moment. Bar toujours bondé, devancé d'une vaste cour-terrasse qui ne désemplit pas non plus. Incontournable, ne serait-ce que pour prendre le pouls de la jeunesse rotterdamoise !

À voir. À faire dans le centre

– ***Important :*** la ***Rotterdam Welcome Card*** *(compter 12,50 €, 18,50 € et 23,50 € pour respectivement 1, 2 ou 3 j. ; réduc)* comprend les transports publics gratuits en ville et des réductions dans la plupart des musées, attractions, restos, discothèques... En vente à l'office de tourisme *Rotterdam Info* (voir plus haut « Adresses et Info utiles »).

– ***Attention : tous les musées sont fermés le lundi sauf de rares exceptions.*** Les autres jours, prenez votre temps pour les visiter, en vous arrêtant pour déjeuner dans leur cafétéria, comme nombre d'habitués...

Museum Boijmans Van Beuningen *(plan C2) : ● boijmans.nl ●* ***Fermé (hélas !) pour travaux jusqu'en 2025.*** En attendant la réouverture de ce musée – qui abrite des chefs-d'œuvre de l'art néerlandais et européen du début du Moyen Âge à nos jours –, rendez-vous au ***Depot,*** où vous pourrez admirer l'ensemble de la collection (plus de 150 000 œuvres, rien de moins !). Sinon, certaines œuvres sont exposées dans différents musées de la ville, sous le nom de *Boijmans bij de Buren (● boijmans.nl/boijmans-bij-de-buren ●).*

Depot Boijmans Van Beuningen *(plan C2) : Museumpark 24. ☎ 441-94-00. ● boijmans.nl ● Inauguration prévue fin 2021.* La collection Boijmans est réunie dans le *Depot,* une nouvelle et spectaculaire aile de 18 000 m², en forme de gigantesque bol recouvert de panneaux reflétant la végétation alentour. En guise de couvre-chef, l'édifice est doté d'un agréable jardin suspendu. La quasi intégralité du fonds de cette incroyable collection y sera présenté, soit... 151 000 œuvres ! Ici, les réserves nous ouvrent leurs portes : pas d'expos, pas de roulement, toutes les pièces sont visibles en permanence. Par ailleurs, on pourra s'immiscer dans les coulisses du musée, assister à des ateliers, regarder les restaurateurs travailler, etc. Un projet aussi innovant qu'enthousiasmant !

Het Nieuwe Instituut *(plan C2) : Museumpark 25. ☎ 440-12-00. ● het nieuweinstituut.nl ● Ⓜ Eendrachtsplein. Ⓣ Museumpark (nºs 7 et 20). En*

face du musée Boijmans-Van-Beuningen. Tlj sauf lun 10h-17h (voire 21h jeu). Entrée : 14 € ; réduc ; gratuit moins de 18 ans.
Joe Coenen et *Boris Sipek* ont incontestablement réussi ce temple consacré à la promotion d'une discipline qui leur est chère : les volumes légers et rythmés semblent flotter sur la pièce d'eau. Le lieu accueille principalement des installations temporaires, souvent très pointues, essentiellement sur les thèmes de l'architecture et du design. Également une bibliothèque, un centre d'archives, de dessins et maquettes, un auditorium et une sympathique cafétéria.
Mais l'intérêt principal de la visite, pour qui ne partage pas forcément les choix des concepteurs des expositions, reste la visite de la superbe ***maison Sonneveld*** *(plan C2),* située de l'autre côté de la rue. À l'entrée, empruntez les protections qui éviteront à vos chaussures de salir ce lieu historique, et demandez l'audioguide gratuit en anglais.
« Lumière, air, espace », les maîtres mots du mouvement architectural fonctionnaliste, le ***Nieuwe Bouwen,*** trouvent leur parfaite expression dans cette maison d'une dizaine de pièces, où *Albertus Sonneveld* et sa famille s'installèrent en 1933, laissant derrière eux leur ***demeure bourgeoise traditionnelle*** et son contenu ! Ici, tout a été confié aux soins des architectes, de la structure en béton et acier permettant d'ouvrir de larges baies vitrées à l'aménagement intérieur, mobilier compris. Les combinaisons de couleurs vives (jaune, bleu, vermillon) ou plus sourdes (gris, bronze) donnent à l'ensemble une élégance folle. Lignes épurées, meubles à la fois fonctionnels et graphiques, superbes salles de bains avec des gadgets inédits comme la douche à 10 jets, le réseau de sonnettes électriques ou la diffusion de musique au volume modulable dans chaque pièce. Autant d'éléments révolutionnaires pour l'époque, qui permirent aux *Sonneveld* d'entrer de plain-pied dans la vie moderne. Encore un peu et on se croirait dans *Mon oncle,* de Tati !

Kunsthal Rotterdam *(plan C2) : Museumpark, Westzeedijk 341. ☎ 440-03-00. • kunsthal.nl • Ⓣ Kievitslaan (nº 8). Tlj sauf lun 10h-17h. Entrée : 16,50 € ; réduc.*
Musée d'Art contemporain dont le calendrier d'expos doit être suivi de près pour vous éviter des déboires, même si la cafétéria justifie à elle seule le détour. Il se passe toujours quelque chose au *Kunsthal,* mais encore faut-il se sentir interpellé ! Cela dit, la conception du musée en elle-même est une réussite architecturale.

Maritiem Museum *(plan D1) : Leuvehaven 1. ☎ 413-26-80. • maritiemmuseum.nl • Ⓜ Beurs. Ⓣ Beurs (nºs 1, 8, 20, 21, 23 ou 25). Tlj sauf lun 10h (11h dim et j. fériés)-17h plus lun 10h-17h en juil-août et pdt vac scol. Ferme à 20h en été. Entrée : 14 € ; réduc. Appli pour smartphone (en anglais).*
En bordure des quais historiques du bassin qui vit se développer la vocation portuaire de Rotterdam. À la différence de la plupart des musées maritimes, celui-ci s'attache beaucoup à ***l'histoire moderne de la navigation,*** c'est-à-dire depuis la fin du XIXe s. Les amateurs de cartes anciennes et de jolies maquettes seront néanmoins comblés.
Dans la partie intérieure du musée, large explication de ***l'activité portuaire de Rotterdam,*** qui fait travailler en permanence près de 300 000 personnes. La navigation fluviale et le métier de batelier ne sont pas pour autant oubliés, tout comme les ***liaisons transatlantiques*** qui firent la gloire du port. Grâce à de nombreuses maquettes, on imagine sans peine les intérieurs luxueux des cabines de 1re classe qui contrastent avec les conditions éprouvantes de travail dans les machines de ces géants des mers... Pédagogique et intéressant. Beaucoup de belles photos du port, de mer, de phares.
Au-dehors, jetez un œil à la sculpture de ***Zadkine*** et dirigez-vous vers le quai où sont amarrés quelques spécimens flottants de navires indispensables à l'activité d'un port (accessibles en été seulement) : grues transbordeuses, bateau-phare, remorqueur, navire-atelier... et le *Buffel,* 1er navire blindé de la Marine royale hollandaise, devenu caserne. Impressionnante tourelle de canon et timonerie un peu rudimentaire. Photos de la vie quotidienne à bord assez réalistes. On peut monter dans chacun des bateaux.
La cafétéria donne sur le port... Terrasse aux beaux jours.

Markthal *(plan D1)* : *• markthal.nl • Ⓜ Blaak. Ⓣ Blaak (nº 21). Lun-jeu et sam 10h-20h, ven 10h-21h, dim 12h-18h.*
Un des endroits les plus étonnants qu'on ait vus ces dernières années : imaginez, sous une gigantesque arche-tunnel en fer à cheval inversé, une nouvelle chapelle Sixtine de 11 000 m², tapissée de 4 000 panneaux photographiques assemblés comme un puzzle sur le thème de la « Corne d'abondance ». Le sujet : un jardin potager, comme vu sous acide par un spectateur couché dans l'herbe, où l'on distingue des fruits, des fleurs, des légumes et des insectes géants... Ce délire est dû au cabinet d'architectes néerlandais *MVRDV,* pour la construction, et *Arno Coenen* et *Iris Roskam,* pour la voûte, qui ont utilisé la technique des studios *Pixar* en superposant 5 couches d'impression numérique. Cette réalisation renvoie aussi à la tradition des natures mortes de la peinture hollandaise.
En plus, cette réalisation hybride ne se contente pas de servir d'abri à une centaine d'échoppes et de restos de toute sorte (voir « Où manger ? »), mais propose dans sa structure plus de 200 appartements, dont certains ont une vue directement sur l'intérieur. La halle jouxte aussi le *Binnenrotte,* le plus grand marché à ciel ouvert des Pays-Bas.

Museum Rotterdam *(plan D1)* : *Coolhaven 375. • museumrotterdam.nl • Ⓜ Coolhaven. Ⓣ Heemraadssingel (nº 4). Tlj sauf lun 10h (11h dim et j. fériés)-17h. Entrée : 9 € ; gratuit jusqu'à 17 ans ; réduc.* Ce musée ultramoderne retrace ***l'histoire de la ville*** et de ses habitants. Le bâtiment en lui-même symbolise avec brio l'évolution de Rotterdam dans son choix de fusionner l'ancien et le contemporain. Le mélange de la brique d'autrefois et des matériaux actuels, notamment l'acier et le verre, est particulièrement harmonieux. Une visite intéressante pour mieux comprendre cette ville qui semble se réinventer sans cesse, bien ancrée dans son riche passé tout en regardant l'avenir avec une énergie réjouissante !

Kijk-Kubus *(plan D1)* : *Overblaak 70. ☎ 414-22-85. • kubuswoning.nl • Ⓜ Blaak. Ⓣ Blaak (nº 21). Tlj 11h-17h. Entrée : 3 € ; réduc.*
Appartement-témoin des habitations cubiques. Après la guerre, Rotterdam est devenue un terrain de prédilection pour architectes novateurs. À la fin des années 1970, l'un d'eux, ***Piet Blom,*** s'imagina faire vivre quelques-uns de ses contemporains dans une trentaine de maisons cubiques. Jusque-là rien d'exceptionnel, sauf que ces cubes – construits en 1984 – reposent sur un angle enfoncé dans un pilier renfermant l'escalier d'accès. Peut-être inspiré par la folie du Rubik's Cube, *Blom* évoquait plus volontiers son travail comme ***une forêt composée de maisons-arbres.***
Ces drôles d'habitations renfermant des logements de 3 étages n'ont pas refroidi les plus givrés, prêts à se mettre les sens à l'envers. Certains ont survécu à cette expérience étrange, mais ne supportent plus la vue d'un cube. D'autres y ont fait leur nid, garni de mobilier sur mesure épousant les murs obliques percés de fenêtres ouvertes sur le ciel... ou le plancher des vaches. L'appartement-témoin permet d'observer cet agencement invraisemblable. Fruit d'un projet utopique, *Blom* fit partie du mouvement ***Provo.*** Cette œuvre architecturale, au look furieusement seventies, est aujourd'hui unanimement reconnue. On peut expérimenter ce drôle d'habitat en logeant à l'AJ *Stayokay Rotterdam* (voir plus haut « Où dormir ? »).

À voir. À faire côté fleuve et autour du port

– N'oubliez pas votre ***Rotterdam Welcome Card*** ! Outre la gratuité des transports publics, elle propose des réductions dans la plupart des musées, attractions... En vente à l'office de tourisme *Rotterdam Info* (voir plus haut « Adresses et info utiles »).

Erasmusbrug *(plan D2-3)* : *relie le centre-ville à la presqu'île de Kop Van Zuid depuis la pl. Willemsplein.* Œuvre de l'architecte *Ben Van Berkel*, le pont (du nom du philosophe humaniste ***Didier Érasme,*** illustre Rotterdamois) a été inauguré en 1996. Sa structure avec un unique et énorme pylône blanc de 140 m de haut, où se rejoignent les haubans, évoque le col d'un cygne et lui vaut d'ailleurs d'être surnommé ainsi. C'est la nuit, une fois éclairé, que l'on peut pleinement apprécier la majesté de sa structure.

Les tours du Kop Van Zuid *(plan D3)* **:** *presqu'île au milieu du fleuve. Y aller par l'Erasmusbrug ou en watertaxi.* Difficile de sillonner Rotterdam sans apercevoir les 3 tours contiguës du Kop Van Zuid, qui forment la ville verticale imaginée par ***Rem Koolhaas*** et abritent l'hôtel *Nhow.* Et un peu plus loin, une fois passé le pont, l'*Hotel New York* (voir plus haut la rubrique « Où dormir ? »), célèbre et vénérable QG de la *Holland-Amerika Lijn* planté à la proue du Kop Van Zuid (tête du sud). ***L'ancienne porte de l'Amérique*** pour des milliers de candidats à l'émigration n'était plus qu'une friche industrielle dominée par un *New York* esseulé, avant que la municipalité n'ait la bonne idée de la confier aux architectes et aux entrepreneurs. Aujourd'hui, de spectaculaires et esthétiques gratte-ciel abritent des logements de luxe et des bureaux, voisinent avec d'anciennes installations portuaires reconverties en espaces culturels (comme le musée de la Photo ; voir ci-après) ou en restos. Des tours qui donnent à cette presqu'île une image réduite, mais ô combien attirante, de ce Manhattan qui fut l'objet de tous les désirs des générations précédentes.

Nederlands Fotomuseum *(plan D3)* **:** *Wilhelminakade 332. ☎ 203-04-05. • nederlandsfotomuseum.nl • Tlj sauf lun 11h-17h. Entrée : 14 € ; réduc ; gratuit jusqu'à 17 ans.* Les anciens entrepôts Las Palmas, construits en 1953 pour la ligne *Holland-Amerika,* prêtent désormais leurs généreux espaces au musée néerlandais de la Photographie. Le riche fonds (5,5 millions de photos, la plus importante collection du pays) alimente des expos temporaires dont les thèmes tournent toujours autour des Pays-Bas (photographes néerlandais ou clichés pris en Hollande), allant de la photo historique à la photo documentaire ou expérimentale. Au 1er étage, dédié aux archives et à l'étude, un intrigant pupitre de commande fouillera selon vos desiderata dans une gigantesque base de données pour en projeter le cliché correspondant. Dans la bibliothèque *(mer et ven 13h-17h),* accès libre à 20 000 ouvrages et nombreux magazines. Enfin, dans la *Galerie d'honneur,* une expo permanente de 100 photos iconiques, avec explications très documentées via différents médias.

Wereldmuseum Rotterdam *(plan D3)* **:** *Willemskade 25. ☎ 270-71-72. • wereldmuseum.nl • Ⓜ Leuvehaven. Ⓣ Westplein (n° 7). Tlj sauf lun (hors vac scol) 10h (11h le w-e)-17h. Entrée : 15 € ; réduc ; gratuit moins de 13 ans.* Ce musée ethnologique, dont les collections comptent près de 80 000 objets, illustre la diversité de l'humanité avec ses rites, croyances, habitat, vêtements, objets, bijoux, ameublements... Expos temporaires de qualité régulièrement.
Sur place, ***café*** agréable avec terrasse sur la Meuse.

Euromast *(plan B3)* **:** *Parkhaven 20. ☎ 436-48-11. • euromast.nl • Ⓣ Erasmus MC (n° 8). Tlj 10h (9h30 avr-sept)-22h. Entrée : 10,50 € ; réduc. Attention, paiement par CB uniquement.*
Une sucette géante dans la *skyline* rotterdamoise ! Érigée dans les années 1960, c'est le symbole de la renaissance de la ville après les destructions de la guerre. À 185 m de hauteur, dans la capsule vitrée qui monte en spirale autour du mât, panorama époustouflant (quand le temps est clair) sur la platitude batave et l'immensité des quais en direction du delta et de la mer. Le ballet des petits bateaux passant sous les ponts et la circulation frénétique des voitures-fourmis dans la cité composent un spectacle hypnotique !
On peut y déjeuner ou y dîner. Rien d'exceptionnel côté assiette, comme souvent dans ces lieux qui vous en mettent plein la vue. Sinon, venir admirer le coucher du soleil à l'ouest, où brûlent les torchères des installations pétrochimiques, et l'éclairage progressif des ponts haubanés et des immeubles.

Visite du port : *avec* ***Spido*** *(plan D2), Willemsplein 85. ☎ 275-99-88. • spido.nl • Ⓣ Willemsplein (n° 7). Tlj, horaires variables selon saison et jour de la sem ; résa préalable impérative (par tél ou en ligne). Balade de 75 mn : 15,25 € ; réduc. Compter 30 € pour 2h30 de promenade au crépuscule. Nombreux forfaits et billets jumelés avec d'autres sites. Commentaire enregistré en français.* Ne pas visiter le port de Rotterdam en bateau, c'est comme si on se privait de la tour Eiffel à Paris. Moins romantique peut-être, mais tout aussi prodigieux. On longe les cargos, les pétroliers, on s'approche des usines pétrochimiques, des entrepôts spécialisés et des impressionnants bassins de carénage flottants. On détaille les forêts de grues qui dominent le titanesque Lego « gullivérien » de containers, qui pourraient tous être acheminés en moins de 48h à plus de 150 millions d'Européens ! D'autres formules plus chères existent (grand tour, excursions à thème...), mais le tour de 75 mn est un bon début.

Visite du port : *avec* ***Splash Tours.*** *☎ 436-94-91. • splashtours.nl • Tarifs : 27,50 € ; 19 € moins de 11 ans (réduc en ligne). Nombreux forfaits et billets jumelés. Les billets sont à acheter à l'office de tourisme ou sur Internet et le rdv se fait devant la tour Euromast à Parkhaven (voir plus haut). Compter 1h de balade en tout (retour au point de départ).* Une excursion sympa qui fait le bonheur des enfants. Cela dit, petits et grands seront ravis car c'est un excellent moyen de découvrir l'architecture de Rotterdam et ses constructions emblématiques. Le bus fait un minitour de la ville avant de plonger (splash !) dans le port. Un peu cher cependant... Si c'est plutôt le port qui vous intéresse, mieux vaut emprunter le *Spido.*

Delfshaven *(plan A2) :* *à l'ouest du centre. Ⓜ Delfshaven. Ⓣ n°s 4 ou 8.* Cet ancien petit bassin portuaire du début du XIXᵉ s a été miraculeusement épargné par les bombes. Les mânes des Pères pèlerins partant d'ici pour l'Amérique ont dû le protéger. Bordé de charmantes maisons anciennes en brique et de vieilles péniches amarrées, il conserve aussi un pont mobile, un gentil moulin à vent et un carillon qui égrène les heures. L'ensemble est baigné le soir d'une douce lumière hors du temps. Un endroit vraiment charmant.

– Pour les pèlerins assoiffés, une adresse à ne pas manquer : la ***brasserie De Pelgrim*** *(Aelbrechtskolk 12 ; ☎ 477-11-89 ; • pelgrimbier.nl • ; Ⓣ Rullstraat – n° 4).* Seule brasserie de Rotterdam en activité. Resto agréable sur place pour tester les bières locales, tout en profitant de la vue (voir « Où boire un verre ? Où sortir ? »).

Usine Van Nelle *(hors plan par A2) :* *à Schiedam, à l'ouest du centre. • vannellefabriekrotterdam.com • Bus n° 38. En principe, visites guidées le w-e à 13h, 14h et 15h de mi-fév à oct (à 13h seulement le reste de l'année), uniquement avec* ***Urban Guides*** *(appeler avt) : ☎ 433-22-31. • urbanguides.nl • Compter 20 €.* Construite entre 1926 et 1931 pour la transformation et le conditionnement du café, du thé et du tabac, cette gigantesque usine est l'un des fleurons de l'architecture industrielle du XXᵉ s, d'une modernité encore très actuelle. Les architectes *Leendert Van der Vlugt* et *Johannes Brinkman* ont conçu l'édifice sur le principe du mur-rideau, offrant des façades entièrement vitrées qui permettaient aux ouvriers de travailler dans des espaces lumineux. Les aménagements intérieurs visaient à assurer leur bien-être, comme des vestiaires avec douches, des installations sportives, une bibliothèque, un cinéma et même un jardin.

Classé par l'Unesco au Patrimoine mondial en 2014, l'édifice abrite aujourd'hui des bureaux et des espaces dédiés à différents événements commerciaux et culturels.

Manifestations

– ***Art Rotterdam Week :*** *début ou mi-fév. • rotterdamartweek.info •* Pendant une semaine, expos et installations un peu partout. C'est aussi l'occasion de rencontrer des artistes qui ouvrent leurs ateliers aux visiteurs.

– ***North Sea Jazz Festival :*** *mi-juil.* • *northseajazz.com/en* • 2 jours de fête pour vivre le passé, le présent et le futur du jazz, en bonne compagnie.
– ***World Port Days :*** *début sept.* Un grand week-end sur l'eau, pour faire sa fête au plus grand port d'Europe.

DANS LES ENVIRONS DE ROTTERDAM

Les moulins de Kinderdijk : *à 16 km à l'est de Rotterdam.* • *kinderdijk.com* • *Mars-sept, tlj 9h30-17h30 ; oct-fév, tlj 12h-16h. Entrée : 18,50 € (16 € en ligne) ; réduc. Attention, parking payant : 7,50 €.* Le village de Kinderdijk compte une concentration unique de 19 moulins à vent datant tous du XVIIe s. L'ensemble est classé par l'Unesco au Patrimoine mondial de l'humanité. Une visite tout indiquée pour appréhender les enjeux de l'expansion territoriale néerlandaise sur la mer.
➢ Pendant la saison, possibilité intéressante d'y aller en bateau avec le ***Waterbus*** : *départ sous le pont Erasmus (voir « Transports urbains » plus haut).* ☎ *0800-023-25-45.* • *waterbus.nl* • *Tlj en saison, mais seulement en sem oct-mars. 2 départs/h en saison, mais aucun départ 12h-14h hors saison. Ticket : env 5 €. Descendre à Ridderkerk et prendre un autre bateau pour Kinderdijk. Env 45 mn de trajet.* Petite promenade dans la campagne hollandaise, pour amateurs de moulins et de maisons à l'ancienne. Arrêt pour les gourmands au restaurant ***De Klok*** *(Molenstraat 117)* pour déguster de délicieuses *poffertjes.*

Après la visite du site, retour à l'embarcadère et continuer la balade en direction de ***Dordrecht*** avec le même *pass.* La plus ancienne ville de Hollande mérite bien ce détour. Un centre ancien préservé, un ensemble homogène de bâtiments du XIVe au XVIIIe s, une église Notre-Dame à visiter absolument. Pas de canaux, mais des ports. Plan-guide disponible à la descente du bateau. Retour sur Rotterdam en train, rapide (nombreuses liaisons) à moins que vous n'ayez envie de reprendre le bateau.

Maeslantkering (Grand Barrage) **:** *Het Keringhuis (Water Information Centre), Maeslantkeringweg 139, à* ***Hoek van Holland.*** ☎ *(088) 797-06-30.* • *keringhuis.nl* • *À env 25 km à l'ouest de Rotterdam. En voiture, accès par l'autoroute A20, sortie « Hoek van Holland ». En train, arrêt à la gare de Hoek van Holland, puis louer un vélo en centre-ville ou prendre le RET Fast Ferry jusqu'au barrage. Lun-ven 10h-16h, w-e et j. fériés 11h-17h. Entrée : 2,50 € ; réduc. Visite guidée en anglais certains jours (voir leur site) : 4,50 €.* Inauguré en 1997, cet impressionnant barrage se compose de 2 portes monumentales (longueur : 210 m ; hauteur : 22 m). Pilotées par ordinateur, elles se ferment automatiquement quand le niveau d'eau de Rotterdam dépasse son seuil d'alerte. Cet ouvrage d'art unique au monde a impliqué des innovations technologiques incroyables et, en fermant le *Nieuwe Waterweg,* il garantit une certaine protection des zones très peuplées du sud de la Hollande contre la montée des eaux. À côté du Maeslantkering, la visite du *Water Information Centre* permet de comprendre tout l'enjeu de la gestion de l'eau dans la région, à grand renfort de maquettes, panneaux, simulations...
– Non loin, possibilité de visiter ***Futureland,*** une grande expo sur le port et la zone portuaire *(Europaweg 902 3199 LC Maasvlakte Rotterdam Havennummer 8213 ;* • *portofrotterdam.com/nl/eropuit/futureland* • *; mar-ven 10h-17h, dim 11h-17h – plus sam mai-sept).* Difficile d'y accéder autrement qu'en voiture, en fait, il faut l'avouer. Le port est en totale restructuration et a pour projet de s'agrandir, histoire de se maintenir dans le peloton de tête des grands ports mondiaux. Reste à concilier le souci de préserver au mieux l'environnement, cher aux habitants de la ville, et là, ce n'est pas encore gagné.

HOMMES, CULTURE, ENVIRONNEMENT

BOISSONS

La bière

Les Hollandais ne sont pas seulement de grands buveurs de bière (près de 90 l par an et par habitant), ce sont aussi d'excellents brasseurs. Les 12 plus grandes brasseries produisent à elles seules 90 % de la bière hollandaise. À ce jeu, *Heineken* écrase tout le monde, surtout si l'on considère que la marque possède aussi *Brand* et *Amstel.* Et pourtant, ***on compte actuellement une bonne trentaine de microbrasseries dans le pays,*** et donc une variété incroyable de goûts, de recettes et de personnalités.

> **POUSSE-MOUSSE !**
>
> *Un bar roulant pour siroter une chopine de bière tout en pédalant avec 8 copains : rien n'arrête les Bataves dès qu'il s'agit d'allier voyage, roues libres et bonne bière. Le tout sans polluer, mais pas sans horripiler les habitants d'Amsterdam qui ne supportent pas toujours de voir passer ce pousse-pousse poussif pour fêtards.*
> • fietscafe.nl •

On distingue plusieurs grandes familles.

– La ***pils*** ou ***lager,*** tout d'abord. Elle représente 85 % de la consommation. On y retrouve les bières des grands industriels comme celles citées plus haut. On peut aussi citer la *Kroon Pills* produite dans le Brabant, une des régions les plus réputées. Ce sont des bières fraîches, légères, faciles à boire.

– Viennent ensuite les nombreuses ***blondes,*** plus fines, plus goûteuses et parfois plus douces que les précédentes. Certaines d'entre elles sont produites dans des abbayes, comme la *Christoffel* du Limbourg ou *La Trappe* du Brabant (autrefois appelée *De Schaapaskooi*). Cette dernière abbaye produit également une excellente ***bière blanche,*** la *Witte Trappiste,* ainsi qu'une fabuleuse ***bière rousse,*** à la couleur rubis foncé.

– Bien plus intéressantes à notre avis, les ***bières de saison,*** au caractère bien trempé, sont éphémères et fabriquées de façon artisanale. Certaines bières d'hiver, troubles et non filtrées, titrent jusqu'à 9 ou 10° ! C'est le cas de la *Colombus,* produite à proximité d'Amsterdam, et surtout de la *Jopen Koyt,* produite à Haarlem (élaborée à base d'avoine et d'herbes, d'après une recette de 1407). On trouve également des bières de printemps *(spring bier)* et d'automne *(bockbier).*

Dans les « cafés bruns », on trouve, bien sûr, quantité de bières. Mais le choix est finalement assez limité (*Heineken* possède pratiquement toutes les pompes de la ville). Et, les cafetiers s'approvisionnent plus volontiers en Belgique. Si le sujet vous intéresse, rendez-vous au *'t Arendsnest,* à Amsterdam (voir « Où boire un verre ? Dans le *Jordaan* et le nord des grands canaux »), spécialiste de la bière hollandaise (avec 52 pressions et plus d'une centaine en bouteilles).

En tout cas, quand on sert une bière, l'usage veut que l'on prenne soin d'y laisser un faux col. Pour les connaisseurs, il doit mesurer 2 doigts de largeur. Au moment de lever son verre, à moins d'être seul au bar, et encore, on dit tout simplement : *Proost !* (« Santé ! »).

Dégustation de genièvre

Cette excellente eau-de-vie, un peu comparable au gin, a longtemps fait figure de boisson nationale hollandaise (ou flamande, puisque le nord de la France et la Belgique en produisent aussi). La marque la plus connue, *Bols,* existe depuis 1575 ! Elle tire son nom du *jenever,* fruit du genévrier, petite baie (en fait une graine) de couleur violette. Les vieux de la vieille en raffolent (ils en boiraient plus de 3 l par an et par habitant !). Mais les jeunes l'apprécient aussi, d'autant que le breuvage revient à la mode ces derniers temps. Ses origines remontent au tout début du XVIIe s, quand un professeur de *Leiden* mit au point ce breuvage aux vertus médicinales dans le dessein affiché de lutter contre les effets pervers de la richesse !

Au fil du temps, le goût de la baie de genévrier a eu tendance à s'estomper. On distingue traditionnellement le genièvre jeune *(jong)* du vieux *(oud)* ou du très vieux *(zeer oud).* Mais cette classification est trompeuse, car elle correspond en réalité à l'intensité de l'aromatisation et non pas à son âge. En effet, l'eau-de-vie de genièvre est avant tout le résultat d'une distillation de malts de maïs, de seigle, d'orge (c'est le jeune), puis éventuellement d'une infusion de genièvre, de cumin, d'anis ou de toute autre épice (ce sont le vieux et le très vieux)...

Le ***jonge genever,*** qui affiche 38°, se boit pur ou additionné d'un peu d'*angostura,* de *boonekamp,* ou même associé avec d'autres fruits comme la fraise, la mûre, la groseille, ou plus couramment le citron... *(citroen jenever).* Le genièvre est servi frappé dans un petit verre, le *borrel,* en forme de tulipe (forcément !), toujours rempli à ras bord. Dans certains endroits, on vous conseille même de boire la 1re gorgée sans les mains, en portant la bouche jusqu'au verre, pour ne pas en perdre une seule goutte. Politique zéro déchet ! Les plus « vieux » s'apprécient plutôt en digestif.

Outre les « cafés bruns », il existe encore à Amsterdam des ***lieux de dégustation spécialisés, appelés* proeflokaalen.** Le plus célèbre est le café *De Drie Fleschjes* (voir « Où boire un verre ? Dans le centre... »).

Les amateurs de genièvre ont une habitude particulière : ils commandent en même temps un verre de genièvre et une bière. Le serveur dépose alors un *stelletje* (duo) sur le bar. Une gorgée de genièvre, une gorgée de bière, et ainsi de suite jusqu'à plus soif... Cette pratique se résume en un mot, *kopstoot,* c'est-à-dire, littéralement, « le coup sur la tête » !

– Il existe en outre un grand choix de bonnes ***liqueurs,*** dont l'***advocaat*** (une liqueur d'œuf).

CUISINE

Une chose est sûre, la cuisine hollandaise est marquée au fer par ses origines maritimes et agricoles, mais surtout protestantes. On n'aimait autrefois ni le luxe ni l'ostentation, ce qui laissait peu de place au raffinement. Même l'emploi des épices restait limité si l'on considère que le pays était spécialisé dans ce commerce avec l'Orient. Quand le reste de l'Europe achetait, à prix d'or, ***poivre, safran*** et ***cannelle,*** les Pays-Bas, eux, préféraient s'enrichir avec.

Naturelle, copieuse, peu sophistiquée mais toujours savoureuse, la gastronomie locale est le plus souvent élaborée avec des produits de très bonne qualité. Voilà ce qui pourrait résumer cette cuisine familiale. Celle-ci est préparée à la maison, d'où la difficulté rencontrée par le visiteur amateur d'authenticité pour trouver des restos proposant des plats traditionnels. Et ça ne va pas en s'arrangeant, car les mœurs ont changé et, si les Hollandais sortent aujourd'hui dîner en ville, ils se passionnent pour d'autres plats que le *stamppot* (patates grossièrement écrasées, accompagnées d'une saucisse et de sa sauce brune). Ultime souvenir de la cuisine roborative et plutôt hivernale de bonne-maman.

La crise n'a nullement vidé les snacks le midi et les restaurants à thème le soir. À Amsterdam, elle a même suscité l'ouverture de nombre de restaurants très

tendance le long des docks et dans les nouveaux quartiers un peu excentrés, ignorés des touristes rodant autour du quartier Rouge.
Comme un peu partout aujourd'hui, les Néerlandais se passionnent pour la « cuisine du monde », métissage des traditions des 5 continents. Rien qu'à Amsterdam, on estime à pas moins de 700 le nombre de ces restos sans frontières. Cela fait dire à certains que l'« on peut y manger dans toutes les langues ». Bien que pas donné, on vous conseille d'ailleurs de vous offrir une soirée dans un resto indonésien pour une *rijsttafel* (voir un peu plus loin).
Signalons aussi la présence de nombreux restos bio et végétariens (souvent délicieux !) dans toutes les grandes villes.

Les habitudes alimentaires néerlandaises

– On attaque la journée par un ***petit déjeuner,*** servi avec une prodigalité étonnante. Il se compose de pains variés, à garnir de fromage, de jambon, de saumon ou de viandes froides, le tout accompagné de café ou de thé. Les cafés sont légion à proposer de copieux petits déjeuners, moment où les Amstellodamois de tous âges se retrouvent. On peut aussi préférer commander une part de gâteau et un jus frais, par exemple.
– Généralement, on prend son ***déjeuner*** rapidement (30 mn maximum, plus si le soleil est de la partie) dans l'un des innombrables *eetcafés* (« cafés mangeants »), *coffee-shops* ou snacks. Le repas de midi se compose de 2 ou 3 *broodjes* (pains), d'une soupe ou éventuellement d'un petit plat chaud et d'une salade : cela s'appelle, sur les cartes... le *lunch.* À l'école, au bureau, à l'atelier, il n'est pas rare que l'on ait apporté un casse-croûte dans une boîte à tartines. Les Hollandais boivent rarement de l'alcool à midi, mais traditionnellement plutôt du lait. Une habitude qui se perd peu à peu cependant, au profit d'un soda, d'un chocolat chaud ou d'un jus de fruits, selon les préoccupations diététiques de chacun.
– Entre 15h et 17h, il est d'usage de ***prendre le thé ou le café,*** accompagné ou non de petits gâteaux (ou même de grosses parts de tartes, pour les gourmands).
– Le ***dîner,*** principal repas de la journée, se prend tôt, entre 18h et 20h. Il se compose d'une soupe, d'un plat de viande ou de poisson avec des légumes et d'un dessert. Traditionnellement, du moins. Les citadins sortent de plus en plus souvent dans les restos branchés, au design contemporain, dans les bars à vins et dans les lieux déjantés qui ont ouvert leurs portes aux 4 coins des grandes villes, et dont les horaires s'étirent plus tard dans la soirée.
– Un conseil pour éviter les impairs : si vous êtes invité chez un particulier à 18h, il s'agit d'une invitation à dîner. Si l'on vous invite pour 19h, c'est pour l'heure du pousse-café : vos hôtes auront déjà mangé ! Pas question non plus d'arriver en avance... Un petit retard de 5-10 mn est de bon ton.
– En résumé : ***bien manger le matin, légèrement à midi, et ne se mettre à table sérieusement que pour dîner.*** Voilà comment vivent les Néerlandais. Et sachant que les musées ferment très tôt, on ne saurait que trop vous conseiller de vous caler sur ces horaires.
– LA CARAFE D'EAU GRATUITE SUR LA TABLE EST UN PRIVILÈGE DES RESTOS FRANÇAIS. À AMSTERDAM, ***ON VOUS SERT DE L'EAU EN BOUTEILLE, PAYANTE !*** (Est-ce écrit assez gros ?)

Les spécialités

– Le ***hareng salé*** est connu dans le monde entier. Au début de la nouvelle saison de pêche, en mai et juin, le poisson n'a pas encore atteint sa maturité sexuelle et n'a pas droit à l'appellation de « hareng ». Il est vendu sous le nom de *maatje.* Sa chair est douce, faiblement saumurée : c'est un pur délice. Pendant une journée, fin mai ou début juin selon les années, c'est la ***fête du Hareng*** *(Vlaggetjesdad),* qui marque le début de la saison. Pour certains amateurs, c'est en été, quand le poisson est le plus gras, qu'il a le meilleur goût. Il prend alors le nom de *groene,* de *nieuwe haring* (le hareng nouveau est arrivé), ou encore de *hollandse nieuwe*.

– Les Hollandais raffolent de tous les ***produits de la mer*** : carrelet, sole, truite, crabe, crevettes, huîtres... Et ils excellent dans la préparation des poissons fumés : anguille, maquereau, hareng, saumon, flétan... Tout y passe. Fumaison et saurissage se font généralement à l'ancienne, notamment dans la région du lac de l'Ijssel (l'ancien *Zuiderzee*). Quant à la succulente ***moule de Zélande,*** elle n'intéresse que peu les Hollandais puisque le pays exporte jusqu'à 60 % de sa production rien que vers la Belgique. Aux Pays-Bas, on préfère spéculer sur les cours, comme autrefois avec les épices. Vous en trouverez à la table de quelques restos spécialisés.

LE HARENG SORT !

C'est dans la rue, près d'un kiosque, que les Amstellodamois préfèrent déguster leur hareng. Pour respecter la tradition, pincer la queue du bout des doigts, pencher la tête en arrière et l'avaler d'un trait ! Pour faire passer, un petit verre de genièvre glacé. Il va de soi qu'on peut aussi le commander au restaurant : cru, mariné (et servi avec des oignons) ou en sauce.

– ***À la soupe !*** Il fait assez froid en hiver, cela explique pourquoi les Hollandais aiment tant la soupe. Le plat national est d'ailleurs une soupe qui s'appelle *erwtensoep* ou *snert*. Elle contient des pois cassés et on la sert très épaisse. Si votre cuillère tient debout dans l'assiette, c'est bon signe ! Il en existe bien d'autres, toutes plus savoureuses les unes que les autres, l'idéal étant de tester la soupe du jour... Les cuistots ont une imagination débordante en la matière.

CAROTTES ROYALES

*Les carottes étaient violettes, blanches ou rouges en Europe, jusqu'à ce que les botanistes hollandais réussissent à cultiver une variété orange au XVI*e *s. Elle fut spécialement créée en hommage à la maison d'Orange qui deviendra la dynastie royale. La couleur orange devint le symbole du pays, portée notamment par l'équipe de foot !*

– ***Un amour de potée.*** Le *stamppot* est un plat on ne peut plus rustique mais délicieux. Les pommes de terre, servies avec de la viande cuite au bouillon, sont grossièrement écrasées et mélangées à des légumes, généralement du chou, le tout relevé au clou de girofle. On trouve toutes sortes de variantes, comme le ***chou frisé avec des saucisses*** *(boerenkool met worst)* ou la ***choucroute au lard*** *(zuurkool met spek)*... Sans oublier le célèbre et patriotique *hutsepot* de Leiden. Une chose est sûre, ici le cochon a la patate !

– ***Le pain :*** ah ! le pain hollandais... Rien d'étonnant à ce que les sandwichs ici soient tous si bons. Au sésame, au pavot, au tournesol, aux graines de courge, blanc, brun ou noir... pas de doute, on est bien dans le nord de l'Europe ! Attention, le pain-beurre ou à l'huile d'olive qu'on vous pose sur la table est parfois facturé, sachez-le. Si vous ne voulez pas payer le supplément, n'y touchez pas.

– L'enseigne ***Nederlands Dis*** affichée à l'entrée de certains restaurants signale qu'on y propose une cuisine de terroir.

Les fromages

La Hollande, c'est « l'autre pays du fromage »... En effet, impossible d'ignorer ce mastodonte de la pâte dure puisque le pays est le ***plus gros exportateur de fromages au monde.*** Et si les noms de ***gouda,*** d'***edam*** ou de ***maasdam*** résonnent de façon sympathique à nos oreilles, il faut savoir de quoi l'on parle. Par souci de santé publique, les autorités ont rendu tellement draconiennes les conditions d'hygiène que les producteurs se sont tous vu, petit à petit, ***interdire la fabrication de fromage au lait cru.*** Certains fermiers ont bénéficié de dérogations et continuent, notamment dans la région de Gouda, à produire à l'ancienne et à défendre des fromages qui faisaient jusque-là la fierté des Pays-Bas. Même si une pasteurisation bien maîtrisée par le fermier peut donner des résultats honorables, ces règlements font plutôt le bonheur des industriels.

- Le ***gouda*** est, à juste titre, le plus réputé de tous. Il est avec un proche cousin, l'***edam,*** la star incontestée du plateau de fromages. L'un est produit dans le Sud, l'autre dans le Nord ; l'un était vendu au marché de Gouda, l'autre au marché d'Edam. Il existe des meules de 1 à 30 kg, plus ou moins affinées, ou des petites boules de 500 g peu affinées.

Ainsi, selon ses préférences ou le moment de la journée, on pourra les choisir jeunes, vieux, voire extra-vieux pour les meilleurs d'entre eux. Les premiers conviennent parfaitement au petit déjeuner. Les plus secs et les plus forts feront merveille sur un verre de porto ou de bordeaux. L'accord est d'autant plus parfait que les Hollandais faisaient commerce du vin et que l'histoire de ces produits est liée depuis le XVIIe s.

Ce sont eux qui, en Bordelais, forts de leur expérience, ont poldérisé les terres, faisant sortir de la mer et des marécages quelques-uns des futurs châteaux et grands crus. Et si, pour l'exportation, ces fromages troquent leur belle croûte dorée contre une épaisse couche de paraffine rouge, cela remonte à cette époque. Les fûts de bordeaux, arrivés emplis de vin, repartaient dans l'autre sens chargés de fromages qui se teintaient pendant le voyage au contact des tanins du vin et du bois... Tout simplement ! Cumin, fines herbes, girofle, paprika, noix... les Hollandais raffolent des fromages aromatisés.

- ***Le maasdam :*** on le reconnaît à ses trous. Sa personnalité est plus marquée que celle de l'edam. Et puis on le trouve rarement sur nos marchés. Alors, mangez-en là-bas !
- Dernière chose, la mimolette est un excellent fromage français. À ne pas confondre avec l'ersatz qu'on trouve sur place. Pour exporter plus facilement un fromage assez ordinaire qui lui ressemblait, les Hollandais lui empruntèrent son nom... C'était bien avant les AOC.

Un tuyau pour acheter les fromages : demandez qu'on vous les mette dans un emballage sous vide, c'est bien mieux pour le transport et la conservation.

Les chocolats, bonbons et pâtisseries

- La star des douceurs hollandaises a pour nom ***pannekoek.*** Une crêpe qui débordera de l'assiette si elle est faite dans les règles de l'art. On la recouvre traditionnellement de *stroop,* un sirop de betterave proche du sirop d'érable. Mais aux *pannekoeken,* on préfère incontestablement les ***poffertjes,*** que toute bonne grand-mère fabrique en un tournemain. Ce sont des sortes de mini-crêpes, légèrement soufflées, cuites dans une poêle spéciale. On les enfourne brûlantes dans la bouche, juste recouvertes de beurre et de sucre glace.
- Toutes les sortes de ***réglisses*** *(drop)* ou de ***bonbons*** sont présentées dans des emballages attrayants. Ce qui est unique, ce sont les ***granulés en chocolat*** *(hagelslag)* que les enfants adorent sur leurs tartines (nous aussi !) ; on les trouve aussi bien chez les pâtissiers-chocolatiers qu'au supermarché. Le plus connu de tous les bonbons aux Pays-Bas est le *haagse hopje,* un délicieux caramel au café.
- On trouve également une gamme étendue de ***pains d'épice*** sucrés ou épicés, tels

PUBLICITÉ MACABRE

Un pharmacien hollandais inventa en 1828 le procédé pour obtenir de la poudre de cacao. En 1910, une célèbre marque de chocolat signa un accord avec la famille d'un condamné à la peine capitale. Avant son exécution, il devait crier : « Buvez du chocolat Van Houten ! » Il tint parole, et ses proches touchèrent un petit pactole qui les mit à l'abri du besoin !

ceux de Groningue, de Deventer et de Frise, les pains d'épice au gingembre, sans oublier le célèbre spéculoos de la Saint-Nicolas.

L'art de la *rijsttafel*

Là, on change de continent et de civilisation ! Nous voilà en Indonésie (héritage colonial). Littéralement, *rijsttafel* signifie ***« la table de riz ».*** En effet, ce plat originaire de l'île de Java se compose de riz cuit sec et d'une kyrielle (8 en général) de petits plats secondaires, composés de viande, de légumes variés et de sauces plus ou moins épicées. Le serveur dépose l'ensemble sur la table. Bien entouré de notre farandole gastronomique, on picore avec une cuillère dans la main droite, une fourchette dans la main gauche. Pas de baguettes en Indonésie...
Gare aux piments ! Surtout les *ulek, mani* et *pati* : ce sont les plus redoutables. Un conseil : ne pas manger trop vite, ne serait-ce que pour arriver au bout du repas. Car ce plat cultuel, autrefois destiné à exalter la fertilité de la nature, est une pièce en plusieurs actes.

CURIEUX, NON ?

– Le dîner se prend d'ordinaire vers 18h. Recevoir une invitation pour 19h signifie qu'on partagera un digestif (mais pas de repas).
– Aucun Néerlandais ne se risquerait à fixer une ampoule rouge au-dessus de sa porte, puisque cette enseigne indique la présence d'une travailleuse du sexe.
– Les rideaux des fenêtres des maisons sont constamment grands ouverts, la mentalité calviniste considère que le citoyen honnête n'a rien à cacher. À Amsterdam, une armée de laveurs de carreaux parcourt la ville afin de rendre les vitres les plus transparentes possible. Aux Pays-Bas, les maisons sont bien rangées. Un foyer mal tenu est synonyme de vie chaotique et de moralité douteuse.
– La nudité est loin d'être un tabou : les douches des salles de sport et les saunas sont mixtes, même dans les collèges. Sur la plage, il n'est pas nécessaire de se tortiller pour enfiler son maillot. On voit souvent des gens « qui ont oublié leur maillot » et personne ne s'en offusque.
– Les habitants d'Amsterdam ont toujours eu à cœur de se serrer les coudes. Il n'est pas étonnant dès lors que leur mot préféré soit *gezelligheid,* qui peut se traduire par « bonheur de partager confortablement ensemble ».
– Le Hollandais possède plusieurs vélos : celui de tous les jours, souvent vieux et rouillé, et celui des grandes occasions, bichonné et parfois customisé, et enfin, pour chacun, 2 cadenas, le vol de vélo étant un sport national.
– Les Hollandais sont de vrais *geeks*. Le pays compte la plus forte proportion d'ordinateurs par habitant de toute l'Europe.
– La *KLM (Royal Dutch Airlines)* est la compagnie aérienne nationale. Fondée en 1919, c'est la plus ancienne au monde encore en activité. Elle s'est associée en 2004 avec Air France pour former la 5e entreprise aérienne mondiale en chiffre d'affaires. Ses avions de couleur bleue sont surnommés les *Blue birds.*

ÉCONOMIE

Comme dans un grand nombre de pays de l'UE, un débat est en cours aux Pays-Bas sur la réforme de l'État providence. Le vieillissement de la population, la mondialisation, le progrès technologique et les libertés individuelles appellent une évolution du système de sécurité sociale allant au-delà de l'ajustement des taux de prestation ou d'un renforcement des incitations financières. Lorsqu'une protection sociale généreuse a été mise en place dans les années 1960, la population néerlandaise était jeune et ethniquement homogène, et les ménages présentaient des caractéristiques similaires. Ce n'est plus le cas.

Longtemps citée comme un ***modèle de réussite européen,*** l'économie néerlandaise a souffert des récessions successives. Et si sa dette publique a néanmoins cessé de s'accroître pour se stabiliser autour de 50 % du PIB (sous la moyenne de la zone euro), ***la dette privée a, elle, explosé*** ces dernières années. En cause, les emprunts immobiliers allègrement accordés aux ménages par les banques. Dès lors, en 2008, une partie d'entre elles avaient dû être nationalisées afin d'échapper à la faillite. Pas si bons élèves que ça, donc... Malgré tout, Les Pays-Bas présentent des revenus élevés par habitant, avec une distribution assez égalitaire des ressources.

La priorité du gouvernement de coalition de ***Mark Rutte*** (un libéral), qui a opéré depuis 2012 un virage à 180° en matière d'austérité économique, reste le ***retour à l'équilibre des finances publiques.*** Le déficit public s'est contenu grâce à des coupes, notamment dans le domaine de la santé, et une politique de relance.

Le taux de chômage se situait autour de 4 % de la population active fin 2020, alors que le Covid faisait rage. En mai 2021, il avait déjà dégringolé à 3,3 % (contre 8 % en France) : une reprise sur les chapeaux de roue !

6e puissance économique européenne et 5e exportateur mondial de marchandises, le pays reste néanmoins dépendant du commerce extérieur. Sans compter que les Néerlandais travaillent peu : un peu plus de 1 400 h par an en moyenne, contre 1 700 en Italie, avec presque la moitié des emplois exercés en temps partiel, et cela par choix.

La croissance économique a néanmoins repris depuis 2014, et la récession soustendue par la pandémie en 2020 a été moins forte que prévue, avec un rebond de 2,6 % attendu en 2021. Tout ça grâce aux investissements, aux dépenses publiques et à la demande en provenance de la zone euro. Le gouvernement de coalition a mené des réformes qui ont porté leurs fruits : lutte contre le chômage et allongement de l'âge de la retraite. En effet, le pays souffre d'un manque de main-d'œuvre. Il a en outre adopté une réforme du système de santé, à l'origine de tensions entre les partis de la coalition gouvernementale.

Le diamant

Les Pays-Bas font partie du cercle très fermé des grands diamantaires de la planète. La renommée d'Amsterdam remonte à plus de 4 siècles. En 1585, lorsque l'Espagne s'empare d'Anvers après un long siège, les nombreux maîtres tailleurs qui avaient fait la réputation de la ville fuient vers le nord et font d'Amsterdam le nouveau centre mondial du commerce et de l'industrie du diamant. Au XIXe s, la découverte des mines de diamants d'Afrique du Sud provoque l'essor de l'industrie diamantaire hollandaise. Quelques-uns des plus célèbres diamants ont été taillés à Amsterdam, comme le ***Cullinan,*** le plus gros diamant jamais trouvé au monde, ou le ***Koh-i-Noor,*** qui fait partie des joyaux de la couronne d'Angleterre.

Sur l'ensemble de la production de diamants, 20 % à peine sont propres à la fabrication de bijoux ; le reste est consacré aux applications industrielles. Eh oui, il y a des milliers de diamants sur la tête de forage des puits pétroliers !

Chaque année, les tailleries de diamants d'Amsterdam drainent près d'un million de visiteurs. Le principe est immuable : la visite des ateliers est gratuite, mais, chez certains diamantaires, elle n'est pas commentée. Elle se termine par la présentation de superbes bijoux que l'on peut acheter à prix d'usine. Les 1ers prix démarrent autour de 200 €.

ALORS, RADINS, LES BATAVES ?

On prétend qu'avant de partir en camping à l'étranger, ils remplissent leur coffre ou leur caravane de nourriture pour n'acheter que le minimum sur place... Ils comparent toujours les prix et vérifient scrupuleusement les additions. En fait, ils sont d'abord calvinistes : l'épargne ainsi que l'austérité font partie de leurs valeurs. Mais n'oublions pas que leurs donations aux ONG et aux pauvres sont particulièrement élevées.

ENVIRONNEMENT ET POLDERS

Étymologiquement, *Hol-land* signifie « pays creux ». En effet, 24 % du territoire des Pays-Bas se situe au-dessous du niveau de la mer. Le point le plus bas est à Rotterdam, à environ - 7 m. Circonstance aggravante, le pays se trouve à la convergence de 3 grands cours d'eau : l'***Escaut,*** la ***Meuse*** et le ***Rhin.*** Dire que la préservation des terres est un combat acharné et permanent tient alors du cliché éculé. Des surfaces arables (les polders) furent gagnées sur la mer par endiguement et drainage, puis assèchement par la plantation d'arbres sur les berges et grâce au concours des moulins de pompage. Les flux des eaux étant maîtrisés par des écluses, les terres purent alors être dessalées et dédiées aux cultures, les moulins remplissant plusieurs fonctions utiles : évacuation des eaux dans les canaux de drainage, mouture du grain, sciage du bois ou pressage de l'huile. En revanche, pour assécher des surfaces de grande dimension, ce fut une autre paire de manches.

DES VACHES ÉCOLO

Une centrale thermique alimentée par les bouses de vache a créé l'événement à Leeuwarden, qui possède le plus grand marché aux bestiaux des Pays-Bas. Elle peut déjà alimenter une cité de 2 000 âmes. Un bon début !

Les ***inondations de 1916*** entraînèrent la fermeture du ***Zuiderzee*** par une digue de 30 km, achevée en 1932. Résultat, l'***IJsselmeer*** est désormais un lac d'eau douce sur lequel on a gagné 225 000 ha de terres. Belle performance.
Mais les vrais travaux d'Hercule du génie hydraulique hollandais sont concentrés dans le chantier titanesque du plan Delta : après les ***inondations catastrophiques de 1953*** qui firent près de 2 000 morts et 70 000 sinistrés, un gigantesque réseau de barrages et d'écluses cyclopéennes a été bâti en ***Zélande*** pour réguler les flux des marées montantes et l'écoulement de l'estuaire du Rhin et de la Meuse vers la mer, ainsi que pour désenclaver les îles du delta. Seuls sont restés libres les accès aux ports de Rotterdam et l'estuaire occidental permettant aux navires de remonter l'Escaut jusqu'à Anvers.

FAÏENCE DE DELFT

Delft est connue dans le monde entier pour sa production de faïence bleue. D'ailleurs, ne parle-t-on pas du bleu de Delft ? Et pourtant, en visitant musées et ateliers, on est frappé par la grande variété de couleurs : blanc, vert, jaune et même noir... Il y en a pour tous les goûts. L'essor de Delft date de la fin du XVIe s, au moment du déclin des brasseries locales. À l'origine, c'est la venue d'émigrés italiens importateurs de ***majoliques*** aux motifs Renaissance, ornés de fleurs ou d'oiseaux, qui développe cette activité. Mais l'arrivée de la faïence chinoise, moins chère que la porcelaine, influence les fabricants locaux dans la confection de pièces d'un blanc lumineux à décor chinois de couleur bleue. Assiettes, plats, vases et carreaux se parent alors de scènes de genre ou d'illustrations bibliques qui font la renommée de la ville.

FLEURS

C'est à ***Aalsmeer,*** dans la banlieue d'Amsterdam, que s'échange un tiers du commerce mondial des fleurs coupées. Ce n'est pas un hasard si les Hollandais contrôlent la quasi-totalité du marché mondial : c'est précisément dans leur pays que s'est opéré le passage du jardinage à la culture industrielle.
Tout a commencé au XVIIe s lorsque les jeunes Pays-Bas se sont entichés des tulipes. La richesse de ses couleurs et la distinction de ses formes séduisirent les Hollandais qui, mettant toute prudence au placard, se mirent à spéculer sur sa valeur. Aussitôt, un engouement irraisonné s'empara d'eux, et l'on vit le ***prix des***

bulbes atteindre des sommets complètement extravagants. Au point que les plus rares se négociaient jusqu'à 5 000 florins au XVIIe s, une somme avec laquelle on pouvait, à l'époque, s'acheter une petite maison en bordure du canal ! Les autorités se virent obligées d'intervenir, et le marché des bulbes reprit des cours acceptables. Les économistes considèrent de nos jours que cet épisode constitua la 1re bulle financière de l'Histoire.

LA TULIPE EST... TURQUE

Son nom vient du turc tülben, car sa forme rappelle celle du turban. Les sultans lui vouaient un tel culte que son exportation était interdite. Et puis des bulbes arrivèrent frauduleusement à Vienne. Au XVIIe s, la tulipe devint même la fleur officielle de la Cour. La Semper augustus, *la plus populaire, fut l'objet d'une spéculation complètement folle. Finalement, en la cultivant de manière intensive, les Hollandais démocratisèrent cette fleur si convoitée.*

Pendant le terrible hiver de ***famine 1944-1945,*** les oignons de tulipe servirent d'aliment pour nourrir les enfants de La Haye et d'Amsterdam. Aujourd'hui, la culture de la tulipe couvre plus de 3 000 ha dans la région de ***Haarlem,*** pour le plus grand plaisir des visiteurs. Mais rappelons quand même que la meilleure ***période pour les observer s'étend du 15 avril au 15 mai,*** du 1er au 15 avril pour les narcisses et de mi-avril à fin avril pour les jacinthes. La Hollande se transforme alors en bouquets éclatants. Et toutes les nuances, les plus subtiles, les plus délicates se retrouvent dans ces immenses tapis de tulipes qu'un ciel de printemps modifie au gré de ses caprices...

Les amoureux de la beauté florale sont nombreux à se retrouver dans les champs de tulipes en fleur, entre Leiden et Haarlem ! Autour des villes de ***Rijnsburg, Warmond, Katwijk, Noordwijk Binnen, Sassenheim,*** une immense armée multicolore monte une garde pacifique.

Dans la région de Lisse, il y a une trentaine d'hectares de parcs fleuris. Parmi eux, ***Keukenhof, Hillegom, De Zilk, Vogelenzang, Bennebroek...*** D'immenses champs de fleurs qui viennent jusqu'à la côte. Cela est si vrai que la ville côtière de ***Den Helder*** est la citadelle avancée de la plus grande région de fleurs : crocus, narcisses, jacinthes, tulipes, à vous de composer votre bouquet !

Ici, la culture des fleurs à bulbes est tellement importante qu'on lui a consacré... un musée. Il se trouve à ***Limmen.***

Si vous aimez les îles et les fleurs, allez à ***Texel.*** Cette île, qui se situe à 20 mn de Den Helder, possède également une plage magnifique, des forêts ombreuses, un village pittoresque.

Dans les nouveaux polders du Sud-Flevoland, à partir de mi-mai, ce sont les champs de colza qui dérouleront pour vous leur jaune profond, d'une brillance dorée aveuglante. Une route les traverse et vous conduit à ***Lelystad.*** Dans cette ville d'architecture moderne se trouve un formidable centre d'information sur les polders. Les polders, ça ne se décrit pas, ça se vit ! C'est la plus impressionnante victoire de l'homme sur la mer. Des forêts, des lacs, une faune et une flore ont remplacé les vagues.

Site à consulter : • *keukenhof.nl/fr* • (en français). Billets d'entrée en vente en ligne.

HISTOIRE EN OR (ET EN ORANGE !)

Les origines

Débuts difficiles pour Amsterdam ! Jusqu'au XIIe s, la région où le fleuve ***Amstel*** se déverse dans le Zuiderzee, mer intérieure que la mer du Nord avait fini par créer dans le nord des Pays-Bas, était un endroit marécageux peu hospitalier. « Qu'à cela ne tienne, on va s'y installer », se disent les habitants du comté de Hollande ! Et les voici bâtissant des cabanes dans des dunes près de l'actuelle ville de Haarlem. Puis, à la fin du XIIe s, des pêcheurs s'installent sur la rive droite de l'embouchure de l'***Amstel,*** en construisant une digue qui les protège des marées du turbulent Zuiderzee, le *Zeedijk* (digue contre la mer). Tout près de l'embouchure, on édifie également un passage sur l'Amstel équipé d'écluses, appelé *Dam.* L'endroit et le village qui s'y développent prennent le nom d'*Amstel-Dam,* qui deviendra, vous l'aurez compris... Amsterdam. Ce n'est qu'après avoir édifié les digues que les habitants construisent une église en bois dédiée à saint Nicolas, patron des pêcheurs et marins, appelée depuis la Réforme *Oude Kerk* (Vieille Église) et située au centre de l'actuel quartier Rouge.

Dans cette région marécageuse, où le transport ne se fait que par voie d'eau, la position stratégique d'Amsterdam entre, d'une part, le ***Zuiderzee*** et la mer du Nord avec ses villes hanséatiques et, d'autre part, Haarlem, Leiden et plus au sud la riche Flandre, lui assure un essor rapide. Vers 1300, Amsterdam obtient les droits de cité du comte de Hollande. La ville se développe sur la rive gauche et en amont de l'Amstel autour de l'actuel Rokin.

La ville vit de la pêche et des échanges commerciaux. Le hareng nettoyé et conservé dans le sel devient le principal produit d'exportation. Il est échangé contre du blé, du bois et des peaux venant des villes hanséatiques, de la laine et du plomb d'Angleterre, du drap et des produits laitiers de Flandre, du sel et du vin de France et de la poterie d'Allemagne. En 1452, ***Philippe le Bon,*** duc de Bourgogne, à laquelle les Pays-Bas sont rattachés, appelle Amsterdam « la ville la plus marchande de tout notre dit pays de Hollande ». 100 ans plus tard, la ville compte 30 000 habitants. Elle dispose d'un port intérieur (l'actuel *Damrak*) et d'un système de canaux et d'écluses permettant de régler le niveau de l'Amstel, en partie dévié hors de la ville, nettoyé grâce au courant du fleuve et aux marées du Zuiderzee. Le canal en demi-cercle qui protège la ville du côté de la terre s'appelle le *Singel* (*omsingelen* signifie « encercler »).

Puis vient la Réforme ! Les idées de Luther et de ***Calvin*** se propagent dans toute l'Europe du Nord et coïncident avec le rattachement des Pays-Bas (actuelle Belgique comprise) à l'Espagne catholique. Philippe II, fils de Charles Quint, nomme des aristocrates espagnols aux postes clés de la ville. En 1568, le prince protestant ***Guillaume d'Orange*** et ses « gueux » déclenchent l'insurrection contre le roi d'Espagne. Ce n'est que 10 ans plus tard qu'Amsterdam, prudente, choisit de s'y rallier. En 1578, l'Altération marque le changement de religion qui s'opère dans la ville : les calvinistes déboulent et chassent les administrateurs catholiques.

BANDE DE GUEUX !

En 1566, à Bruxelles, une délégation de nobles protestants et catholiques présenta à Marguerite de Parme, gouvernante des Pays-Bas pour Philippe II, une pétition, le « compromis des Nobles ». Ils réclamaient la modération dans l'application des lois religieuses et rejetaient l'Inquisition ! Les protestataires, quoique nobles, reprirent à leur compte l'appellation de « gueux » qui leur fut lancée par le pouvoir espagnol. Ils adoptèrent d'ailleurs pour insignes l'écuelle et la besace.

Enfin, par l'***Union d'Utrecht*** (1579), la rupture est consommée : le nord du pays (les Pays-Bas actuels) se libère définitivement du joug des occupants et devient la république des sept Provinces-Unies, tandis que le Sud reste sous la domination espagnole. La « purification » ethnico-religieuse se réalise spontanément : les protestants se rassemblent en Hollande, les catholiques en Belgique... Mais c'est le Nord qui en profite le plus : les riches commerçants d'Anvers, les artisans qualifiés, les détenteurs de brevets, toute l'élite intellectuelle et artistique rejoint les Provinces-Unies. L'instabilité en Angleterre et en France, ainsi que l'occupation de ses 2 principaux concurrents (Lisbonne en 1580 et Anvers en 1585) par les Espagnols vont donner à Amsterdam, pendant près d'un siècle, une importance commerciale disproportionnée et une richesse matérielle, financière et culturelle inouïe. Le XVIIe s deviendra le ***Siècle d'or*** pour Amsterdam et les Provinces-Unies.

Les colonies

Nation de marchands et de navigateurs, les Pays-Bas furent une grande puissance coloniale. Le souvenir des compagnies commerciales qui installèrent des comptoirs en bordure de tous les océans se retrouve dans l'architecture et le mobilier des maisons des riches négociants, ainsi que dans les musées de la ville.

Bien avant le ***Siècle d'or,*** des armateurs audacieux avaient envoyé aux 4 coins de la planète des vaisseaux chargés d'acheminer vers l'Europe des cargaisons d'épices et de denrées rares : soieries, coton, porcelaine, thé, café, etc. Au retour, ils réalisèrent des profits considérables. La presqu'île de Malacca en Malaisie fut, en 1595, la destination de la 1re expédition. ***Batavia,*** la future *Jakarta*, fut construite sur l'île de Java, et la VOC *(Verenigde Oost-Indische Compagnie),* la fameuse ***Compagnie des Indes orientales,*** financée par émission d'actions, s'implanta à Ceylan et à Formose.

Dès le début du XVIIe s, supplantant les Portugais, ***les Hollandais contrôlent les routes maritimes de la mer Rouge au golfe du Tonkin,*** s'installant sur l'île Maurice, à Malacca, sur les îles de la Sonde et sur Célèbes. Ils poussent jusqu'à Bornéo, en Papouasie et en Tasmanie. Ils baptisent même le continent australien du nom de « Nouvelle Hollande » mais sans s'y établir.

Garanti par la Bourse d'Amsterdam, le ducat d'or hollandais jouit de la confiance universelle et sert de monnaie commerciale dans toute l'Asie. En 1641, tous les étrangers sont chassés du ***Japon,*** à l'exception des Hollandais, seuls autorisés à commercer au départ d'une île au large de Nagasaki. Après la faillite de la VOC en 1799, les avoirs de la compagnie passent à la Couronne. Toujours au XVIIe s, en Afrique, Le Cap est pris aux Portugais en 1652, et les descendants des colons, défricheurs du Natal (les *Boers*), seule colonie de peuplement néerlandaise implantée de longue date, donneront du fil à retordre aux Anglais jusqu'au début du XXe s.

LES MATELOTS SE LA COULAIENT DOUCE

Chaque année, 3 convois de 20 vaisseaux partaient pour un périple de 20 mois vers l'Extrême-Orient. La moitié des matelots ne revenaient pas du fait des accidents, des maladies ou de la rudesse des conditions de vie à bord. De plus, payés des clopinettes par les armateurs, la plupart désertaient à l'arrivée, en espérant trouver une vie meilleure sur place.

À l'ouest, les Hollandais mettent sur pied la WIC *(West-Indische Compagnie).* Ils achètent aux Indiens une île au bord de l'Hudson, appelée ***Manhattan*** et fondent la Nouvelle-Amsterdam. Au sud, ils s'emparent de cargaisons d'or espagnol et portugais, et de places fortes au Venezuela et au Brésil. Se développe alors le triste commerce triangulaire qui voit les vaisseaux charger des esclaves sur les côtes d'Afrique pour les débarquer sur les côtes brésiliennes, puis se servir à ***Recife*** (Pernambouc) en bois précieux et denrées tropicales. Le cap Horn est doublé et baptisé du nom de la ville de Hoorn, au nord d'Amsterdam. Mais la métropole n'a pas les moyens humains suffisants pour coloniser massivement les contrées conquises et, lorsque le coût des expéditions dépasse les bénéfices, les têtes de pont sont abandonnées. De l'empire colonial ne subsistent que des îles des ***Petites Antilles*** : Curaçao, Aruba et Saint-Martin, ainsi que la Guyane néerlandaise (Surinam), qui devient indépendante en 1975.

Pause « *Oranje* »

Vous aviez noté que les couleurs du drapeau des Pays-Bas étaient bleu, blanc, rouge (comme la France, mais en bandes horizontales). D'où vient alors cet attrait pour l'orange qu'on retrouve sur les blasons ? Eh bien, tout simplement d'Orange, la petite cité du Vaucluse.
Avant d'être prise en 1660 par Louis XIV et rattachée à la France en 1713 par le traité d'Utrecht, la ville était une principauté appartenant à la maison de Nassau inféodée à l'Empire germanique. Lors de la sécession des provinces septentrionales contre le pouvoir espagnol au XVIe s, les rebelles se choisirent un chef de guerre en la personne de ***Guillaume,*** dit ***le Taciturne,*** le plus éminent représentant de la famille d'***Orange-Nassau.*** Les oriflammes de ses régiments arboraient la belle couleur orange. Après son assassinat (qui voulait la peau d'Orange ? Patience, on vous dira tout un peu plus loin !), ses frères puis ses fils reprirent le flambeau de la révolte et furent nommés *stadhouders* (protecteurs élus) des villes et provinces sous la République. Plus tard, devenus souverains des Pays-Bas mais privés de leur petite principauté, ils maintinrent les armes d'Orange (désormais *Oranien*) dans leur blason. Une des républiques des Boers d'Afrique du Sud prit également le nom d'« ***État libre d'Orange*** ». CQFD.

Le Siècle d'or

Mais revenons à nos moutons : nous voici à la période la plus riche qu'ait connue Amsterdam. Prospérité et éclectisme intellectuel ! La chute d'Anvers, la fuite des riches Flamands et l'expulsion des juifs de Lisbonne entraînent un afflux massif de commerçants et de capitaux. L'arrêt des hostilités, grâce à l'armistice signé avec les Espagnols (mais ils ne reconnaîtront les Provinces-Unies qu'en 1648), permet à Amsterdam de consolider son commerce avec la mer Baltique, pilier de sa richesse et d'établir une hégémonie maritime et commerciale au-delà de l'Europe. En 1602, la ***Compagnie des Indes orientales*** (VOC) est fondée par les villes commerçantes de Hollande et de Zélande, mais plus de la moitié du capital est originaire d'Amsterdam, où la compagnie a son siège. Celle-ci obtient le monopole sur l'importation des épices d'Indonésie (noix de muscade, poivre et girofle), de porcelaine de Chine et du Japon, de textile des Indes et, plusieurs fois par an, une flotte part pour l'Orient. L'Afrique du Sud, l'île Maurice, Ceylan et l'Indonésie sont colonisés. Rien que ça !
Après la fondation de la Nouvelle-Amsterdam (la future New York) outre-Atlantique, en 1625, la Compagnie des Indes occidentales (WIC) est créée, en 1664, à Amsterdam, par un certain ***Peter Stuyvesant,*** qui finit par la céder aux Anglais. Elle est chargée d'organiser le transport d'esclaves entre l'Afrique et les Amériques. L'île de Curaçao, dans les Antilles, devient le principal marché d'esclaves dans le Nouveau Monde.
Dans le nord-est du Brésil, le Pernambouc passe, en 1630, sous contrôle hollandais, permettant d'importer du sucre, du tabac et du cacao. Tous ces produits sont échangés et vendus à Amsterdam, dont la Bourse devient le centre financier du monde. Quantité de matières premières sont transformées en produits semi-finis en utilisant 2 sources d'énergie largement disponibles, la tourbe et le vent, grâce à une machine typiquement hollandaise, le ***moulin à vent.*** Des milliers de moulins à Amsterdam même et dans les environs (la région de Zaandam) constituent un parc industriel inégalé pour l'époque (et un parc touristique étonnant aujourd'hui). Les chantiers navals prospèrent et fabriquent des bateaux en série, attirant même le futur tsar ***Pierre le Grand,*** venu y travailler comme simple ouvrier (un stage de formation !). D'importantes zones industrielles se développent sur des îles artificielles dans le port. Amsterdam, qui compte 200 000 habitants, ne cesse de s'agrandir. 3 nouveaux ***canaux concentriques*** (*Herengracht*, *Keizersgracht* et *Prinsengracht*) sont creusés à l'intérieur du *Singel*, clôturés par un nouveau canal de fortification, le *Buitensingel*. Ce qui permet aux

promoteurs de vendre des maisons « les pieds dans l'eau ». Les demeures et les entrepôts sur les 3 canaux appartiennent aux commerçants, les plus riches vivant dans la Boucle d'or *(Gouden Bocht)* du *Herengracht*, tandis que le quartier périphérique du *Jordaan*, entre le *Prinsengracht* et le *Buitensingel,* héberge les ouvriers et artisans. 4 églises protestantes quadrillant la ville (les églises du Nord, de l'Ouest, du Sud et de l'Est) sont construites dans ces nouveaux quartiers.

Le symbole même de la prospérité et du pouvoir de cette cité, où vivent ***Rembrandt, Spinoza*** et ***Descartes,*** est le nouvel hôtel de ville sur la place du Dam, édifice en pierre importée d'Allemagne, et construit à partir de 1648 sur 13 000 pilotis en bois.

Du Siècle d'or aux Temps modernes

Parvenue au zénith de sa renommée, la nouvelle République, toujours dominante sur le plan maritime, doit se battre contre de ***nombreux ennemis :*** Portugais, Espagnols, Français, Suédois et surtout contre ces satanés Anglais. Son handicap de petit pays se fait d'abord sentir dans les colonies. En 1661, les Portugais délogent les Néerlandais du Pernambouc brésilien et, en 1664, la Nouvelle-Amsterdam tombe aux mains des Anglais et est rebaptisée... New York (oui, on vous l'a déjà dit, c'est juste pour voir si vous suivez !). Et comme on est toujours plus fort à plusieurs, surtout pour écraser un plus petit, en 1672, la France, l'Angleterre, la Suède et des principautés allemandes s'allient pour faire plier la République, en vain. Les Hollandais compensent leurs revers militaires sur terre par une victoire navale sur la flotte franco-anglaise. D'Artagnan perd la vie à Maastricht (prononcer « Maaaastrikt » s'il vous plaît !). Le conflit qui a embrasé l'Europe se termine par la paix de Nimègue, signée en 1678.

LA VRAIE VIE DE D'ARTAGNAN

D'Artagnan fut nommé gouverneur de Lille, annexée par la France en 1667. Impopulaire auprès des Lillois, il ne songeait qu'à retourner sur le champ de bataille. Il en eut l'occasion lorsque Louis XIV entama la guerre de Hollande, durant laquelle d'Artagnan trouva la mort, en 1673, lors du siège de Maastricht, tué d'une balle de mousquet en pleine gorge. En 1843, Alexandre Dumas découvrit un exemplaire de ses mémoires et s'en inspira.

Malgré l'***afflux de huguenots,*** après la révocation de l'édit de Nantes en 1685, la ville ne se développe plus. Au sein de la République, elle perd au XVIIIe s son rôle politique au profit de La Haye, où résident les princes d'Orange (le gouvernement se trouvait à La Haye depuis 1584). En raison de l'ensablement du Zuiderzee, elle abandonne une partie du commerce au bénéfice de villes hollandaises plus proches de la mer du Nord, comme Rotterdam, et de villes étrangères comme Londres et Hambourg. Pourtant, jusqu'en 1780, la richesse accumulée au Siècle d'or permet à Amsterdam de maintenir sa position financière et son leadership de banquier européen.

GRANDES EAUX

En 1672, les armées de Louis XIV ne sont qu'à 25 km d'Amsterdam. Guillaume III d'Orange fait ouvrir les écluses de l'Amstel. Les Français sont bloqués, Amsterdam est sauvée, mais l'inondation catastrophique s'étend dans la plaine jusqu'à Utrecht.

Toutefois, le vent tourne et, comme toute bonne chose a une fin, la petite République va bientôt manger son pain noir. La 4e guerre maritime avec l'Angleterre de 1780 à 1784, l'occupation de la ville en 1787 par l'armée prussienne au service du prince d'Orange, les troubles politiques et l'arrivée de

l'armée française commandée par ***Pichegru*** (qui traverse les fleuves et les lacs gelés) pendant le rude hiver de 1795 mettent définitivement fin à une période de prospérité et de liberté qui durait depuis 2 siècles.
Étonnamment, la Révolution française provoque une réaction diamétralement opposée à celle qu'elle eut dans d'autres pays. Ici, elle a pour effet d'instaurer la monarchie et d'abolir la république. ***Louis Bonaparte*** devient roi de Hollande, transforme l'hôtel de ville sur la place du Dam en palais royal et hisse Amsterdam au rang de grande capitale (elle le restera de 1808 à 1810). Pourtant, sur le plan économique, la ville s'appauvrit. Sur la liste des calamités, le blocus continental, l'obligation de participer aux guerres napoléoniennes et la perte de l'Afrique du Sud et de Ceylan. Après la défaite de la France à Waterloo et le congrès de Vienne, les Pays-Bas et la Belgique réunis font un petit bout de chemin ensemble, jusqu'à l'indépendance de la Belgique en 1830. Les Pays-Bas sont encore aujourd'hui une monarchie, avec Amsterdam comme capitale et La Haye comme centre politique.

JOLIE SALADE

La République batave fut créée en 1795 par les révolutionnaires français venus chasser le stadhouder *d'Orange-Nassau, soupçonné de vouloir établir une monarchie. Elle perdura jusqu'en 1806, lors de l'installation de Louis Bonaparte sur le trône. Avant les tulipes, les cultures maraîchères étaient réputées, notamment pour la production d'une laitue frisée, qui fut appelée « batavia » en souvenir de cette république éphémère.*

La ville ne s'en remet que lentement et retrouve en 1850 la même population qu'au XVIIe s : 200 000 habitants. Cependant, la reprise du commerce avec l'***Indonésie*** et le ***Surinam,*** l'assèchement du lac de Haarlem, l'industrialisation et le creusement, en 1876, d'un canal reliant le port d'Amsterdam à la mer du Nord *(Noordzeekanaal)* entraînent une augmentation spectaculaire du nombre d'habitants. Une ceinture de quartiers populaires est construite hors du *Buitensingel,* entrecoupée seulement par le quartier au sud de la *Leidseplein*, où sont construits la salle de concert *(Concertgebouw),* le musée de l'État *(Rijksmuseum)* et le musée d'Art moderne *(Stedelijk Museum).* Le **Vondelpark** de 48 ha est aménagé, à la grande joie des babas du XIXe s (et de leurs petits-enfants, les futurs bobos du XXIe s). Avec la construction, en 1889, de la gare centrale dans le vieux port et le comblement d'un grand nombre de canaux, la ville perd une partie de son aspect aquatique.

Le XXe s

Lors de la 1re Guerre mondiale, les Pays-Bas restent neutres. Les années 1920 et 1930 voient la ville s'embellir, et on ne compte plus les maisons et édifices ornés de décorations en brique et pierre, dont le style prendra le nom d'école d'Amsterdam *(Amsterdamse School).* En 1933, la crise économique frappe de plein fouet ; les nazis prennent le pouvoir en Allemagne et les ***réfugiés juifs allemands*** commencent à affluer. Contrairement à ses voisines, Rotterdam, Middelburg et Arnhem, Amsterdam n'est pas bombardée pendant la 2de Guerre mondiale. Mais le quartier juif est transformé en ***ghetto,*** et la quasi-totalité de la communauté juive (80 000 habitants) est déportée, malgré une grève de solidarité qui éclate en février 1941. D'ailleurs, l'attitude du pays tout entier face à l'oppresseur force l'admiration de la communauté internationale. L'exemple de l'aide fournie à des familles juives, comme celle d'***Anne Frank,*** qui se cache dans une maison du *Prinsengracht*, deviendra hautement symbolique. De leur côté, les autorités en exil, et notamment la reine Wilhelmine, appellent depuis l'Angleterre le peuple hollandais à la résistance. Après la désastreuse bataille d'Arnhem (voir le film *Un pont trop loin*) et l'hiver 1944-1945, où les Alliés parachutent des vivres aux habitants affamés, Amsterdam n'est libérée par les Canadiens que le 5 mai 1945 (à 3 jours de l'Armistice).

L'indépendance de l'Indonésie, en 1949, porte un coup sévère au « commerce tropical » de la ville. Le port de Rotterdam, en liaison directe avec le Rhin, s'agrandit au détriment de celui d'Amsterdam. Ce manque à gagner ne sera qu'en partie compensé par le développement de l'aéroport de Schiphol. La ville se désindustrialise et se spécialise dans le secteur tertiaire.

Dans les années 1960, Amsterdam accueille l'afflux de travailleurs émigrés turcs et marocains, qui s'installent dans la ceinture des quartiers populaires. Les ***Surinamiens*** sont également de la partie après l'indépendance de leur pays, en 1975. Amsterdam prend alors un visage multiracial et multiculturel. La ville s'engage dans une politique de modernisation et rend le centre accessible aux voitures. Ainsi, ***l'ancien quartier juif est démoli pour la construction d'une ligne de métro et d'une autoroute.*** Dans le quartier historique du *Jordaan* et surtout dans les quartiers populaires construits pendant la révolution industrielle, des centaines de pâtés de maisons disparaissent pour faire place à des constructions modernes. Des mouvements périodiques de protestation comme celui des ***provos*** des années 1960 et des ***squatters*** *(krakers)* tentent d'enrayer ce processus.

Aujourd'hui, Amsterdam a trouvé sa juste place dans le paysage des cités néerlandaises. Si Rotterdam détient le pouvoir industriel et La Haye le pouvoir politique, ce modeste village de pêcheurs, devenu pendant un temps le centre du monde, reste – avec sa banque centrale, ses 2 universités, ses 3 grands musées et son centre historique – la capitale financière, universitaire, artistique, historique et touristique des Pays-Bas.

BREL ET LES MARINS DU PORT

Créée en 1964, la chanson Amsterdam *connut immédiatement un succès fulgurant, et ses paroles sont encore sur toutes les lèvres. Pourtant, peu d'admirateurs savent qu'il existe 2 versions de la chanson. Dans le dernier couplet, Brel évoque les marins qui « dansent en se frottant la panse sur le ventre des femmes ». La version longtemps interdite à la radio (on ne plaisantait pas avec ce genre de propos à l'époque) remplace le mot « dansent » par « bandent ». Sacré Jacques !*

HISTOIRE(S) D'AUJOURD'HUI

Les Pays-Bas contemporains

C'est en 2013, dit-on, qu'Amsterdam a fait sa véritable entrée dans le nouveau siècle. En effet, si les visiteurs d'Amsterdam célébraient l'anniversaire des 400 ans des canaux et la réouverture des 3 grands musées de la vieille cité, le cœur de la ville battait au rythme du changement le plus important vécu par le pays depuis plus de 30 ans : ***l'intronisation du nouveau roi,*** et, surtout, d'une nouvelle reine.
À propos de vie maritale, le pays est devenu en 2001 le ***1er pays au monde à autoriser les mariages homosexuels***. Autre révolution des mœurs en 2002 : la législation qui autorise l'euthanasie en la réglementant très strictement. Une procédure difficile pour les familles, qui se sentent ici comprises et entourées. Encore une première mondiale à mettre au compte de l'esprit de tolérance de cet étonnant pays. De nos jours, les Pays-Bas sont un état démocratique dont le souverain symbolise l'unité. La mentalité néerlandaise a cependant peu changé. Même si la société s'est sécularisée, elle reste très marquée par les valeurs du calvinisme : éthique du travail, sobriété, recherche du consensus et individualisme réfréné. En cas de litige, toutes les parties concernées doivent pouvoir se faire entendre

avant qu'une décision ne soit prise. L'ostentation et la vantardise sont mal vues, l'ordre et la propreté sont des vertus cardinales. Même si la société civile reste profondément marquée par l'éthique protestante (sobriété, liberté de conscience, responsabilité individuelle...), les habitants ont bien changé et forment une des nations les plus athées du monde !

Pays-Bas, terre d'accueil ?

Le fait de vivre retranché derrière les digues a sans aucun doute influencé la culture néerlandaise. Il est clair que les Néerlandais recherchent volontiers les arrangements dont le détail remporte la pleine adhésion de toutes les parties. Les visiteurs étrangers ne manquent pas de remarquer le niveau élevé d'organisation dans tous les domaines de la société. Cette recherche systématique du consensus se manifeste dans la modération des exigences salariales, la tolérance sociale et la coopération des organisations patronales, des syndicats et du gouvernement. Cette approche a été désignée dans les années 1990 par une expression inspirée du milieu géographique : le « ***modèle du polder*** ».
Cependant, au début du XXIe s, les Néerlandais commencent à douter de l'efficacité de cette approche. Un des champions de cette remise en question, Pim Fortuyn, assassiné en 2002 juste avant les élections législatives, a fait un tabac en rassemblant les mécontents de l'immigration derrière un slogan : *Holland is vol !* (« La Hollande est pleine ! »). Ses partisans remettaient en cause l'État providence et proclamaient la faillite de la politique d'intégration, les faibles performances économiques attisant leurs critiques. Les gouvernements suivants ont été fortement influencés par ce courant de réflexion et ont mis en œuvre une stricte discipline budgétaire ainsi qu'une révision des politiques en matière de protection sociale, d'assurance maladie, d'immigration et d'intégration.

Mutations sociales et politiques

Il est clair que la société néerlandaise est en pleine mutation. 1er signe : le nombre de voix des partis du centre, gardiens traditionnels du « modèle des polders », s'érode régulièrement au profit des partis plus marqués à gauche et à droite, sans parler du parti populiste de ***Geert Wilders.*** Aux élections législatives de 2010, celui-ci, qui avait fait campagne pour s'opposer à la « montée de l'islam » aux Pays-Bas, remporta 24 sièges à la chambre basse (contre 9 auparavant). Cette performance ne se confirma cependant pas aux élections européennes de 2014 et échoua aux législatives de 2017. Autre signe de changement : depuis octobre 2010, squatter est prohibé.
Mais avec la bipolarisation accrue du paysage politique, ce sont 2 visions du monde qui s'opposent, donnant lieu à des débats tendus. Par exemple, autour du problème fumeux du « *wiet pass* », la carte cannabis (voir dans le chapitre « Pays-Bas utile »). Celui-ci devait interdire, à partir de 2013, partout aux Pays-Bas, l'entrée des 650 *coffee-shops* aux « touristes de la drogue ». Les travaillistes du PVDA s'y sont opposés. Finalement la décision est laissée à la discrétion des villes, qui peuvent arguer de circonstances locales pour continuer d'ouvrir (ou fermer) les *coffee-shops* aux visiteurs étrangers (1,5 million par an à Amsterdam, selon les chiffres de la mairie). L'ancien bourgmestre d'Amsterdam, ***Eberhard Van der Laan,*** membre du parti travailliste (PVDA), a accordé le droit à quelques cafés/boîtes de nuit de rester ouverts 24h/24.
En juillet 2014, le ***vol MH17*** de la Malaysia Airlines, parti d'Amsterdam vers Kuala Lumpur, a été abattu au-dessus de l'est de l'Ukraine, région aux mains des séparatistes pro-russes. Comme près de 200 passagers étaient des ressortissants néerlandais, l'enquête a été confiée aux Pays-Bas. La commission d'enquête a conclu à un tir de missile sol-air de fabrication russe. La Russie et l'Ukraine se sont rejeté la responsabilité de cette tragédie.

Aux élections législatives de 2017, le « printemps patriotique » annoncé n'a pas eu lieu. Malgré un éparpillement des votes, le Parti populaire libéral et démocrate (VVD) de ***Mark Rutte,*** le 1er ministre sortant, a finalement terminé la course en tête avec 21,2 % des voix devant les « populistes de droite » du Parti de la liberté (PVV) mené par ***Geert Wilders.*** Celui-ci s'était érigé en rempart contre l'islam en promettant d'interdire le Coran, de fermer les mosquées et d'amorcer une sortie de l'Union européenne. Malgré un gain de 4 sièges, son score constitue un échec. Beaucoup d'électeurs potentiels du leader blond peroxydé ont sans doute renâclé à la dernière minute. Ainsi, la fermeté de Mark Rutte, qui avait déclaré persona non grata les ministres turcs venus faire campagne pour le président *Erdogan,* lui a sans doute ramené quelques brebis égarées.

UN MAIRE REGRETTÉ

Eberhard Van der Laan, le très populaire bourgmestre d'Amsterdam depuis 2010, est décédé en octobre 2017. Il s'était fait une réputation de non-conformiste et de tolérance en snobant Vladimir Poutine lors d'une visite officielle en 2013. Il avait pris soin de faire flotter un drapeau arc-en-ciel à la façade de sa mairie en protestation contre la politique russe à l'égard des homosexuels.

Après 209 jours de négociations, un accord a été conclu entre les 4 partis de la coalition : le parti libéral du 1er ministre, les chrétiens démocrates du CDA, les centristes du D66, et le parti confessionnel conservateur ChristenUnie (le PVV étant exclu).
L'écologiste ***Femke Halsema,*** 1re femme maire dans l'histoire d'Amsterdam, a été nommée bourgmestre en juillet 2018.
En mars 2019, aux élections provinciales, la coalition de Mark Rutte perd sa majorité au Sénat. ***En janvier 2021,*** il est contraint, avec tout le gouvernement, de démissionner 2 mois avant les élections législatives après qu'une commission a mené une enquête accusant à tort quelque 26 000 foyers de fraude aux allocations familiales. Traqués et acculés par les autorités fiscales, ils ont vu leurs droits suspendus sans préavis. ***Ce qui ne l'empêche pas de remporter les élections législatives*** 2 mois plus tard avec une écrasante majorité, sauvé par sa gestion de la crise du Covid. Il a ainsi eu toute la latitude de constituer un gouvernement de coalition.
En juillet 2021, une dizaine de jours après avoir été blessé par balles dans une rue d'Amsterdam, le journaliste Peter R. de Vries est décédé à l'âge de 64 ans. Enquêteur opiniâtre et talentueux, il avait contribué à résoudre plusieurs affaires classées par la police et à faire arrêter Willem Holleder, criminel notoire qui avait participé à l'enlèvement du richissime Freddy Heineken. Son zèle à démanteler un réseau de trafic de cocaïne lui a valu de se trouver dans le viseur de la mafia. Mais l'enquête n'est pas encore bouclée.

MÉDIAS

Votre TV en français : TV5MONDE, la 1re chaîne culturelle francophone mondiale

Avec ses 10 chaînes et ses 14 langues de sous-titrage, TV5MONDE s'adresse à 353 millions de foyers dans 198 pays par câble, satellite et sur IPTV, et est présent dans plus de 3 millions de chambres d'hôtels. Vous y retrouverez de l'information, du cinéma, du divertissement, du sport, des documentaires...
Préparez votre séjour grâce à son site de voyage • *voyage.tv5monde.com* • et, sur place, restez connecté avec les applications et le site • *tv5monde.com* •
Demandez à votre hôtel le canal de diffusion de TV5MONDE.

PATINAGE

Les Hollandais sont les rois incontestés de la glisse... à plat. Dès que le thermomètre descend au-dessous de zéro quelques jours, tous les canaux, fossés, lacs et étangs se couvrent d'une couche de glace, de plus en plus fine avec les années, réchauffement climatique oblige. Grosse frustration : il n'a plus fait assez froid pour geler les canaux depuis plusieurs années... En 2009, un ministère a donné congé à ses employés pour qu'ils profitent sans réserve des conditions favorables ! Rebelote en 2012, où des températures extrêmes permirent aux patineurs et piétons de reprendre possession de leurs chers canaux. Ce fut, comme toujours, l'occasion de grandes réjouissances et de fêtes de voisins organisées... à même la glace !
Cet engouement ne date pas d'hier. Allez dans les musées jeter un coup d'œil aux tableaux de ***Hendrik Avercamp,*** le spécialiste des scènes d'hiver : les Hollandais du Siècle d'or chaussaient déjà leurs patins en famille à la 1re gelée, les plus jeunes utilisant une mâchoire de porc comme traîneau. Aux Jeux olympiques d'hiver, leurs descendants raflent les médailles dans des disciplines aussi exigeantes que le *short-track.* Il faut dire qu'on recense plus de 1 200 clubs de patinage et que, quand le temps le permet, est organisée une compétition particulièrement éprouvante de 200 km, la ***Elfstedentocht,*** reliant 11 villes frisonnes dans une ambiance particulièrement fervente. Cette course est au patinage ce que la *Vasaloppet* scandinave est au ski de fond. Avec le réchauffement climatique, les conditions pour organiser la course se font rares : la dernière édition remonte à... 1997.

PEINTURE HOLLANDAISE

Jérôme Bosch, peintre cryptique

Né à Aix-la-Chapelle vers 1453, dans une famille d'artistes peintres, ***Hieronymus Van Haken*** passa toute sa vie à Bois-le-Duc, *Hertogenbosch* en flamand, une cité commerçante prospère du Brabant septentrional. Il évolue au sein d'une société dans laquelle se côtoient paysans et marchands, pauvres et fortunés, petites gens et grands dignitaires laïcs et cléricaux... On ne sait pas grand-chose sur sa vie, si ce n'est qu'il était à la tête d'un atelier reconnu et qu'il était membre laïc de la confrérie Notre-Dame qui rendait un culte particulier à la Vierge.
Bosch est certainement l'un des artistes les plus énigmatiques de l'histoire de l'art. Il est l'héritier de ses aînés flamands, comme *Van Eyck, Van der Goes, Van der Weyden* ou encore *Dieric Bouts,* et ses peintures, qui hésitent entre gothique et Renaissance, utilisent un langage symbolique particulier. Homme cultivé et grand observateur de son époque, il fait preuve d'une imagination hors du commun et réalise une œuvre qu'on ne peut appréhender qu'en s'intéressant au contexte social, religieux et culturel de son époque.
La 2de moitié du XVe s dans le nord de l'Europe connaît une intense frénésie religieuse où l'on attend avec crainte la fin des temps annoncée par les Écritures, une peur attisée par le clergé. L'Inquisition s'attaque aux sorcières et aux alchimistes, les critiques envers le catholicisme romain apparaissent, les sectes en tout genre prolifèrent et les condamnations au bûcher en place publique sont fréquentes.
Bosch est croyant, mais il rejette aussi bien le peuple laïc que les membres du clergé corrompu. Pour lui, l'homme vit dans le vice et le plaisir facile, qu'il soit prêtre ou paysan. La majorité des scènes qu'il représente dénonce l'existence de ses contemporains auxquels il n'offre qu'une perspective : les flammes de l'enfer. Son imagination débordante s'exprime dans un style foisonnant où des créatures fantastiques (animaux, êtres humains, végétaux) évoluent dans des mondes sortis directement de ses visions hallucinées.

Dans ses tableaux les plus insolites, les motifs qu'il met en scène convoquent une imagerie liée à l'alchimie, la sorcellerie et à la mythologie religieuse. Celui que l'on a appelé le *faiseur de diables* disparaît vers 1516. Son influence se lit dans la peinture flamande, en particulier dans les tableaux de *Pieter Bruegel l'Ancien.* Jérôme Bosch est ensuite oublié pendant 4 siècles. Son œuvre sera finalement redécouverte au XXe s et jouera un rôle incontestable dans le travail du mouvement surréaliste.

Rembrandt, de l'ombre à la lumière... à l'ombre

Rembrandt, c'est son prénom. Son nom de famille : Van Rijn. Il est né à ***Leiden,*** ville située à 41 km d'Amsterdam, en 1606. Huitième d'une fratrie de 10 enfants, il est inscrit par son père, le meunier de la ville, dans une école calviniste où il découvre le dessin. Après un court passage à la faculté de philosophie qui l'ennuie, il entre en apprentissage à 15 ans chez le peintre *Jacob Van Swanenburg*. Il quitte Leiden pour Amsterdam, où il travaille pendant 6 mois dans un atelier. Retour au pays en 1625. À 19 ans, Rembrandt se met à son compte et, 2 ans plus tard, de nombreux élèves gravitent déjà autour du jeune maître. Il reçoit sa 1re commande importante, provenant de la corporation des chirurgiens, *La Leçon d'anatomie du docteur Tulp* (1632). Cette toile lui apporte une certaine notoriété. Il s'installe définitivement à ***Amsterdam*** la même année.

La renommée de Rembrandt connaît un essor foudroyant grâce au contrat passé avec le marchand d'art *Hendrick Van Uylenburgh*. Rembrandt tombe éperdument amoureux de la nièce de celui-ci, la jolie et fortunée ***Saskia,*** qui devient son modèle favori, puis son épouse en 1634. Tout lui sourit : argent, bonheur, gloire. ***À 33 ans, il est riche et célèbre.*** En 1639, le fils du meunier de province achète une grande maison bourgeoise dans le quartier juif, s'y installe avec Saskia et y ouvre un atelier toujours rempli d'élèves. L'un des plus célèbres, ***Gérard Dou,*** s'écarte pourtant radicalement de son maître en développant un goût pour la précision et le détail.

> **TOMBÉ BIEN BAS !**
>
> *Ayant toujours vécu sur un grand pied, Rembrandt fut contraint de vendre la tombe de Saskia, sa 1re femme, pour payer l'enterrement de sa maîtresse.*

En plein bonheur arrive la « série noire » : vers 1640, il perd sa mère et 3 de ses enfants disparaissent en bas âge. Son fils ***Titus,*** né en 1641, est le seul à survivre. En 1642, alors qu'il achève son chef-d'œuvre, *La Ronde de nuit,* sa femme ***Saskia meurt de tuberculose*** à 30 ans. Ce sera un tournant crucial dans son existence. De plus, *La Ronde de nuit* a déplu à ses commanditaires. Rembrandt mène dès lors une vie dissolue, accumulant les spéculations ratées, dépensant sans compter pour ses collections personnelles, errant dans les environs d'Amsterdam à la recherche de croquis. Las des commandes de corporations, il peint de nombreuses scènes bibliques (*Les Pèlerins d'Emmaüs* en 1648, *Bethsabée* en 1654). Celui qui se représentait, hier, comme un cavalier élégant coiffé d'un béret à plume est devenu un artiste solitaire, mystique et visionnaire.

Une nourrice, nommée ***Geertje Dircx,*** vient vivre dans la grande maison de la *Jodenbreestraat* pour s'occuper de Titus. Elle devient la maîtresse du peintre. Celui-ci engage également une jeune femme de ménage, de 20 ans sa cadette, nommée ***Hendrickje Stoffels.*** Vous devinez la suite ? Elle devient la maîtresse du maître. *Geertje* le fait comparaître en justice pour rupture de promesse de mariage, avant d'être placée dans une sorte de maison de correction à Gouda, pour avoir mis en gage les bijoux de Saskia.

Ce nouveau concubinage, jugé libertin dans la Hollande puritaine d'alors, attire les foudres de l'Église calviniste. En 1654, alors que *Hendrickje* est enceinte de leur fille *Cornelia,* Rembrandt est exclu des sacrements et se rapproche de la secte

mennonite, qui conteste le pouvoir temporel de l'Église. En 1656, il fait faillite. Ses biens et sa maison sont mis en vente. Il déménage et s'installe dans une modeste maison du *Rozengracht,* dans le quartier du *Jordaan*.
Alors qu'il continue à peindre avec acharnement *(Les Syndics des drapiers, Saül et David, L'Enfant prodigue, La Fiancée juive),* sa compagne et son fils ***Titus*** fondent ensemble un commerce d'art. Les commandes arrivant de nouveau, le maître retrouve une certaine prospérité. Fidèle à son habitude, il vend cher ses œuvres et refuse farouchement de les retoucher.
Une nouvelle et ultime période sombre débute avec le décès de *Hendrickje* en 1663, emportée par la peste. 4 ans plus tard, Titus se marie, mais il meurt à l'automne de la même année. Cette fois, Rembrandt connaît la vraie solitude. Sa peine est si lourde qu'il s'éteint le 4 octobre 1669, dans l'indifférence générale de ses concitoyens. Il a 63 ans. On l'enterre dans une fosse commune à Amsterdam dans l'église *Westerkerk*. Sa tombe n'a jamais été retrouvée.
Pourquoi Rembrandt est-il considéré non seulement comme le plus grand peintre hollandais, mais aussi comme l'un des plus puissants génies de l'histoire de la peinture ? Pour 2 raisons essentielles : il est l'inventeur d'une ***technique audacieuse appelée le « clair-obscur ».*** Avant Rembrandt, seul le Caravage avait eu l'idée de juxtaposer aussi violemment des couleurs sombres et des couleurs claires. Mais contrairement à celui-ci, le peintre hollandais évite les contrastes brusques. Le regard est attiré par l'éclat d'un visage – ou seulement sur une partie de celui-ci – qui semble surgir de l'obscurité, comme éclairé par l'emploi d'une peinture souvent épaisse, texturée. Marier la lumière et l'ombre, la clarté et l'obscurité (la vie et la mort ?), voilà l'invention géniale de Rembrandt. L'autre raison tient à son caractère, à sa vision du monde et des êtres. À l'instar de *Dostoïevski,* auquel *Malraux* le comparait, Rembrandt ne se contente pas de représenter les choses, il se jette corps et âme dans la création. Avec lui, la peinture européenne s'interroge pour la 1re fois sur l'homme. On ne décore plus, on n'idéalise plus. On explore les profondeurs de l'âme pour y chercher l'essence du monde, et peut-être approcher l'idée de Dieu.

UNE PRODUCTION CONTESTÉE

Le 1er catalogue de 1836 recensant l'œuvre de Rembrandt comprend 600 tableaux. Au début du XXe s, on dépassait les 1 000. Comment un seul peintre a-t-il pu abattre un tel travail ? En 1968 se constitua le Rembrandt Research Project, *qui rassemblait les meilleurs historiens et experts. L'enjeu était de taille : un Rembrandt peut atteindre 30 millions de dollars ! Depuis, certains tableaux, et non des moindres, ont été attribués à ses meilleurs élèves. Normal qu'il y ait eu confusion : souvent le maître signait de sa main des œuvres des membres de son atelier chargés de réaliser des commandes.*

Vermeer ou le sublime dans la banalité

Parmi les grands maîtres du XVIIe s hollandais, ***Johannes Vermeer*** (1632-1675) est le seul dont on peut dire qu'il ne commença à exister que 200 ans après sa mort. D'ailleurs, c'est un obscur critique d'art français qui redécouvrit son œuvre à la fin du XIXe s. Contrairement à Rembrandt, qui laissa des centaines de toiles, on ne connaît de lui qu'à peine ***37 tableaux.***
Vermeer peint les scènes de la vie quotidienne avec douceur et poésie. Chez lui, on s'émeut même devant l'ombre formée par un clou dans un mur minable ! Signe particulier de l'artiste : n'aime ni la foule ni le bruit. C'est pourquoi certains le dénomment « peintre du silence ». Cet oiseau rare est du genre magicien introverti, capable de faire de l'or avec de la vulgaire ferraille...

Drôle de lascar quand même. Il abhorre le mouvement et le passé. Il adore les choses les plus ordinaires, la banalité quotidienne qu'il transforme en merveilleux. Pas de mythologie, une seule scène biblique *(Le Christ chez Marthe et Marie),* nulle fresque grandiose et surtout pas de portraits de groupe, chers à Rembrandt ou Hals, par exemple. Aucun exotisme chez ce sédentaire indécrottable. Lui, ce qu'il aime par-dessus tout, c'est la quiétude rassurante : une ruelle vide ou des maisons de sa ville natale, une jeune fille avec un turban, une femme qui verse du lait dans un récipient, une autre qui lit une lettre *(La Lettre d'amour),* pour ne citer que ses chefs-d'œuvre.

À VOLEUR, VOLEUR ET DEMI

Hermann Göring avait fait main basse sur des milliers de tableaux dans les musées et spoliés aux familles juives. À la Libération, on arrêta un certain Van Meegeren pour lui avoir vendu un Vermeer. Un faux, prétendait-il pour sa défense. Pour le prouver, il en peignit un autre dans sa cellule. Ce fut convaincant. Au lieu d'être exécuté pour collaboration, il n'écopa que d'un an de prison pour... escroquerie.

De nos jours, il raflerait tous les prix mondiaux de photographie rien que par son sens des plans, des cadrages et de la lumière. Cela s'explique par l'emploi, très probable, d'une *camera oscura,* l'ancêtre de l'appareil photo. Pour s'en convaincre, analyser, par exemple, *La Lettre d'amour.* Le peintre donne l'impression de s'être caché dans une autre pièce afin de mieux épier la conversation entre la bourgeoise et sa servante. Autre signe particulier de Vermeer : les couleurs. Il en utilise beaucoup et très subtilement. Moderne dans ses alliances, il joue avec le jaune orangé et le bleu-violet, sans oublier les verts mer (pas de jeux de mots idiots, s'il vous plaît).

Hormis un autoportrait – dans lequel on ne le voit quasiment pas d'ailleurs –, Vermeer ne s'est pas peint et ne parle pas de lui. Il est né à Delft (la ville de la faïence), puis s'est installé à La Haye comme marchand d'art. Et il a commencé tout simplement en peignant des prostituées, des joueurs, des entremetteuses... Enfin, ceux qui cherchent le « petit pan de mur jaune » (cité par Proust) de la fameuse *Vue de Delft,* feront le détour au ***Mauritshuis*** de La Haye. Ce fabuleux musée abrite aussi la célèbre *Jeune Fille à la perle.*

CONVERGENCE D'INTÉRÊTS

Peintre prudent et avisé, Vermeer choisit Antoine Van Leeuwenhoek, un fabricant de lentilles (inventeur aussi du microscope) comme exécuteur testamentaire. Il est vrai qu'il avait grandement besoin du savant pour concevoir et perfectionner la camera oscura *indispensable à sa peinture.*

Frans Hals, le peintre de la vie

Un joyeux drille, ce ***Frans Hals !*** Généreux en tout, il se maria 2 fois et eut 7 enfants qui, comme papa, furent tous peintres. Né entre 1580 et 1585 selon les sources, à Anvers probablement (on ne sait pas exactement non plus), il vécut à ***Haarlem*** (à 24 km d'Amsterdam) où se trouve l'actuel musée qui porte son nom. Son existence fut assez tumultueuse : un goût certain pour la boisson, divers petits scandales, qui le menèrent devant la justice, et une fin de vie dans l'indigence et l'endettement.

Si Rembrandt, son contemporain, fut en quelque sorte le « témoin de l'âme » et Vermeer le « peintre du silence », Frans Hals fut celui « des instincts triviaux ». Il aimait la fête et les bons vivants, comme en témoignent de nombreux tableaux. Dans l'un des plus célèbres, ***Le Joyeux Buveur*** (1628) exposé au *Rijksmuseum* d'Amsterdam, on y voit un garde au regard trouble qui nous salue de la main

droite, l'autre tenant un verre de vin. Voilà peut-être le 1er portrait d'ivrogne de l'histoire de la peinture hollandaise ! On lui doit aussi de ***nombreux portraits*** plus classiques, commandés par les riches familles de notables de l'époque. Sa série de tableaux appelée ***Les Gardes civiques*** montre ces hommes d'armes à la parade ou réunis autour d'une table de banquet.
Précurseur de l'impressionnisme, 2 siècles avant son avènement, Frans Hals peignait à grands coups de pinceau rapides. Les détails ne sont pas aussi fignolés que chez Vermeer. La lumière n'a pas l'intensité des clairs-obscurs de Rembrandt. Le génie de Frans Hals réside dans sa capacité à retranscrire les émotions de ses personnages, saisissant des expressions très spontanées, pleines de vie et de réalisme.

Les autres peintres classiques hollandais

Alors que les navires hollandais sillonnent toutes les mers, Amsterdam devient au XVIIe s la capitale commerciale, financière et artistique de l'Europe. Ce formidable essor économique se traduit dans le domaine des arts par une explosion de la peinture. Contrairement à la France ou à l'Italie, où l'Église et les princes jouent le rôle de mécènes, aux Pays-Bas, ce sont les ***riches marchands*** et les ***corporations*** qui commandent des œuvres aux peintres. Pas de scènes de cour, pas de luxe tapageur, les sujets représentés sont toujours inspirés de la réalité, parfois la plus prosaïque. Scènes d'intérieur, familles de marchands, corporations, paysages, vie quotidienne, marines, etc. Au *Siècle d'or,* la peinture hollandaise invente le réalisme et, pour la 1re fois, elle se démocratise. On trouve des toiles non seulement dans les maisons de la bourgeoisie, mais aussi chez les gens modestes. Pour répondre à cette énorme demande de peintures, il n'y avait pas seulement Rembrandt, Vermeer et Frans Hals, d'autres peintres ont contribué à la notoriété de l'école hollandaise.

Fin du Moyen Âge

Au XVe s, le peintre le plus important de cette époque est ***Geertgen tot Sint Jans*** (1460/1465-1488/1493).

Renaissance et maniérisme

Au XVIe s, la Renaissance est arrivée aux Pays-Bas un siècle après l'Italie. Un grand peintre célèbre pour *L'Adoration du veau d'or* : ***Lucas Van Leyden*** (1494-1533).

Le Siècle d'or

Des peintres du XVIIe s, on vous a déjà parlé des 3 grands, mais il y en a de nombreux autres, présentés ici par genres.
– *Le paysage :* ***Hendrick Avercamp*** (1585-1634) est connu pour son *Paysage d'hiver avec patineurs,* un tableau qui fourmille d'anecdotes cocasses. Il faut admirer les toiles de ***Hobbema*** (1638-1709), qui montre la Hollande à travers des paysages de plaines, de chaumières et de moulins noyés dans la brume. Mais le plus grand paysagiste, c'est ***Jacob Van Ruysdael*** (1628/1629-1682). Remarquez chez lui l'immensité du ciel (nuageux) et la lumière oblique et crépusculaire (qui annonce le romantisme). Il y a aussi les paysagistes urbains : ***Saenredam*** (1597-1665) peint des intérieurs d'église très dépouillés.
– *La mer :* la grande complice des Hollandais au Siècle d'or. Parmi les nombreuses toiles, retenir les œuvres de ***Jan Van de Capelle*** (1624-1679) et de ***Willem Van de Velde le Jeune*** (1633-1707). Les scènes de batailles navales contribuaient à une forme de propagande destinée à asseoir la réputation de puissance maritime des Pays-Bas.
– *Natures mortes :* il y en a de très belles, révélatrices de la richesse du savoir-vivre à cette époque de prospérité. Certaines rappellent les règles à observer

face à la mort : les « vanités », compositions moralisatrices truffées de symboles cachés. Voir les toiles de ***Pieter Claes*** (1597/1598-1661) et de ***Willem Heda*** (1594-1680).
– *Peinture de genre :* son chef de file, ***Jan Steen*** (1626-1679), tenait une auberge pour faire vivre sa famille. Rien d'étonnant, donc, à ce qu'il s'en soit inspiré pour représenter des scènes de beuveries populaires, *La Joyeuse Famille,* ou des scènes d'intérieur pleines d'humour et non dénuées de moralisme. Il y a même une expression locale qui lui rend hommage : « un ménage à la Jan Steen », pour désigner une famille où règne le désordre. Citons également ***Van Ostade*** (1610-1685), ***Gérard Dou*** (1613-1675), qui fut un élève de Rembrandt, ***Gérard Ter Borch*** (1617-1681) et ***Pieter de Hooch*** (1629-1684). Mais à la différence de Jan Steen, qui peignait les paysans et le petit peuple, ceux-ci travaillaient pour les plus fortunés.

VANITAS VANITATIS

Les peintres hollandais de l'époque baroque sont passés maîtres dans la peinture de natures mortes : ensembles floraux, tables opulentes couvertes de victuailles... Pourtant nombre d'entre elles sont des vanités à haute valeur symbolique ; un genre très pratiqué tant chez les calvinistes que chez les catholiques. Ces représentations picturales où foisonnent les insectes, les fruits abîmés ou les pétales flétris évoquent la précarité de la vie et la futilité des occupations humaines soumises à la fuite du temps. Parmi tous ces objets allégoriques, le crâne humain, symbole de la mort, est l'un des plus courants.

Vincent Van Gogh

Les débuts

Vincent Van Gogh naît le 30 mars 1853 au presbytère de *Groot Zundert*, dans le Brabant, dans une famille de l'ancienne bourgeoisie. Le père est pasteur, 3 des oncles marchands de tableaux, un 4e amiral.

En 1869, à La Haye, Van Gogh travaille chez Goupil, une galerie d'art. Il vit très isolé, enferré dans une timidité farouche, tandis que sa connaissance un peu fanatique de la Bible effraie son entourage. Congédié par Goupil à cause de ses bizarreries, il exerce successivement le métier d'instituteur stagiaire en Angleterre et de vendeur en librairie à *Dordrecht*. Il se met à étudier la théologie pour être pasteur, mais là aussi, ses outrances compliquent ses rapports avec le clergé et la population. Il s'installe comme évangéliste volontaire dans le décor minier du Borinage en Belgique, mais sa générosité, ses liens fraternels avec les mineurs, dont la pauvreté le bouleverse, indisposent les autorités.
Ce n'est qu'à l'âge de 27 ans qu'il décide de devenir peintre, avec la complicité et l'aide matérielle de son frère, ***Théo.*** Autodidacte, il commence par reproduire des dessins de ***Millet,*** notamment ses scènes de la vie paysanne. En 1886, il rejoint Théo à Paris, où il fait la connaissance de peintres tels que ***Toulouse-Lautrec,*** qui fait de lui le très beau portrait qu'on peut voir au ***Stedelijk Museum*** d'Amsterdam. C'est à Paris que Van Gogh découvre l'enchantement de la couleur claire et les estampes japonaises.

VAN GOGH, PEINTRE MALGRÉ LUI

Très jeune et déjà mystique, il fréquenta un séminaire évangélique. Puis il enseigna la parole divine dans le milieu pauvre des mineurs du Borinage en Belgique. Prenant fait et cause pour ce prolétariat, il se vit refuser sa nomination de pasteur par sa hiérarchie. Dépité, il se consacra à la peinture.

De Paris à Arles, de Saint-Rémy à Auvers-sur-Oise

Mais après les premiers enthousiasmes, Van Gogh prend Paris en horreur et décide de s'installer à ***Arles,*** en 1888. Au cours de ce printemps, il s'enivre de soleil et de lumière, ce qui n'arrange pourtant pas son aliénation. ***Gauguin*** le rejoint pendant l'été, mais l'état de santé mentale de Van Gogh va en empirant et il doit faire, une 1re fois à sa demande, une autre fois à la suite d'une pétition des habitants de son quartier, 2 séjours à la maison de santé de ***Saint-Rémy.*** En décembre, le peintre s'automutile en se tranchant l'oreille.

Se jugeant, en 1890, en bonne voie de guérison, il revient à Paris pour revoir son frère, qui vient de se marier. Pissarro lui conseille de s'installer à ***Auvers-sur-Oise*** auprès du ***docteur Gachet,*** qui saura peut-être le guérir. Mais son état s'aggrave : sa mauvaise conscience vis-à-vis de son frère et l'intime conviction que, quoi qu'il fasse, il est un « raté » le poussent au suicide le 27 juillet 1890. Son frère meurt le 21 janvier de l'année suivante. Tous deux sont enterrés à Auvers.

VAN GOGH NE SE SERAIT PAS SUICIDÉ

En 2011, une nouvelle biographie du peintre a évoqué l'hypothèse d'une mort accidentelle. Van Gogh aurait été blessé d'un coup de fusil involontaire, provoqué par un duo d'adolescents qu'il connaissait bien. Il aurait alors décidé d'endosser la responsabilité de l'accident pour les protéger. Van Gogh n'aurait pas cherché activement à mourir, mais face à cette issue, il l'aurait acceptée « pour l'amour de son frère, pour lequel il était un poids financier ».

La peinture de Van Gogh

Il a peint plus de 800 tableaux pendant une période qui s'étend, tout au plus, sur 10 années. Van Gogh est un cas unique dans l'histoire de la peinture – Rembrandt excepté, sans doute –, et l'on pourrait, à partir de ses tableaux, retracer les étapes de sa brève existence. Amour de la vie mêlé à un profond mal de vivre y transparaissent avec une violence inouïe. La liberté dans les formes, la vibration de la lumière et l'intensité chromatique racontent les tiraillements de son âme. « La couleur par elle-même exprime quelque chose », a-t-il dit. Ce qui allait devenir le principe fondamental du fauvisme était, en ce qui le concernait, une évidence.

S'il a peint tant d'étoiles, tant de soleils – y compris les tournesols –, c'est que le jaune, « la haute note jaune », est pour lui le symbole de la foi, de l'espérance et de l'amour. S'il veut exprimer « les terribles passions humaines », il emploie les verts et les rouges ; les traits noirs ne sont pas là dans un but plastique, mais parce qu'ils traduisent un « petit peu d'angoisse ». Il a commencé par utiliser les bruns et les noirs parce qu'il ne pouvait traduire autrement le dur labeur quotidien des populations misérables du Borinage. D'autres avant lui avaient peint les petites gens, mais sans jamais atteindre ce paroxysme de révolte et de passion difficilement contenues.

À ***Paris,*** au contact des impressionnistes, ses couleurs deviennent très claires, sa peinture semble se libérer, mais c'est à Arles, où il peint « avec toute la lucidité et l'aveuglement d'un amoureux », que vont naître les grandes œuvres. À partir de 1889, la couleur explose, les larges coups de pinceau montrent le désarroi

LE TUBE DU SIÈCLE

Autrefois, les paysagistes réalisaient des croquis in situ, mais finalisaient leur toile en atelier, faute de pouvoir conserver les couleurs (un mélange instable de pigments et de liants). Tout change au milieu du XIXe s avec l'invention du tube de peinture en étain. Les artistes peuvent enfin transporter les couleurs et réaliser leur œuvre en pleine nature en laissant libre cours à leur imagination. Une révolution qui favorisera la naissance de l'impressionnisme !

de son esprit qui sombre dans une folie d'autant plus cruelle qu'elle est intermittente. Les cyprès, les oliviers, les tournesols, les personnages, tout tordus et tendus, ne sont que l'expression de ce qui, en lui, se consume de souffrance, de passion, de recherche du dépassement.

Les peintres du XXe s

L'art hollandais ne s'arrête pas avec Van Gogh. Bien au contraire : le XXe s a vu éclore plusieurs écoles d'où ont émergé des pointures remarquables.
Une des écoles les plus marquantes a sans doute été ***De Stijl,*** qui signifie tout bêtement « style ». Mouvement artistique né en 1917 autour d'une revue et d'un manifeste pour « un renouvellement radical de l'art », à l'instigation de ***Theo Van Doesburg*** et ***Piet Mondrian.*** De Stijl prône une architecture rationaliste, géométrique et plastique où la peinture doit jouer le 1er rôle. L'idée du groupe est de mettre en pratique les théories mathématiques de Mondrian sur la représentation picturale de l'essence des choses.
Rejetant l'aléatoire, *De Stijl* exalte l'emploi des 3 couleurs primaires en compagnie du noir, du gris et du blanc que parcourent des lignes droites à composante orthogonale. *Van Doesburg* saborde le mouvement en 1924 et rompt, au propre et au figuré, avec *Mondrian* en substituant des plans inclinés à un équilibre horizontal/vertical (c'est ce qui s'appelle voir les choses sous un autre angle !), puis en publiant en 1926 un nouveau manifeste, l'*élémentarisme,* axé sur une recherche de la dynamique.
Au-delà de ces querelles d'école, *De Stijl* a laissé des traces durables dans l'art contemporain, bien sûr, mais aussi dans l'architecture (le ***Bauhaus***), le mobilier, la décoration ou la publicité.

Piet Mondrian (1872-1944)

Prof de peinture à 20 ans, il passe du paysagisme académique au fauvisme. Sous l'influence de *Toorop* et *Seurat,* il s'intéresse quelque temps à la théorie divisionniste de la lumière, puis, à Paris, de 1912 à 1914, plongé dans les débuts du cubisme, il participe pleinement à l'émergence de l'abstraction. De retour en Hollande pendant la guerre, il épure sa peinture et utilise des couleurs plus éclatantes. En 1917, il signe avec *Theo Van Doesburg* le manifeste du mouvement ***De Stijl,*** ainsi que quelques articles retentissants, fondateurs du nouveau credo pictural. Il réalise ses œuvres les plus connues entre 1920 et 1940, ces compositions abstraites sur fond blanc, coupées par des lignes noires à angle droit, qui séparent ces grands aplats géométriques de couleurs primaires.
Il s'exile à ***New York*** en 1940 suite aux bombardements de Londres où il vivait alors, et trouve dans cette ville une énergie qui lui sied bien. Passionné de jazz, il signe quelques œuvres autour de ce thème, dont *Victory Boogie Woogie,* qui restera inachevé à sa mort, en 1944.
Mondrian ne s'est pas contenté d'ouvrir la voie à un nouveau langage pictural, il a aussi créé de nombreux meubles – toujours fidèle à ses lignes géométriques et ses sempiternelles couleurs primaires –, d'une grande modernité. Sans oublier son influence dans la pub (la ligne de parfum Courrèges et le design anguleux des années 1960), et la célèbre « robe Mondrian » d'***Yves Saint Laurent,*** pop à souhait, qui demeure l'un des best-sellers de l'histoire de la mode.
La plus grande collection de ses œuvres peut être admirée au splendide ***Kunstmuseum Den Haag*** de La Haye.

Maurits Cornelis Escher (1898-1972)

Un des graphistes et graveurs les plus marquants du XXe s, dont beaucoup connaissent l'œuvre sans forcément connaître le nom. Après des voyages en Italie, dont les paysages urbains marqueront son imaginaire, il s'adonne à la gravure sur bois, y organisant un monde visible aux confins du fantastique où les éléments

et les structures spatiales s'imbriquent et se répètent à l'infini. Dans une sorte de délire géométrique, ses décors métamorphosés forment d'étranges boucles, où des cours d'eau s'autoalimentent, et où des personnages gravissent des escaliers interminables pour se retrouver en fin de parcours à leur point de départ. Escher s'exerce aussi à des mosaïques d'éléments organiques dont la répétition présente d'infimes variations. Escher s'apparente aux surréalistes en forçant le spectateur à envisager une autre réalité.
À voir : le musée ***Het Paleis,*** qui lui est consacré, à La Haye.

Kees Van Dongen (1877-1968)

Batave naturalisé français, établi à Paris dès l'âge de 20 ans, il débuta comme illustrateur-caricaturiste pour *L'Assiette au beurre, Frou-Frou* ou *L'Indiscret.* Influencé par *Matisse* et *Van Gogh,* il donne des couleurs à sa palette, adhère au groupe des Fauves, puis se rapproche des tendances expressionnistes allemandes du mouvement ***Die Brücke.*** Après avoir croqué les travers de la Belle Époque, il se spécialise dans la description des guinguettes, du cirque, des cabarets. Mais ce sont les femmes qui lui ont inspiré ses œuvres les plus célèbres, souvent représentées avec de grands yeux dévorant leurs visages menus. Qu'elles soient élégantes ou trop fardées, elles apparaissent sensuelles, érotiques parfois. C'est le peintre du « peindre cru », des grands aplats de couleurs riches, et de la matière. Très en vogue dans le Paris de Montparnasse de l'époque, il se complaît dans les mondanités en devenant le portraitiste de la faune tropézienne, dont une célébrissime *Brigitte Bardot* en 1954. Il dira : « Pour leur plaire, il suffit de les amincir et de grossir leurs bijoux ! »

PERSONNAGES

– ***Hendrik Petrus Berlage*** *(1856-1934)* **:** le plus connu des architectes des Pays-Bas. Adepte des formes simples, il construit en 1898 la *Bourse d'Amsterdam*, édifice sobre et monumental inspiré par l'architecture romane. Il est la figure centrale de l'école d'Amsterdam, qui conçoit l'extension du sud de la ville comme un projet intégrant l'espace dans un ensemble urbain composé de formes et de matériaux inspirés de la tradition locale, en opposition à la vogue des cités-jardins de l'époque. Partisan d'un équilibre stylistique alliant valeur sociale de l'art et adéquation entre formes et contenus, il fut aussi l'un des premiers à faire connaître l'architecte américain *Frank Lloyd Wright* en Europe.
– ***Louis Bonaparte*** *(1778-1848)* **:** roi de Hollande de 1806 à 1810, il fut un souverain plus patriote que ses sujets en s'opposant au blocus de l'Angleterre imposé par l'Empereur, aux levées d'impôts et à la conscription forcée dans les armées de la France. Il faut dire qu'il avait de quoi se rebiffer : Napoléon, son cher frère, lui avait refilé **Hortense de Beauharnais** contre son gré. Révoqué comme un vulgaire préfet, il passa sa vie en exil, prenant quand même le temps de faire 3 fils à sa volage épouse, dont l'un devint Napoléon III. Belle revanche ! Les Hollandais lui conservent une reconnaissance attendrie.
– ***Johann Cruijff*** *(1947-2016)* **:** le Hollandais volant aux pieds d'or était le chef de file d'une génération dorée du foot hollandais, propulsant l'équipe de l'Ajax Amsterdam vers les sommets européens, puis l'équipe nationale batave au 1er rang des nations du ballon rond en échouant par 2 fois en finale de la Coupe du monde. Entraîneur, notamment à Barcelone, mais aussi accro à la nicotine, il devint un champion de la Ligue antitabac après avoir connu un accident cardiovasculaire, mais c'est la cigarette qui finit par avoir le dernier mot. Dans son sillage, et par le biais d'une politique de formation des jeunes performante, le foot hollandais a fait éclore une pléiade de joueurs de talent : *Van Basten, Rijkaard, Davids, Van Nistelrooy, Robben, Kuyt* et *Van Persie...* Cruijff leur avait ouvert la route. Le grand stade d'Amsterdam porte désormais son nom.

– **Dave** *(1944)* **:** de son vrai nom *Wouter Levenbach*. C'est le plus parisien des Hollandais, connu pour sa gentillesse proverbiale et sa longue mèche blonde. Tour à tour routard (si, si !) en bateau sur les fleuves, guide touristique, il passe sous contrat avec Barclay à la fin des années 1960. Il connaît le succès avec *Vanina* en 1974 et *Est-ce par hasard* en 1975. Après une traversée du désert dans les années 1980, on le retrouve 30 ans après sur les plateaux.

– **Érasme de Rotterdam** *(1469-1536)* **:** fils illégitime d'un religieux et de la fille d'un médecin, son nom est indissociable de l'idée d'humanisme. Figure de proue d'une république des lettres dont le point commun était l'emploi du latin, Érasme fut aussi un nomade dans l'Europe de la Renaissance, alors que tous les princes cherchaient à se l'approprier. Ses écrits, dans lesquels il tentait une synthèse entre l'héritage spirituel de l'Antiquité et le christianisme, furent largement diffusés grâce aux progrès de l'imprimerie, et eurent un retentissement considérable. Ses échanges avec Thomas More, sa critique du Nouveau Testament qui servit de modèle à Luther, son *Éloge de la folie* et ses *Colloques* façonnèrent la pensée de ses contemporains. Mais sa volonté conciliatrice et son sens subtil de la nuance l'empêchèrent d'adhérer à la Réforme dont il avait pourtant largement préparé l'éclosion.

– **Anton Fokker** *(1890-1939)* **:** il donna son nom à une firme d'aéronautique qui fabriqua autant d'avions de chasse pour les Allemands pendant la 1re Guerre mondiale que d'avions commerciaux pour la Hollande. Né à Java, il devint un as du pilotage aux États-Unis, puis un constructeur d'aéroplanes performants. Grâce au tir à travers le pas de l'hélice, ses engins donnèrent un temps la suprématie aérienne aux pilotes du kaiser Guillaume II. Fokker est toujours l'un des fleurons industriels des Pays-Bas.

– **Anne Frank** *(1929-1945)* **:** une des figures emblématiques des victimes de l'Holocauste. Issue d'une famille juive allemande réfugiée à Amsterdam dès 1933, elle fut contrainte de se cacher avec les siens dans une soupente après les rafles de 1942. Dénoncés, tous furent déportés en 1944. Seul le père d'Anne Frank survécut. Le journal de sa fille, retrouvé sur les lieux de leur planque, consignait tous les événements de cette vie recluse avec ferveur et force de caractère. Des révisionnistes avancèrent l'idée d'un faux sans apporter la moindre preuve. Ne pas manquer de visiter la maison d'Anne Frank à Amsterdam.

ET LA FILLE STUPÉFIA SON PÈRE

Otto, le père d'Anne Frank, est un survivant des camps. À son retour en 1945, il apprit que ses 2 filles étaient mortes à Bergen-Belsen. Sa secrétaire lui remit alors le journal intime d'Anne. Il fut touché par l'incroyable maturité de sa fille du haut de ses 14 ans. Otto passa le reste de sa vie à diffuser son message de paix.

– **Guillaume Ier d'Orange, dit « le Taciturne »** *(1533-1584)* **:** père fondateur de la nation hollandaise, ancêtre de la dynastie régnante des Orange-Nassau, il se révéla un chef de guerre hardi et un homme politique avisé lors du soulèvement des Pays-Bas contre le pouvoir espagnol. Il fut le principal représentant de l'opposition nobiliaire à la couronne d'Espagne. Il finança la révolte armée contre les terribles *tercios* du *duc d'Albe,* envoyé par *Philippe II* pour éradiquer l'hérésie dans les riches Flandres. En 1568, à Bruxelles, lors d'une entrevue de conciliation avec *Marguerite de Parme,* gouvernante des Pays-Bas, les doléances des dissidents furent traitées avec dédain et qualifiées de « requêtes de gueux ». Dès le lendemain, les partisans de Guillaume arborèrent la besace et l'écuelle, symboles de la révolte. Il fallut encore à Guillaume plusieurs années de lutte et de guérillas sanglantes avant sa nomination de *stadhouder* (protecteur) de Hollande, Zélande et Utrecht. En 1577, Guillaume, converti au calvinisme mais partisan de la tolérance religieuse, fit une entrée victorieuse à Bruxelles et à Anvers. La *Pacification* *de Gand* avait jeté les bases d'une confédération politique garantissant la liberté de culte ; malheureusement, le fanatisme des iconoclastes protestants torpilla ces bonnes intentions. Les provinces catholiques du Sud se désolidarisèrent du projet d'union politique et formèrent *l'Union d'Arras* en 1579, et celles du Nord, en majorité protestantes, s'associèrent en Union d'Utrecht et déchurent le roi d'Espagne de sa souveraineté. Guillaume tomba au ***Prinsenhof*** de Delft en 1584, victime d'un tueur, *Balthazar Gérard,* à la solde d'Alexandre Farnèse, le nouvel homme fort du roi d'Espagne.

– ***Christiaan Huygens*** *(1629-1695)* **:** physicien, mathématicien et astronome de très grand renom, un des génies scientifiques les plus féconds de son temps. Il vécut à Paris de 1665 à 1680. En plus d'une étude sur les anneaux de Saturne, il a œuvré à parfaire les connaissances de son époque en matière de calcul des probabilités, de la mesure du temps (il mit au point le mécanisme de pendule comme régulateur des horloges) et de l'hydrostatique. Dissident de Descartes, il fonde en 1656 sa propre théorie, toujours valable, du « choc des corps », puis écrit plusieurs traités sur la dynamique et la pesanteur.

– ***Joris Ivens*** *(1898-1989)* **:** le pape du cinéma documentaire, de qui se réclament tous les réalisateurs de cinéma social et militant. Il est de tous les combats engagés du XXe s : en Russie, en Espagne, en Chine, à Cuba à l'avènement de *Fidel Castro,* et au Vietnam. Passé maître dans l'art du montage et non dénué d'esthétisme, on lui doit comme joyaux d'une très longue carrière : *Borinage* en 1933, *Terre d'Espagne* en 1937, *Le 17e Parallèle* en 1967, *Comment Yukong déplaça les montagnes* en 1971 et *Une histoire de vent,* juste avant sa mort, en 1989.

– ***Mata Hari*** *(1876-1917)* **:** née *Margaretha-Geertruida Zelle,* son patronyme est passé dans la langue courante comme synonyme d'espion au féminin. Elle suit son mari, officier hollandais des Indes orientales, à Java. Elle y découvre la danse dont l'érotisme la fascine. Après la mort d'une de ses filles, elle divorce et s'installe à Paris où elle vit de ses charmes et de ses vagues talents de danseuse, pratiquant surtout l'effeuillage (ancêtre du strip-tease !) sous couvert d'exotisme. S'inventant une histoire rocambolesque, elle devient une égérie de la Belle Époque. En pleine guerre de 1914-1918, les voyages de la sulfureuse danseuse entre Berlin, Londres et Paris, éveillent les soupçons, renforcés par sa liaison avec un soldat russe. Impliquée dans quelques intrigues peu discrètes, elle fut victime de l'espionnite ambiante et condamnée à être fusillée pour l'exemple au fort de Vincennes en 1917.

– ***Michiel Adriaanszoon de Ruyter*** *(1607-1676)* **:** amiral et marin, véritable figure de légende dans son pays. Embarqué comme mousse dès ses 11 ans, il devient à 30 ans commandant d'un navire-corsaire de Flessingue, sa ville natale, puis se reconvertit dans la marine marchande. Il est nommé contre-amiral et guerroie contre l'Espagne en 1641, puis contre l'Angleterre en 1652. Devenu commandant suprême de la flotte de guerre hollandaise, il vainc les Anglais dans la Manche en 1666 au cours d'une furieuse bataille qui dura 4 jours. En 1672, Anglais et Français font alliance contre la République hollandaise, mais de Ruyter contrecarre les projets de débarquement par ses incessantes victoires. Mort au combat devant Syracuse, il est inhumé avec les honneurs princiers dans la *Nieuwe Kerk* d'Amsterdam.

– ***Baruch Spinoza*** *(1632-1677)* **:** philosophe issu d'une famille de juifs portugais, il fait de solides études talmudiques, puis fréquente des catholiques libéraux qui l'initient à l'enseignement de Galilée et de Descartes, provoquant son exclusion de la communauté juive. Installé comme opticien à La Haye, il y publie des écrits critiques à l'égard des croyances et des dogmes religieux. Attaqué de toutes parts pour son rationalisme, il décide de ne plus publier de son vivant. Son *Éthique* est donc une œuvre posthume où, rejetant l'anthropomorphisme de la divinité, il préconise un panthéisme où la réflexion sur soi permet de conduire à Dieu, l'âme étant un fragment du divin.

– ***Joost Van den Vondel*** *(1587-1679)* **:** si la langue française est qualifiée de « langue de Molière », l'anglais, « langue de Shakespeare » et l'allemand « langue de Goethe », le néerlandais, lui, a reçu le parrainage de « langue de Vondel », du nom de l'écrivain, poète et dramaturge amstellodamois du Siècle d'or, qui serait sans doute tombé dans l'oubli sans cette consécration et l'attribution de son nom au parc principal de la capitale.
– ***Wilhelmine*** *(1880-1962)* **:** 1re reine des Pays-Bas à la mort de son père Guillaume III en 1890, qui avait abrogé la loi salique de succession au trône. Bigote, autoritaire, opiniâtre mais respectueuse de la Constitution, elle fit, avec Léopold III, roi des Belges, une tentative auprès de Hitler pour préserver la paix en Europe. Réfugiée à Londres en 1940, elle incarna la résistance hollandaise au point que Roosevelt disait d'elle qu'elle était le « seul homme d'Europe ». Elle abdiqua en 1948 au profit de Juliana, sa fille, qu'elle avait élevée à la dure.

SITES INSCRITS AU PATRIMOINE MONDIAL DE L'UNESCO

Organisation des Nations Unies pour l'éducation, la science et la culture

En coopération avec le Centre du patrimoine mondial

Pour figurer sur la liste du Patrimoine mondial, les sites doivent avoir une valeur universelle exceptionnelle et satisfaire à au moins un des 10 critères de sélection. La protection, la gestion, l'authenticité et l'intégrité des biens sont également des considérations importantes.
Le patrimoine est l'héritage du passé dont nous profitons aujourd'hui et que nous transmettons aux générations à venir. Nos patrimoines culturel et naturel sont 2 sources irremplaçables de vie et d'inspiration. Ces sites appartiennent à tous les peuples du monde, sans tenir compte du territoire sur lequel ils sont situés. Pour plus d'informations : ● *whc.unesco.org* ●
La ligne de défense entourant Amsterdam sur 135 km a été inscrite au Patrimoine en 1996, ***les moulins de Kinderdijk*** en 1997, ***le réseau des canaux du XVIIe s*** en 2010 et ***l'usine Van Nelle,*** dans la banlieue industrielle au nord-ouest de Rotterdam, en 2014.

[illegible]

[illegible]

[illegible]

les ROUTARDS sur la FRANCE 2022-2023

(dates de parution sur • ***routard.com*** •)

Découpage de la FRANCE par le ROUTARD

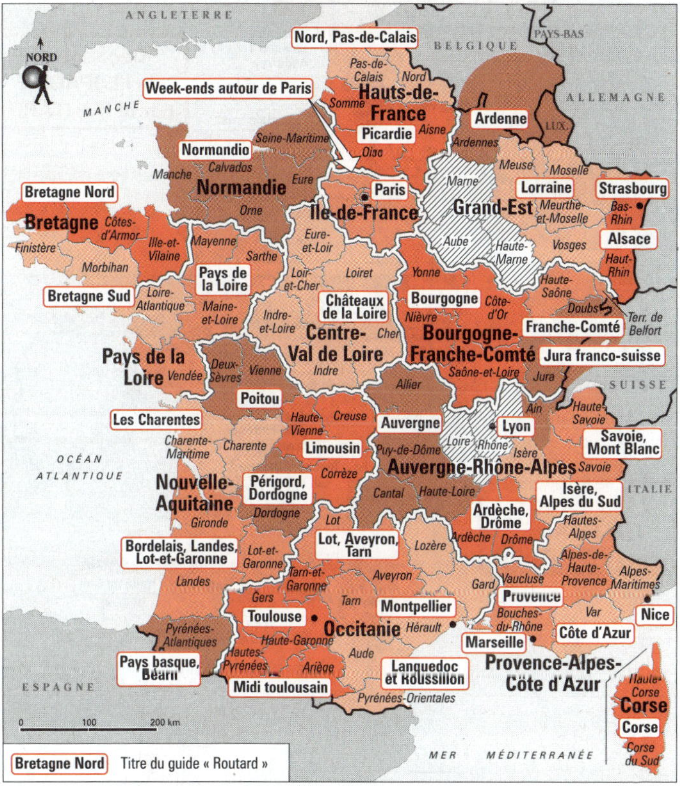

Autres guides sur la France

- Nos meilleurs campings en France
- Nos meilleures chambres d'hôtes en France

Autres guides sur Paris

- Paris
- Paris balades
- Restos et bistrots de Paris
- Le Routard des amoureux à Paris
- Week-ends autour de Paris

Le Routard à vélo

- EuroVelo6
- La Bourgogne du Sud à vélo
- La Flow Vélo
- La Loire à Vélo
- La Vélo Francette
- La Vélodyssée (Roscoff-Hendaye)
- Le Canal des 2 mers à vélo
- Paris Île-de-France à vélo
- ViaRhôna
- Les plus belles escapades à Vélo en France

les ROUTARDS sur l'ÉTRANGER 2022-2023

(dates de parution sur • **routard.com** •)

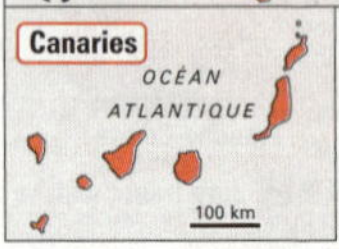

Découpage de l'ESPAGNE par le ROUTARD

Découpage de l'ITALIE par le ROUTARD

Autres pays européens

- Allemagne
- Angleterre, Pays de Galles
- Autriche
- Belgique
- Bulgarie
- Crète
- Croatie
- Danemark, Suède
- Écosse
- Finlande
- Grèce continentale
- Hongrie
- Îles grecques et Athènes
- Irlande
- Islande
- Madère
- Malte
- Norvège
- Pays baltes : Tallinn, Riga, Vilnius
- Pologne
- Portugal
- République tchèque, Slovaquie
- Roumanie
- Suisse

Villes européennes

- Amsterdam
- Berlin
- Bruxelles
- Budapest
- Copenhague
- Dublin
- Lisbonne
- Londres
- Moscou
- Naples
- Porto
- Prague
- Saint-Pétersbourg
- Stockholm
- Vienne

les ROUTARDS sur l'ÉTRANGER 2022-2023

(dates de parution sur • **routard.com** •)

Découpage des ÉTATS-UNIS par le ROUTARD

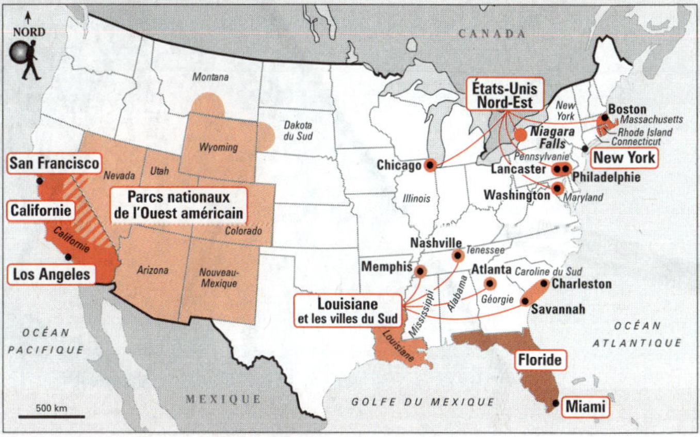

Autres pays d'Amérique

- Argentine
- Brésil
- Canada Ouest
- Chili et île de Pâques
- Colombie
- Costa Rica
- Équateur et les îles Galápagos
- Guatemala, Belize
- Mexique
- Montréal
- Pérou, Bolivie
- Québec et Ontario

Asie et Océanie

- Australie côtes est et nord + Red Centre
- Bali, Lombok
- Bangkok
- Birmanie (Myanmar)
- Cambodge, Laos
- Chine
- Hong Kong, Macao, Canton
- Inde du Nord
- Inde du Sud
- Israël et Palestine
- Istanbul
- Jordanie
- Malaisie, Singapour
- Népal
- Shanghai
- Sri Lanka (Ceylan)
- Thaïlande
- Tokyo, Kyoto et environs
- Turquie
- Vietnam

Afrique

- Afrique du Sud
- Égypte
- Kenya, Tanzanie et Zanzibar
- Maroc
- Marrakech
- Sénégal
- Tunisie

Îles Caraïbes et océan Indien

- Cuba
- Guadeloupe, Saint-Martin, Saint-Barth
- Île Maurice, Rodrigues
- Madagascar
- Martinique
- République dominicaine (Saint-Domingue)
- Réunion

Guides de conversation

- Allemand
- Anglais
- Arabe du Maghreb
- Arabe du Proche-Orient
- Chinois
- Croate
- Espagnol
- Grec
- Italien
- Japonais
- Portugais
- Russe
- G'palémo (conversation par l'image)

Livres-photos/Livres-cadeaux

- 50 voyages à faire dans sa vie
- 52 escapades nature en France (**nouveauté**)
- 52 week-ends coups de cœur en Europe (city trips)
- 52 week-ends coups de cœur en France
- 120 coins secrets en Europe
- 1 200 coups de cœur en France
- 1 200 coups de cœur dans le monde
- Cahier de vacances du Routard
- La France de Stéphane Bern
- Nos plus belles balades et randos en France (**nouveauté**)
- Road Trips Monde
- Road Trips en France
- Sacré : 100 lieux d'inspiration divine (**nouveauté**)
- Voyages
- Voyages : États-Unis
- Voyages : France
- Voyages : Italie

Nous tenons à remercier tout particulièrement Loup-Maëlle Besançon, Thierry Bessou, François Chauvin, Grégory Dalex, Fabrice Doumergue, Cédric Fischer, Carole Fouque, Nicolas George, Michelle Georget, David Giason, Claude Hervé-Bazin, Emmanuel Juste, Dimitri Lefèvre, Fabrice de Lestang, Romain Meynier, Éric Milet, Pierre Mitrano, Jean-Sébastien Petitdemange, Thomas Rivallain et Jean Tiffon pour leur collaboration régulière.

Guillem Aurenche
Jean-Jacques Bordier-Chêne
Gérard Bouchu
Camille Campet
Philippe Coupy
Agnès Debiage
Jérôme Denoix
Tovi et Ahmet Diler
Clélie Dudon
Agustina Ernesta
Alain Fisch
Hermine Frachon
Adrien et Clément Gloaguen
Simon Hafi
Chloé Iacono
Thelem Jolliot-Curie
Maeva Libessart
Marine Lucas
Lise Machu
Louis Nagot
Martine Partrat
Odile Paugam et Didier Jehanno
Orianne Pouchard
Alexia Poulain
Marva Prevost
Alexia Rambaud
Prakit Saiporn
Lara Tantawi
Sarah Toson
Emma Vadillo Quesada

Direction : Sidonie Chollet
Direction éditoriale : Élise Ernest
Édition : Matthieu Devaux, Olga Krokhina, Gia-Quy Tran, Julie Dupré, Pauline Janssens, Amélie Ramond, Margaux Lefebvre, Lucie Léna, Joséphine Bonneau et Laura Martinaud
Ont également collaboré : Aurélie Joiris Blanchard, Agnès Petit et Arianne Fort
Cartographie : Frédéric Clémençon et Aurélie Huot
Contrôle de gestion : Jérôme Boulingre et Yannis Villeneuve
Secrétariat : Julia Lorrain
Fabrication : Nathalie Lautout et Liza Sacco
Relations presse : COM'PROD, Fred Papet. ☎ 01-70-69-04-69.
• *info@comprod.fr* •, Martine Levens (Belgique) et Maureen Browne (Suisse)
Marketing : Clotilde Tougeron et Elise Sylvestre
Couverture : le-bureau-des-affaires-graphiques.com
Silhouette du Routard : Clément Gloaguen (d'après Solé)
Maquette intérieure : le-bureau-des-affaires-graphiques.com, Thibault Reumaux et npeg.fr
Contact Partenariats : Jérôme Denoix • *jeromedenoix@gmail.com* •
Contact Partenariats et régie publicitaire : Florence Brunel-Jars
• *fbrunel@hachette-livre.fr* •

INDEX GÉNÉRAL

AMSTERDAM

INDEX GÉNÉRAL

INDEX GÉNÉRAL

LES ENVIRONS D'AMSTERDAM

LISTE DES CARTES ET PLANS

UNE PANDÉMIE INOUÏE !

Depuis toujours, le ***Routard* apporte son soutien aux hôteliers et restaurateurs** qui accueillent nos lecteurs avec sourire et professionnalisme. Inlassablement, nos enquêteurs sont à l'affût de ces établissements, pour le plus grand bonheur de nos lecteurs. Malgré toute notre vigilance, certains d'entre eux auront fermé quand ce livre sortira. Cette terrible **pandémie de Coronavirus** a, on le sait, des conséquences importantes pour tous les professionnels du tourisme. Des adresses familiales et accueillantes que nous continuerons à soutenir et à mettre en valeur. **Nous sommes de tout cœur avec eux !**

Remarque importante aux hôteliers et restaurateurs ·

Les enquêteurs du *Routard* travaillent dans le plus strict anonymat. Aucune réduction, aucun avantage quelconque, aucune rétribution n'est jamais demandé en contrepartie. Face aux aigrefins, la loi autorise les hôteliers et restaurateurs à porter plainte.

Avis aux lecteurs

Le Routard, ce n'est pas comme le bon vin, il vieillit mal. On ne veut pas pousser à la consommation, mais évitez de partir avec une édition ancienne. Les modifications sont souvent importantes.

Les réductions accordées à nos lecteurs ne sont jamais demandées par nos rédacteurs afin de préserver leur indépendance. Les hôteliers et restaurateurs sont sollicités par une société de mailing, totalement indépendante de la rédaction, qui reste donc libre de ses choix. De même pour les autocollants et plaques émaillées.

Avec routard.com, choisissez, organisez, réservez et partagez vos voyages !

✓ Rejoignez la plus grande communauté francophone de voyageurs : **plusieurs millions d'internautes.**

✓ Échangez avec les routarnautes: forums, photos, avis d'hôtels.

✓ Retrouvez aussi toutes les informations actualisées pour choisir et préparer vos voyages: près de 300 guides destinations, une centaine de dossiers pratiques et un magazine en ligne pour découvrir tous les secrets de votre destination.

✓ Enfin, comparez les offres pour organiser et réserver votre voyage au meilleur prix.

Les **Routards** *parlent aux* **Routards**

Faites-nous part de vos expériences, de vos découvertes, de vos tuyaux et de vos coups de cœur. Aidez-nous à remettre l'ouvrage à jour. Indiquez-nous les renseignements périmés. Faites profiter les autres de vos adresses nouvelles, combines géniales... On adresse un exemplaire gratuit de la prochaine édition à ceux qui nous envoient les meilleurs courriers, pour la qualité et la pertinence des informations.

Quelques conseils cependant:

– Envoyez-nous votre courrier le plus tôt possible afin que l'on puisse insérer vos tuyaux sur la prochaine édition.

– N'oubliez pas de préciser l'ouvrage que vous désirez recevoir, ainsi que votre adresse postale.

– Vérifiez que vos remarques concernent l'édition en cours et notez les pages du guide concernées par vos observations.

– Quand vous indiquez des hôtels ou des restaurants, pensez à signaler leur adresse précise et, pour les grandes villes, les moyens de transport pour y aller. Si vous le pouvez, joignez la carte de visite de l'hôtel ou du resto décrit.

En tout état de cause, merci pour vos nombreux mails.

122, rue du Moulin-des-Prés, 75013 Paris

● *guide@routard.com* ● **routard.com** ●

Routard Assurance *2022*

Enrichie au fil des années par les retours des lecteurs, *Routard Assurance* reste l'assurance voyage référence des globe-trotters. Tout y est inclus, même la **Covid** : frais médicaux, assistance rapatriement, bagages, responsabilité civile... Avant votre départ, appelez *AVI* pour un conseil personnalisé. Besoin d'une **attestation Covid**, d'un avis médical, d'une prise en charge dans un hôpital ? Téléchargez l'appli mobile *AVI International* pour garder le contact avec *AVI Assistance* et disposer d'un vaste réseau médical à travers le monde. *AVI Assistance* est disponible 24h/24 pour une réponse en temps réel. De simples frais de santé en voyage ? Envoyez les factures à *AVI* dès votre retour, ils vous remboursent sous une semaine. *Le Colisée Gardens, 10 avenue de l'Arche, CS 70126, 92419 Courbevoie Cedex.* ☎ *01-44-63-51-00.* ● *avi-international.com* ● Ⓜ *La Défense.*

Édité par Hachette Livre (58, rue Jean-Bleuzen, CS 70007, 92178 Vanves Cedex, France)
Photocomposé par Jouve (1, rue du Docteur Sauvé, 53100 Mayenne, France)
Imprimé par Dupliprint (Quai n° 2, 733, rue Saint-Léonard, BP 3, 53101 Mayenne Cedex, France)
Achevé d'imprimer : janvier 2022
Collection n° 13 - Édition n° 01
15/1431/2
I.S.B.N. 978-2-01-717220-8
Dépôt légal : janvier 2022

PAPIER À BASE DE FIBRES CERTIFIÉES